思维型教学理论引领下的学科教学实践丛书

思维型教学理论引领下的学科教学实践

中学数学

———— 编委会 ————

总主编　胡卫平

编　著　朱文芳　李红云

编　委（以姓氏笔画为序）

　　　　王　博　田　雪　朱俊侠　刘　杨　许绮菲　苏汉杰
　　　　李喜凤　张　楠　张朝立　张旖澈　范雪飞　郑燕南
　　　　赵诗萌　闻　岩　裴佳雯

陕西师范大学出版总社　西安

图书代号　　JY24N0701

图书在版编目（CIP）数据

思维型教学理论引领下的学科教学实践. 中学数学 / 胡卫平总主编；朱文芳，李红云编著. — 西安：陕西师范大学出版总社有限公司，2024.6
ISBN 978-7-5695-4386-5

Ⅰ. ①思⋯　Ⅱ. ①胡⋯ ②朱⋯ ③李⋯　Ⅲ. ①中学数学课—教学研究　Ⅳ. ①G633

中国国家版本馆 CIP 数据核字（2024）第 091479 号

思维型教学理论引领下的学科教学实践　中学数学
SIWEIXING JIAOXUE LILUN YINLING XIA DE XUEKE JIAOXUE SHIJIAN
ZHONGXUE SHUXUE

胡卫平　总主编
朱文芳　李红云　编　著

出 版 人	刘东风
出版统筹	杨　沁
责任编辑	刘　丽　董江江
责任校对	马　萌　李　娟
封面设计	李梦瑶
出版发行	陕西师范大学出版总社有限公司
	（西安市长安南路 199 号　邮编 710062）
网　　址	http://www.snupg.com
印　　刷	陕西信亚印务有限公司
开　　本	720 mm×1020 mm　1/16
印　　张	23.5
字　　数	282 千
版　　次	2024 年 6 月第 1 版
印　　次	2024 年 6 月第 1 次印刷
书　　号	ISBN 978-7-5695-4386-5
定　　价	88.00 元

读者使用时若发现印装质量问题，请与本社联系、调换。
电话：(029)85308697

序　言

　　21世纪培养的学生应该具备哪些核心知识、关键能力和必备品格，才能适应社会需要，推动社会健康发展，成为国际组织和世界各国共同面对的课题，基于核心素养推进基础教育课程改革成为国际趋势。党的十八大报告指出："坚持教育为社会主义现代化建设服务、为人民服务，把立德树人作为教育的根本任务，培养德智体美全面发展的社会主义建设者和接班人。"党的二十大报告中明确提出："育人的根本在于立德。全面贯彻党的教育方针，落实立德树人根本任务，培养德智体美劳全面发展的社会主义建设者和接班人。坚持以人民为中心发展教育，加快建设高质量教育体系，发展素质教育，促进教育公平。"核心素养是落实立德树人根本任务的重要抓手，是衡量教育质量的关键指标，为学校的育人画像，为教师的教学架桥，为学生的发展导航。发展学生的核心素养，已经得到国内外专家的广泛认同，也是我国新一轮基础教育课程改革的重要特征。

　　教学是发展学生核心素养的重要途径。那么，教学的本质是什么？这是我们需要回答的问题。30多年来，我们从四个方面对其进行了系统的研究：一是系统总结了教学思想的研究成果；二是全面概括了学习研究的最新进展；三是深入分析了核心素养的形成机制；四是利用脑科学、行为学、教育实验等方法系统研究教学方式对学生发展的影响。在此基础上，提出了"核心素养的核心是思维""教学的本质是思维"等观点，建构了以核心素养发展为目标、思维型教学理论为依据、教学实践和活动课程为核心，以综合评价为引领，以教师专业发展为支撑的教学、课程、评价与教师发展的思维型教学体系，系统回答了培养什么人、怎样培养人、谁来培养人和培养效果如何评价等问题。研究成果获得了3项国家级基础教育教学成果奖、1项国家级高等教育教学成果二等奖、2项山西省社会科学研究优秀成果一等奖和1项陕西省科学技术二等奖，应用于《义务教育科学课程标准（2022年版）》、教育部"国培计划"、国务院教育体制改革项目、国家义务教育质量监测等方面，推广到20多个省份的5 000余所学校，受益学生500余万，大幅提升了学生的核心素养、教师的专业素质、学校的办学水平以及区域的教育质量。建立了辽宁省、湖南省、重庆市、深圳市、武汉市和西安市等思维型探究实践基地。成果还被美国、俄罗斯等国家的部分学校使用，产生了广泛影响。

近年来，我们系统地总结思维型教学在各个领域的应用成果，陆续出版了系列专著和丛书。如在教师专业能力发展领域，出版了"思维型教学理论引领下的教师专业能力实训"丛书；在教学实践方面，出版了《思维型教学理论操作指南》；在课程建设方面，出版了《学思维活动课程》；在评价领域，开发了思维型教学引领下的学生核心素养、教师专业能力、学校创新指数等评价标准和工具；在科学教育方面，出版了"思维型教学理论引领下的科学教育研究"丛书；在区域和学校实践方面，出版了"思维型教学的实践探索"丛书。

为了便于教师更好地将思维型教学理论应用于学科教学，我们团队策划了"思维型教学理论引领下的学科教学实践"丛书。在丛书出版之际，感谢现代教学技术教育部重点实验室的大力支持，感谢团队成员的共同努力，感谢陕西师范大学出版总社领导的精心组织和编辑的认真工作。基于思维型教学理论进行教学设计是一项复杂的工作，由于水平所限，本丛书在理论与实践方面还有许多不足之处，恳请广大读者批评指正。

现代教学技术教育部重点实验室

2024年4月

前　言

　　本书共分为两部分：思维型教学理论引领下的教学设计，基于思维型教学引领的教学设计案例。

　　思维型教学理论引领下的教学设计，首先介绍了思维结构模型、思维型教学的基本原理和基本要求，事实上这些内容可以在期刊论文中查阅到，之所以将相关理论汇总介绍，首先源于我们用之指导一线中学数学教师课堂教学实践和开展研讨时，得到了教师们的普遍认可，大多数教师认为对自己的教学有指导作用；其次阐释了如何基于思维型教学理论开展教学设计及单元教学设计的基本路径，其中所使用的案例都是作者在指导一线中学数学教师教学实践中所生成的，以二次函数单元为例，阐明了如何基于思维型教学理论开展单元教学设计及实践的过程，为更加突出单元教学设计，其中课时教学设计只提供了核心活动描述。

　　基于思维型教学引领的教学设计案例，根据中学数学学科特点，分为四章：函数思维教学设计案例、代数思维教学设计案例、几何思维教学设计案例、统计思维教学设计案例。这四章每章开始有一个整体介绍，每章教学设计案例均是在单元教学设计视角下的课时或主题教学设计案例，其中"因式分解"为主题教学设计，包括3个课时；"样本与总体的关系""频率与概率的关系"都是跨初中和高中两个学段的活动设计,各包含 2 个课时;其他教学设计案例均为 1 个课时。每个案例所确定的单元视角、大小不一致,也体现了案例撰写者思考的个性特点。每个案例撰写体例基本一致,包括教学内容分析、教学对象分析、教学目标和重难点、教学过程和活动设计、教学反思和案例分析。教学评价大都以布置作业的形式呈现;教学反思部分是执教者基于教学设计和课堂教学实践后撰写的,并不一定是完全依据思维型教学理论引领的视角进行反思;案例分析部分力图体现该案例对思维型教学理论的应用。

本书撰写过程中参考了大量文献,在此对文献的研究者一并致谢。当然,由于作者水平有限,书中难免存在各种纰漏,敬请各位专家、学者和广大读者提出宝贵的意见和建议。

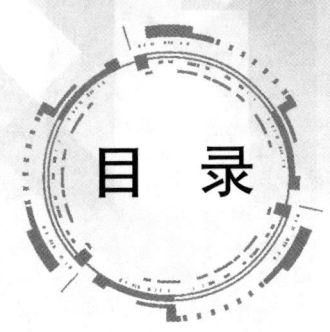

目 录

第一章 思维型教学理论引领下的教学设计／1

第一节 思维型教学概述／1

第二节 思维型教学理论引领下的教学设计基本思路／10

第三节 思维型教学理论引领下的数学单元教学设计／21

第二章 函数思维教学设计案例／47

第一节 变量与函数／49

第二节 正比例函数／62

第三节 二次函数的应用／76

第四节 反比例函数的图象和性质／90

第五节 锐角三角函数／100

第六节 函数的基本性质——奇偶性／112

第七节 指数函数的概念／125

第八节 导数的应用／138

第三章 代数思维教学设计案例／148

第一节 平方根／150

第二节 因式分解／160

第三节 一元一次方程的解法／182

第四章 几何思维教学设计案例 / 194

第一节 三角形内角和定理 / 196

第二节 角平分线的性质 / 209

第三节 几何综合题图形分析 / 223

第四节 两条直线平行和垂直的判定 / 234

第五节 椭圆及标准方程 / 244

第六节 平面与平面垂直的判定 / 255

第七节 空间中的距离 / 266

第八节 正方体截面问题 / 278

第五章 统计思维教学设计案例 / 289

第一节 样本与总体的关系 / 291

第二节 分层随机抽样 / 310

第三节 频率与概率的关系 / 323

第四节 一元线性回归模型参数的最小二乘估计 / 343

第五节 离散型随机变量分布列及其期望与方差 / 353

参考文献 / 366

第一章
思维型教学理论引领下的教学设计

第一节 思维型教学概述

思维型教学理论是建立在思维结构的智力理论基础上的,经过教学实践检验,提炼出思维型教学的五大基本原理和七个基本要求。

一、思维结构模型

思维是有结构的。皮亚杰认知发展理论提出"图式"表示认知结构,并给出了结构的三个特点;维果茨基在阐述高级心理机能时也提到心理结构,用复杂性、间接性、简洁性衡量其发展。林崇德在辩证唯物主义、系统科学、结构主义等理论基础上,从教育心理学角度构建了思维结构(图1-1-1),包括六个因素:思维的目的、思维的过程、思维的材料、思维的自我监控、思维的品质、思维中的非智力因素[1][2]。

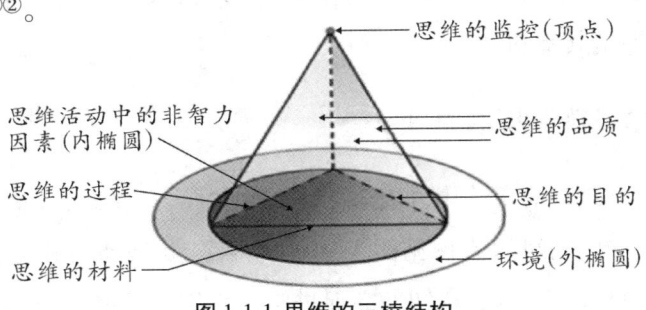

图1-1-1 思维的三棱结构

---

[1] 林崇德:《思维是一个系统的结构》,《宁波大学学报(教育科学版)》,2006年第28卷第5期。
[2] 朱智贤,林崇德:《朱智贤全集:第五卷.思维发展心理学》,北京师范大学出版社,2002,第34—44页。

思维的目的,是思维结构的核心要素,它反映了人类思维的自觉性、有意性、方向性和能动性。

思维的过程,人类思维是在感性认识基础上形成的理性认识,其基本过程是分析和综合,进一步产生抽象和概括、比较和分类、系统化和具体化等思维操作能力,最高表现是创造性思维。

思维的材料,包括感性材料和理性材料两类,感性材料包括感觉、知觉和表象,理性材料包括概念、判断和推理,它们是成系统的。

思维的自我监控,有三个功能:定向、控制和调节,是思维结构的顶点。定向是指对思维课题的意识、定向和注意,可以提高思维活动的自觉性和正确性;控制是排除干扰和暗示,删除思维过程中的多余或错误因素,提高思维活动的独立性和批判性;调节是在思维过程中,修改目标、手段等,提高思维活动的效率和速度。

思维的品质,包括敏捷性、灵活性、深刻性、独创性和批判性等,思维品质是思维的个体差异的表现,同时也存在年龄特征。

思维中的非智力因素,作为认知过程的思维活动,思维水平、特征、品质等受到思维主体的动机、兴趣、情感、意志、性格等非智力因素的制约,需要兼顾智力因素和非智力因素,才能探究思维的整体性。

思维结构是一个多侧面、多形态、多水平、多联系的结构,用一个三棱结构模型进行刻画。思维结构需要在实践活动中实现,它是动态结构和静态结构的统一,但动态性是其精髓[①][②]。

二、思维型教学基本原理

思维型教学理论有五个基本原理:动机激发、认知冲突、自主建构、自我监控、应用迁移,它们之间的关系见图1-1-2。动机激发是动力和支撑,支撑认知冲突、自主建构和自我监控;认知冲突促进学生思维的发展,表现为有待于解决的问题;学生作为学习主体,在与问题的互动中进行自主建构;自主建构过程

[①] 林崇德:《学习与发展》,北京师范大学出版社,1999,第153—164页。
[②] 胡卫平:《思维型教学理论引领下教师专业能力的发展》,《中国教师》,2020年第11期。

中,学生需要对建构过程中所应用到的知识、方法、探究的过程进行反思、评估和调节,也就是自我监控;应用迁移,指学生将所学习的知识、方法和态度应用到新的情境中。

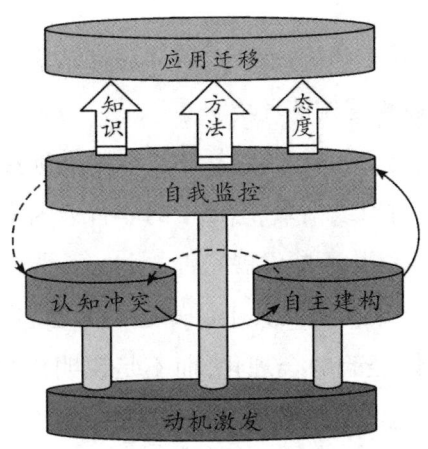

图 1-1-2 思维型教学的基本原理及关系

(一)动机激发

动机是非智力因素之一,是其他非智力因素的前提与基础,是推动学生主动学习和积极思考的动力。

课堂教学中,教师要设置良好的教学情境,基于教学情境提出符合学生认知水平的问题,从而激发学生的内在学习动机,调动学生的学习积极性,使其产生强烈的求知欲,保持积极的学习情感和态度。

(二)认知冲突

思维结构是静态结构与动态结构的统一,动态性是思维结构的精髓,思维型课堂教学的目标即是发展和完善学生的思维结构。

认知冲突是指学生在认识发展过程中,当原有认知结构与现实情境不相符时,在心理上所产生的矛盾或冲突。学生与客观事物相互作用过程中,客观事物中所蕴含或提出的要求引起的新需求,与学生已有的心理水平或心理状态之间产生矛盾,是学生心理发展的内因或内部矛盾。当产生这种认知冲突时,只有通过调节,不断地解决认知冲突,其认知结构才能不断地丰富和发展。

课堂教学中,教师要依据课堂教学目标,联系学生已有的知识技能、思维经验,设计可以使学生产生认知冲突的"两难情境",或者是看似与现实生活、已有经验相矛盾的情境,以此激发学生积极思维,引导学生在问题解决过程中学会知识、领悟方法、发展能力,实现认知结构的构建。

(三)自主建构

自主建构包括认知建构和社会建构,认知建构主要是指学生的思维结构的发展和完善,社会建构侧重建构的环境。

思维材料是思维结构中的成分,包括感性材料和理性材料。随着思维的目的、思维的过程、思维的材料或结果、思维中的非智力因素、思维的品质、思维的自我监控等的变化,思维结构不断发展完善。

课堂教学中,体现了建构主义关于认知建构的思想:学习是一个积极主动建构的过程;知识是个体经验的合理化,而不是说明世界的真理;对学习者来讲,先前的经验是非常重要的;从教学的角度来讲,教学是学生主动建构知识的过程。课堂教学中使学生积极主动地思维,促进学生思维结构的发展,教师必须恰当列举生活中的典型事例,唤起学生已有的感性认识,运用观察和实验来展示有关事物发生、发展和变化的现象和过程,联系学生已学知识进行教学。

社会文化环境影响学生的思维活动和思维结构的发展,体现了维果茨基的社会建构思想。

课堂教学中,要求重视课堂互动。课堂互动是课堂教学中最基本、最主要的人际关系,也是一种常用的教学方式。在课堂教学中,教师和学生之间、学生和学生之间发生具有促进性和抑制性的相互影响、相互作用,进而达到师生心理和行为的改变。从互动的主体来讲,有师生互动和生生互动;从课堂互动的内容来讲,有思维互动、情感互动和行为互动。根据思维结构模型,思维型课堂教学中,三种课堂互动的关系是:情感互动是基础,行为互动是表现,思维互动是核心。

(四)自我监控

思维的自我监控,是自我意识在思维中的表现,是思维结构的顶点或最高形式,具有确定思维目的、管理和控制非认知因素、搜索和选择恰当的思维材料、搜索和选择恰当的思维策略、实施并监督思维过程、评价思维的结果等功能。

自我监控能力是教师教学能力的核心和学生学习能力的核心,不仅影响教学过程和教学效果,而且影响其他能力的发展。思维监控的思想,不仅强调了教师对教学过程的反思和学生对学习过程的反思,而且强调计划、检查、评价、控制等,从而更全面反映了教学的基本要求。林崇德、胡卫平基于思维结构模型的思维监控思想,提出教师的自我监控能力是教师教学能力的核心,并对此进行了系统的研究,指出教学监控能力包括:课前的计划与准备性、课堂的反馈与评价性、课堂的控制与调节性和课后的反思性。

教学设计环节,不仅要设计每节课,而且要有一个长期的教学规划(包括知识教学、能力和非智力的培养)和系统的教学设计。

教学实施环节,要监控整个教学过程,根据教学实际情况,合理调整教学难度、教学方法和教学速度,特别是要设计教学反思环节,即在每一次课堂活动将近结束时,教师都要引导学生对学习对象、学习过程、思维方式、所学知识和方法等进行总结和反思。通过总结和反思,使学生加深对知识和方法的理解,总结学习中的经验和教训,形成自己的认知策略,发展自己的认知结构,提高自我监控能力。

(五)应用迁移

知识、技能与智力思维有密切的关系。知识、技能的掌握,并不意味着一个人智力或思维能力的高低,但知识、技能与智力思维是相辅相成的。在思维结构中,思维材料包括感性材料和理性材料,理性材料主要指概念、规律和理论。应用概念、规律、理论解决实际问题,是学习这些知识的目的,也是检验知识掌握情况的主要标志,还是加深理解的重要环节。

课堂教学中,教师可以以思维品质的训练作为培养学生思维能力的突破口。思维灵活性的训练,需要抓住知识、方法之间的渗透与迁移,引导学生发散式思考、立体思考,教给学生灵活解决问题的方法。重视知识和方法的应用和迁移,对学生加深理解知识、提高思维能力具有重要的作用。

三、思维型教学基本要求

课堂教学中师生的核心活动应当是围绕思维活动展开的,特别是学生思维的发展。依据思维结构的三棱模型,提出思维型课堂教学的七个基本要求[1]。

(一)明确课堂教学目标

思维是人类所特有的理解问题和解决问题的有目的性的活动,是在感性认识基础上所形成的理性认识。目的性和方向性是思维的根本特点,也是思维结构的核心要素。为了使教学能有目的、有计划地促进学生思维发展,帮助学生更好地掌握知识、发展能力、形成态度,需要明确课堂教学目标。

教师要在对教学内容、学生学情等分析的基础上,制订明确的教学目标和教学计划,教学过程中要对课堂教学实施进行监控,根据学生学习情况及时调整教学目标。

教师要让学生明确目标,在教学中创设情境提出高认知的问题,引发学生的认知冲突,让学生明确学习活动的目标,激发学生积极主动地思考。

教师要增强学生思维的自觉性和能动性,关注学生是怎样提出问题的,必要时教师需要给学生示范如何提出问题。在分析问题和解决问题过程中,教师要引导学生关注目的性与方向性。

(二)突出知识形成过程

思维结构的第二个要素是思维过程,人类思维是在感性认识基础上形成的理性认识,分析与综合是其基本过程。在此基础上,产生抽象和概括、比较和分类、系统化和具体化等过程。思维过程活动框架为:明确目标→接受信息→加工编码→抽象概括→操作运用→获得成功。具体到课堂教学中,思维过程体现为突出知识的形成过程,注重各种方法。

教师要设计教学活动,让学生经历概念、规律、理论等的形成过程,包括概念和规律引入的必要性,如何得出的,概念和规律在学科结构中的地位和作用。

教师要注重过程与方法的引导,让学生明确发现问题、提出问题、分析问题和解决问题的过程及策略,具体方法如观察、实验、类比、归纳等。

教师要给予学生进行思考的时间,提出符合学生认知基础的高认知问题,引发学生的认知冲突,引导学生积极主动地思考。

---

[1] 林崇德,胡卫平:《思维型课堂教学的理论与实践》,《北京师范大学学报(社会科学版)》,2010年第1期。

（三）联系已有知识经验

学生已有知识经验对其思维发展非常重要。奥苏贝尔在他的著作《教育心理学：一种认知观》的扉页写到："如果我不得不把教育心理学的所有内容简约成一条原理的话，我会说：影响学习最重要的因素是学生已知的内容。弄清了这一点之后，进行相应的教学。"具体到课堂教学中，就是要在学生已有知识经验基础上，引发学生积极思考和主动建构，从而促进学生思维结构的发展。

教师要认识到学习是学生自己主动建构的过程，知识是个人经验的合理化，教学就是在学生已有知识经验基础上促进学生主动建构的过程。

教师要把握学生思维发展的规律，小学生以具体形象思维为主，到中学阶段发展到抽象逻辑思维占主导，教师在教学中提供给学生的思维材料要符合学生的认知发展规律。

教师要善于利用学生的知识经验，在创设情境和举例时，要恰当利用学生生活中的典型事例，激发学生原有的感性认知，联系学生已有的生活经验、知识经验、方法经验等开展教学，将所要学习的知识纳入学生原有的认知结构。

（四）重视非智力因素的培养

非智力因素是思维结构中的第四个要素，包括情感因素、意志因素、个性意识倾向、气质和性格等，对学生学习活动起着动力、定型和补偿作用。思维活动是智力因素和非智力因素的统一，两者相互影响、相辅相成。具体到课堂教学中，教师要将非智力因素作为教学目标，并在教学中培养和利用学生的非智力因素。

教师要将非智力因素作为教学目标，如学习动机、兴趣、自信心、学习习惯、观念、信念、价值观等。需要说明的是，非智力因素的教学目标往往不是一节课就能实现的，它是长期教学的结果。

教师要利用和培养学生的非智力因素，善于创设情境激发学生的学习动机和兴趣，引导学生积极主动思考，帮助学生形成关于学习、关于所学学科的正向观念，促进学生思维的发展。

（五）训练学生的思维品质

思维品质是思维结构中的第五个要素，是指思维活动中智力和能力特点在个体身上的表现,表明了个体之间思维水平、智力和能力的差异。思维品质主要体现在思维的深刻性、灵活性、批判性、敏捷性和独创性等五个方面。

深刻性,指的是思维的抽象程度和逻辑水平,以及思维的广度、深度和难度,表现为:善于深入地、逻辑清晰地思考问题;善于把握事物的本质和规律;善于开展系统的、全面的思维活动;善于从整体上用联系的观点认识事物、掌握知识和进行严密的论证。

灵活性,指的是思维的灵活程度,反映了智力和能力的迁移,具有四个显著特点:一是思维方向的灵活,善于从不同角度、不同方面思考问题,善于用不同知识、不同方法正确地解决问题;二是思维过程灵活,从分析到综合,从综合到分析,善于组合分析问题;三是思维结果灵活,思维结果具有多样性、灵活性和合理性;四是迁移能力强,对知识和方法能够有效地正迁移。

批判性,指的是思维活动中善于严格地估计思维材料和精细地检查思维过程,具有分析性、策略性、全面性、独立性和正确性五个特点。

敏捷性,指的是在短时间内正确解决问题,反映了思维的速度。

独创性,指的是创造性思维,表现为善于独立思考,善于创造性地发现问题和解决问题,具有独特性、新颖性和发散性。

思维的五个品质全面地反映了学生的思维能力,五个思维品质是有内在关系的。有研究指出[①]:深刻性是诸品质的基础,和独创性相关度不高;独创性发展最慢;敏捷性和其他品质相关系数最高,说明敏捷性主要是由其他各品质所派生或决定的;灵活性是创造性思维的前提或表现;批判性与独创性密切相关。

基于上述分析和已有研究结论,具体到课堂教学中,教师要有意识地、有侧重地培养学生的思维品质,以发展学生思维的深刻性为基础,注重学生思维的灵活性和批判性,进而促进学生思维独创性的发展,思维的敏捷性是建立在其他四个品质基础上的,不刻意要求思维的敏捷性。

(六)创设良好的教学情境

从思维结构模型中可以看出,良好的环境是积极思维的前提条件。

教师要提出高认知水平问题或任务,高认知水平问题或任务即是可以使学

---

① 林崇德:《智力发展与数学学习》,中国轻工业出版社,2011,第81—82页。

生产生认知冲突、激发学生积极思考的问题或任务。

教师要创设鼓励学生提问的课堂教学情境,疑问或问题在认识过程、思维活动中有积极的作用。《礼记·中庸》中提到:"博学之,审问之,慎思之,明辨之,笃行之",就是说明提出问题可以促进思维的发展,思维的过程就是发现问题、提出问题、分析问题到解决问题的过程。教师要接纳、鼓励、支持、引导学生提出问题,必要时给学生示范如何提出问题。

教师要创设积极互动的课堂教学情境,民主、平等地对待学生,提供给每位学生公平的学习机会;教师要在学生独立思考的基础上,促进师生、生生之间的良性互动,特别是思维互动;教师要逐步培养学生独立思考、合作交流等多种学习方式,帮助学生养成良好的学习习惯。

(七)分层教学,因材施教

智力多元性和个性差异越来越受到人们的重视,从学生智力发展水平角度,表现为超常、正常和低常三种类型;从发展方式角度,有认知方式的区别;从组成类型而言,表现为各学科能力的组合;从表现范围而言,表现为学习领域和非学习领域、表演领域和非表演领域、学术领域和非学术领域的区别。

具体到课堂教学中,一是教师要意识到学生个体差异的存在,并能够容忍学生个体差异;二是教师在保证所有学生基础知识和技能的最低要求基础上,根据学生的不同认知水平和非认知特点,设置多元化目标、学习活动和作业要求等。

第二节　思维型教学理论引领下的教学设计基本思路

思维型教学最终目标指向学生核心素养的发展,教学设计基本思路如下(图1-2-1)。①

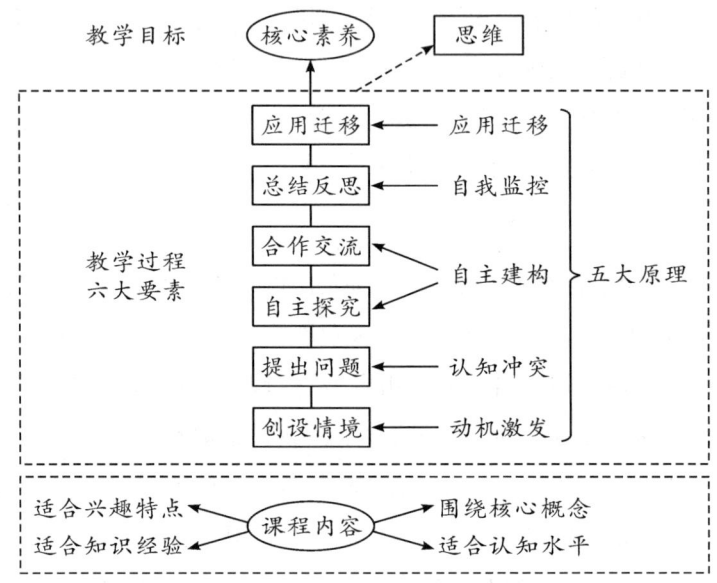

图1-2-1　思维型教学理论引领下的教学设计基本思路

为了制订合理的教学目标,需要对教学内容和学生学情进行深入分析,教学内容的分析要以核心概念为统领,把握数学知识之间的联系和数学知识的结构体系;学情分析从学生认知水平、已有知识经验、非智力因素等角度进行分析。

教学过程的设计与实施,以数学思维发展为主线,落实动机激发、认知冲突、自主建构、自我监控、应用迁移五大基本原理,体现创设情境、提出问题、自主探究、合作交流、总结反思和应用迁移六大要素。

---

① 胡卫平:《思维型教学理论核心问题解析》,上海科技教育出版社,2023,第69页。

一、教学内容分析

教学内容分析要关注核心概念、知识之间的联系、知识的结构体系等。具体而言,可以从数学学科本质、课程标准要求、教材具体编排等角度进行分析。

(一)数学学科本质

著名数学教育家菲利克斯·克莱因(Felix Klein)认为[①],教师应当具备较高的数学观点,正如他的著作《高观点下的初等数学》书名所体现的,主要有两个理由:一是观点越高,事物显得越简单;二是教师掌握的数学知识比所教内容多,才能引导学生绕过悬崖,渡过险滩。他还强调数学史,因为学生对数学的认知,某种意义上是与人类认知过程相对应的,数学史上某个数学概念或定理的发展,事实上也是从历史视角体现了其学科本质。

数学学科本质分析可以从具体内容的重要性、在学科中的发展两个方面进行分析,当然需要根据具体内容而定,侧重点是具体数学主题或内容所承载的思维价值和思想方法等,以思维型教学理论为指导的教学更应重视对数学知识本质的分析。

以中学函数概念为例。函数是研究运动变化的重要数学模型之一,函数概念的形成既来源于实际问题的需要,同时也是数学内部发展的需要,是常量数学到变量数学的标志。它的引入,是数学思想上的一个飞跃,也是进入现代数学学习的一个标志。很多常量数学解决不了的问题,运用变量数学能够很好地解决,运用变量数学解决问题的思维方式,更能突出数学的理性思维。函数概念的发展可以粗略分为三个阶段:变量说、对应说、关系说[②]。

变量说。1718年,瑞士数学家贝努利第一次给出函数的定义:一个变量的函数是指由这个变量和某些常量以任何一种方式组成的量。1755年,数学家欧拉进一步给出函数的定义:如果某变量以如下方式依赖于另一些变量,即当后者变化时,前者本身也发生变化,则称前一个变量是后一些变量的函数。这即

[①] [德]菲利克斯·克莱因著,舒湘芹等译:《高观点下的初等数学(第一卷)》,复旦大学出版社,2010,第Ⅳ—Ⅷ页。
[②] 保继光,曹絮:《也谈函数的定义》,《数学通报》,2018年第57卷第7期。

是函数概念的变量说,函数表示的是两个变化的量之间的关系。

对应说。1823 年法国数学家柯西给出的定义:在某些变量间存在一定的关系,当给定其中某一变量的值,其他变量的值也随之确定时,则将最初的变量称为自变量,其他各变量称为函数。1851 年,德国数学家黎曼给出的定义:假定 z 是一个变量,它可以逐次取所有可能的实数值,如果对它的每一个值,都有未知量 w 的唯一一个值与之对应,则称 w 为 z 的函数。

关系说。从公理化的角度考虑,数学家将函数定义完全符号化了,数学家引入了"序偶"的概念:序偶 $(a,b) = \{\{a\},\{a,b\}\}$。设集合 X 与 Y 的笛卡儿积(积集)为:$X \times Y = \{(x,y) | x \in X, y \in Y\}$,$X \times Y$ 的一个子集 f 称为 X 与 Y 的一个关系。函数定义为:设 f 是 X 与 Y 的一个关系,即 $f \subseteq X \times Y$,若 $(x,y) \in f, (x,z) \in f$,必有 $y=z$,那么称关系 f 为函数。

(二)课程标准要求

《义务教育数学课程标准(2022 年版)》(以下简称"课标 2022")与《普通高中数学课程标准(2017 年版 2020 年修订)》(以下简称"课标 2017")均确立了核心素养导向的课程目标,核心素养具有整体性、一致性和阶段性。

对于具体教学主题或内容,教师要做到整体把握教学内容,包括教学主题或内容的结构体系、教学内容与核心素养的联系、教学内容的具体要求。函数是中学数学课程的核心内容之一,初中阶段函数包括函数的概念、一次函数、二次函数、反比例函数、函数与方程和不等式、利用函数解决相关实际问题,它们之间的关系可表示为图 1-2-2。

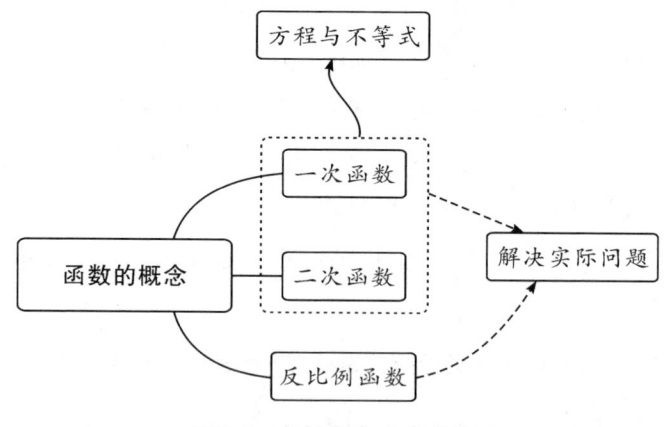

图 1-2-2 初中函数内容结构

初中阶段数学核心素养侧重对概念的理解,主要表现为:抽象能力、运算能力、几何直观、空间观念、推理能力、数据观念、模型观念、应用意识、创新意识。初中函数内容主要涉及抽象能力、几何直观、模型观念、应用意识等四个方面,具体而言:

抽象能力:探索简单实例或现实问题中的数量关系和变化规律,建立两个变量间变化的依赖关系;经历从实际情境中分析变量间关系的过程,抽象出函数的概念;理解用函数表达变化关系的实际意义。

几何直观:能画出函数的图象,根据图象和表达式探索并理解函数的性质;会根据一次函数的图象和表达式 $y=kx+b(k\neq 0)$,探索并理解 k 值的变化对函数图象的影响,知道二次函数的系数与图象形状和对称轴的关系,知道 $k>0$ 和 $k<0$ 时 $y=\dfrac{k}{x}(k\neq 0)$ 图象的整体特征。

模型观念:结合具体情境体会函数的意义,能够举出函数的实例;能够从现实生活或具体情境中抽象出函数相关问题,表示数学问题中的数量关系,求出相关结果并讨论结果的实际意义。

应用意识:有意识地利用函数概念解决现实世界中的问题,感悟现实生活中蕴含大量与函数相关的问题,可以应用相关知识进行解决。

(三)教材编排分析

教材是教师进行教学活动的重要参考,也是学生学习的重要资源,对教材编排的深入分析有利于教师更好地理解所教内容。中学数学教材通常以章进行组织和呈现,也可以看作单元的一种形式,教材编排分析可以遵循单元内容组织、具体主题(或节)内容分析的顺序,也建议教师对比不同版本教材,进而丰富对所教数学内容的认识,同时也能更深刻理解所使用教材的编排意图。

教材单元内容组织线索,可以用陈述方式表示,也可以用结构图表示。

案例:一次函数单元内容组织。

图 1-2-3 至图 1-2-5 为人教版、北师大版、北京版教材中"一次函数"单元的

内容组织结构图。

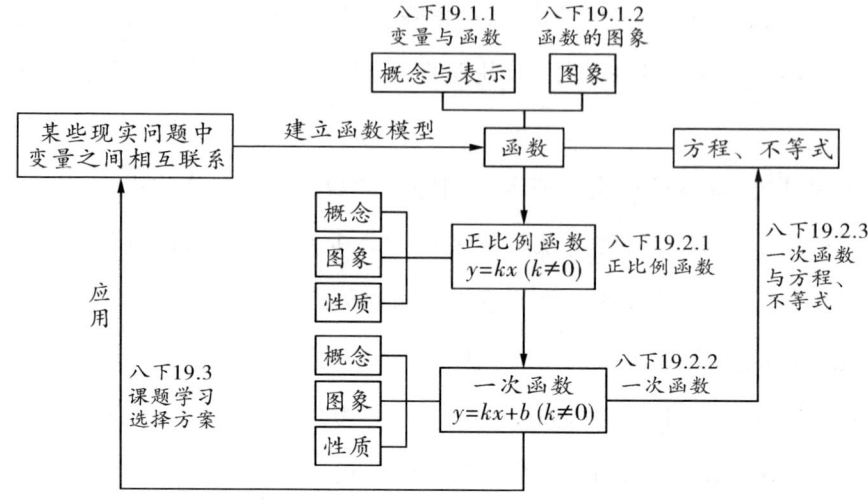

图 1-2-3 人教版教材"一次函数"单元结构图

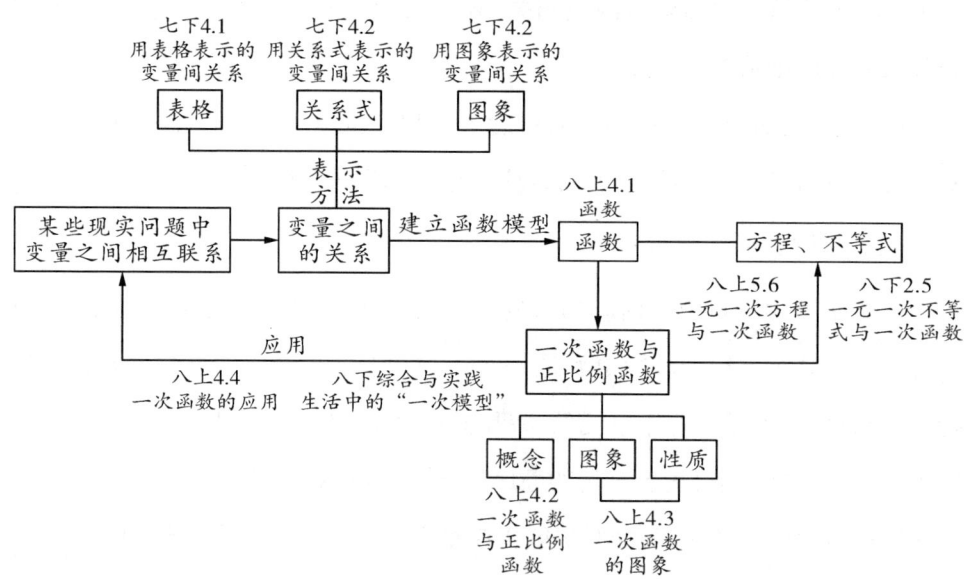

图 1-2-4 北师大版教材"一次函数"单元结构图

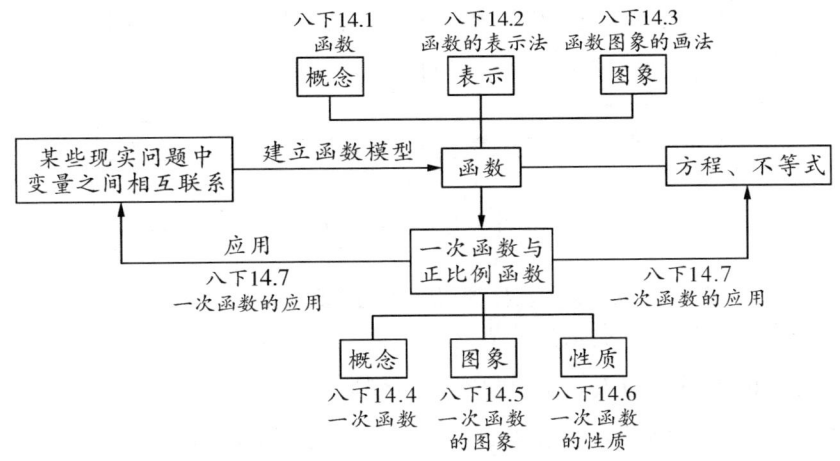

图 1-2-5 北京版教材"一次函数"单元结构图

三版教材在编排顺序上的不同主要体现在以下两方面：

人教版和北京版教材安排集中，系统性强。这两版教材将一次函数的内容集中安排在八年级下册教材中的一章集中学习，由函数概念、图象和性质，到函数与方程、不等式之间的关系，最后是函数的实际应用，衔接顺畅，知识连贯，知识点一环扣一环，层层递进，有利于学生系统地学习知识。

北师大版教材安排较为分散，体现了函数贯穿整个代数的主体地位，同时分散了难点。教材将一次函数的内容分成了几个部分，分别在七年级下册第四章、八年级上册第四章、八年级上册第五章、八年级下册第二章中出现，对函数的内容采用了与方程、不等式混合编排的方式，把函数知识渗透在整个初中代数教学中，成为贯穿代数的一条主线。这体现了课程标准所要求的循序渐进、螺旋上升的原则。

主题教学内容分析，以"一次函数与正比例函数"为例，三版教材在一次函数与正比例函数内容的编排顺序上差异较大，各有特点。

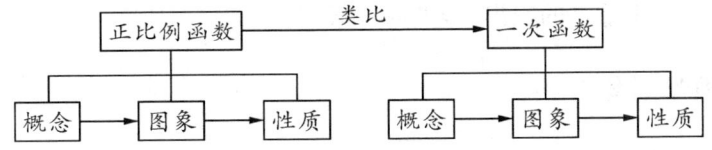

图 1-2-6 人教版教材"一次函数与正比例函数"内容结构

人教版教材把正比例函数和一次函数当作两个函数研究对象，有利于研究函数经验的积累与方法的形成。教材采用先研究正比例函数的概念、图象、性质,再研究一次函数的概念、图象、性质的方式,引导学生将正比例函数的研究思路与研究方法类比迁移至一次函数的研究中。

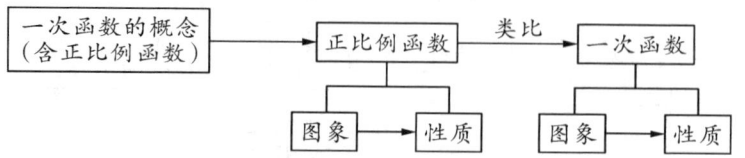

图 1-2-7 北师大版教材"一次函数与正比例函数"内容结构

北师大版教材将一次函数的概念与正比例函数的概念同时给出,突出二者一般与特殊的关系。与人教版教材类似,北师大版教材也采用了先研究正比例函数的图象与性质再研究一次函数的图象与性质的编排方式;不同之处在于,北师大版教材中一次函数与正比例函数的概念在同一节中出现,正比例函数的图象与性质和一次函数的图象与性质被安排在下一节内容。相较于人教版教材,北师大版教材更加突显正比例函数与一次函数间特殊与一般的内在联系。

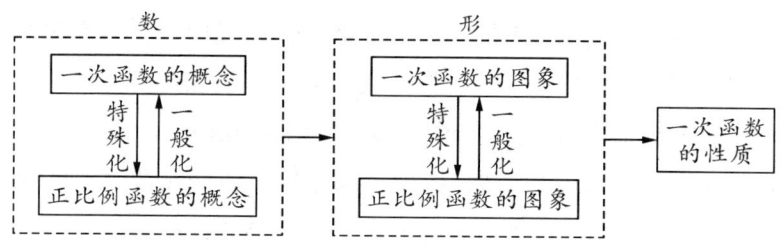

图 1-2-8 北京版教材"一次函数与正比例函数"内容结构

北京版教材引导学生从数和形两方面体会一次函数与正比例函数一般与特殊的关系。教材先在同一节中出现了一次函数和正比例函数的概念,第二节研究正比例函数和一次函数的图象,引导学生分别从数和形两方面体会正比例函数和一次函数间特殊与一般的联系,在第三节中回归一般情况,只研究了一次函数的性质,未单独研究正比例函数的性质,对特殊与一般关系的体现更加丰富,同时有利于重点的突出,难点的分散。

二、教学对象分析

教学对象分析即学情分析,包括学生的认知水平特点、学习该内容的知识经验和困难、非智力因素的特点,必要时可以在课前对所教授学生学习该内容的知识经验、思考经验或困难进行调研,以更好地确定学习目标和重难点,并为教学过程和活动设计、教学策略选择等提供参考。

(一) 学生认知水平

学生认知水平的分析,可以从学生一般认知水平、学习该内容的认知水平进行分析。

一般认知水平分析,参考心理学研究中关于认知发展的相关理论,如皮亚杰认知发展阶段理论中,八年级学生处于形式运算阶段,特征是个体形成关于抽象事物及具体事物的心理表象,并能对这些表象进行操作,形成抽象思维能力,能够进行系统思维。这种一般认知特点或水平的分析,对具体内容的教学目标确定针对性并不强。

学生对具体内容的认知或学习分析,可以参考已有研究的结论。如函数概念认知发展和理解困难,有很多学者做过研究。初中生对于函数概念的认识过程需要经历从常量到变量、从有限到无限、从低维到高维的过程,又因为学生的思维能力不同,造成学生对函数概念的认知层次有明显的差异,相关学者对此进行了深入的研究。曾国光将初中生对函数概念的认知发展过程分成三个阶段:作为"算式"的函数、作为"变化过程"的函数、作为"对应关系"的函数[①];濮安山将初中生对函数概念的认知水平划分为三个层次:运算阶段、符号阶段和综合阶段[②]。

(二) 学生的知识、经验基础

知识基础:学生已经学习过平面直角坐标系、方程与不等式等相关内容,利用方程、不等式模型解决过一些简单的实际问题。经过初中一年多的学习,积累了一定的学习经验,养成了数学学习的基本习惯。在物理、地理等学科的学习中,初步接触了图表,以及第一象限内的图象,用来分析、解决该学科的实际问题。

经验基础:在正式学习函数之前,学生没有接触过变量数学,只熟悉常量数学,其他学科虽有渗透,但并不系统;学生仍然停留在认为常量数学可以解决所有问题的层面;在学习方程、不等式等内容时,学生并不十分清楚它们之间的内

[①] 曾国光:《中学生函数概念认知发展研究》,《数学教育学报》,2002年第2期。
[②] 濮安山:《初中生函数概念发展研究》,博士学位论文,东北师范大学,2011,第3页。

在联系;学生数学建模的意识并不是很强,理性思维仍需提高。

（三）学生学前调研

学生学前调研的设计,是为了让教师对模糊的教学目标具体化,是相对于所执教班级的学生而言的,可以从知识技能、数学思考、问题解决三个方面进行,当然需要根据具体内容确定调研角度。

知识技能的学前调研。进入到初中阶段,很多学生有自学的意识和能力,因此对很多数学知识技能并不是一无所知的。了解学生课前知识技能掌握的程度,可以更合理地设置教学目标,优化教学活动设计,提高教学效率。教学实施中,有时候会遇到教师提出的问题,学生都能回答或者大部分学生能回答,有的教师很困惑:学生都会,我还教什么呢？一方面是教师没有在教学前了解学情,另一方面也反映了教师自身需要成长。

数学思考的学前调研。如函数概念教学前,教师为了解学生对函数概念的理解情况,设计了两个问题:(1)你听说过函数吗？(2)你觉得什么是函数？

问题解决的学前调研。如在探究三角形高线规律一课,教师初步确定教学目标之一是提高发现问题和提出问题的能力,为了解学生提出问题的现状,及学生是否有分类思考的意识,设计了这样的问题:请写出关于三角形的高线的位置的猜想,并画出相应的图形:(1)相对于三角形;(2)相对于其他高线。

三、教学目标制订

教学目标是学生学习后的预期结果,它处于教学设计的核心位置,教学目标确定主要依据教学内容分析和学生学情分析。

教学目标的确定需要注意多样性和层次性,中学数学教学目标可以参考课程标准的四个角度:知识技能、数学思考、问题解决和情感态度,目标撰写时可以是整合的方式,不一定分为四个方面陈述。教学目标的陈述要具体、可测,也就是说在学生学习完该内容后,可以通过一定的方式检测学生是否达成教学目标,如"能够根据具体问题情境列出相应的方程",这样的教学目标就是可测的。

教学目标描述一般由四个要素构成:行为主体、行为、情境或条件、程度。教学目标的一般撰写格式为:在条件下＋行为主体＋完成行为的＋程度。一般而言,教学目标的行为主体为学生,通过什么样的行为条件完成可以在陈述中不予体现,教学目标撰写可以缩写为:完成行为的+程度。

例:二次函数第 1 课时教学目标

(1)经历从实际情境中分析并表达变量间关系的过程,体会模型观念,归纳抽象二次函数的概念;

(2)体会二次函数的意义,初步感受二次函数有三种不同的表示方式;

(3)类比一次函数写出二次函数的一般形式,并讨论表达式中参数满足的条件,发展思维的严谨性;

(4)类比一次函数构建二次函数的研究内容、思路和方法。

四、教学过程和活动设计

思维型教学的模式或可参考的教学过程有以下三种模式[1],可以作为教学过程设计的参考,根据具体的教学内容可以灵活调整。

模式一:创设情境→提出问题→自主探究→合作交流→总结反思→应用迁移;

模式二:创设情境→问题1→探究1→交流1→问题2→探究2→交流2……→反思→迁移;

模式三:情境1→问题1→探究1→交流1→情境2→问题2→探究2→交流2……→反思→迁移。

教学过程是一个整体,是一节课或几节课的课堂教学的一个蓝图,整个教学过程围绕教学目标而展开,教学过程是由若干教学活动构成的。教学活动可以是教学模式中的某个环节,也可以由多个环节构成,教学活动之间是有逻辑关系的,这也是在设计教学过程时需要特别思考的。

案例:初中函数的初步认识

本节课教学设计主要过程包括:情境与问题→合作与探究→归纳与抽象→总结与反思。

环节一:情境与问题。

情境:"万物皆变"——行星在宇宙中的位置随时间而变化,气温随海拔而

---

[1] 严文法:《教学设计能力实训》,高等教育出版社,2019,第65—66页。

变化,汽车行驶的路程随时间而变化,……在周围的事物中,这种一个量随另一个量的变化而变化的现象大量存在。数学中的函数是研究变化的重要工具之一。

问题:关于函数,我们将研究哪些内容?如何进行研究?研究函数有什么用?

环节二:合作与探究。

设计了三个变化的情境,分别使用文字语言、表格、图象等三种不同表征,并兼顾变量的离散和连续取值两种情况,引导学生围绕"有哪些量?哪些量发生了变化?哪些量没有发生变化?不同量之间的变化关系是怎样的?"展开讨论。

环节三:归纳与抽象。

三个变化情境中,变量之间的关系就是函数。学生在合作探究的基础上归纳,用自己的语言表述函数概念的要点是什么,教师在学生回答的基础上给出函数的描述性定义。

环节四:总结与反思。

教师引导学生对知识、知识形成过程进行总结,并反思:函数概念的要点是什么?如何得到函数的概念?

第三节　思维型教学理论引领下的数学单元教学设计

　　思维型教学理论引领下的单元教学设计以发展学生核心素养为目标,强调基于核心概念开展单元教学,基本思路见图1-3-1[1]。单元教学设计注重体现数学知识之间的内在逻辑关系,以及学习内容与核心素养表现的关联[2]。在进行单元教学设计时,首先,理清单元的核心概念,理解所教内容的核心概念及学习进阶是关键点和难点;其次,综合教学内容分析和教学对象分析,制订基于核心概念的单元教学目标;再次,将单元教学目标分解到各个课时,需要注意分解不是分配,也就是说有些教学目标是通过不止一个课时来实现的,进而制订课时教学规划并进行教学实践;最后,实施教学评价,检验教学目标达成情况,反思单元教学实践并为教学改进提供依据。

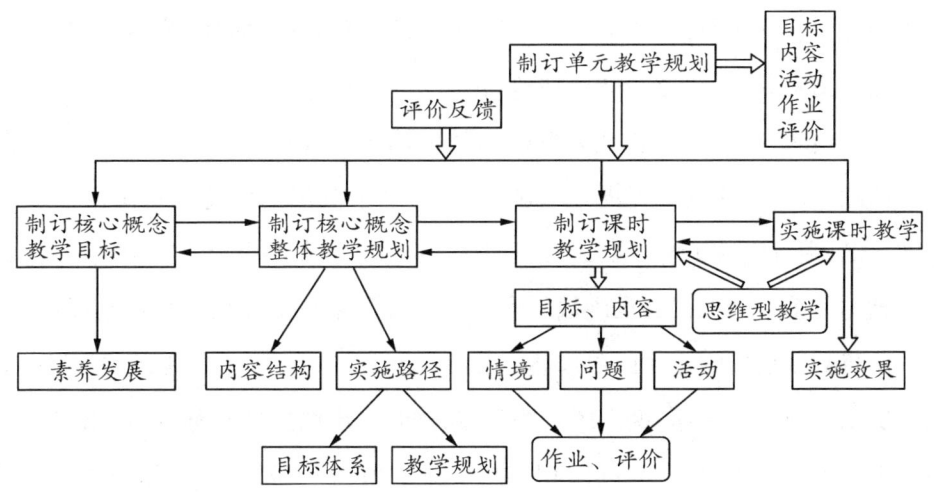

图1-3-1　单元教学设计基本思路

---

[1] 胡卫平:《思维型教学理论核心问题解析》,上海教育出版社,2023,第71—74页。
[2] 中华人民共和国教育部制定:《义务教育数学课程标准(2022年版)》,北京师范大学出版社,2022,第86页。

以初中数学"二次函数"单元教学设计为例①。核心概念可以在相关内容的学科本质、知识结构、研究方法等基础上进行分析,从操作层面而言,教师可以通过分析已有相关文献、课程标准、教材等,归纳得到函数或二次函数单元的核心概念。

一、教学内容分析

(一)课程标准要求

函数的图象和性质是函数研究的主体内容,属于初中数学"数与代数"领域。"函数"主要研究变量之间的关系,探索事物变化的规律,借助函数可以认识方程和不等式。"课标2022"中,对二次函数的内容要求和学业要求如下②:

内容要求:①通过对实际问题的分析,体会二次函数的意义;②能画二次函数的图象,通过图象了解二次函数的性质,知道二次函数系数与图象形状和对称轴的关系;③会求二次函数的最大值或最小值,并能确定相应自变量的值,能解决相应的实际问题;④知道二次函数和一元二次方程之间的关系,会利用二次函数的图象求一元二次方程的近似解。

学业要求:会通过分析实际问题的情境确定二次函数的表达式,体会二次函数的意义;会用描点法画出二次函数的图象,会利用一些特殊点画出二次函数的草图;通过图象了解二次函数的性质,知道二次函数的系数与图象形状和对称轴的关系。会根据二次函数的表达式求其图象与坐标轴的交点坐标;会用配方法将数字系数的二次函数表达式化为 $y=a(x-h)^2+k$ 的形式,能由此得出二次函数的顶点坐标,说出图象的开口方向,画出图象的对称轴,得出二次函数的最大值或最小值,并能确定相应自变量的值,解决简单的实际问题。知道

---

① 该研究来自北京教育学院2021级青蓝计划初中数学班研究成果,项目负责人杨小丽,指导教师李红云,成员为刘晴、孙海昆、张慧艳、于娜、高洪英、曹月,教学实践由孙海昆老师完成。
② 中华人民共和国教育部制定:《义务教育数学课程标准(2022年版)》,北京师范大学出版社,2022,第57,61页。

二次函数和一元二次方程之间的关系,会利用二次函数的图象求一元二次方程的近似解。

与本单元相关的主要数学核心素养:抽象能力、几何直观、模型观念和应用意识。单元内容与核心素养的关联如表1-3-1所示。

表1-3-1 单元内容与核心素养的关联

	抽象能力	几何直观	模型观念	应用意识
二次函数的概念、图象和性质、应用	通过对现实问题中变量的分析,建立两个变量间变化的依赖关系;经历从实际情境中分析变量间关系的过程,抽象出二次函数的概念;理解用函数表达变化关系的实际意义。	结合对二次函数解析式的分析画出二次函数的图象,通过图象分析二次函数的性质;建立二次函数解析式与图象的联系,构建二次函数数学问题的直观模型;建立适当的平面直角坐标系,分析实际情境与数学问题,探索解决问题的思路。	在学习过程中,知道数学建模是数学与现实联系的基本途径;从现实生活或具体情境中抽象出二次函数问题,能用二次函数表示数学问题中的数量关系,求出相关结果并讨论结果的意义。	能够感悟现实生活中蕴含着大量与二次函数解析式、图象有关的问题,可以用适当的数学方法予以解决;面对一个新问题时,找到解决问题的关键,突出主要矛盾,会分解问题,分析未知的部分。

函数概念的学习。函数概念是中学数学的核心概念,函数概念与函数的不同表征、函数的性质、函数的研究方法、函数的应用等都有联系。课标要求基于对实际背景和问题的分析,引导学生采用列表和列式的方法,对数量关系进行抽象和梳理,从中认识常量和变量的主要特征,并概括出变量间关系的共同特征。

函数性质的研究。"课标2022"中"数与代数"的"函数"部分,按照"总—

分"的原则,先描述了学习函数基本概念的要求,又分别介绍了一次函数、二次函数和反比例函数各自的特征。具体涉及函数图象和性质的要求分别是"能结合图象对简单实际问题中的函数关系进行分析""能画一次函数的图象,根据图象和表达式 $y=kx+b(k\neq0)$ 探索并理解 $k>0$ 和 $k<0$ 时图象的变化情况""能画二次函数的图象,通过图象了解二次函数的性质"。可见对于每类具体函数来说,通过函数图象得到函数的性质是最重要的。"课标2022"教学提示中特别提到,引导学生理解函数图象与表达式的对应关系,理解函数与对应的方程、不等式的关系。

函数的研究方法。尽管义务教育阶段对函数性质的研究是初步的,但有限的研究与讨论已经体现出研究方法的特征——从函数的数量特征和几何特征(图象)来刻画每一类具体函数的性质,在教学中要让学生感受到数形结合是研究每一类函数的重要思路和方法。

在设计二次函数单元教学时,①要基于学生一次函数的学习经验,分析二次函数学习的进阶;要思考如何将抽象能力、几何直观、模型观念、应用意识有机设计到相应课时中。②关于研究方法:二次函数的研究从解析式到图象、从图象到性质的研究过程,都突显了数形结合。本单元还体现了从特殊到一般、从简单到复杂、类比、归纳等思想。③学习重点:通过函数解析式、表格及图象等三种表征的分析,得到函数的性质;经历从特殊二次函数到一般二次函数的研究过程,引导学生理解函数图象与解析式的对应关系,理解函数与对应的方程的关系。

(二)单元结构分析

二次函数是义务教育阶段第四学段的重要内容,是整个初中数学教学的重难点。选择北京版、人教版两个版本教材,从内容安排、教材设计思路、章节具体内容三个方面进行分析。

北京版二次函数的教学安排在九年级上册,与反比例函数一起在第十九章;人教版二次函数安排在九年级上册第二十二章,反比例函数在九年级下册

第二十六章,具体安排如表 1-3-2。

表 1-3-2 两个版本教材内容安排

	北京版九年级上册 (共 12 个课时)	人教版九年级上册 (共 12 个课时)
内容安排	第一节:二次函数 第二节:二次函数 $y=ax^2+bx+c(a\neq 0)$ 的图象 　第 1 课时　二次函数 $y=ax^2$ 的图象 　第 2 课时　二次函数 $y=ax^2+c$ 的图象 　第 3 课时　二次函数 $y=a(x-h)^2$ 的图象 　第 4 课时　二次函数 $y=a(x-h)^2+k$ 的图象 　第 5 课时　二次函数 $y=ax^2+bx+c$ 的图象 第三节:二次函数的性质 第四节:二次函数的应用 　第 1 课时　实际问题与二次函数——方程近似解 　第 2 课时　实际问题与二次函数——利润问题 　第 3 课时　实际问题与二次函数——建模问题	第一节:二次函数的图象和性质 　第 1 课时　二次函数 　第 2 课时　二次函数 $y=ax^2$ 的图象和性质 　第 3 课时　二次函数 $y=ax^2+k$ 的图象和性质 　第 4 课时　二次函数 $y=a(x-h)^2$ 的图象和性质 　第 5 课时　二次函数 $y=a(x-h)^2+k$ 的图象和性质 　第 6 课时　二次函数 $y=ax^2+bx+c$ 的图象和性质 　第 7 课时　探究:用待定系数法确定二次函数表达式 第二节:二次函数与一元二次方程 　第 1 课时　二次函数与一元二次方程 　第 2 课时　利用二次函数的图象求一元二次方程的近似解 　信息技术应用　探索二次函数的性质 第三节:实际问题与二次函数

北京版教材设计思路:二次函数与反比例函数作为一个整体在第十九章,章前图是一个简单的开口向下的抛物线。教材设置的交流环节帮助学生展开研究思路,提升思维。第一节"二次函数"中,通过列出四个函数表达式,归纳二次函数的解析式的一般形式。第二节"二次函数 $y=ax^2+bx+c(a\neq 0)$ 的图象"中,对二次函数不同系数下的表达式通过列表法画出函数图象。第三节"二次函数的性质"中,通过图象探索二次函数的性质。第四节"二次函数的应用"中,给出应用二次函数解决实际问题的方法。最后小结复习。北京版教材将图象和性质分别进行研究,可见非常重视通过函数图象研究函数的性质。

人教版教材设计思路:从一幅插图入手,插图选用的是带有各种形状的喷泉,形似二次函数的图象,创设情境,使学生带着问题进入新的学习内容。教材每节课前有过渡语提示,引领学生明确当堂课的研究方向,教材设置的思考内容,关注学生研究思路的展开。第1课时"二次函数"中,通过两个实际问题的详细解答,引出二次函数的概念。第2课时"二次函数 $y=ax^2$ 的图象和性质"中,通过列表法得到函数 $y=ax^2$ 的图象,引导学生从解析式和图象学习函数的性质,如开口方向、开口大小、增减性、顶点、对称轴等。第3—6课时设计思路同上。第二节"二次函数与一元二次方程"中,引导学生从二次函数的实际问题入手,通过解答例题得到函数与方程的关系,利用二次函数 $y=ax^2+bx+c$ 深入讨论一元二次方程 $ax^2+bx+c=0$ 根的判别式。课外活动课"信息技术应用"中,利用计算机画图软件画出二次函数图象,探索二次函数的性质。第三节"实际问题与二次函数"中,以竖直向上抛出的小球为例,介绍生活中二次函数的应用。最后小结,整体上都强调利用函数图象推理函数性质,关注函数三种表征之间的转换,把图象和性质作为一个整体进行学习。

(三)课时内容分析

整体上,两版教材在二次函数这章的知识内容大致相同,都涉及二次函数的概念、图象与性质、与一元二次方程的关系以及应用。北京版教材将二次函数分成三个大方向,即二次函数的图象、二次函数的性质、二次函数的应用,并包含一个阅读材料。人教版教材将二次函数分成三大板块,即二次函数的图象与性质、二次函数与一元二次方程、实际问题与二次函数,其中包含两个阅读材料、一个数学活动。

1. 二次函数的概念

两个版本教材都是通过对问题情境的分析,确定了二次函数表达式,并通过举例分析让学生体会二次函数的意义,再给出一定数量的练习题让学生用二次函数表达式表示问题中的数量关系。两个版本的教材都遵循课标要求,从实际问题情境的分析中确定了二次函数的表达式,归纳得到二次函数的一般式。

北京版教材选取了三个数学模型问题和一个现实生产问题,通过对圆、矩形的面积、药品降价率问题的分析,列出二次函数的表达式。

人教版教材选取了三个问题,包括两个数学模型问题和一个现实生产问题,通过正方体表面积问题、球队比赛问题及工厂增产问题的分析,引出二次函数的概念,确定二次函数的表达式。

两个版本教材都注重用数学模型,理性思维浓厚。

2. 二次函数的图象与性质

两个版本教材在这部分的教学中都是特殊化的研究方法。从"描点法画函数 $y=x^2$ 的图象"开始,用运动、变换的观点,从特殊到一般,依次讨论 $y=ax^2$,$y=ax^2+c$,$y=a(x-h)^2$,$y=a(x-h)^2+k$ 和 $y=ax^2+bx+c$ 的图象与性质。

北京版教材将二次函数的图象和性质分别作为一节学习,按照先研究图象特征再研究函数性质的思路展开探究,注重合作交流。从页数上可以判断出北京版教材更强调函数图象的学习,且利用阅读材料讲解了抛物线和最速降线,让学生感受实际背景中的美丽曲线。北京版教材没有涉及二次项系数对抛物线开口大小的影响。

人教版教材将二次函数的图象和性质作为一个小节,从最简单的关于 y 轴对称的二次函数开始,接着讲解二次函数的顶点式,最后过渡到一般式,在每一种函数解析式上都强调利用函数图象推出函数性质,图象和性质作为一个整体学习,在研究抛物线图象和性质时分析了二次项系数对抛物线开口大小的影响。

3. 二次函数与一元二次方程

北京版教材对于二次函数与一元二次方程的关系这个内容没有安排独立节,此内容放在了"二次函数的应用"一节,教材开门见山地探究二次函数与一元二次方程根之间的关系以及一元二次方程的近似解。

人教版教材第二节"二次函数与一元二次方程"单独作为一小节,以实际问题引入,通过设置不同的问题,探究二次函数与一元二次方程之间的关系,获得了二次函数的图象和 x 轴交点个数与一元二次方程根的个数之间的关系。可见教材更重视前后章节知识的紧凑性和承上启下,真正将方程与函数思想的运用贯彻在教材中。

4. 二次函数的应用

两个版本教材都将应用单独作为一节进行研究,利用二次函数模型刻画变量之间的关系,例题的选取上都涉及利润最值问题和建模问题,通过合理建系,利用二次函数图象和性质解决实际问题。

(四)对本单元教学设计的思考

两个版本教材的研究顺序和课时基本一致。从教材编排看,北京版教材在每一节新知前有导语(图1-3-2),人教版部分课时以例题形式呈现直接进入新课(图1-3-3)。

我们再来研究 $y=a(x-h)^2+k$ 在 h 和 k 取不同的值时的图象和 $y=ax^2$ 的图象有怎样的关系.

实践

1. 二次函数 $y=2(x-3)^2+5$ 和 $y=2(x-3)^2-5$ 的图象与二次函数 $y=2(x-3)^2$ 的图象之间有怎样的关系?

2. 二次函数 $y=2(x-3)^2+5$ 和 $y=2(x+3)^2-5$ 的图象与二次函数 $y=2x^2$ 的图象之间又有怎样的关系?

图1-3-2 北京版(选自北京版《义务教育教科书数学九年级上册》)

22.1.3 二次函数 $y=a(x-h)^2+k$ 的图象和性质

例2 在同一直角坐标系中,画出二次函数 $y=2x^2+1$,$y=2x^2-1$ 的图象.

解:先列表:

x	...	-2	-1.5	-1	-0.5	0	0.5	1	1.5	2	...
$y=2x^2+1$	...	9	5.5	3	1.5	1	1.5	3	5.5	9	...
$y=2x^2-1$	...	7	3.5	1	-0.5	-1	-0.5	1	3.5	7	...

然后描点画图,得 $y=2x^2+1$,$y=2x^2-1$ 的图象(图22.1-6).

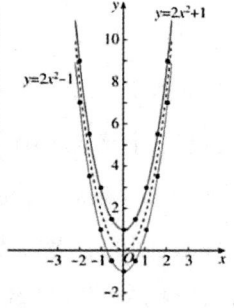

图1-3-3 人教版(选自人教版《义务教育教科书数学九年级上册》)

在教学过程中,教师如何让学生体会知识的生成过程,从而引发学生的思考,是单元教学设计时需要系统设计的。我们在核心概念视角下对二次函数进行单元整体教学设计,力求引导学生通过问题解决的方式展开学习,促进学生在问题探究与解决中系统地建立二次函数知识结构体系,理解二次函数的图象和性质;帮助学生在反思质疑中体会知识间的联系与区别,逐步完善对函数的理解；从整体上呈现几种不同形式的二次函数性质，帮助学生明白知识推演历程、深化知识理解，同时丰富研究函数的思路和方法，总结并积累研究函数的活动经验，为学生逐步理解函数奠定基础。

二、核心概念及进阶路线

基于教学内容的分析，归纳函数的核心概念如下：

（一）函数的核心概念

"函数"是初中"数与代数"领域的重要内容，函数的核心概念包括函数的概念、表征、性质、研究过程和方法等，具体体现如下：

（1）函数是刻画实际问题中两个变量之间关系的模型，关系中蕴含变化规律及特殊情况；

（2）函数具有不同的表征，不同表征之间有关系，可以相互转化；

（3）函数的性质是两个变量之间关系的不变性和规律性；

（4）函数的研究过程和方法包括：①从实际问题情境中抽象出函数的概念；②由特殊到一般，通过不同表征研究函数的性质。

（二）二次函数单元的核心概念

（1）二次函数是刻画实际问题中两个变量之间关系的模型；

（2）二次函数具有不同的表征，不同表征之间有关系，可以相互转化：①同一二次函数不同的表征及不同表征之间可以转化；②同一二次函数的不同解析式形式之间可以转化；③不同二次函数解析式所对应图象表征的关系；

（3）二次函数的性质主要有：增减性、最大（小）值、对称性；

（4）二次函数的研究过程和方法包括：①从实际问题中的变量关系抽象出二次函数的概念；②由特殊到一般，通过不同表征研究二次函数的性质；③研究二次函数与一元二次方程的关系。

（三）初中阶段"函数"单元的核心概念及进阶路线

将二次函数置入初中函数视角下，初中"函数"单元的核心概念及学习进阶可以表示为图1-3-4。

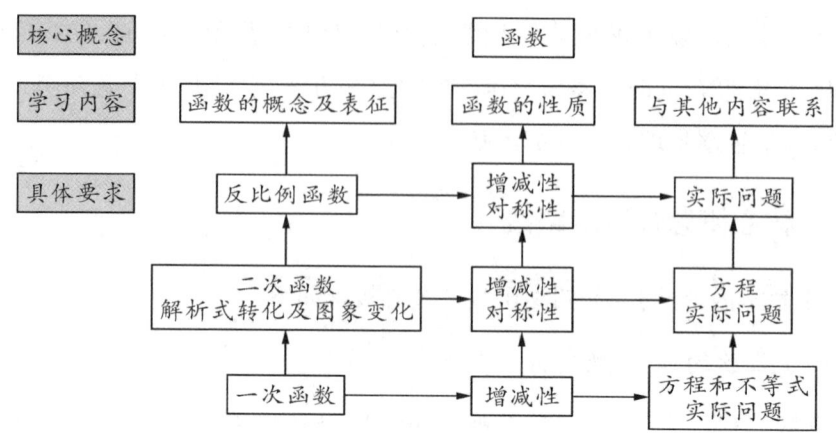

图1-3-4 初中阶段"函数"的核心概念及进阶路线

三、教学对象分析

学生的认知特点。九年级学生有较强的求知欲，他们对新知识有好奇心，函数研究变化过程中的规律，对于他们来说比较新奇。学生具有一定的实践能力和抽象能力，但相对比较感性，仍需要借助直观感知理解抽象的概念。二次函数的研究从解析式和图象两个方面开展，符合他们的认知特点。

学生的知识经验。九年级学生已经掌握了二次整式，包括完全平方式、方程的概念及运算，为二次函数解析式的研究，如解析式从一般式化为顶点式、函数的最值、图象与坐标轴的交点等奠定了计算基础。他们已经学习了函数的概念，了解函数的三种表征方式；已经研究过一次函数，对函数的研究思路与方法有初步的认识，对函数三种表征方式间的转换与联系有一定的了解，对函数的增减性比较熟悉，但是对函数图象的对称性比较陌生，不过学生具备图形及轴对称变化的相关知识，理解图形的轴对称性及平面直角坐标系中关于特殊直线对称的两点的坐标特征。

学生的学习困难。学生对于抽象概念元素的理解存在差异。在函数概念及一次函数的学习过程中，学生对一些抽象的概念（如增减性、用函数观点看方程和不等式）的理解存在不同程度的差异。在二次函数教学中需要重点关注这方面的基础和发展。

授课学生的分析。此次实施教学设计的学生是B省H区某所一般学校中两个班的学生，他们初步具备运用已学知识解决问题、探索问题和独立思考、总结归纳知识、小组合作学习的能力。在代数相关单元学习中,学生能将已学知识和运算规律运用于分析问题、解决问题的过程中。大多数学生在老师提出问题的时候,积极参与讨论,敢于向老师提出自己的看法。一些学生对发现的问题能"对症下药",提高自己的能力。在学习过程中,能汲取老师和同学的经验,简单进行自我反思与总结,善于归纳和总结学过的知识,从而为以后的学习打下扎实的基础。数学课堂内外有过小组合作探究问题的经历,能够比较顺畅地合作交流,相互启发、相互补充。在以往教学过程中,大部分学生能积极参与课堂活动,如操作实践、自主思考、课堂讨论等。从每次布置作业来看,绝大部分学生能按时完成老师布置的必做题及思考作业,有较好的学习态度和习惯。

四、单元教学目标

基于教学内容分析、核心概念及进阶路线、教学对象分析,确定二次函数单元教学目标。本单元的基础目标:面对一个新函数时,能够对不同的表征进行转换,能够从不同的表征对函数性质进行研究。高阶目标:分析已知和未知的关系,将问题分解,突出主要矛盾,找到解决问题的关键。

二次函数单元具体目标见表1-3-3,从核心概念角度对教学目标进行了分解。

表1-3-3 二次函数单元教学目标

核心概念分解	目标分解
函数是刻画实际问题中变量之间关系的模型,关系中蕴含变化规律及特殊情况。	1. 经历从实际情境中分析变量之间关系的过程,抽象出二次函数的概念; 2. 能够将实际情境中的问题抽象成数学问题,根据实际问题或数学问题建立适当的坐标系,并求出二次函数解析式; 3. 运用二次函数表达实际问题中的数量关系及变化规律,体会二次函数的意义,求出结果并讨论结果的意义。
二次函数具有不同的表征,不同表征之间有关系,可以相互转化。	4. 会用描点法画出二次函数的图象,能够利用特殊点和性质画出二次函数的草图; 5. 能够借助解析式、表格和图象三种方式表示二次函数,体会三种表达方式之间的关系; 6. 能够理解解析式的变化与对应函数图象的变化之间的关系; 7. 能够利用配方法,将二次函数的一般式转化为顶点式,写出对称轴方程和顶点坐标; 8. 能够利用待定系数法求出二次函数解析式。

续表

核心概念分解	目标分解
类比一次函数的研究过程和方法，由特殊到一般，通过不同表征研究二次函数的性质。	9.类比一次函数知识结构，构建二次函数章节框图，并在研究中完善和发展； 10.通过观察图象和分析解析式，能说出二次函数的性质； 11.经历研究二次函数的过程，能够通过分析解析式、观察图象特征、列表计算研究函数性质，体会从特殊到一般的研究思路，积累研究函数的经验； 12.能够从解析式和图象两种不同的表示方式，了解二次函数和方程之间的关系；会利用二次函数的图象求相应一元二次方程的近似解； 13.能够类比二次函数的研究过程，研究一个新的函数；形成研究函数性质的清晰思路，会发现问题，并能提出后续研究的问题； 14.结合对函数关系的分析，能对变量的变化趋势进行初步推测。

五、单元教学规划与实施

综合上述分析，设计了如下 12 个课时（图 1-3-5）。

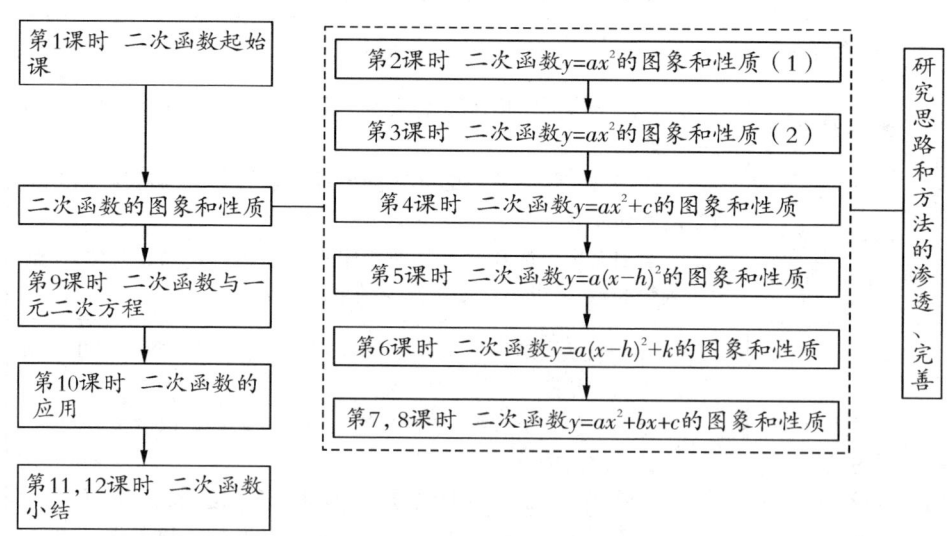

图 1-3-5 单元教学流程

在第 1 课时中,引导学生根据已有的学习一次函数的经验,设计和规划二次函数单元的学习内容、研究思路及方法,如从特殊的解析式(某些字母取0的情况)到一般的解析式进行研究,观察函数图象得出性质等,师生共同绘制单元框图。

在第2—8课时中,引导学生按照最初的规划进行研究,并且在每节课中加入了通过分析解析式得出或猜想性质的环节,加强学生对函数解析式的认知和理解。为了让学生对二次函数的图象(抛物线)有更清晰深刻的认识,设计了第2课时探究二次函数$y=x^2$的图象和性质,带领学生扎实分析解析式、取点、描点、连线,体会取点时要对称,曲线要平滑等,为学生后续研究其他二次函数奠定方法和知识基础。在每节课中,引导学生从解析式角度分析本节课研究的二次函数与上节课研究的二次函数的区别和联系,使课时之间联系更紧密。有些课在结束环节,会对单元框图进行调整,如第4课时学习后,学生自然想到了抛物线既然可以上下平移,那么左右平移解析式会怎样变化?既上下平移又左右平移如何变化?此时,师生共同调整单元框图,后续课时按调整结果进行学习。

小结课时,师生再次回顾单元框图以及调整过程,并进一步完善,形成了知识体系,落实了研究思路和方法。

二次函数单元的核心概念在12个课时中有机融入,具体见表1-3-4。

表1-3-4 各课时所体现的核心概念点

课时	1	2	3	4	5	6	7	8	9	10	11	12
函数概念	√									√		
实际应用	√									√	√	
表征		√	√	√	√	√	√	√	√	√	√	√
性质		√	√	√	√	√	√	√	√			
过程方法	√	√	√	√	√	√	√	√			√	√
模型	√								√	√		

函数概念、模型、实际应用主要在第1课时和第10课时体现。第1课时,由实际情境引入,用函数关系式刻画实际问题中两个变量之间的关系,并总结归纳出二次函数的定义,引导学生体会二次函数是刻画实际问题中两个变量之间

关系的模型；第10课时，在研究完二次函数的性质后，学生不仅用二次函数刻画实际问题中两个变量之间的关系，还能够表达其中的变化规律，利用二次函数的性质求出实际问题的结果，再对结果的实际意义进行讨论。章节课时首尾呼应，培养学生的模型思想和应用意识。

二次函数不同表征之间的关系及转化体现在第2—12课时。第2—8课时，从简单到复杂研究各类二次函数的图象和性质，内容安排均是分析解析式、列表并分析、画图象并观察，从而得出性质。在这个过程中，始终渗透同一二次函数不同的表征及不同表征之间的关系及转换。在每一类解析式形式的二次函数研究中，遵循从特殊到一般的研究方法，对系数先取特殊值再推广到一般，渗透不同的二次函数解析式所对应图象表征的关系，即解析式中系数与图象特征之间的对应关系。在第7，8课时中，研究以一般式表达的二次函数，同时渗透同一二次函数的不同解析式形式之间的关系及转换。第9，10课时，在数学问题和实际问题中运用二次函数，需要主动调用多种表征，关注它们之间的联系。第11，12课时，把研究二次函数的经验运用到新函数的研究中，解析式、表格、图象具有新的特征，引导学生对表征方式进行迁移运用，以深入理解。

分析函数的性质是本单元的重点内容，它与研究二次函数的过程和方法主要体现在第2—8，11—12课时。第1课时，类比一次函数的研究，规划二次函数的研究路径，特别体现了从特殊到一般的研究过程。第2—8课时，研究不同类型二次函数的性质，研究过程方法类似，研究主体从教师主导逐步过渡到学生自主研究，每课时结束后，师生共同讨论是否调整原有研究路径。第9—10课时，利用二次函数的性质解决数学问题和实际问题。第11，12课时，回顾本章研究过程及内容，深入体会，首尾呼应，体现了初中阶段函数研究的进阶。类比二次函数的研究内容和思路方法，研究新函数的性质，实现知识的近迁移；同时渗透了不同类函数由于对应关系不同，所以不变性和规律性也不尽相同，一定程度上避免了二次函数性质的负迁移。

二次函数模型与一元二次方程模型之间的关系主要体现在第9课时。本课从解析式、图象、表格三种表征方式分析二次函数与一元二次方程之间的关系，在理解关系的基础上，运用二次函数图象估计相应一元二次方程的近似解。

六、课时教学规划与实施

第1课时 二次函数起始课

【教学目标】

1. 经历从实际情境中分析并表达变量间关系的过程,体会模型观念,归纳抽象二次函数的概念;

2. 体会二次函数的意义,初步感受二次函数有三种不同的表示方式;

3. 类比一次函数写出二次函数的一般式,发展思维的严谨性;

4. 类比一次函数,构建二次函数的研究内容、思路和方法。

【教学重点】

理解二次函数的概念。

【教学难点】

类比一次函数,构建二次函数的研究内容、思路和方法。

【教学活动设计】

活动1. 情境引入,体察新知:通过实际问题,得到四个具体二次函数解析式,为归纳二次函数的概念做准备;

活动2. 对比归纳,抽象概念:通过观察写出的解析式,归纳抽象二次函数的概念;

活动3. 适时检测,巩固新知:通过辨识练习及举例,加强对二次函数概念的理解;

活动4. 类比迁移,研究设想:总结研究函数的学习过程,画出框架图;

活动5. 小结提升,统摄全章:构建二次函数的研究内容、思路和方法。

第2课时 二次函数 $y=ax^2$ 的图象和性质(1)

【教学目标】

1. 类比一次函数分析二次函数的一般式,体会二次函数的研究路径和方法;

2. 会用描点法画出 $y=x^2$ 的图象,了解抛物线的有关概念;

3. 经历二次函数 $y=x^2$ 的研究过程,体会可以借助表格、分析解析式和观察图象研究函数的方法。

【教学重点】

得到二次函数的研究路径和方法。

【教学难点】

画出二次函数 $y=x^2$ 的图象。

【教学活动设计】

活动1. 从解析式角度探究二次函数 $y=x^2$：由数想形，根据自变量的取值范围和自变量与函数对应关系的特点，猜想 $y=x^2$ 的图象特征；

活动2. 描点画图：在对解析式分析的基础上，讨论如何取点、连线；

活动3. 从图象角度探究二次函数 $y=x^2$：借形推数，第二次对性质进行认识；

活动4. 分析性质：整体分析二次函数的图象和性质；

活动5. 小结与作业，规划下一步研究路径，继续完善本章框架。

第3课时　二次函数 $y=ax^2$ 的图象和性质（2）

【教学目标】

1. 能够借助表格、解析式、图象三种表示方式分析二次函数 $y=ax^2$ 的性质，体会三种表示方式之间的关系；

2. 能够理解二次项系数 a 的变化与对应函数图象的变化之间的关系；

3. 通过完善二次函数研究的路径，积累研究函数的经验。

【教学重点】

二次函数 $y=ax^2$ 的图象和性质。

【教学难点】

二次项系数 a 的变化对函数 $y=ax^2$ 图象的影响。

【教学活动设计】

活动1. 由上节课 $y=x^2$ 的解析式前面乘系数 a 得到 $y=ax^2$，从解析式的角度分析 y 与 x 之间的关系发生了什么变化；

活动2. 观察作业中的函数图象，反思关于 a 的取值考虑过哪些问题，观察并分析 a 的不同取值如何影响函数图象变化；

活动3. 观察画 $y=ax^2$ 的图象时表格中所取的值，分析解析式得出函数性质；

活动 4. 观察归纳画出的几组形如 $y=ax^2$ 的函数图象的共性;

活动 5. 总结二次函数 $y=ax^2$ 的性质,规划下一步研究路径,完善本章框架。

第 4 课时 二次函数 $y=ax^2+c$ 的图象和性质

【教学目标】

1. 会用描点法画出二次函数 $y=ax^2+c$ 的图象;

2. 能够借助表格、解析式、图象三种方式分析二次函数 $y=ax^2+c$ 的性质,体会三种方式之间的关系;

3. 能通过解析式和图象理解 $y=ax^2+c$ 与 $y=ax^2$ 之间的关系;

4. 从解析式的变化与对应函数图象的变化之间的关系,积累研究函数的经验。

【教学重点】

二次函数 $y=ax^2+c$ 的图象和性质。

【教学难点】

理解 $y=ax^2$ 与 $y=ax^2+c$ 之间的关系。

【教学活动设计】

活动 1. 由上节课研究的 $y=ax^2$ 的解析式加上常数 c,得到 $y=ax^2+c$,分析 y 与 x 之间的关系发生了什么变化;

活动 2. 从表格中所取的值来观察 $y=ax^2+c$ 的函数图象特点。先画出函数 $y=2x^2+1$ 的图象,再发现二次函数 $y=ax^2+c$ 的图象特点;

活动 3. 探讨如何迅速画出几组形如 $y=ax^2+c$ 的函数图象;

活动 4. 观察画出的几组形如 $y=ax^2+c$ 的函数图象,得出此类函数的性质;

活动 5. 总结形如 $y=ax^2+c$ 的函数与 $y=ax^2$ 的联系;

活动 6. 总结二次函数 $y=ax^2+c$ 的性质,完善本章框架;提出猜想:$y=ax^2$ 的图象如果左右平移,将得到函数 $y=a(x-h)^2$ 的图象。

第 5 课时 二次函数 $y=a(x-h)^2$ 的图象和性质

【教学目标】

1. 会用描点法或借助特殊点画出二次函数 $y=a(x-h)^2$ 的图象;

2. 能借助表格、解析式、图象三种方式研究二次函数 $y=a(x-h)^2$ 的性质,体会三种表示方式之间的关系,体会研究函数图象和性质的一般方法,体会从特殊到一般的研究思路;

3. 能理解 $y=ax^2$ 与 $y=a(x-h)^2$ 所对应函数图象之间的关系,体会数形结合思想。

【教学重点】

二次函数 $y=a(x-h)^2$ 的图象和性质。

【教学难点】

理解 $y=ax^2$ 与 $y=a(x-h)^2$ 所对应函数图象之间的关系。

【教学活动设计】

活动1. 回顾二次函数 $y=ax^2$,$y=ax^2+c$ 的研究内容和思路方法;

活动2. 研究二次函数 $y=a(x-h)^2$ 的图象和性质:先分析解析式猜想性质,利用解析式验证图象的性质;再观察表格、图象,猜想函数的性质,并利用解析式验证;

活动3. 课堂小结及预告:回顾本节课的研究内容和思路方法,预告下节课把二次函数 $y=a(x-h)^2$ 变形得到 $y=a(x-h)^2+k$,研究其图象和性质。

第6课时 二次函数 $y=a(x-h)^2+k$ 的图象和性质

【教学目标】

1. 能够借助表格、解析式、图象三种表示方式研究二次函数 $y=a(x-h)^2+k$ 的性质,体会三种表示方式之间的关系,体会研究函数性质的思路和方法;

2. 理解二次函数 $y=a(x-h)^2+k$ 与二次函数 $y=ax^2$ 解析式变化与图象变化之间的关系,理解它们性质之间的关系,体会从特殊到一般的研究思路,体会数形结合思想;

3. 在小组合作探究二次函数 $y=a(x-h)^2+k$ 的图象和性质的过程中,加深理解研究函数图象和性质的一般方法,养成合作交流、反思质疑的习惯。

【教学重点】

二次函数 $y=a(x-h)^2+k$ 的图象和性质。

【教学难点】

理解二次函数 $y=a(x-h)^2+k$ 与二次函数 $y=ax^2$ 解析式变化与图象变化

之间的关系,理解它们性质之间的关系,体会从特殊到一般的研究思路,体会数形结合思想。

【教学活动设计】

活动1. 回顾二次函数 $y = ax^2, y = ax^2 + c, y = a(x-h)^2$ 的研究内容和思路方法;

活动2. 研究二次函数 $y = a(x-h)^2 + k$ 的图象和性质:小组合作,自定思路和方法研究,之后小组交流;

活动3. 课堂小结及预告:回顾本节课的研究内容和思路方法,预告下节课将研究 $y = ax^2 + bx + c$ 的图象和性质,思考它与之前研究的函数有什么联系,能不能转化为研究过的函数,怎样转化。

第7,8课时　二次函数 $y = ax^2 + bx + c$ 的图象和性质

【教学目标】

1. 体会二次函数的意义,知道二次函数有三种不同的表示方式;

2. 能够利用配方法,将二次函数的一般式转化为顶点式,写出对称轴方程和顶点坐标;

3. 会从表格、解析式、图象三个维度上认识二次函数 $y = ax^2 + bx + c$ 的性质;

4. 能够利用待定系数法求出二次函数解析式。

【教学重点】

1. 二次函数 $y = ax^2 + bx + c$ 的图象和性质;

2. 根据问题灵活选用二次函数表达式的不同形式,求出函数解析式。

【教学难点】

1. 将二次函数 $y = ax^2 + bx + c$ 转化成 $y = a(x-h)^2 + k$ 的形式,研究其图象和性质;

2. 根据问题灵活选用二次函数表达式的不同形式,求出函数解析式。

【教学活动设计】

活动1. 根据前面的学习经验,设计探究 $y = ax^2 + bx$ 和 $y = ax^2 + bx + c$ 的性质的研究思路;

活动2. 利用配方法将二次函数 $y = ax^2 + bx + c$ 转化成 $y = a(x-h)^2 + k$ 的

形式,并得出其性质;

活动3. 通过相关练习,加强对二次函数一般式及顶点式两种表征的理解;

活动4. 根据问题灵活选用二次函数表达式的不同形式,求出函数解析式;

活动5. 回顾本节课的研究内容和方法。

第9课时 二次函数与一元二次方程

【教学目标】

1. 能从解析式和图象两个角度了解二次函数与一元二次方程的关系,构建发展联系的知识体系;

2. 能根据一元二次方程根的判别式判断与之相应的二次函数图象与 x 轴交点的情况,会利用二次函数的图象得到一元二次方程的近似根;

3. 通过对二次函数和一元二次方程间关系的探究,进一步体会数形结合以及由特殊到一般的思想方法,培养几何直观,提高分析问题、解决问题的能力。

【教学重点】

二次函数与一元二次方程之间的关系。

【教学难点】

体会用函数观点认识一元二次方程。

【教学活动设计】

活动1. 从解析式角度探究二次函数与一元二次方程的关系;

活动2. 从图象角度探究二次函数与一元二次方程的关系;

活动3. 借助一元二次方程根的判别式研究二次函数图象与 x 轴交点的情况;

活动4. 课堂小结:从知识、思想方法等角度梳理本节课的探究过程与内容;

活动5. 类比研究函数与方程关系的路径,思考探究函数与不等式的关系。

第10课时 二次函数的应用

【教学目标】

1. 经历根据实际情境提出问题并将实际问题抽象为数学问题的过程,提高提出问题、分析问题、解决问题的能力,渗透模型观念、转化思想;

2. 运用二次函数表达实际问题中的数量关系,进一步复习、巩固二次函数

的图象和性质,掌握利用顶点坐标求函数最值和求函数零点的方法,并结合实际问题讨论结果的意义;

3. 能根据实际问题建立适当的坐标系,通过学生之间的讨论、交流、探索,体会不同的建系方法在求解析式与解决实际问题中的优劣;

4. 通过呈现不同的生活情境,体验数学与生活的紧密联系,感受数学的应用价值。

【教学重点】

利用二次函数的图象和性质解决实际问题。

【教学难点】

选择恰当的建系方法求出函数的解析式和实际问题的解。

【教学活动设计】

活动1. 创设情境,引发学生思考,引导学生根据情境自主提出实际问题;

活动2. 根据学生提出的实际问题,引导学生转化为数学问题并尝试解决;

活动3. 改变问题情境,根据之前解决问题的经验,学生自主选择方法建系并解决问题;

活动4. 课堂小结:从知识、思想方法等角度梳理本节课的探究过程与内容;

活动5. 二次函数应用拓展。

第11,12课时 二次函数小结

【教学目标】

1. 通过小组绘制、展示、评价本单元知识结构图,回顾二次函数的研究内容及研究思路方法,构建知识网络;

2. 利用二次函数研究经验,对给定新函数的解析式和图象进行研究,深入体会函数研究方法和函数三种表征形式之间的联系;

3. 在分析解析式结构的基础上,提出可继续研究的问题,发展提出问题的能力。

【教学重点】

回顾二次函数的研究内容及研究思路方法,构建知识网络;深入体会函数研究方法和函数三种表征形式之间的联系。

【教学难点】

深入体会函数研究方法和函数三种表征形式之间的联系。

【教学活动设计】

活动1.梳理内容,构建体系:交流课前学生梳理的本章内容,老师点评,小组完善;

活动2.概念回顾,方法迁移:利用二次函数研究经验,研究变化后的二次函数的图象和性质;

问题1:$y^2 = -x^2 + 16$ 是函数吗?是二次函数吗?

问题2:$y^2 = -x^2 + 16$ 包含 x 和 y 两个变量,请你尝试在坐标系中画出它的图象,类比二次函数研究它的性质。

问题3:刚才我们把二次函数中 y 的次数升为2次,它虽然不是函数,但我们也类似研究了它的图象和性质。对于这个方程,你认为还可以怎样进行变化进而研究呢?

活动3.小结提升:本节课我们共同梳理完善了二次函数的知识框图,回顾了二次函数的研究思路、方法和内容,发现它不仅体现在我们所学的一次函数和二次函数中,还可以用在研究其他类似函数的问题中,将来大家会遇到更多函数和方程,相信你们能将这种方法应用到新的学习中。

七、单元教学的评价设计

教学评价是教学设计的重要组成部分,教学评价可以是不同范围的,具体到一节课、一个单元或者一个学期;教学评价的方式有多种,有纸笔测试、表现性评价、过程性评价、档案袋评价等方式;评价主体是多元的,包括教师评价、学生互评、学生自评、家长评价等。

教学评价要以教学目标为依据,首先,评价项目的设计要符合教学目标;其次,教学评价内容要是多个维度的,如数学教学目标的基础知识和技能、数学思考、问题解决、情感态度四个方面;再次,要注重过程性的评价;最后,从发展性角度分析和利用学生评价的结果。

教学评价的结果,一方面可以帮助教师进行教学反思,进而改进教学设计,促进自身的专业发展;另一方面通过教学评价所获得的学生学习情况的反馈,教师可以掌握学生基础知识技能掌握情况和数学思维发展情况,从而更有的放矢地进行指导和改进教学,促进学生数学思维的发展。

二次函数单元教学实施后,对照单元教学目标,设计了单元教学评价题目。

重点评估学生对二次函数概念的理解程度,评价学生对二次函数性质的掌握情况。如抛物线的开口方向、对称性、顶点等,二次函数的增减性及最大值、最小值等性质。

评价学生对二次函数不同表征及不同表征之间转换的能力。如能否将图象的变化对应到解析式中系数的变化。

评价学生运用二次函数解决实际问题的能力,通过具体例子测试学生能否将实际问题抽象成二次函数模型,能否建立适当的坐标系,能否检验数学结果的合理性。

评价学生对二次函数与一元二次方程间的联系的掌握情况。能否利用方程求抛物线上点的坐标,能否表达如何用二次函数图象求一元二次方程的近似根。检验学生的数学思维,通过设计具有一定难度和挑战性的题目,考查学生创新应用二次函数知识分析问题的能力。

此次单元评价以一套测试题为工具,依据课时目标形成题目,对照单元目标建构框架,整合题目形成评价工具。评价中涉及本单元的主干知识、思想方法、核心概念(表1-3-5),共有选择题6道、填空题9道、解答题5道。

表1-3-5 评价题目说明

单元目标	题号	评价目的	题型
函数是刻画实际问题中变量之间关系的模型,关系中蕴含变化规律及特殊情况。	1	解析式表征的二次函数概念	选择
	15	对称性(图象)、模型意识、函数的零点。运用二次函数表达实际问题中的数量关系,求解结果并结合实际问题讨论结果的意义	填空
	19	能够将实际情境中的问题抽象成数学问题,根据实际问题或数学问题建立适当坐标系	解答

续表

单元目标	题号	评价目的	题型
二次函数具有不同的表征，不同表征之间有关系，可以相互转化。	2	由解析式直观想象图象表征，通过分析解析式，能说出二次函数的性质	选择
	3	数形结合，既可以由平移得解析式，也可以由解析式判断平移的方式	选择
	8	能够利用配方法，将二次函数的一般式转化为顶点式，写出对称轴方程和顶点坐标	填空
	10	能够理解解析式的变化与对应函数图象的变化之间的关系	填空
	11	能够利用待定系数法求出二次函数解析式	填空
	16	能够借助表格、解析式、图象三种表示方式了解二次函数的性质，体会三种表示方式之间的关系	解答
	17	能够利用待定系数法求出二次函数解析式	解答
类比一次函数的研究过程和方法，由特殊到一般，通过不同表征研究二次函数的性质。	4	二次函数的增减性和对称性，能够利用特殊点和性质画出二次函数的草图，能对变量的变化趋势进行初步推测	选择
	5	二次函数的对称性，抛物线上对称的两点的坐标与对称轴之间的关系	选择
	6	通过观察 $y=ax^2+c$ 的图象，能说出二次函数的性质	选择
	7	将函数图象的对称性转化为关系式的表示	填空
	9	二次函数的增减性、最值及图象的对称性	填空
	12	对称性（图象）、函数与方程的关系，能够从图象的表示方式了解二次函数和一元二次方程之间的关系	填空
	13	最值（图象）、函数与方程的关系，能够从解析式的表示了解二次函数和一元二次方程之间的关系	填空
	14	能表达如何用二次函数图象求一元二次方程的近似根	填空
	18	最值（图象）、函数与方程的关系、一元二次方程根的判别式	解答
	20	能画出二次函数的草图，能观察图象说出函数的性质，能利用函数的图象求相应方程的近似解	解答

八、单元教学反思

本次实施单元教学，虽然总体课时上与以往差别不太大，但是我们在观念上有很大转变，更注重单元整体设计，关注课时之间的联系，使得单元主线清晰，每节课在核心概念的主线下设计，重点更加突出，思想方法的渗透效果更明显。

1. 刻画实际问题中变量之间关系

函数在初中阶段是一个重要的概念。理解变量间关系的本质及其变化规律及特殊情况，这一点在二次函数教学中尤为重要。为了让学生更好地理解这一点，在起始课和实际问题课时中，选择了丰富广泛的实际情境，如投篮、包装盒、中国天眼、拱梁、喷水柱等，引导学生发现二次函数在实际生活中的应用。通过富有生活气息的例子，激发了学生学习的兴趣，增强了学生的应用意识。

注重引导学生发现实际情境中的常量与变量，而不是直接给出；对于抛物线型的实际情境，更注重引导学生分析图象的特征，将其上的点与二次函数图象上的特殊点对应，建立适当的坐标系用解析式刻画图象；在分析问题过程中，更注重数量的实际意义与函数相关量之间的对应与转化。对上述几方面的重视，使得学生对模型思想理解得较为深入。这一点在单元评价及学生后续解决问题中体现明显。

2. 关注函数不同表征之间的关系和转化

为了更突出函数图象的重要性和作用，也为给后续研究奠定基础，在第 2 课时设计了画 $y=x^2$ 的图象并研究它的性质。在这一课中，学生扎实地列表、描点、连线，画出 $y=x^2$ 的图象，观察它的特征，既积累了活动经验，又为后续课时画草图打好了基础。在研究每一类型的二次函数的性质时，重视建立它与已研究过的函数间的联系，帮助学生理解解析式的变化与对应函数图象的变化之间的关系。在重视用特殊点和性质画出二次函数的草图的同时，也带领学生尝试分析解析式、分析表格、观察图象，从不同表征方式得出二次函数的性质，加强三种表征间的联系，培养学生的几何直观。

对于二次函数的解析式，在研究一般式表达的函数时，引导学生通过配方法转化为顶点式，建立它们之间的内在联系；设计了多个关于两种形式之间转换或选择的例题和练习,使学生不仅能够熟练地进行两种形式之间的转换,而且能够更加深刻地理解这两种形式更直接地反映了二次函数的哪些性质,提高了学生的抽象能力。

3. 系统设计二次函数的研究过程与方法

注重类比一次函数的研究过程和方法,通过分析函数关系,讨论变量的变化情况,研究函数变量在变化中的不变性和规律性,即函数的性质。

在第 1 课时,得出二次函数的定义,引导学生类比一次函数的知识结构,从特殊到一般,从简单到复杂,构建二次函数章节框图,并在后续研究中进行完善和发展。这样的设计帮助学生更加清晰地认识函数的研究思路,积累研究函数的经验。在第 12 课时,设计了研究一个新的函数,不仅深化了函数的研究内容、思路和方法,也引导学生体会一次函数、二次函数、新函数性质的异同,避免学生陷入二次函数的小圈子,认为所有的函数性质都是开口、对称轴、顶点等。第 12 课时最后,还设计了问题引导学生思考后续研究的方向,为深入研究打下基础,激发学生的兴趣和求知欲。

此次二次函数单元教学,我们认识到抓住核心概念对单元整体设计的引领作用,持续改进和优化教学内容与方法,以学生如何学习为中心开展教学,落实学生数学核心素养。

第二章
函数思维教学设计案例

函数在中学数学课程中有重要的地位,函数学习是由常量数学到变量数学的过渡,是数学思维的一个飞跃,承载培养学生逻辑思维能力及辩证思维的重要作用。初中阶段函数概念主要是变量说,以一次函数、二次函数和反比例函数作为重要载体,也是作为高中阶段幂函数的特例;高中阶段函数概念侧重两个变量的对应关系,具体研究幂函数、指数函数、对数函数、三角函数、数列,并进一步学习一元函数的导数。

本章包括初中阶段五个教学案例、高中阶段三个教学案例。

初中阶段五个教学案例:变量与函数、正比例函数、二次函数的应用、反比例函数的图象和性质、锐角三角函数。

1. 变量与函数,为函数概念起始课,是基于单元整体分析的一节课,力图体现函数的研究方法与思路,经历函数概念的形成过程,引导学生进行反思。

2. 正比例函数,基于正比例函数是所学习的第一个具体函数,因此该案例力图体现研究函数的基本方法、函数图象与解析式的结合、总结提升促进学生的学习反思。

3. 二次函数的应用,属于教材中课题学习的内容,力图体现数学思维发展的层次性、学生学习的差异性处理、学生自我反思基础的提升。

4. 反比例函数的图象和性质,反比例函数是初中阶段学习的最后一个函数,该案例力图体现学生对已有函数学习经验的应用、函数解析式的分析与性质得出,突出学生的代数说理过程。

5. 锐角三角函数,该案例在初中阶段和直角三角形密切相关,与高中阶段的三角函数有一定联系,突出锐角三角函数的探究和形成过程,注重数学建模思想。

高中阶段三个教学案例：函数的基本性质——奇偶性、指数函数的概念、导数的应用。

1. 函数的基本性质——奇偶性，主要体现从数和形两个方面研究函数性质，并体现函数性质研究方法的类比和迁移。

2. 指数函数的概念，主要体现了指数概念的形成过程，将函数、指数、幂函数的研究过程和方法用于指数函数的研究。

3. 导数的应用，体现了应用导数知识解决问题的过程，特别是对问题的深度分析和灵活选择解决问题的策略。

第一节　变量与函数

一、教学内容分析

本节课是人民教育出版社《义务教育教科书数学八年级下册》第十九章"一次函数"19.1.1 变量与函数。

（一）核心概念及进阶路线

本主题置入初中"函数"单元，落实"课标2022"中"函数概念"的内容要求，图 2-1-1 为初中阶段函数核心概念及进阶路线。

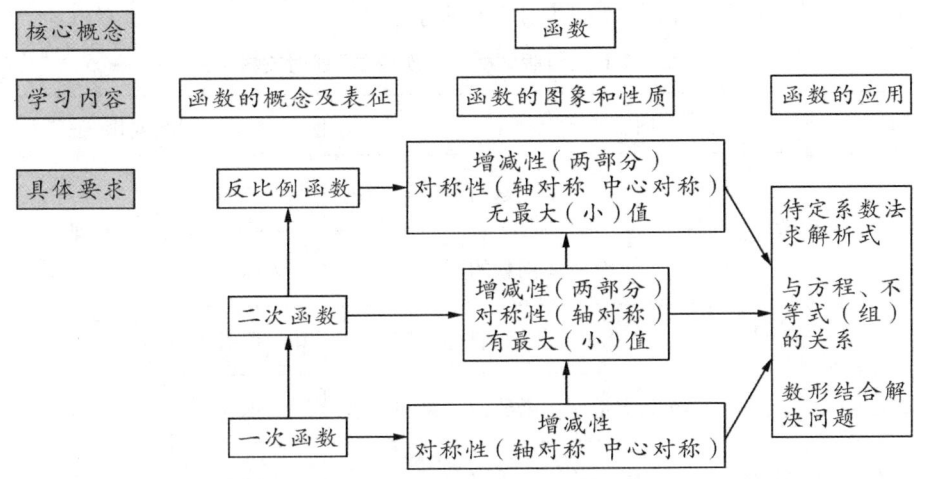

图 2-1-1 函数核心概念及进阶路线

（二）课程标准要求

探索简单实例中的数量关系和变化规律，了解常量、变量的意义；了解函数的概念和表示法，能举出函数的实例；能结合图象对简单实际问题中的函数关系进行分析；能确定简单实际问题中函数自变量的取值范围，会求函数值；能用适当的函数表示法刻画简单实际问题中变量之间的关系，理解函数值的意义；结合对函数关系的分析，能对变量的变化情况进行初步讨论。

（三）单元结构分析

本章内容包括函数的概念和表示法、正比例函数和一次函数、一次函数与二元一次方程的关系、建立函数模型并选择最优模型的课题学习,图2-1-2为本章内容结构图。

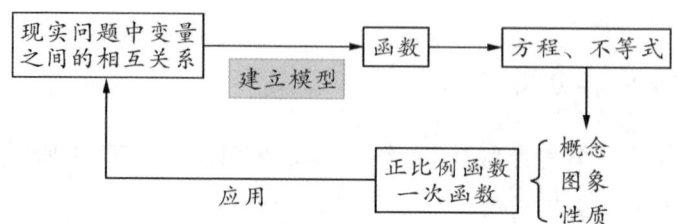

图2-1-2 人教版"一次函数"单元内容结构

人教版"一次函数"共安排了18课时,从"函数是什么——函数的概念、函数研究什么——函数性质、函数怎么研究——研究方法、函数解决问题——实际应用"整体进行安排,具体如表2-1-1所示。

表2-1-1 人教版教材"一次函数"课时安排

内容		课时安排	
19.1 函数	19.1.1 变量与函数	3课时	6课时
	19.1.2 函数的图象	3课时	
19.2 一次函数	19.2.1 正比例函数的概念	1课时	7课时
	19.2.1 正比例函数的图象和性质	1课时	
	19.2.2 一次函数的概念	1课时	
	19.2.2 一次函数的图象和性质	2课时	
	19.2.3 一次函数与方程、不等式	2课时	
19.3 课题学习 选择方案		3课时	3课时
小结		2课时	2课时

(四)课时内容分析

本书安排了四个活动:变量和常量的意义、变量之间的关系、函数的概念、函数概念的简单应用。

变量和常量的意义。教材给出四个不同的情境,每个情境中都使用文字语言进行描述,其中行程问题提供了待填表格形式。通过对四个情境中变化过程的分析,给出常量和变量的概念。练习部分给出了四个文字表述的问题情境,要求辨别其中的常量和变量。

变量之间的关系。教材通过问题引领学生思考:问题中是否各有两个变量?同一个问题中的变量之间有什么联系?对四个问题的分析中,结合了具体数值,并且强调了其中一个变量确定时,另一个变量有唯一确定的值与其对应。

函数的概念。在对四个问题情境分析的基础上,归纳出两个变量之间关系的特点。教材进一步给出图、表格两种表征方式的情境:心电图、人口统计表,抽象出自变量、函数、函数值等概念,并回到具体情境中再次理解。

函数概念的简单应用。以学生所熟悉的行程问题为载体,应用函数的概念解决问题,使用表达式表示出问题中变量之间的关系,根据实际问题背景写出自变量的取值范围,根据函数表达式解决简单问题。

(五) 对教学的思考

函数是描述运动变化规律的重要数学模型,它刻画了变化过程中变量之间的对应关系。函数概念是中学数学的核心概念,是继续学习一次函数、二次函数、反比例函数等内容的基础。函数与方程、不等式等知识有密切的联系,函数的表示方法体现了数形结合的思想方法。

变量与函数是一次函数单元教学的第一节课,它对一个单元教学的开始起着引领作用,目的是让学生对本单元的内容有一个整体的感知,构建本单元的知识框架和体系,具体应明确三个问题:本单元学习什么内容?如何学习本单元的内容?为什么学习本单元的内容?通常情况下,第一步,创设实际生活情境或数学情境,自然地引入一个单元所要学习的新知识,让学生能将新知识和已有知识建立联系形成新的知识结构;第二步,需要指明这个单元整体的学习方法及研究思路;第三步,说清楚本单元学习的意义以及在实际生活的应用。

二、教学对象分析

（一）学生认知水平

八年级的学生处于形式运算阶段，特征是个体形成关于抽象事物及具体事物的心理表象，并能够对这些表象进行操作，能够进行系统思维。

初中生对于函数概念的认识过程需要经历从常量到变量、从有限到无限、从低维到高维的过程，又因为每名学生的思维能力不同，造成学生对函数概念的认知层次有明显的差异。很多学者对此进行过深入的研究，曾国光将初中生对函数概念的认知发展过程分成三个阶段：作为"算式"的函数、作为"变化过程"的函数、作为"对应关系"的函数。濮安山将初中生对函数概念的认知划分为三个水平：运算阶段、符号阶段和综合阶段。周继云在 APOS 理论基础上，将初中生对函数概念的建构过程分为四个阶段：操作、过程、对象和图式阶段。贾丕珠的划分更为细致，将函数知识建构分为六个层次：经历认识变量、突出关系、区别函数与算式、掌握"对应"、把握形式化描述、形成函数对象。

（二）学生的知识、经验基础

学生在小学阶段学习过正比例关系和反比例关系，知道具有正（或反）比例关系的两个量中，一个量随着另一个量的增大而增大（或减小）；在字母表示数中，接触过当字母取值变化时，代数式的值随之变化。

学生在生活中也具有对两个量之间存在依存关系的体验，如气温随时间的变化而变化，单价固定时总价随着数量的变化而变化。初中阶段在其他学科中会渗透一些变量的内容，但不够系统，学生仍然停留在认为常量数学可以解决所有问题的层面；在学习方程、不等式等内容时，学生并不十分清楚它们之间的内在联系。

这些学习经验和生活经验可以帮助学生理解函数的含义，但初次接触函数概念，学习中还是会遇到较大的困难。其中主要困难在于难以概括出"一个变量取值的唯一确定"这一函数概念的核心，当一个变量的取值确定时，另一个变量怎样才算"唯一确定"？学生容易认为，函数关系中的"唯一确定"仅指通过公式求出唯一的值，对不能用公式求出值的单值对应关系难以理解。

（三）学生学前调研

教师在课前做了一个调研：(1)你听说过函数吗？(2)你觉得什么是函数？

参与调研的共有34名学生，没有听说的约占20.6%，听说过但描述不清的约占52.9%，有一定了解的约占26.5%。具体而言，没有听过函数也不知道什么是函数的有2人，没有听过函数但觉得函数是一个复杂的事的有5人（其中2人把函数描述成数与数的关系），没有听过的合计有7人；听过函数但不清楚函数是什么的有15人，听过函数把函数描述成像U形一样变化的曲线的有1人，听过函数并把函数描述成图象的有1人，听过函数把函数描述成数学知识的有1人，听过函数但描述不清的合计有18人；听过函数且认为函数可以是一次函数、二次函数的有9人。

根据学情分析，要让学生经历函数概念抽象的全过程，体会函数概念的具体特征并进行描述；教学中要关注学生对函数概念的生成和理解，以及对今后学习的正向迁移。

三、教学目标和重难点

基于上述分析，本节课的教学目标及教学重难点如下：

【教学目标】

1. 通过对三种不同情境的分析，经过独立思考、合作交流等活动，归纳概括函数概念的特征，感受函数概念在生活中的应用。

2. 在具体实例中分析运动变化与对应的关系，体会函数是刻画变化关系的模型，并初步感受函数的单值对应关系。

3. 在函数概念的形成过程中，初步感知函数的学习内容与学习方法。

【教学重点】

归纳概括并理解函数概念的特征，体会模型思想。

【教学难点】

对函数概念中的"单值对应"含义的理解。

四、教学过程和活动设计

本节课的教学流程图如下。

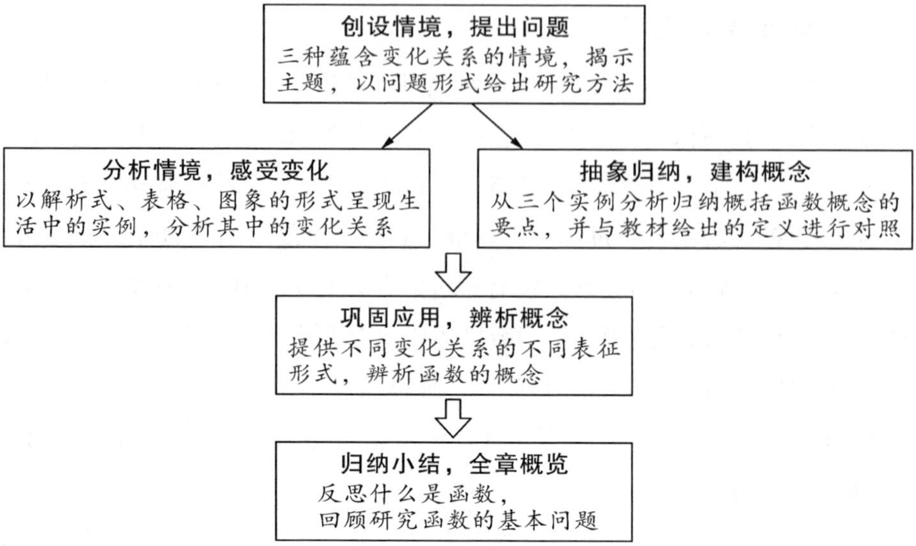

```
┌─────────────────────────────────┐
│      创设情境，提出问题          │
│  三种蕴含变化关系的情境，揭示    │
│  主题，以问题形式给出研究方法    │
└─────────────────────────────────┘
         ↙              ↘
┌──────────────────┐  ┌──────────────────────────┐
│ 分析情境，感受变化 │  │    抽象归纳，建构概念      │
│ 以解析式、表格、图 │  │ 从三个实例分析归纳概括函  │
│ 象的形式呈现生活中 │  │ 数概念的要点，并与教材给  │
│ 的实例，分析其中的 │  │ 出的定义进行对照          │
│ 变化关系          │  │                          │
└──────────────────┘  └──────────────────────────┘
                          ↓
              ┌─────────────────────────┐
              │    巩固应用，辨析概念     │
              │  提供不同变化关系的不同   │
              │  表征形式，辨析函数的概念 │
              └─────────────────────────┘
                          ↓
              ┌─────────────────────────┐
              │    归纳小结，全章概览     │
              │  反思什么是函数，         │
              │  回顾研究函数的基本问题   │
              └─────────────────────────┘
```

图 2-1-3 本节教学流程

（一）创设情境，提出问题

教师以 PPT 形式展示以下情境的图片："万物皆变"——行星在宇宙中的位置随时间而变化，气温随海拔而变化，树高随树龄而变化……在你周围的事物中，这种一个量随另一个量的变化而变化的现象大量存在。

教师：有多种方法可以研究运动变化现象中变量间的依赖关系。数学中的方法也有很多，函数是重要方法之一，有了函数这个工具，可以更深入地认识现实世界中运动变化的规律。

教师：这一章我们开始学习函数，

那什么是函数呢？我们要研究函数的哪些内容呢？——What

我们如何对函数进行研究呢？——How

我们为什么要研究函数呢？——Why

【设计意图】本环节选用章引言中的变化情境，初步认识函数是研究变量之间关系的一种方法，并通过三个问题让学生对函数学习建立初步的整体认识：研究什么内容？如何研究？为什么研究？

（二）分析情境，感受变化

问题：请分析下列问题中的变化过程，哪些量发生了变化？哪些没有变化？

这些量之间的变化关系是怎样的?

【情境1】汽车以 60 km/h 的速度匀速行驶,行驶路程为 s km,行驶时间为 t h。s 的值随 t 的值的变化而变化吗?

追问:

①哪些量发生了变化?哪些量没有变化?

②怎样表示这种关系呢?

③s 和 t 是如何变化的?如果 t 为 1,那么 s……

预设1:路程也就是 s 发生了变化,时间也就是 t 发生了变化,速度没有发生变化,因为是匀速运动。

预设2:$s=60t$。

预设3:$s=60t$ 是一个固定的规律,但是这个问题中找不到这样一种规律,也就是找不到类似的一个式子。

【情境2】表2-1-2 为中国代表团在第 23 届至 30 届夏季奥运会上获得的金牌数统计表,届数和金牌数可以分别记作 x 和 y,对于表中每一个确定的届数 x,都对应着一个确定的金牌数 y 吗?

表 2-1-2 中国奥运会金牌数统计表

届数 x	23	24	25	26	27	28	29	30
金牌数 y/枚	15	5	16	16	28	32	48	39

追问:

①在这个问题中,能找到变量和常量吗?

②这两个变量的"地位"有什么不同吗?就像我们在物理学科里会提到自变量:自己变化的量,你能找到自变量吗?那因变量呢?你能试着描述变化过程吗?

③你能说出变化过程吗?试着找找它们之间的变化关系。

预设1:变量是金牌的数量,常量是届数。

预设2:变量是届数和金牌数,没有常量。

预设3:自变量是届数,因变量是金牌数,随着届数的变化,金牌数也随之变化。

预设4:可以从表格中发现23对着15,24对着5,25对着16,26对着16。

预设5:不能看到所有值,只能看到表格中呈现的这部分,也就是届数从23到30时所对的金牌数。

【情境3】如图2-1-4所示,小明出去散步,从家走了20 min到一个离家900 m的报亭,在报亭看了10 min报纸后,用15 min返回家,小明离家的距离 y 随离家时间 x 的变化而变化吗?

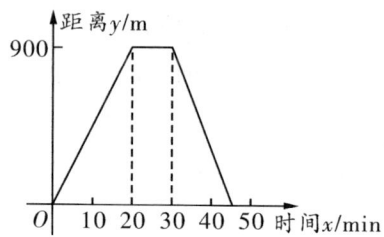

图2-1-4 小明运动图

追问:

①你能找到变量和常量吗?试着说说变化过程。

②你如何对具体的变化关系进行分析呢?

预设1:变量是离家的距离和时间,没有常量。

预设2:20—30 min离家距离没有变,是不是常量呢?

预设3:0—20 min离家越来越远,20—30 min离家距离没有变,30—45 min离家越来越近。

预设4:时间和离家距离是对应的。

预设5:这里是使用图象表示变化关系的。

【设计意图】该环节给出了三个变化的情境,分别使用文字语言表征、表格表征和图象表征的方式,并兼顾变量的离散和连续取值两种情况,每个情境都包含常量和变量的识别、变量关系之间的分析,同时又有不同的侧重。情境1让学生尝试表示变量之间的关系(可以是表格,也可以是表达式);情境2没有常量,借助物理学习的经验,初步感受两个变量的"地位"有所不同,并且两个变量的关系不一定有明确的表达式;情境3是图象表征方式,其中有一段距离没有变化,如果学生提出,留作问题或者函数概念建构后再讨论,学生用表达式表示该情境中两个变量的关系是有困难的。

(三)抽象归纳,建构概念

问题:上面三个情境中所蕴含的变化关系,就是我们要研究的函数,你能尝试用自己的语言说说函数概念的特点吗?

请同学们看教材上函数的定义,看看有什么区别,我们一起把要点总结一下。

函数概念特征:在一个变化过程中,如果有两个变量 x 与 y,并且对于 x 的每一个确定的值,y 都有唯一确定的值与其对应,则称 y 是 x 的函数。

追问:老师为什么选择这三个例子来探究函数的概念呢?

预设1:一定得有两个变量。

预设2:它们的呈现方式不同,分别是式子、表格、图象。

预设3:y 随 x 的变化而变化。

预设4:一个 x 对应一个 y,具体可以看刚才探究的具体对应关系。

试一试:如图 2-1-5 是一只蚂蚁在竖直墙面上的爬行图。

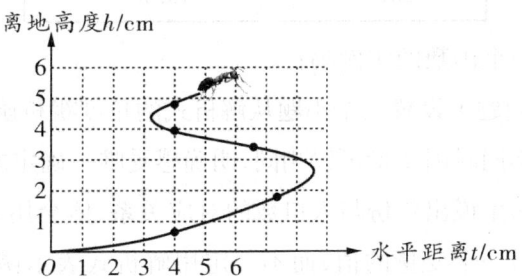

图 2-1-5 蚂蚁运动变化图

①蚂蚁离地高度 h 是离起点的水平距离 t 的函数吗?为什么?

②蚂蚁离起点的水平距离 t 是离地高度 h 的函数吗?为什么?

预设1:问题① $t=4$ 时,h 有多个值,函数要求一个 t 对应一个 h,所以不是函数。

预设2:问题②每一个 h 有一个对应的 t 值,所以是函数。

【设计意图】通过图象来辨析函数的概念,①从反例的角度呈现,②以正例的方式呈现,从正反两方面进行理解,从而突破函数概念中"单值对应"关系的重难点。

(四)巩固应用,辨析概念

1. 下列式子中的两个变量 y 是 x 的函数吗?(3)中 x 是 y 的函数吗?为什么?

(1) $y = 3x$;(2) $y = x^2$;(3) $y = \pm x$。

2. 如表 2-1-3 是我国大陆地区若干年份的人口统计表,表中的人口数 y 是年份 x 的函数吗?

表 2-1-3 中国大陆人口数统计表

年份 x	人口数 y/亿
1984	10.44
1989	11.27
1994	11.99
1999	12.58
2010	13.40

3. 你能举出一个函数的实例吗?

【设计意图】问题 1 设置三个小题从解析式的角度辨析函数的概念,帮助学生体会当自变量不同时因变量可以相同,明确感受唯一确定的意义。

问题 2 引导学生说出年份与人口数的对应关系,体会用表格也可以由一个变量的值确定出另一个变量的值,而不一定用解析式表示函数概念,突出函数的本质属性。

问题 3 通过实际生活中的例子,深化对函数概念的理解。

(五)课堂小结,反思提升

1. 函数概念的特征是什么?

2. 我们是如何得出函数概念的?

3. 我们这节课提出的三个问题:

What——要研究函数的哪些内容?

How——如何对函数进行研究呢?

Why——为什么要研究函数呢?

【设计意图】问题 1 引导学生关注函数的概念特征,问题 2 引导学生回顾从不同角度分析变化关系,概括函数概念中的单值对应关系(解析式法,列表法,图象法),问题3引导学生明确函数的学习内容、学习方法及应用,引导学生明确初中阶段函数类型,整个小结过程形成函数全章及全学段概览。

(六)作业设计

1.下列各式中,y不是x的函数的是(　　)。

A. $y = 3x - 5$　　B. $y = \dfrac{x-2}{x-1}$　　C. $y = \sqrt{x-1}$　　D. $y = \pm\sqrt{x}$

2.下列各曲线表示的y与x的关系中,y不是x的函数的是(　　)。

A. 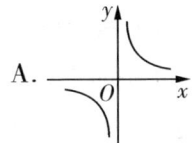　　B. 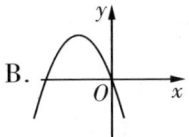　　C. 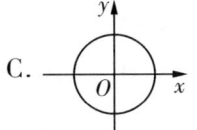　　D.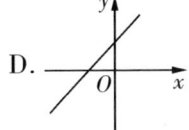

3.有两个变量x,y,它们的取值如下表:

x	-2	-1	0	1	2	…
y	-5	-4	-3	-3	-1	…

y是x的函数吗?为什么?

4.有两个变量x,y,它们的取值如下表:

x	3.44	3.30	3.07	2.70	2.25	2.25	2.64	2.83
y	3.44	2.69	2.00	1.36	0.96	1.13	2.00	2.83

(1)y是x的函数吗?为什么?

(2)x是y的函数吗?为什么?

【设计意图】分层作业关注学生差异,满足不同层次学生的发展需求。1—3题为基础题,考查函数的概念,包含函数的三种不同表征形式,判断两个变量是否具有函数关系。4题为提高题,强化函数概念中的单值对应关系,深入理解函数的概念。

五、教学反思

(一)基于学生需求,设计教学活动

维果茨基的"最近发展区理论",认为学生的发展有两种水平:一种是学生

的现有水平,指独立活动时所能达到的解决问题的水平;另一种是学生可能的发展水平,也就是通过教学所获得的潜力。两者之间的差异就是最近发展区。通过课前调研了解学生对函数的认识,很多学生听说过函数但无法描述清楚,或者将函数描述为某种表征或某些具体的函数。为了让学生建立对函数较为完整的理解,设计三种不同表征形式的问题情境,通过对其中两个变量变化关系的分析,师生共同归纳函数概念的特征,最后对照教材中给出的文本定义加深理解,力图帮助学生建立函数概念的丰富表征。

(二)落实"四基",培养"四能"

本节课在教会学生基础知识、基本技能的同时,更重视对学生基本思想、基本活动经验的积累。本节课设计的教学活动真正体现教师是学习的组织者、引导者,在活动中充分发挥了学生的主体作用,环节(一)中通过三个问题引导学生发现问题和提出问题的角度,并对初中函数学习建立一个轮廓,最后总结回应开始提出的三个问题。

(三)关注学生的生活经验和知识基础

本章教学是学生学习函数的第一阶段,为更好地体现概念所蕴含的思想,引导学生从"运动变化和联系对应"的角度认识函数,围绕学生熟悉的例子:行程问题、奥运会金牌等,在具体问题情境中分析变化关系,可以鼓励学生举出生活中更多的实例,建立数学与生活之间的联系。问题分析过程中,关注学生在其他学科的知识基础,如本课中使用物理学科学习中自变量和因变量的概念,帮助学生理解函数的概念。

六、案例分析

(一)明确学习目标,通过三个问题示范学习方法和研究思路

教师在课题引入阶段,通过三个不同领域的运动变化的情境,指出函数是数学中研究变量之间关系的一种方法,并通过函数需要研究什么、如何研究、为什么研究这三个问题对学生的学习方法和思路进行引导,一方面可以让学生对函数学习有整体认识,另一方面可以促进学生学习能力的提升。

(二)经历函数概念的形成过程

教师通过提出一个主问题引导学生进行思考,并对三种不同的变化情境进

行分析,归纳概括出函数概念的特征。在函数概念建构的主体活动中,通过生活中的不同实例引导学生概括函数概念的特征,进而归纳出函数的概念,突破教学重点。三个实例是通过函数的三种不同的表示方法进行呈现,学生在这一过程中不但要体会函数呈现方式的不同,还要概括出在变化过程中要有两个变量(而常量可以没有),在变化的过程中对自变量的每一个值,函数值都有唯一确定值与之对应,进而归纳出函数概念的特征,加强对函数的理解。

通过函数三种不同的表示方法来辨析函数的概念,从而突破函数概念中"单值对应"关系的重难点。在图象法辨析函数概念的过程中,通过正反两方面得出函数图象的特征;在解析式法辨析函数概念的过程中,体会如何才能实现唯一确定;在表格辨析函数概念的过程中,关键是寻找是否存在一个自变量的值对应两个结果的情况,从而加深理解函数的概念。

(三)引导学生进行反思

注重学生对思维的自我监控,促进学生应用迁移。通过问题引导学生回顾函数概念的特征、学习的过程,养成反思的学习习惯。回应课前提出的问题:要研究函数的哪些内容?如何对函数进行研究呢?为什么要研究函数呢?让学生对本单元函数学习有一个概览。这个环节让学生明确函数需要学习概念、表示方法,并借助不同的表示方法探究性质,从而解决生活中的问题,对函数形成概览。

第二节 正比例函数

一、教学内容分析

本节课是人民教育出版社《义务教育教科书数学八年级下册》第十九章"一次函数"19.2.1 正比例函数。

(一)核心概念及进阶路线

本主题置于初中"数与代数"中"函数"单元,落实"课标 2022"中"一次函数"的内容要求,核心概念及进阶路线见图 2-2-1。

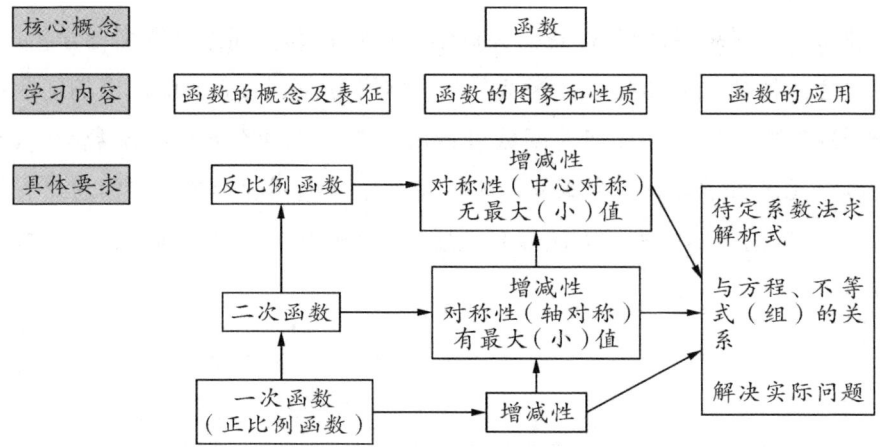

图 2-2-1 函数核心概念及进阶路线

(二)课程标准要求

结合具体情境体会一次函数的意义,能根据已知条件确定一次函数的表达式;会运用待定系数法确定一次函数的表达式;能画一次函数的图象,根据图象和表达式 $y=kx+b(k\neq 0)$ 探索并理解 $k>0$ 和 $k<0$ 时图象的变化情况;理解正比例函数;体会一次函数与二元一次方程的关系;能用一次函数解决简单实际问题。

(三)单元结构分析

本单元是学生在初中阶段第一次学习函数,为后续二次函数、反比例函数的学习奠定基础。共分为三节内容,呈现出递进的关系:(1)函数,包括函数的概念及表征、函数图象的画法;(2)一次函数,包括正比例函数的图象和性质、一次函数的图象和性质、一次函数与方程、不等式;(3)课题学习,综合运用所学的函数知识解决实际问题。

函数概念。设置了变量与函数的概念、函数的三种表示方法,并设置独立小节讲解函数的图象,为数形结合地研究函数的性质做好准备。

一次函数。教材将正比例函数和一次函数当作两个函数研究对象,有利于研究函数经验的积累与方法的形成。教材注重引导学生将正比例函数研究思路与研究方法类比迁移至一次函数的研究中。一次函数与方程、不等式的关系,既复习了前面方程、不等式的知识,又将函数和方程、不等式联系起来,深化对函数的理解。

课题学习。教材编排上注重从实际问题中抽象出函数的概念,再运用函数模型解决实际问题,有利于发展数学建模的学科核心素养。问题情境采用了网费问题和租车问题,并以方案选择问题为主。

(四)课时内容分析

正比例函数是学生对具体函数的第一次较深入、较完整的探究。正比例函数的研究方法,对后续研究其他函数(反比例函数、二次函数、指数函数、对数函数等)提供了借鉴,也为后边的学习积累经验。作为学生接触的第一个具体的函数模型,虽然简单但是在生活中很实用,学好正比例函数对学生增强学习函数知识的自信心有很大帮助。同时,先研究正比例函数,再学习一次函数,经历从特殊概念向一般概念推广的认识过程,学生可以体会类比和联想的方法,培养"由此及彼"地认识问题的能力。

本课时的第一个教学内容是正比例函数的概念。教材首先对一个高铁列车的行程问题进行具体分析,写出表达式;思考问题中提供了四个问题,根据问题描述判断是否为函数关系,写出其中的函数解析式,解析式字母都不是x和y,另外正比例系数兼顾正负、整数和小数;最后对五个解析式进行分析归纳,给出正比例函数的描述性定义。从实际问题引入的目的是为了更好地体现函数概念的实际背景,反映数学与实际的关系,即数学理论来源于实际又服务于实际,有助于提高学生的数学建模能力。

本课时的第二个教学内容是通过描点法画出正比例函数的图象,并发现规律。教材提供了两组解析式:一组正比例系数为正,另一组正比例系数为负,便于归纳系数对正比例函数图象的影响。最后根据两点确定一条直线,给出思考:如何画正比例函数图象更简单。

(五)对教学的思考

(1)关注引导学生认识与体会相关的数学思想方法

函数的表示方法之一是图象法,在教学中应重视数形结合地研究问题。在函数应用时,重视数学建模思想的培养,为今后进一步研究函数打好基础。

(2)引导学生体会函数观点的统率作用

函数在发展和构建数学知识体系方面有重要的作用,故本节应重视函数与方程、不等式等的关系,站在更高处动态分析这些代数知识,逐步达到新旧知识的融会贯通,进一步体会函数的重要性,提高多角度、灵活地分析问题和解决问题的能力。

二、教学对象分析

(一)学生认知水平

本章是学生学习函数的第一阶段,函数概念涉及运动变化,抽象性较强,对这一学段的学生有难度。

从思维特点看,本班学生思维活跃,能积极参与课堂讨论,愿意表达自己的想法,这对学生在讨论中生成概念是有益的。

(二)学生的知识、经验基础

学生在第二学段曾学习过正比例关系,即两个相关联的量,一种量变化,另一种也随着变化,如果这两个量中相对应的两个数的比值(也就是商)一定,这两种量就叫作成比例的量,它们的关系叫作正比例关系。上述定义与正比例函数定义在本质上是一致的,仅是表达方式不同,即对"正比例"概念的延伸。学生已经掌握了用"列表—描点—连线"的方式画函数图象,且能在图象的分析中获取相关信息、解决相关问题。这些均为新课的学习提供了较为理想的先决条件。

(三) 学生学前调研

学生在上一节研究过函数图象,但由于没有根据函数图象抽象出函数性质的学习经历,因此学生对函数性质的概括有困难,甚至无从入手。同时,学生能识别图象,但不善于从动态的角度思考函数图象。

三、教学目标和重难点

基于上述分析,本节课的教学目标及教学重难点如下:

【教学目标】

1. 了解正比例函数的概念,会画正比例函数的图象,理解正比例函数的性质。

2. 通过观察图象,发展数学感知、数学表征和数学概括能力,体会数形结合的思想,发展几何直观。

3. 积极参与数学活动,产生好奇心和求知欲,提高数学学习的兴趣。

【教学重点】

了解正比例函数的概念,会画正比例函数的图象并归纳其性质。

【教学难点】

理解正比例函数的图象及性质。

四、教学过程和活动设计

本节课的教学活动主要有五个环节:

(一) 创设情境,引入主题:利用教师跑步的问题情境,在解决问题过程中引入正比例函数。

（二）抽象归纳，建构概念：学生写出三个问题中的解析式，通过归纳获得正比例函数概念。

（三）正比例函数的图象和性质：分 $k>0$ 和 $k<0$ 两种情况探究，学生自主画出函数图象，通过观察函数图象总结正比例函数性质。

（四）巩固应用，辨析概念：对正比例函数的图象与性质进一步理解。

（五）课堂小结，反思提升：从知识、方法和发展三个层面帮助学生提升，培养学生的反思习惯和意识。

（一）创设情境，引入主题

如图2-2-2，奥林匹克森林公园的健身步道成"8"字形，全程 10 km。张老师从公园南门开始慢跑，慢跑的平均速度为 8 km/h。

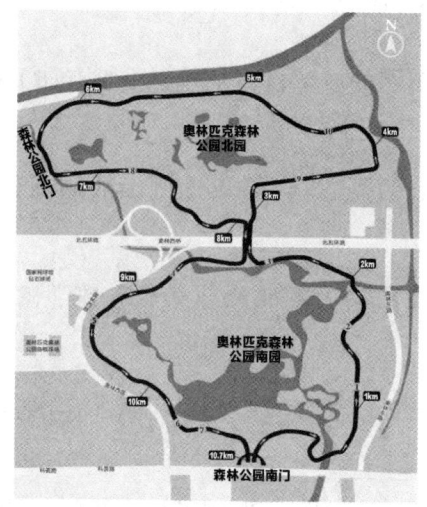

图 2-2-2

(1) 绕健身步道一圈大概需要多长时间？

(2) 张老师跑过的路程 y(km) 与运动时间 t(h) 之间有何数量关系？

(3) 从公园南门出发 1 h 后，跑了多远？

问题：在这个变化过程中，变量是什么？常量是什么？它们是否成函数关系？哪个是自变量？哪个是函数？

观察解析式 $y=8t$，自变量和常量按什么运算符号连接起来的？两个变量 y 和 t 是如何变化的？你能结合问题背景解释吗？

【设计意图】正比例函数的概念是从实际问题引出的，目的是为了更好地体现函数概念的实际背景，反映数学与实际生活的关系，激发学生的学习兴趣。该问题中函数解析式为 $y=8t$，教师引导学生发现常数和自变量之间是乘积关系，类比小学阶段正比例关系，形成对正比例函数的初步认识。

(二) 抽象归纳，建构概念

思考：下列问题中的变量对应规律可用怎样的函数表示？

(1) 圆的周长 l 随半径 r 的大小变化而变化；

(2) 每本练习本的厚度为 $0.5~\text{cm}$，练习本摞在一起的总厚度 h (单位：cm) 随练习本的本数 n 的变化而变化；

(3) 冷冻一个 $0~℃$ 的物体，使它每分下降 $2~℃$，物体的温度 T (单位：℃) 随冷冻时间 t (单位：min) 的变化而变化。

预设：学生可以正确写出三个解析式 $l=2\pi r, h=0.5n, T=-2t$。

问题：这些函数解析式与情境中的函数解析式相比，变量之间的联系有什么共同点？两个变量之间是否还是正比例关系？

引导学生观察，在学生表述的基础上，教师进行板书：

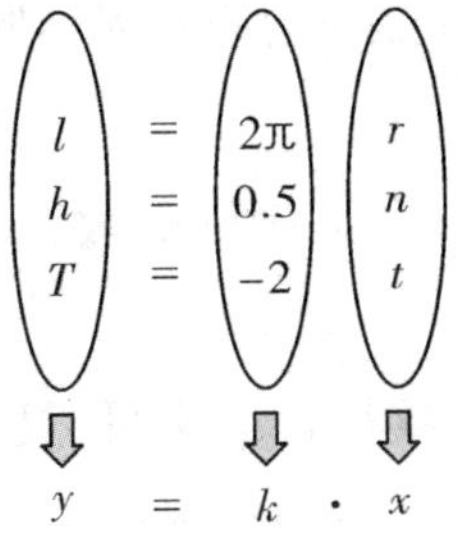

$$\begin{array}{ccc} l \\ h \\ T \end{array} = \begin{array}{c} 2\pi \\ 0.5 \\ -2 \end{array} \quad \begin{array}{c} r \\ n \\ t \end{array}$$

$$y = k \cdot x$$

图 2-2-3

教师：用 k 表示常数，x 代表自变量，这样 x,y 的关系类似小学学过的正比例关系，我们将函数可以表示为常数和自变量乘积形式的关系，称为正比例函数。这和小学有什么区别呢？

思考：k 的范围是什么？自变量 x 有什么特征，它的取值范围是什么？

答:比例系数 $k\neq 0$;自变量 x 的次数为1;自变量 x 的取值范围是全体实数。

教师:此处需指出,小学学习的正比例关系一般不涉及负数,但此时比例系数可以是正数,也可以是负数;另外,小学中正比例关系是用两个量的比表示的,分母不能为0,正比例函数是没有这个限制的。

归纳定义:一般地,形如 $y=kx$(k 是常数且 $k\neq 0$)的函数,叫作正比例函数,其中 k 叫作比例系数。

【设计意图】通过用解析式表示各函数关系,找出函数解析式的共同点,让学生初步感受正比例函数的解析式的特征,体会正比例函数中变量的正比例关系。

通过分析每个函数的变量和常量,发现每个函数解析式都是常数和自变量的乘积,将各个解析式的变量抽象成 x,y,常量抽象成 k,从而得出正比例函数的表达式。

分析 k 的取值和自变量的取值范围,让学生对解析式有更深入的理解。通过解析式进一步得出自变量 x 的次数是1,为下一节学习一次函数做铺垫。

巩固练习

1. 下列式子中,哪些表示 y 是 x 的正比例函数?

(1) $y=-0.1x$;　　　　(2) $y=\dfrac{x}{2}$;　　　　(3) $y=x+1$;

(4) $y=2x^2$;　　　　(5) $y^2=4x$。

2. 已知函数 $y=(m+1)x^{|m|}$ 是正比例函数,则 m 的值为_____,此时函数的解析式为_____。

【设计意图】题目1:通过识别正比例函数,让学生对正比例函数解析式的特征有进一步的了解。

题目2:解析式中系数和指数都含有字母,具有一定的难度,并且需要注意比例系数不能为0。

(三)正比例函数的图象和性质

请画出下列正比例函数的图象:$y=2x$,$y=\dfrac{1}{3}x$。

学生活动:提供给学生直角坐标系纸,让学生自主尝试,在同一坐标系中画出两个函数的图象。

教师提示：画函数图象的一般步骤是什么？函数的自变量取值范围是什么？列表时自变量应取哪些值？

学生自主画图，教师巡视并给予个别学生指导，对学生出现较多的问题及时进行全班指导。全班学生完成作图之后，观察函数图象。

问题：你画出的图象是否是一条直线？

教师用几何画板展示：当取点足够多时，得到的图象越来越接近直线。注意要向学生说明，这只是直观的"验证"，当我们学习了相关的知识，就可以对它进行证明。

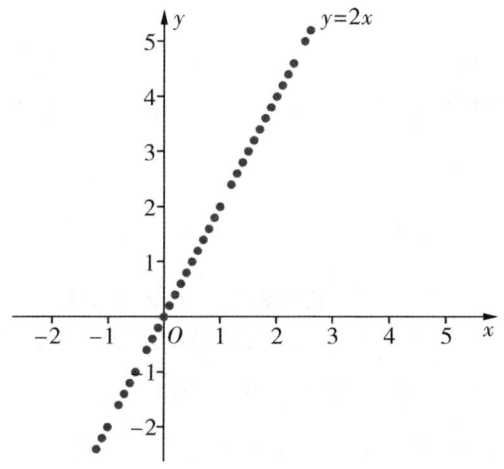

图 2-2-4

问题：观察两个函数的图象（图 2-2-5），正比例函数有什么性质？

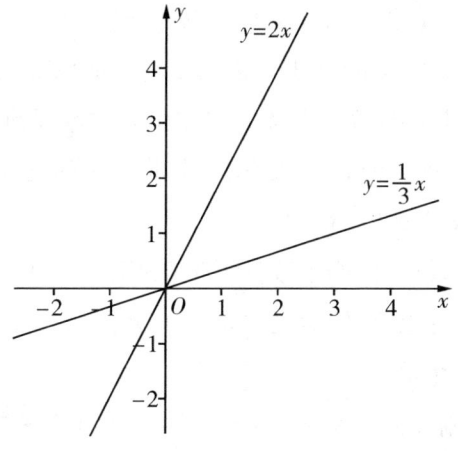

图 2-2-5

教师给学生自主探讨的机会,引导学生从是否过定点、位置、增减性等方面研究正比例函数图象的性质。

其中学生理解 y 随 x 的增大而增大存在困难,教师使用几何画板进行演示,将 x 和 y 的变化显性表示(图2-2-6),帮助学生理解。

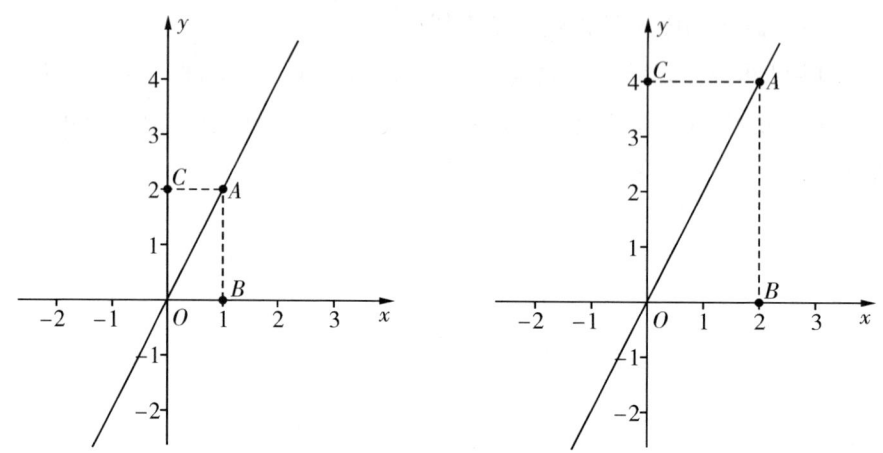

图2-2-6 正比例函数 $y=2x$ 的增减性

【设计意图】学生已经学习过画函数图象的步骤:列表、描点、连线。此处强调取点的代表性,让学生画图更准确且更有效率。

学生已有的知识不能证明正比例函数图象是一条直线,但学生会对此有疑惑。故课堂上借助几何画板追踪点的功能,让学生感受到:若取遍满足某个正比例函数解析式的所有点,得到的是一条直线。但同时要告知学生,可以证明"正比例函数图象是一条直线",体会数学的严谨性。

类比研究一般函数图象的方法。这里更多的是观察函数图象,形成初步的几何直观;性质中 y 随 x 的增大而增大对学生来说较难理解,课堂上借助几何画板,让学生观察当 x 增大时,y 的变化情况,将静止问题动态处理,隐性问题显性处理,扫清学生认知上的障碍。

问题:这里两个函数的比例系数都大于0,那么 $k<0$ 时,正比例函数图象会有不同吗?请你先直观想象,然后画出正比例函数 $y=-1.5x$,$y=-4x$ 的图象,这两个函数具有什么性质?

学生活动:根据刚才画函数图象的经验,自主画出函数图象,总结 $k<0$ 时正比例函数的性质。

教师指导：教师进行个别指导，如果有学生根据正比例函数图象为一条直线，只取两个点画出函数图象，教师可以提出，让学生思考这样画的道理是什么。

教师小结：从"数"和"形"两方面解释函数图象的性质，并引导学生从代数的角度解释前两条性质。教师用几何画板展示非零数 k 任意变化时正比例函数图象的变化情况，将获得结论以表格形式呈现。

表 2-2-1 正比例函数的性质

正比例函数 $y=kx(k\neq 0)$ 的图象是一条经过原点 $(0,0)$ 和点 $(1,k)$ 的直线	
$k>0$	$k<0$
经过第一、三象限	经过第二、四象限
从左到右上升	从左到右下降
y 随 x 的增大而增大	y 随 x 的增大而减小

问题：观察几何画板思考（图 2-2-7），k 发生变化时，函数图象发生了什么变化？当 k 满足什么条件时，正比例函数的图象更靠近 y 轴？

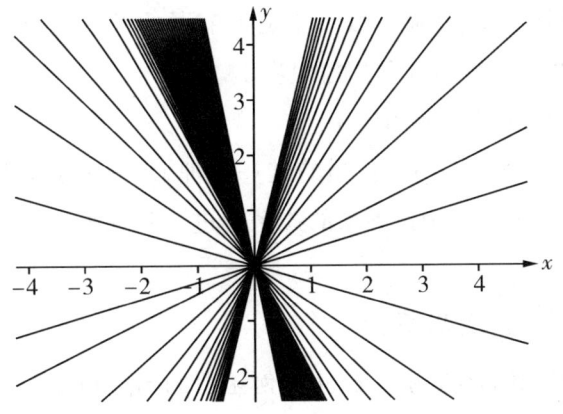

图 2-2-7

学生：$|k|$ 越大，图象越接近 y 轴。

学生：也可以观察到，$|k|$ 越小，图象越接近 x 轴。

教师引导学生进一步思考，平面直角坐标系中的直线是否都是一次函数？是否都是函数？学生在这里会对正比例函数的图象有更深刻的认识。

【设计意图】体会数形结合思想，（1）"数"的方面：从解析式看，k 值对图象的影响;其对应的 x,y 值对坐标系中点的位置的影响。(2)"形"的方面:静态,图象所经过的点与象限;动态,点的变化与坐标的变化之间的关系。

通过四个函数图象归纳正比例函数的性质,用几何画板可以展示当 k 取其他非零值时,归纳得到的结论依然成立,让学生对正比例函数图象的性质有更深的理解。

(四)巩固应用,辨析概念

1. 函数 $y=4x$ 的图象过点(0,_____)和点(1,_____),经过第_____象限, y 随 x 的增大而_____。

2. 关于函数 $y=3x$,下列说法正确的是(　　)。

　A. 函数图象经过点(3,1)　　　B. 函数图象经过第二、四象限

　C. y 随 x 的增大而增大　　　D. 无论 x 取何值,总有 $y>0$

3. (1)已知正比例函数 $y=(k+2)x$,若 y 随 x 的增大而增大,则 k 的取值范围是_____。

(2)已知正比例函数 $y=(k+2)x$ 的图象上有两点 $A(x_1,y_1)$,$B(x_2,y_2)$,当 $x_1<x_2$ 时,$y_1>y_2$,则 k 的取值范围是_____。

【设计意图】题目1:会画函数图象是本节课的教学重点之一,两点法画图也是"正比例函数是一条直线"性质的应用。

题目2:正比例函数性质的应用。

题目3:对正比例函数图象性质的进一步理解,解决了本节课的教学难点;旨在让学生对 k 的正负与函数图象的关系有进一步理解,并理解增减性的两种描述。

(五)课堂小结,反思提升

知识小结:正比例函数的定义,正比例函数的图象和性质。

方法小结:画正比例函数图象的过程,你有哪些收获?探究正比例函数的性质过程中,你有哪些收获?还有哪些困惑?

发展小结:回顾我们小学学习过的正比例关系,对照本节课我们所学习的正比例函数,你认为有什么联系和不同?

(六)作业设计

1. 下列各式中,表示正比例函数的是_____。(填序号)

① $y = 3x$;　② $y = 3x + 1$;　③ $y = 3x^2$;　④ $y^2 = 3x$。

2. 若直线 $y = kx$ 经过点 $A(-5,3)$，则 $k =$ _____。如果这条直线上点 A 的横坐标 $x_A = 4$，那么它的纵坐标 $y_A =$ _____。

3. 若 $\begin{cases} x = -4, \\ y = -6 \end{cases}$ 是函数 $y = kx$ 的一组对应值，则 $k =$ _____，当 $x \geqslant 5$ 时，y _____；当 $y < -2$ 时，x _____。

4. 如图 2-2-8，三个正比例函数的图象分别对应函数关系式：① $y = ax$，② $y = bx$，③ $y = cx$，将 a, b, c 从小到大的顺序排列为 _____（用"＜"连接）。

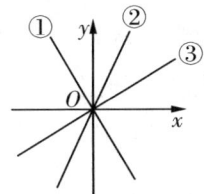

图 2-2-8

5. 已知正比例函数 $y = kx$（k 是常数，$k \neq 0$），当 $-1 \leqslant x \leqslant 2$ 时，对应的 y 的取值范围是 $-4 \leqslant y \leqslant 8$，且 y 随 x 的减小而减小，则 k 的值为 _____。

6. 有一长方形纸片 $AOBC$ 放在如图 1 所示的坐标系中，且长方形的两边的比为 $OA:AC = 2:1$。

（1）求直线 OC 的解析式；

（2）当 $x = -5$ 时，函数 y 的值为 _____；

（3）当 $y = -5$ 时，自变量 x 的值为 _____；

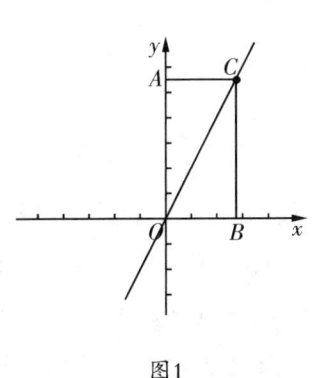
图1

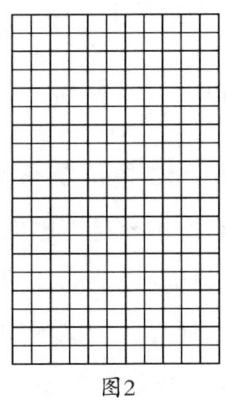
图2

图 2-2-9

(4)在图 2 中,画出这个函数的图象;

(5)根据图象回答:当 x 从 2 减小到 -3 时,y 的值是如何变化的?

【设计意图】作业 1 复习正比例函数的概念,作业 2-6 复习正比例函数的图象和性质,从"数"和"形"两方面理解函数的增减性,明确 k 值对正比例函数 $y=kx(k\neq 0)$ 的影响,体会数形结合的思想,发展几何直观。

五、教学反思

(一)着眼于研究函数的基本方法

本节课是对某个具体函数的第一次较深入、较完整的探究,它的解析式、图象和性质都比较简单。本节课从概念和图象两方面研究正比例函数,试图教给学生研究函数的一般方法,对以后研究其他函数(反比例函数、二次函数、指数函数、对数函数等)提供了借鉴,也为后续的学习积累经验。

(二)注重数形结合思想的培养

本节课多次利用信息技术,从"数"和"形"两方面理解正比例函数图象的性质。旨在落实数形结合的思想,将微观问题宏观处理,静止问题动态处理,隐性问题显性处理,全面扫清学生认知上的障碍。

(三)以学生为主体,给学生机会展示分享

本节课的教学难点是理解正比例函数的图象及性质,其中学生已经会画一些函数的图象,所以给学生空间自主画图。在研究性质的过程中,让学生发现并总结,将课堂交给学生。

六、案例分析

(一)突出概念和性质得出的过程

本节课的核心内容是正比例函数的概念和性质。正比例函数概念的获得,首先通过一个具体问题情境,对照小学学习过的正比例关系初步感知正比例函数;在此基础上,通过四个例子归纳总结出正比例函数的概念。正比例函数性质的获得,本节课主要通过观察正比例函数图象的途径,分为 $k>0$ 和 $k<0$ 两种情况进行讨论,两种情况处理是有层次的,教师在 $k>0$ 时给予学生更多提示和

指导;同时教师也提到可以从解析式角度分析某些性质。这些为学生今后研究其他函数积累了学习经验。

(二)融入信息技术,帮助学生思考

学生理解的难点之处利用信息技术帮助其思考。正比例函数图象是一条直线是学生困惑之一,利用纸笔作图无法实现取到所有的点,教师利用信息技术展示取点的增加进行"验证",同时也告知学生这里只是"验证",等学习相关知识后可以进行证明,体会数学思维的严谨性。正比例函数的增减性,很多学生难以理解,利用信息技术可以将其显性化和动态化,帮助学生理解。$|k|$越大,图象越接近 y 轴,教师采用了信息技术动态呈现,当然也可以再引导学生从解析式角度进行解释。

(三)关注总结提升,促进学生反思

本节课总结环节体现出层次性。从知识、方法和发展三个层面进行总结,知识角度是每位教师课堂教学都会关注的;方法小结是通过提出问题的方式,引导学生回顾学习过程中,特别是正比例函数概念得出、性质得出过程中,自己的收获和困惑;发展小结,主要是对照小学学习过的正比例关系,探究正比例函数的研究有哪些新的发展,通过提出问题引发学生思考,帮助学生形成反思的意识和习惯。

第三节　二次函数的应用

一、教学内容分析

本节课是北京出版社《义务教育教科书数学九年级上册》第十九章"二次函数和反比例函数"第四节二次函数的应用第3课时。

（一）核心概念及进阶路线

本节课二次函数的应用置入初中"函数"中"二次函数"单元，落实"课标2022"中"二次函数"的相关要求。

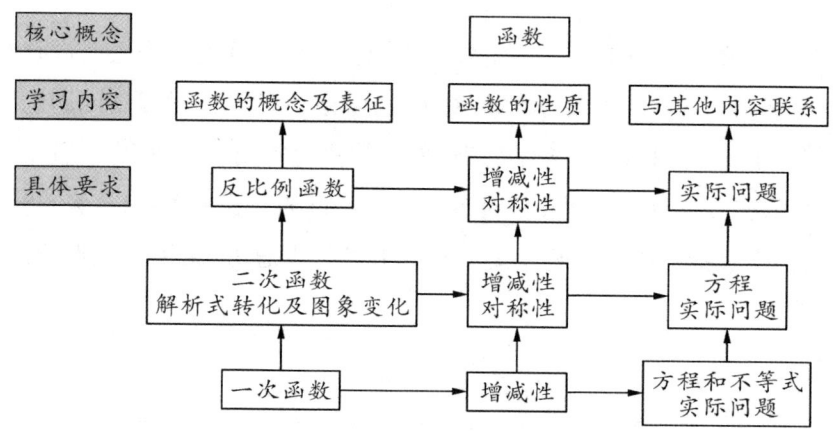

图 2-3-1　函数核心概念及进阶路线

（二）课程标准要求

通过对实际问题的分析，体会二次函数的意义；能画出二次函数的图象，通过图象了解二次函数的性质，知道二次函数系数与图象形状和对称轴的关系；会求二次函数的最大值或最小值，并能确定相应自变量的值，能解决相应的实际问题；知道二次函数和一元二次方程之间的关系，会利用二次函数的图象求一元二次方程的近似解。

（三）单元结构分析

学生学习了一元一次方程、二元一次方程组、分式方程和一元二次方程，研究了方程模型,体会到方程是刻画现实世界中相等关系的有效模型,也通过学习一元一次不等式(组)研究了不等式模型,体会不等式是刻画现实世界中不等关系的有效的数学模型,还通过一次函数研究了函数模型,体会函数是刻画相依变量的有效模型。无论方程模型、不等式模型还是函数模型,都蕴含着数学源于实际生活又回归于实际生活。在此基础上研究了一次函数与一元一次方程、一元一次不等式、二元一次方程组之间的联系。本单元是研究相依变量的延续,通过探究利用二次函数解决具有相依的变量问题,深入体会函数模型,再次理解函数与方程、不等式密不可分,方程、不等式是函数的特殊情形,感悟其中蕴含的模型观念及化归思想。

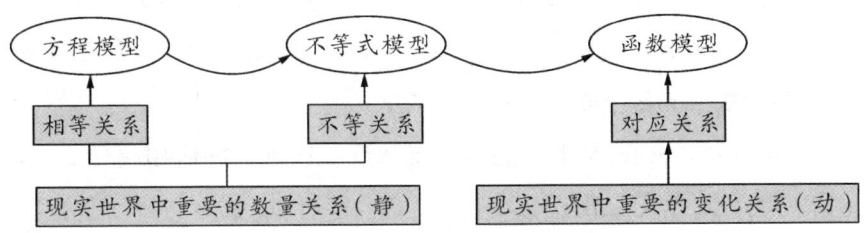

图 2-3-2 方程、不等式和函数的关系

  本单元为后续学习不等式模型、函数模型、几何模型等奠定基础,积累学习经验,逐步体会在解决问题时的基本步骤:理解问题→建立模型→模型求解→回归问题。增强学生的几何直观,培养模型观念,发展应用意识,提高发现和提出问题、分析和解决问题的能力,培养学生的问题意识、从而逐步提升学生的创新意识。

(四)课时内容分析

  本内容承载培养学生模型观念和应用意识两个主要方面,模型观念主要侧重体会数学模型是数学与现实联系的基本途径,能够从具体情境中抽象出数学问题,用二次函数表示该问题情境中的数量关系,求出结果并还原到实际问题情境中进行解释。应用意识贯穿其中,通过问题解决的过程,养成理论联系实际的习惯,发展实践能力。

(五)对教学的思考

  基于上述分析,本节课从生活情境出发,激发学生兴趣,体会所研究问题源于生活。学生在课前独立思考的基础上初步形成了自己对问题的认识,并进行了小组合作和交流,理解他人的思考方法和结论。课上小组展示,共享群体的思维与智慧,逐步完善对问题和解决过程的认识。课后鼓励学生主动了解生活中更多的抛物线、悬链线(最速降线、旋轮线)等,增强学生的学习兴趣,逐步培养学生的语言表达能力、合作交流意识。

二、教学对象分析

(一)学生认知水平

从学生的年龄心理特点的角度,本班学生有较强的学习积极性,思维活跃,愿意表达自己的见解,具有一定的自主探究意识,并能在探究过程中形成自己的观点。对于数学的学习能"知其然",部分学生会好奇"其所以然",很少会思考"何由以知其所以然",因此学生不仅要知道二次函数的应用是什么,还要引导学生思考为什么学习二次函数的应用。尝试从情境中由"感性"提出问题逐步向"理性"提出问题的过渡,不断积累提出问题,提出好问题的经验。培养学生的问题意识,从而逐步提升学生的创新意识。

(二)学生的知识、经验基础

学生掌握了一次函数、反比例函数和二次函数的概念、图象和性质;能根据具体问题中的数量关系列出方程,体会方程是刻画现实世界数量关系的有效模型;能根据具体问题中的数量关系,列出一元一次不等式,解决简单的问题;能用一次函数和反比例函数解决简单实际问题。

(三)学生学前调研

本班学生表达能力较强,乐于合作,思维活跃,愿意表达自己的见解,具备独立思考和探究能力,并能在探究过程中形成自己的观点。课前进行学生测试,让学生独立思考解决问题。

题目:如图 2-3-3 是一个单向隧道的横断面,隧道顶 MCN 是一条抛物线的一部分。经测量,隧道顶的跨度 MN 为 4 m,最高处到地面的距离为 4 m,两侧墙高 AM 和 BN 均为 3 m。今有宽为 2.4 m 的卡车在隧道中间行驶。如果卡车载物后最高点到隧道顶面对应点的距离不低于 0.6 m,那么,卡车载物后限高应是多少米?

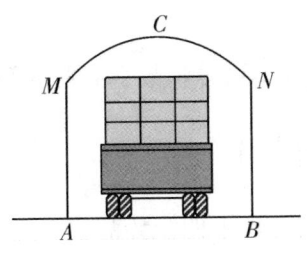

图 2-3-3

参加测试的共有 34 名学生,10 人独立完成且正确;10 人思路清楚,解题过程中有部分错误;4 人想到建立坐标系,但是不知道如何写出坐标系中相关点的坐标;10 人没有建立坐标系的表现,其中 5 人在图中标出一些信息,5 人设出二次函数的解析式,无法继续进行。另外,学生共有五种建立坐标系的方式,不同的建系方式下解决问题的难易程度不同。

学生遇到的困难是建立合适的坐标系,该题目需要将几何图形和函数解析式建立联系,其中的桥梁便是建立平面直角坐标系。建立坐标系的方式不同,引出不同的解题过程,从而建立恰当的平面直角坐标系是关键。

本节课要帮助学生从数学角度分析问题,将实际问题抽象为二次函数问题,根据题目条件选择合适的建立坐标系的方式,并将二次函数的解还原到实际问题中。

三、教学目标和重难点

基于上述分析,本节课的教学目标及教学重难点如下:

【教学目标】

1. 能根据具体问题情境,抽象出数学问题。

2. 经历建立平面直角坐标系的过程,理解不同建系方式导致不同的解题过程,体会代数与几何的关系;应用二次函数的图象和性质解决问题。

3. 结合具体问题的背景,将数学问题的解与实际问题背景建立联系,能够回答实际问题,体会数学在实际生活中的应用。

【教学重点】

经历建立平面直角坐标系的过程,初步体会坐标法的意义和作用。

【教学难点】

将实际问题抽象为数学问题,并将数学问题的解还原到实际问题中。

四、教学过程和活动设计

本节课的教学活动主要有以下四个环节:

(一)创设情境,表达问题:教师播放相关视频,让学生感受数学与生活的联系。

(二)分组展示,探索新知:在学生课前独立思考与小组交流的基础上,教师提出问题,学生分组展示,反思对问题的认识和对问题解决过程的认识。

(三)应用提高,巩固新知:创设贴近学生生活的投篮问题,让学生从数学的角度观察世界,在对教材问题解决的思考和经验上,对问题情境数学化并解决问题。

(四)课堂小结,反思提升:教师引导学生反思两个问题的解决过程,培养反思意识。

(一)创设情境,表达问题

教师播放视频,引入本节课主题。

图 2-3-4

【设计意图】 基于生活中的场景创设问题情境,感受解决实际问题源于生活,为后面的探究做好铺垫。

(二)分组展示,探索新知

如图 2-3-5 是一个单向隧道的横断面,隧道顶 MCN 是一条抛物线的一部分。经测量,隧道顶的跨度 MN 为 4 m,最高处到地面的距离为 4 m,两侧墙高 AM 和 BN 均为 3 m。今有宽为 2.4 m 的卡车在隧道中间行驶。如果卡车载物后最高点到隧道顶面对应点的距离不低于 0.6 m,那么,卡车载物后限高应是多少米?

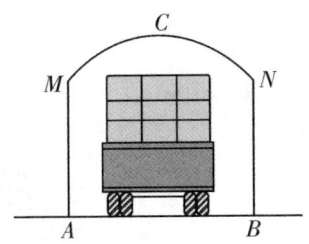

图 2-3-5

教师活动:请小组代表汇报课前讨论成果:

遇到哪些问题?

遇到问题如何解决?

为什么这么解决?

如果建立了平面直角坐标系,请说明为什么这么建立平面直角坐标系。

总结解决这类问题的方法。

学生活动:

1. 结合图形,用数学语言表达情境中所给信息。

MCN 是抛物线的一部分,$MN = AB = 4$ m,$AM = BN = 3$ m,过点 C 作 $CO \perp AB$,垂足为 O,$CO = 4$ m。

2. 出现的问题:

(1)只在图中标出数据信息;   (2)写出二次函数一般式,
但是不知道点的坐标;

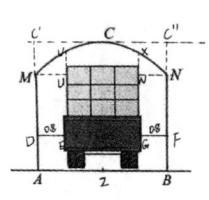 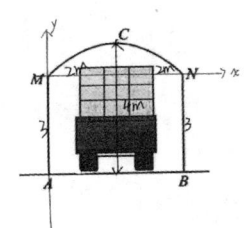

(3) 建系，但对于跨度 $MN=4$ m，无法转化为点的坐标；

(4) 求错解析式，点的坐标写错；

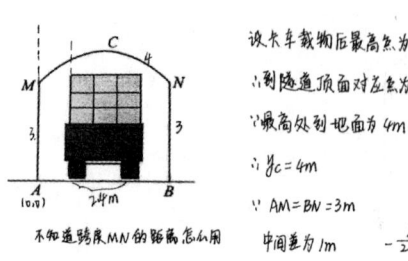
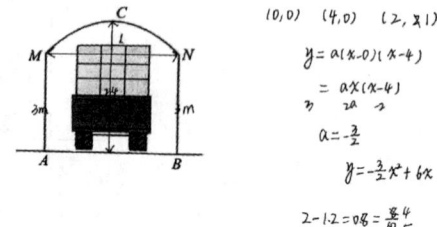

(5) 求出解析式，但是不明白 0.6 m 的含义；

(6) 思路没问题，计算错误；

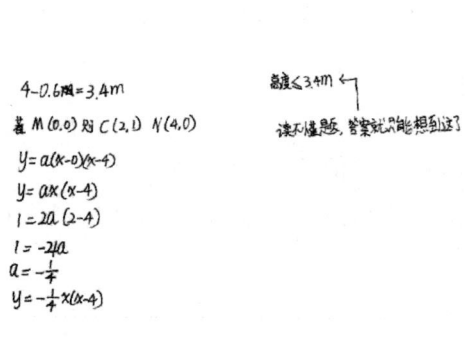

(7) 不自信。

图 2-3-6 学生作答典型问题

3. 梳理解决问题的思路

解：如图 2-3-7，建立平面直角坐标系，于是抛物线的表达式可以设为 $y = ax^2 + c$。

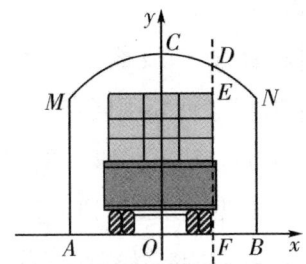

图 2-3-7

根据题意，得出 $M(-2,3)$，$N(2,3)$，$C(0,4)$，$F(1.2,0)$，所以有 $\begin{cases} 4a + c = 3, \\ a \times 0 + c = 4, \end{cases}$ 解得 $\begin{cases} a = -\dfrac{1}{4}, \\ c = 4, \end{cases}$

所以，它的表达式为 $y = -\dfrac{1}{4}x^2 + 4$。

当 $x_F = 1.2$ 时，抛物线上和它对应的 D 点的纵坐标为 $y_D = -\dfrac{1}{4}x^2 + 4 = -\dfrac{1}{4} \times 1.2^2 + 4 = 3.64$，

也就是 $DF = 3.64$ m，所以 $EF = DF - DE = 3.64 - 0.6 = 3.04$（m）。

答：卡车载物后限高应为 3.04 m。

4. 不同建系方法

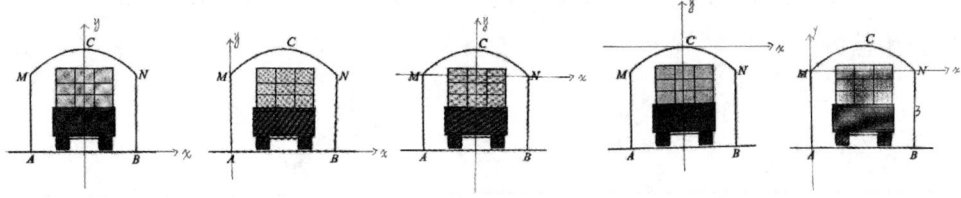

图 2-3-8 不同建系方法

【设计意图】学生课前已经独立思考，初步形成了对问题的认识，在小组合作和交流过程中，能较好地理解他人的思考方法和结论。课上小组展示，共享

群体的思维与智慧,逐步完善对问题的认识。通过分组展示、学生自评、生生互评、教师点评的评价方式为学生搭建展示自我的平台,充分发挥学生学习的主体地位。以合作学习的方式帮助学生理解重点、分散难点,并逐步培养学生的语言表达能力、合作交流意识。

教师活动:总结学生汇报,启发、点拨学生思考。

问题1:试说明这些方法的相同点和不同点。

预设:建立平面直角坐标系的方法不是唯一的,关键是能灵活地把线段长度与点的坐标进行互相转化。一般把抛物线的顶点作为坐标系的原点建立平面直角坐标系,用待定系数法求二次函数的表达式时,可设表达式为 $y = ax^2 (a \neq 0)$。

问题2:在解决问题的过程中,关键是什么?

预设:实际问题与二次函数问题的互相转化,建立平面直角坐标系。

追问:平面直角坐标系的作用是什么?

预设:将线段长度通过坐标数量化,是几何图形和代数解析式的桥梁。

【设计意图】通过教师总结,引导学生理解建立平面直角坐标系的必要性,通过建立平面直角坐标系,将实际问题转化为二次函数问题。

(三)应用提高,巩固新知

某同学在距篮圈正下方 4 m 处跳起投篮,球运行的路线是抛物线,当球运行的水平距离为 2.5 m 时,达到最大高度 3.5 m,然后准确落入篮圈。已知篮圈中心到地面的距离为 3.05 m。

(1)若该运动员身高 1.8 m,在这次跳投中,球在头顶上方 0.25 m 处出手,球出手时,他跳离地面的高度是多少?

(2)该同学在球出手的角度和力度都不变的情况下,改变位置,如何才能使球正中篮圈中心?

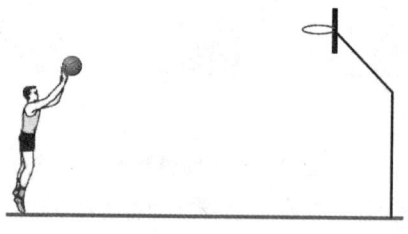

图 2-3-9

学生活动:对于第一问,学生独立思考解决问题。对于第二问,教师首先引导学生理解"球出手的角度和力度不变"的含义,即函数解析式中的 a 不变,将问题转化为抛物线平移的问题;然后学生在独立思考的基础上小组合作探究。在将数学问题的答案回归到实际问题时,注意合理取舍。

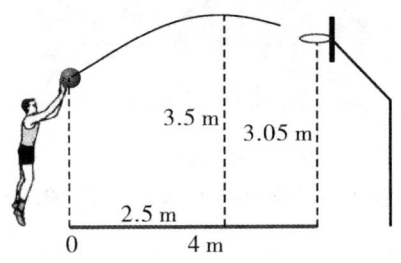

图 2-3-10

学生完成后,填写自我评价表,教师根据学生出现的问题进行指导。

表 2-3-1 解决问题的程度

完成度	已完成	题意清晰 计算错误	求解析式 未还原	求错 解析式	建坐标系 不会求	没有建 坐标系	不理解 题意
我的选项							

【设计意图】通过学生所熟知的投篮实例,让学生体会数学与生活的密切联系,提升学生应用数学的意识。该问题也是对课前作业的反馈和提升,从"显现"的抛物线到"隐形"的抛物线,再次巩固重点、突破难点。

(四)课堂小结,反思提升

教师提出问题:(1)你是如何解决实际问题的?(2)在这个过程中你有什么收获?(3)你印象最深的是什么?

小结:如何提出问题,怎样解决问题,方法是什么。

【设计意图】以问题讨论的方式进行小结,培养学生反思的习惯,鼓励学生运用自己的语言对问题进行概括。让学生经历整个探究学习过程,还能在此基础上对本节课有整体的认识,感受数学建模的过程。

(五)作业设计

选一题完成。

1.如果隧道有两条单向车道,那么宽为 2.4 m 的卡车载物后限高应是多少米？根据所给材料，自编一题。

图 2-3-11

表 2-3-2 隧道建筑横断面组成最小宽度（道路隧道设计规范）

道路性质	道路等级	计算速度 /(km/h)	车道宽度 W/m	侧向宽度 L/m		余宽/m
				左侧/m	右侧/m	
城市道路	快速路	80	(3.50 或 3.75)×2	0.50	0.50	0.25
		60	(3.50 或 3.75)×2	0.50	0.50	0.25
	主干路	50—60	(3.25 或 3.50)×2	0.50	0.50	0.25
		40	(3.25 或 3.50)×2	0.25	0.25	0.25
	次干路	50	(3.25 或 3.50)×2	0.50	0.50	0.25
		40	(3.25 或 3.50)×2	0.25	0.25	0.25

注：1. 三车道及以上隧道除增加车道数外，其余宽度同表，增加车道的每车道宽度不应小于3.5 m；

2. 车道宽度采用低限时，应对隧道车种构成、交通量、车道规模和交通组织方式进行论证。

2. 某桥梁建筑公司需在两山之间的峡谷上架设一座公路桥，桥下是一条宽100 m 的河流，河面距所要架设的公路桥的高度是50 m，根据各方面的条件分析，专家认为抛物线型的拱桥是最好的选择。按照专家的建议，设计一座横跨峡谷的公路桥。

3. 阅读材料，完成问题。

在元旦来临之际，某市政府决定在世纪公园燃放烟花，为此请来了有关专家帮忙设计。专家的建议是，在公园内找一块空地，搭建一座8 m 高的发射台，台上装一个定时装置,届时通过这个定时装置用冲天炮来发射烟火。计划发射角为75°,冲天炮在竖直方向上的速度为42 m/s。

另外,专家还要解决以下几个问题:

(1)为了烟花能在冲天炮到达其轨迹的最高点处绽放,需要知道冲天炮在何时到达最高点,以便调整发射冲天炮的定时装置;

(2)为了让观众能站在最佳位置处观看到烟火表演,需要知道冲天炮能飞多高;

(3)为了安全起见,还需要知道冲天炮能飞多远,以便提前将这块地用围栏围上。

相关公式:根据物理学知识,可将冲天炮飞行高度 h 表示成关于时间 t 的函数,且 $h = -4.9t^2 + 42t + 8$。

冲天炮飞行的水平距离 d 也可表示为关于时间 t 的函数,且 $d = \dfrac{42t}{\tan 75°}$($\tan 75° \approx 3.73$)。

你能用自己所学的知识帮助解决专家遇到的问题吗?为此,你的任务是:

(1)画出该情境的草图;

(2)清晰地写出专家要回答的问题;

(3)描述你怎样利用给出的函数关系帮助回答这些问题;

(4)利用你所想到的方法求出这些问题的解。

【设计意图】设置选做题,通过课题学习鼓励学生寻找身边的数学问题,学有所用。一方面巩固本节课所学的知识,另一方面通过自编题目鼓励学生认识数学模型在科学、社会、工程技术等诸多领域的作用,提高实践能力,增强创新意识和科学精神。让学生能够用数学的眼光观察、分析要解决的问题,用数学知识与方法构建模型解决问题,用数学的思想分析问题,用数学的方法得到结论。

五、教学反思

(一)关注学生认知基础

了解学生的已有认知,关注学生发展。在课前充分了解学情,合理把握最近发展区。在教学过程中,尊重学生,关注学生对于知识探索生成的合理性的认知。学生课前先独立思考,初步形成自己对问题的认识,在小组合作和交流过程中,能较好地理解他人的思考方法和结论。课上小组展示,共享群体的思维与智慧,逐步完善对问题的认识。为学生搭建展示自我的平台,也为学生提供了探究学习的一个方向。通过合作学习理解重点、分散难点,逐步培养学生的语言表达能力、合作交流意识、逻辑思维水平、归纳总结及辨析的水平,充分体现学生主体地位。

(二)设计开放问题,激发学生思维

通过课前测试,让小组合作交流,汇报讨论成果,逐步完善对问题的认识,教师注重引导学生自我评价与反思,在讨论中碰撞思维的火花,激发学生探究问题的兴趣,共享群体的思维与智慧。课题学习以开放性自编题目和拱桥设计为背景,给学生提供了充分展示思维的空间。

(三)适当改编问题,发展数学思维

本节课探究"卡车载物限高"问题,在教材基础上进行了改编,没有提供给学生建立好的坐标系,因此需要学生进行思考和选择,在独立思考基础上通过合作、交流,有效地化解教学难点,逐步体会如何用数学的思维分析、解决问题,从而落实教学目标。

六、案例分析

(一)注重学生在自我反思基础上的提升

学生自我反思主要体现在两个活动:课前测与环节二、环节三。课前测分为学生独立思考解决和小组合作交流,学生独立思考形成的对解决问题的初步认识,包括对问题解决过程中的经验和困难的自我认识,在此基础上进行小组合作学习,能够形成自我反思。环节二小组全班交流中,教师通过问题引导和点拨,帮助学生认识到从哪些方面进行思考,特别是问题解决之后的自我思考。环节三中,教师设计了自我评价的表格,将自我反思显性化。

(二)设计数学思维发展的层次的活动

该教学案例体现了用数学的眼光观察世界,用数学的思维思考世界,用数学的语言表达世界。课前测、环节三中的问题情境均是具有实际背景的问题,并且无法直接应用数学工具进行解决,需要根据问题中的描述,将实际问题情境转化为数学问题进行解决。课前测的问题是"显现"的抛物线,环节三的问题情境更加贴近学生的生活,改为"隐形"的抛物线,两个活动呈现出一定的层次性。

（三）关注学生差异,设计分层作业

九年级学生个体差异较大,特别是对于本节课课前测的问题,课前测学生的表现也佐证了这一点。因此教师在课前测学生独立思考解决问题的基础上,增加了小组合作交流的环节,一方面可以培养学生语言表达和合作交流的能力,另一方面可以为做错的学生、没有思路的学生以启发和改进,如此在教学环节二的全班交流中可以更好地理解问题及问题解决的过程。教师在课后作业设计中,也照顾学生个体差异,设计了分层作业。

第四节 反比例函数的图象和性质

一、教学内容分析

本节课是人民教育出版社《义务教育教科书数学九年级下册》第二十六章"反比例函数"26.1.2 反比例函数的图象和性质。

(一)核心概念及进阶路线

本主题置入初中"函数"单元,落实"课标2022"中"反比例函数"的内容要求。图2-4-1为函数核心概念及进阶路线。

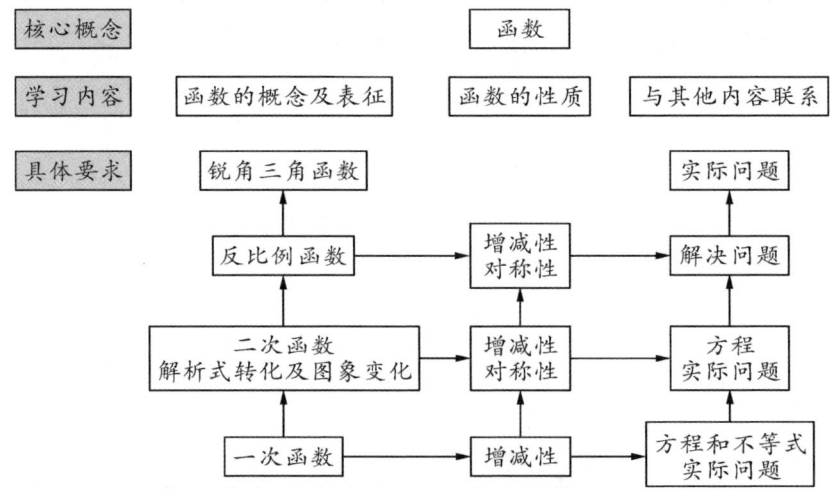

图 2-4-1 函数核心概念及进阶路线

(二)课程标准要求

结合具体情境体会反比例函数的意义,能根据已知条件确定反比例函数的表达式;能画反比例函数的图象,根据图象和表达式 $y=\dfrac{k}{x}(k\neq 0)$ 探索并理解 $k>0$ 和 $k<0$ 时图象的变化情况;能用反比例函数解决简单实际问题。

(三)单元结构分析

本章内容之前的相关知识。八年级下册已经学习了函数的概念和图象的画法、一次函数的图象和性质、用一次函数解决问题;九年级上册学习了二次函数的图象和性质、二次函数与一元二次方程、用二次函数解决问题。

本章内容分为2节,26.1 反比例函数,包括反比例函数、反比例函数的图象和性质,26.2 实际问题与反比例函数,共8个课时。26.1.1 通过具体的现实情境,列出其中的关系式,通过归纳给出反比例函数的定义。26.1.2 类比一次函数和二次函数的研究、函数图象的画法,画出两个具体的反比例函数图象,归纳获得反比例函数的性质,并利用反比例函数的性质解决简单的问题;信息技术应用中,利用信息技术探索反比例函数性质的学习活动;26.2 利用反比例函数解决实际问题,教材共给出了四个不同背景的问题:圆柱形煤气储存室、工作量与工作效率、杠杆原理相关问题、功率问题,经历将实际问题转化为反比例函数相关数学问题,并将结果回到实际问题背景中,体会数学建模的过程。

(四)课时内容分析

本节课为"反比例函数的图象和性质"的第1课时,具体有三个活动。

1. 类比给出探究方法。类比一次函数和二次函数,提出"反比例函数的图象是什么样的?"指出通过"描点"画图,画出反比例函数的图象,探究反比例函数的性质。

2. 分类讨论:先探究 $k>0$ 时的情形,从特殊到一般。首先给出了两个具体的反比例函数 $y=\dfrac{6}{x}$ 和 $y=\dfrac{12}{x}$,利用列表、描点、连线得到反比例函数的图象,观察图象并通过两个问题初步得到性质:函数图象所在象限、y 随着 x 的变化如何变化,然后进行一般化并归纳出当 $k>0$ 时反比例函数的性质。$k<0$ 时的情形,类比 $k>0$ 的研究。教材通过探究栏目给出了从特殊到一般的研究思路,类比 $k>0$ 的研究过程,给出了当 $k<0$ 时,反比例函数的图象和性质。

3. 归纳总结:将两种情况进行归纳。

(五)对教学的思考

反比例函数是初中阶段所学习的最后一个具体函数,学生已经积累了函数性质的研究方法,包括类比的思想、从特殊到一般进行归纳总结、根据参数进行分类讨论、根据函数图象获得函数性质等。

本课时在学生学习基础上,尝试加入学生对反比例函数解析式的分析,帮助学生画出函数图象,以及从函数解析式分析出反比例函数的某些性质。本章的学习是初中阶段三种常见函数学习的终点,通过对比学习完成反比例函数性质和图象的探究,学生可通过归纳整理认识研究函数的一般思路,为高中阶段继续系统学习初等函数的有关知识(如常函数、指数函数、幂函数、对数函数、三角函数等)做一定的准备。

二、教学对象分析

(一)学生认知水平分析

本年级采用分层教学模式,九年级入学刚完成了重新分班,本班有三分之二的学生是新调整进入的,数学学习基础差别较大。通过一个半月的数学学习,具备了一定的观察、分析和概括能力。

(二)学生的知识、经验基础

反比例函数是初中阶段学习的最后一个具体函数,本课之前,学生已经学习了反比例函数的概念,并能根据具体条件确定反比例函数的解析式;八年级下册学习了正比例函数和一次函数的图象和性质,九年级上册学习了二次函数的图象和性质,掌握了画函数图象的一般步骤,具有研究函数性质的经验。通过上节课的学习,了解了可以类比正比例函数和二次函数的研究方法,为本节课进行了铺垫。

三、教学目标和重难点

基于上述分析,本节课的教学目标及教学重难点如下:

【教学目标】

1. 通过对函数解析式的讨论,培养分析、归纳的能力,发展直观想象素养。
2. 能够利用讨论解析式获得的信息,画出反比例函数的图象,归纳出反比例函数图象的特征和性质。
3. 探究反比例函数图象和性质过程,体会特殊到一般、分类讨论、类比研究、数形结合的数学思想和方法。

【教学重点】

通过回顾正比例函数和二次函数的性质,分析反比例函数解析式的特征,理解反比例函数的部分性质,画反比例函数的图象。

【教学难点】

分析反比例函数解析式得到需要的图象特征,并以特征为指导画出反比例函数图象。

四、教学过程和活动设计

本节课的教学活动主要分为五个环节:

(一)复习导入,引入主题:通过反比例函数解析式,激活学生正比例函数、二次函数的学习经验,为反比例函数图象和性质的探究做铺垫。

(二)定性分析函数性质:将一般的函数特殊化进行研究,分析一个反比例函数解析式,获得对反比例函数性质的初步结论。

(三)探究反比例函数的图象:借助由解析式获得的结论,根据学习过的画函数图象的方法,画出反比例函数的图象。

(四)借助图象归纳性质:由特殊到一般归纳 $k>0$ 时反比例函数的性质。

(五)课堂小结,反思提升:从知识和探究过程两个方面进行小结,并引导学生反思还有哪些没有解决的问题。

(一)复习导入,引入主题

教师:这节课我们学习反比例函数的图象和性质,观察反比例函数解析式 $y=\dfrac{k}{x}$ ($k\neq 0$),和之前学习过的哪些函数很像?

预设:正比例函数 $y=ax$($a\neq 0$)和二次函数 $y=ax^2$($a\neq 0$)。

问题:学习这两个函数时,有哪些研究经验?

预设1:画出函数图象进行观察。

预设2:要分类讨论,两个函数都需要讨论 $a>0$ 和 $a<0$ 两种情况。

预设3:要讨论图象经过哪些象限;经过哪些特殊的点;图象开口的方向;a 变大时,$y=ax^2$($a\neq 0$)开口大小是怎样变的;随着 x 的增大,y 是怎么变化的;正比例函数 $y=ax$($a\neq 0$)的图象是一条直线,二次函数 $y=ax^2$($a\neq 0$)的图象是抛物线等。

教师适当总结，学生提到变化相关的内容时，教师借助信息技术几何画板软件进行动态演示，帮助学生建立动态变化的经验，如 a 变大时，$y=ax^2$（$a\neq 0$）开口大小的变化。

师生小结：图象在研究函数性质中有重要的作用，解析式有参数可能需要分类讨论等。

【设计意图】通过对反比例函数解析式的观察，激活学生学习经验中的正比例函数解析式和二次函数解析式；学生回顾这两个函数的研究经验，为本节反比例函数图象和性质的研究做好铺垫；借助几何画板软件的动态演示，帮助学生体会函数性质和图象之间的关系，积累动态想象的经验。

(二)定性分析函数性质

问题：回顾了很多研究函数性质和图象的经验，那么我们从哪开始研究 $y=\dfrac{k}{x}$（$k\neq 0$）的图象和性质？

预设1：画图象。

预设2：分类讨论。

预设3：先给 k 一个具体的数研究。

小结：先选一个具体 k 进行研究，不妨选择 $k=1$。

问题：在动手画 $y=\dfrac{1}{x}$ 的图象之前，我们看看从这个解析式能得到哪些猜想或结论。

预设1：$x\neq 0$。

预设2：$y\neq 0$。

追问：想象一下，表现在图象中是什么样呢？

预设1：图象经过$(1,1)$点。

预设2：因为 $xy=1>0$，所以 x 和 y 是同号的。

追问：x 和 y 是同号说明图象在什么位置？

预设：$xy=1$ 说明 x 和 y 互为倒数，那么当 x 很大时，y 很小，但是 y 不会等于0；当 x 很小时，y 很大。

追问:如果 x 和 y 都是负数,这个结论还成立吗?

小结:虽然还没有画出反比例函数图象,但是通过解析式,分析出了这个反比例函数图象的一些特点,对函数的性质也得到一些结论。

【设计意图】通过第一个问题的讨论,让学生认识到特殊化是数学研究的方式之一;通过第二个问题的讨论,引导学生形成关注函数解析式的意识,为高中阶段函数的研究做好准备,同时通过讨论初步得到该反比例函数的图象特征和性质的定性结论,为下一步画函数图象做好准备。

(三)探究反比例函数的图象

教师:整理一下我们刚才通过解析式获得的一些结论。

$x \neq 0$,$y \neq 0$,函数图象和坐标轴没有交点,函数图象不经过原点,图象经过点$(1,1)$。函数图象在第一和第三象限。当 x 很大时,y 很小,但是 y 不会等于 0;当 x 很小时,y 很大。

问题:根据这些信息,对画这个函数的图象有哪些帮助?取点时要注意什么呢?有哪些困惑吗?

预设1:图象在第一和第三象限,正数和负数都要取一些。

预设2:画图象时,注意不能和坐标轴相交。

预设3:不知道应该取多少个点,怎么取点。

教师:带着这些思考,我们先找一些点试试。根据学生的回答,列出表格。

表 2-4-1

x	-4	-3	-2	-1	1	2	3	4
y	$-\dfrac{1}{4}$	$-\dfrac{1}{3}$	$-\dfrac{1}{2}$	-1	1	$\dfrac{1}{2}$	$\dfrac{1}{3}$	$\dfrac{1}{4}$

问题:观察这个表格,看看有什么特点,x 和 y 互为倒数对取点有启发吗?

预设1:x 都是整数,y 的取值有很多是分数。

预设2:x 和 y 互为倒数,那么 x 是不是可以取一些分数值呢?

师生共同补充表格:

表 2-4-2

x	-4	-3	-2	-1	$-\dfrac{1}{2}$	$-\dfrac{1}{3}$	$-\dfrac{1}{4}$	$\dfrac{1}{4}$	$\dfrac{1}{3}$	$\dfrac{1}{2}$	1	2	3	4
y	$-\dfrac{1}{4}$	$-\dfrac{1}{3}$	$-\dfrac{1}{2}$	-1	-2	-3	-4	4	3	2	1	$\dfrac{1}{2}$	$\dfrac{1}{3}$	$\dfrac{1}{4}$

教师:请在你的坐标纸上描点,尝试画出图象。

学生自主描点画图,教师进行指导,注意收集学生出现的典型问题。

问题:很多同学连线时出了问题,不知道应该用什么线连接这些点,随着点变多(图),观察到"连线有什么特点"。

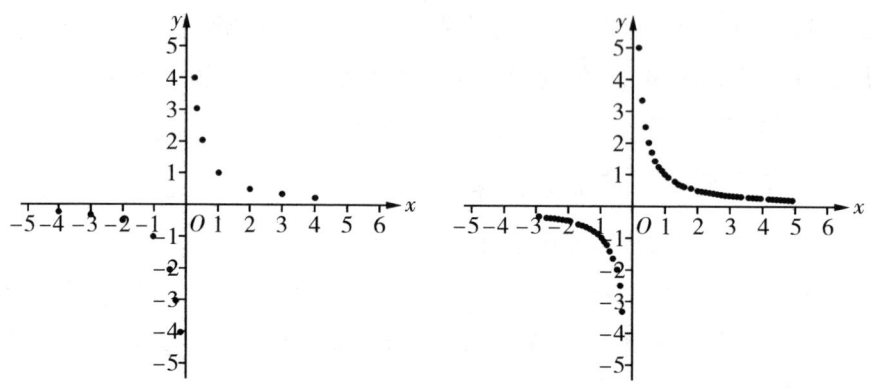

图 2-4-2

预设 1:紧挨着的点,不能用直线连接。

预设 2:图象有弧度。

教师:利用信息技术画出 $y=\dfrac{1}{x}$ 的图象(图 2-4-3 左图),是不是 $k>0$,图象都是"长"成这样?利用信息技术画出 $y=\dfrac{5}{x}$ 的图象(图 2-4-3 右图)。

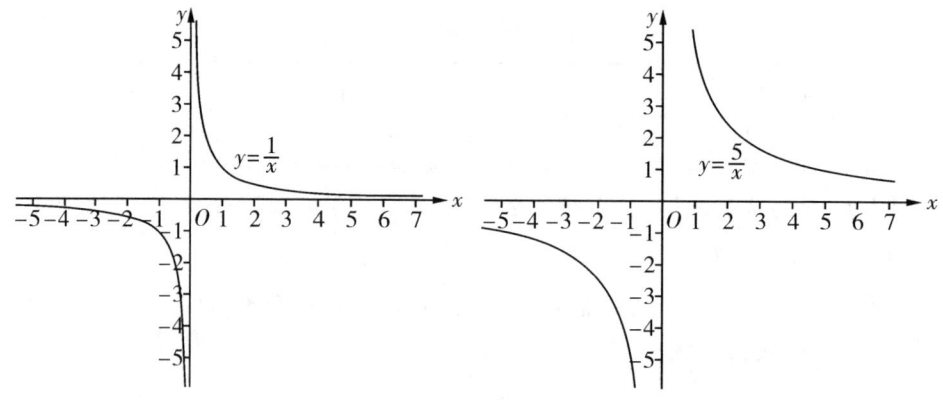

图 2-4-3

【设计意图】引导学生借助由反比例函数解析式得出的特征,思考对画出函数图象有哪些帮助,体会分析解析式的意义;经历了两次取点的过程,选择整数点是学生容易想到的,通过所取点的 x 和 y 的对应,以及 x 和 y 互为倒数这一特征,"完善"表格;教师使用信息技术呈现函数图象,让学生体会使用光滑曲线连接的"道理"。本环节拉长了反比例函数图象获得的过程,给予学生充分的数学说理的机会,培养学生先观察再操作的习惯。

(四)借助图象归纳性质

问题:观察这两个函数的图象,从中你能获得哪些结论?

预设1:函数图象位于第一和第三象限。

预设2:函数图象有对称性。

预设3:第一象限和第三象限对称;每个象限的图象自己也对称,是不是因为 x 和 y 互为倒数?

预设4:在每个象限里,随着 x 的增大,y 减小,和前面分析解析式的结论是一样的。

预设5:图象与坐标轴没有交点。

问题:当 $k>0$ 时,反比例函数 $y=\dfrac{k}{x}$ 有哪些性质呢?

师生共同归纳:图象所在的象限;每个象限里,y 随着 x 的增大而减小;图象具有对称性;图象与坐标轴没有交点。

【设计意图】学生已经通过分析解析式得到一些定性描述,再借助图象,将所获得的结论进行整理和归纳。

(五)课堂小结,反思提升

知识小结:本节课学习了哪些内容?

过程小结:回顾正比例函数和特殊的二次函数的研究经验;选择了 $k>0$ 的比例系数1进行研究,从函数解析式看看能得到什么结论;思考怎么画出这个函数的图象;归纳出 $k>0$ 时函数图象的特征和一些性质。

问题:还有哪些问题没有解决?

预设:$k<0$ 时的情况没有研究;k 的值变大或变小,函数图象怎么变化?函数图象对称,对称轴在哪?在解析式中加上一个常数会怎么样?

教师:请大家带着本节课的学习经验课下研究;提示,当 $k<0$ 时,如 $y=-\dfrac{1}{x}$,可以通过本节课的方法进行研究,你能借助 $y=\dfrac{1}{x}$ 进行研究吗?

【设计意图】从知识和探究过程两个角度进行总结,教师在学生发言基础上整理,并回到开始的探究:有哪些问题还没有解决?培养学生整体思考的习惯。

(六)作业设计

1. 完成 $k<0$ 时,反比例函数 $y=\dfrac{k}{x}$ 的图象和性质探究。

2. $|k|$ 的变化,对函数图象有哪些影响?你能根据解析式和图象分析 $|k|$ 的几何意义吗?

【设计意图】作业1指向教学目标"探究反比例函数图象和性质过程",课堂完成 $k>0$ 的探究,将研究思路和方法进行迁移。作业2指向于代数推理和几何直观,落实数形结合的教学目标。

五、教学反思

本节课作为单元教学设计中的一节课,和之后的一节课共同组成了学生探究反比例函数图象、性质及应用的教学环节,并通过利用反比例函数性质的研究思路讨论陌生函数的图象和性质,加深对相关知识的理解和认知。

在本节课中,学生着重探究讨论了反比例函数的性质,并将其他内容推迟到了之后的课展开。具体到本节课中,学生通过对比已经学习过的两种函数的图象和性质,为讨论反比例函数的图象指明了研究方向。在研究过程中,借助几何画板软件辅助学生有效突破难点,并帮助学生更好地完成探究任务,得到对反比例函数的性质较为全面的认识与了解。

较为遗憾的是,本节课还有很多可以放手让学生去探究的环节,让学生更多地通过自身的讨论和尝试发现相应的性质,而非借教师之手完成相关的讨论和学习。

六、案例分析

（一）激活学生已有经验，指导如何研究

由反比例函数解析式 $y=\dfrac{k}{x}(k\neq 0)$，激活学生学习过的正比例函数 $y=ax$ $(a\neq 0)$ 和二次函数 $y=ax^2(a\neq 0)$，回顾这两类函数的研究经验：分类讨论 $a>0$ 和 $a<0$ 两种情况、借助函数图象进行观察、从哪些方面分析函数图象的特征和性质，为反比例函数图象和性质的探究做出研究方法和研究方向的指导。

（二）借助解析式分析，突出学生说理

本节课丰富了画反比例函数图象前的分析，体现在四个方面。一是通过问题"从哪开始研究 $y=\dfrac{k}{x}(k\neq 0)$ 的图象和性质"，解析式中含有参数 k，为了方便研究，首先特殊化为具体数。二是对反比例函数 $y=\dfrac{1}{x}$ 的解析式进行分析，能够获得哪些结论？能否想象表现在函数图象中是什么样？通过分析获得一些结论，帮助学生分散画函数图象的难点，同时培养学生通过解析式进行数学说理的能力，为高中阶段函数的学习奠定基础。三是画函数图象取点过程，由表 2-4-1 的取点到表 2-4-2 的取点，观察表格中 x 和 y 的变化，并借助解析式得到 $xy=1$，补充一些取点以提高取点的代表性。四是在课堂小结中，教师提示学生是否可以借助 $y=\dfrac{1}{x}$ 和 $y=-\dfrac{1}{x}$ 的特点进行研究。

（三）重视引导学生提出问题

课堂小结环节，在对所学知识和探究过程总结的基础上，教师通过"有哪些问题还没有解决？"培养学生提出问题的意识和整体思考问题的习惯。根据已有的学习经验，学生可以提出相关问题，如果学生无法提出问题，教师可以进行提示或者示范。

第五节　锐角三角函数

一、教学内容分析

本节课是人民教育出版社《义务教育教科书数学九年级下册》第二十八章"锐角三角函数"的单元起始课。

（一）核心概念及进阶路线

锐角三角函数既与三角形有关，又与函数有关。锐角三角函数主要研究直角三角形边角关系，蕴含着当固定一个锐角，其形成直角三角形的边之比是不变的思想。本教学设计主要体现其函数关系。将其置入函数内容，落实"课标2022"中"图形的变化"的内容要求，与其相关的核心概念及进阶路线见图2-5-1。

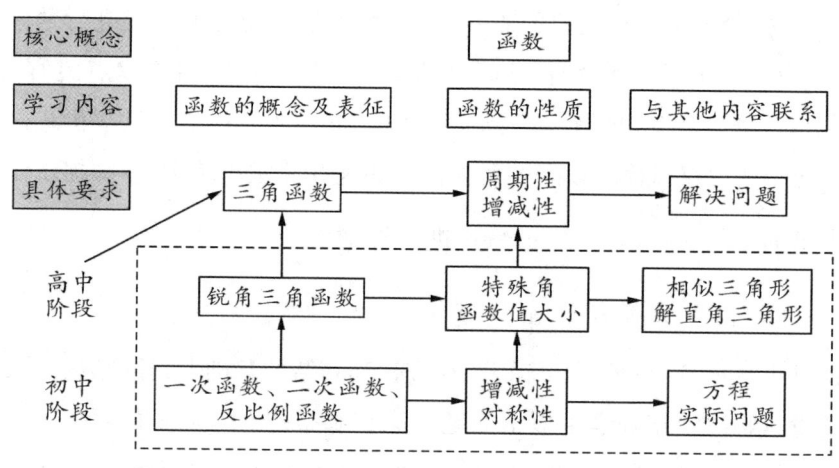

图2-5-1　函数核心概念及进阶路线

（二）课程标准要求

利用相似的直角三角形，探索并认识锐角三角函数（$\sin A$, $\cos A$, $\tan A$），知道$30°$, $45°$, $60°$角的三角函数值；会使用计算器由已知锐角求它的三角函数值，由已知三角函数值求它的对应锐角；能用锐角三角函数解直角三角形，能用相关知识解决一些简单的实际问题。

(三)单元结构分析

人教版教材锐角三角函数内容共12课时,编排顺序及课时安排:锐角三角函数(6课时)→解直角三角形(4课时)→数学活动与小结(2课时)。

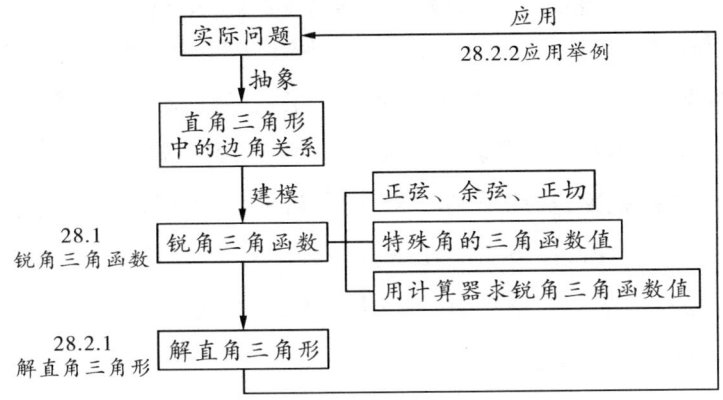

图 2-5-2 人教版"锐角三角函数"单元结构

人教版教材单元结构的特点主要体现在以下三方面:

第一,体现了学习数学是一个由表及里,由浅入深,由简单到复杂的过程。教材先安排了勾股定理、相似三角形的学习,然后是锐角三角函数的学习,之后再利用了锐角三角函数等相关知识解决直角三角形或几何图形的实际应用问题,呈现层层递进、螺旋上升的编排特点。

第二,突显了本单元内容与实际的联系,帮助学生体会模型思想。教材结合实际问题引出锐角三角函数的概念并加以探索认识,以此为基础学习解直角三角形,再将解直角三角形作为工具解决实际问题。

第三,重视对锐角三角函数概念的探索和理解的过程。锐角三角函数内容大致可以分为"锐角三角函数"和"解直角三角形"两部分。人教版教材为"锐角三角函数"分配的课时比重较大,注重学生对概念形成过程的体验及其中蕴含的思想方法的体会,有利于锐角三角函数概念的理解,为解直角三角形打好基础。

(四)课时内容分析

课时内容方面,人教版教材的独到之处在于锐角三角函数概念的处理。

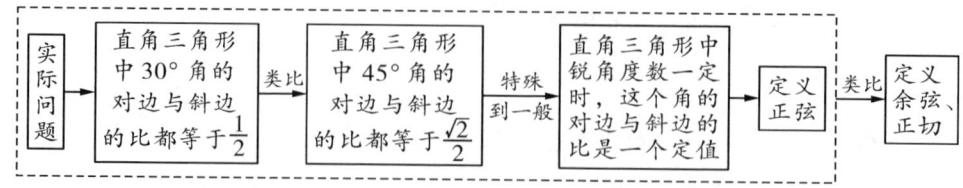

图 2-5-3 人教版锐角三角函数概念内容结构

人教版教材既重视学生的认知特点,又突出了数学思想方法的渗透。在锐角三角函数概念的探索过程中,重点呈现了正弦函数概念的探索过程,而后类比定义余弦、正切函数。这版教材先采用了由特殊到一般的方法对正弦函数展开讨论,从具体到抽象,从简单到复杂,符合初中生的认知特征,为学生铺设了合理、有效的认知台阶;接下来类比正弦函数的概念,定义余弦、正切就水到渠成了。整个过程渗透了由特殊到一般、类比等数学思想方法。

(五)对教学的思考

单元结构方面,为加强概念探究过程的体验,揭示概念的内涵,突显概念形成过程中蕴含的数学思想方法,本教学设计参考了人教版教材的编排方式,使"锐角三角函数"比"解直角三角形"的课时比重更大;同时,注意加强本单元与实际的联系,体现建模思想。

课时内容方面,为了引导学生在原有认知经验的基础上激发认知冲突,促进自主建构,本教学设计在人教版教材基础上进行了创新,对相似三角形中初步研究过的测高问题进行再认识,开启对锐角三角函数概念的探索。

二、教学对象分析

(一)学生认知水平

九年级学生具备一定的抽象能力和几何直观,能够将实际生活中的问题抽象成数学问题。授课班级学生思维活跃,能够清晰有条理地表达自己的思考。

(二)学生的知识、经验基础

直角三角形两锐角互余,勾股定理,含30°角直角三角形和含45°角直角三角形三边的比例关系,相似三角形,全等三角形。利用相似三角形的性质测量"底部可达"建筑物的高度。

(三)学生学前调研

课前,对所教授的两个班级共81名学生进行了问卷调查。问题如下:

要测量学校操场上旗杆的高度,请回答下列问题。

问题1:请你用数学语言清晰地表述这个实际问题。

问题2:简单介绍你的方案(可以画示意图)。

调查结果如下:

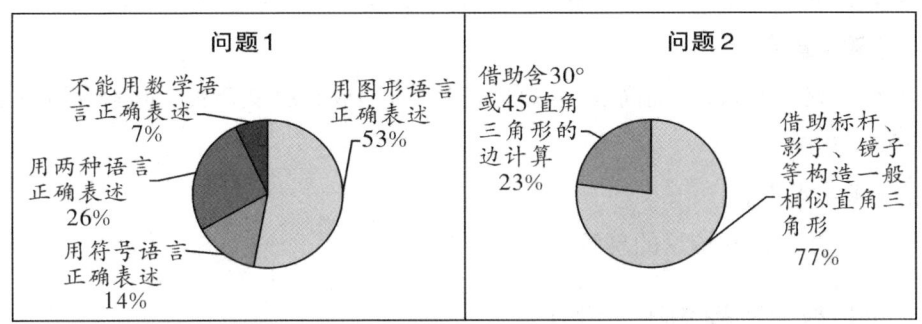

图 2-5-4

本节课的学习内容是学生在相似三角形一章中解决"底部可达"建筑物高度的测量经验基础上展开的。由问题1的调查结果可以推测,多数学生能够将实际问题抽象为数学问题,具备一定的数学抽象素养,但用图形和符号两种数学语言正确表述实际问题还需进一步加强。由问题2的调查结果可以推测,学生对于借助相似三角形或含特殊角的直角三角形解决简单的测量问题掌握较好,具备一定的数学建模和逻辑推理素养。

授课班级的学生数学基础较好,大部分学生爱好数学,学习积极性高,探索欲望强烈。由上面的数据可以看出,学生对于本节课的研究主题已有一定的基础和认识。在教师引导下的小组讨论、质疑交流等活动,可以帮助他们更高效地完成研究任务。

三、教学目标和重难点

基于上述分析,本节课的教学目标及教学重难点如下:

【教学目标】

1. 理解直角三角形三边的比由锐角的大小决定,形成锐角三角函数概念的认知基础。

2. 在"测量佛香阁高度"的任务驱使下，经历"将实际问题转化为数学问题；初步分析问题，明晰困境；调取已有的研究经验，获取有价值信息；对条件进行有针对性的深度挖掘与利用"的过程，积累解决复杂实际问题的数学活动经验与方法，体会数学抽象和数学建模思想，提升分析问题、解决问题的能力。

3. 在运用数学方法解决实际问题的过程中，体会数学与现实的联系，感悟数学的精神与应用价值，形成独立思考的意识，培养合作交流的能力。

【教学重点】

在研究"测量佛香阁高度"问题的过程中，形成解决复杂实际问题的数学活动经验与方法。

【教学难点】

对问题条件和结论的理解。

四、教学过程和活动设计

本单元整体设计及本节课的教学流程图如下：

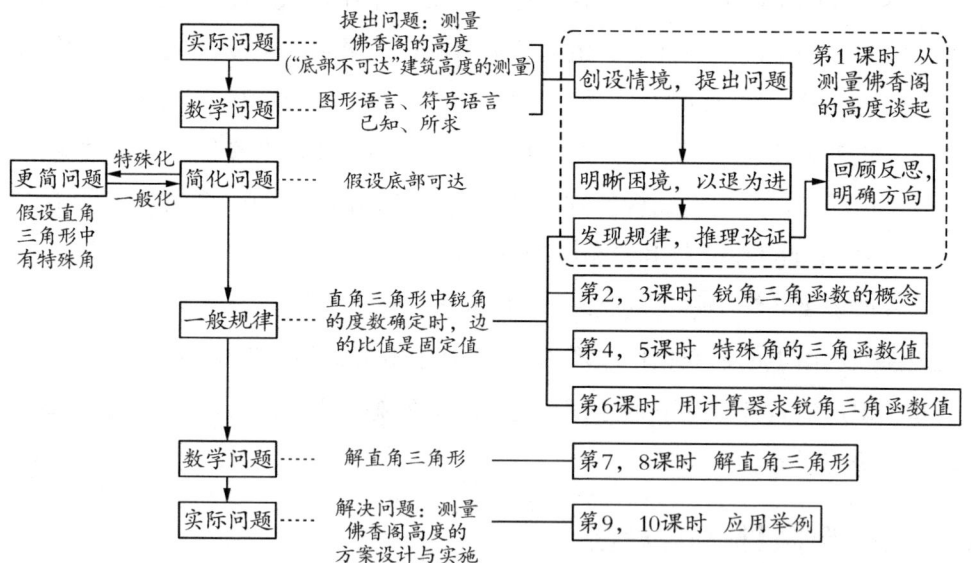

图 2-5-5 本节课教学流程图

（一）创设情境，提出问题

教师用 PPT 展示图片：珠穆朗玛峰高 8 848.86 m，中央电视塔高 386.5 m

（加避雷针总高 405 m），生活中有很多测量高度的问题。测量问题自古就有，但是古代没有飞机、卫星、遥感技术，古人怎样解决这些问题呢？

教师：像这样测量高度的问题，中国古代的先贤们早就想出了解决的办法。早在西汉时期的《淮南子》一书中就有"天地之大，可以矩表识也"的说法，意思是天地的大小，可以用矩尺、圭表这些测量工具测得。其中还记载了大量事物可以测量的事实。下面，我们一起追随中国古代先贤的脚步，借助基本测量工具，测量高山、建筑的高度，先从测量佛香阁的高度谈起。

目标：测量佛香阁顶部到湖岸所在平面的距离。
限制：只有测角工具、测线段长度工具。
问题：请你用数学语言清晰地表述一下这个实际问题。

图 2-5-6

教师：佛香阁是颐和园的主体建筑，坐落于万寿山上。假如你只有能够测量长度和角度的工具，你能测量出佛香阁的高度吗？

预设：我画的图中，直线 l 代表水平面，点 A 代表佛香阁的最高点。已知线段 $AB \perp l$ 于点 B，我们要求的是线段 AB 的长度。

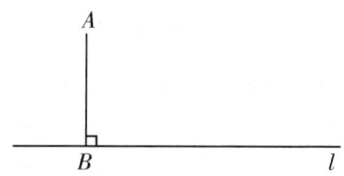

图 2-5-7

教师：当我们遇到一个问题时，首先应该理解问题本身，尤其是实际问题，更应该剥离无关信息，清晰地表达我们要解决的数学问题是什么、条件有哪些，这是解决问题的第一步，也是影响解决问题效果的至关重要的一步。

【设计意图】通过历史文化的适当引入和生活情境中问题的提出，提出学生熟悉的测高问题，引出本节课的主题。引导学生在解决测高问题的任务驱使下，将实际问题转化为数学问题，经历"①剥离无关信息，②提出必要且合理的假设，③对现实场景进行数学抽象，④用数学语言清晰表述问题"的过程，在此过程中明确要解决的数学问题是什么、已知条件有哪些,使学生体会用数学的眼光观察世界,发展数学抽象、几何直观、模型观念的数学核心素养。

(二)明晰困境,以退为进

教师:对于解决这个问题,你有哪些想法?

预设:我想到了上一章里我们测旗杆高度的方法。我们可以立一根垂直于地面的木杆 DE,测量木杆 DE 的长、同一时刻木杆的影子 EF 的长和佛香阁的影子 BC 的长。我们可以证明 △ABC 和 △DEF 相似,则 $\dfrac{AB}{DE}=\dfrac{BC}{EF}$,这样就可以求出 AB 的长了。

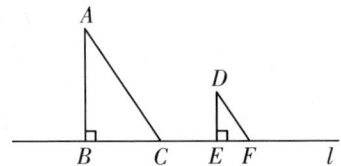

图 2-5-8

教师:用这种方法的困难是什么?

预设1:因为佛香阁建在山上,我没办法走到佛香阁的正下方,也就是点 B 的位置,所以 BC 的长度不好测量。

预设2:我用的也是上一章里我们用过的方法。我们可以找一面镜子平放在地面上,人站在镜子前面调整站立的位置,直到能从镜子里看到佛香阁的最高点,这时测量人的眼睛到地面的高度 DE、镜子到人的距离 CE、镜子到佛香阁的距离 BC。因为 △ABC 和 △DEC 相似,所以 $\dfrac{AB}{DE}=\dfrac{BC}{CE}$,就可以算出 AB 的长了。

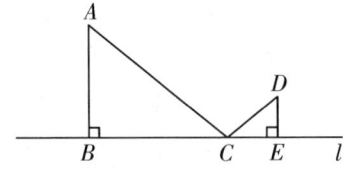

图 2-5-9

教师:用这种方法有什么困难吗?

预设:这个方法中 BC 的长度不好测量,原因也是没办法到达佛香阁的底部。

教师:大家已经发现了,因为我们不能直接到达佛香阁的底部,所以这个问题变得没那么简单了。我们可以先把这个复杂问题放下,暂时不解决,先去解决一个相对简单的问题,看看有没有可以借鉴的规律或方法。

教师:如果佛香阁的底部可以到达,大家就能求出佛香阁的高度了。大家用的不同方法的相同之处是什么?

预设:构造相似三角形。

教师:构造相似三角形的目的是什么呢?

预设:为了得到 Rt△ABC 两条边的比,这样只要再量出△ABC 其中一条边的长度,就可以知道另一条边的长度了。

教师:我们在解决上一章的测量问题时发现,即便是底部可以到达的测高问题,比如测量旗杆的高度,遇到阴天或是有障碍物的情况下,也不容易构造出两个相似三角形。利用测量长度和测量角度的工具,能不能在一个三角形中得到两条边的比呢?

预设:可以用测角仪测量人看佛香阁顶部的仰角,调整人站立的位置使测得的仰角∠ACE = 45°,这时 AE = CE,这样再测量人到佛香阁的距离 BD、人的眼睛到地面的距离 CD,就可以算出佛香阁的高度了。

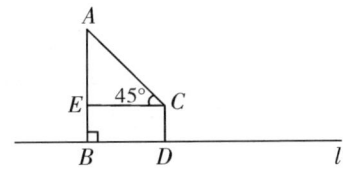

图 2-5-10

教师:这个方法中∠ACE 的大小必须是 45°吗?

预设:∠ACE = 30°时也可以,这时 AE : CE = 1 : $\sqrt{3}$;或者让∠ACE = 60°,AE : CE = $\sqrt{3}$: 1。

教师:如果受障碍物影响,人没办法站立到∠ACE 为 30°,45°,60°的位置,人可以站立的位置测得的∠ACE 不是特殊角,比如为 37°,还能得到 AE 与 CE 的比值吗?请每名同学求一下这个比值,大家测的一样吗?

预设:大约是 0.75。

【设计意图】本环节中,学生对解决问题的方法进行初步分析,清晰描述所面对的困境,形成认知冲突,促进自主建构过程的开展。面对复杂问题主动简化问题或调取已有的研究经验,从已有经验中获取有价值信息,从解决问题的不同方法中提取共性信息,从而启发当前问题的解决。在这一过程中,学生用数学的思维分析世界,提升分析问题、解决问题的能力,发展几何直观、推理能力,提高批判思维。

(三)发现规律,推理论证

教师:当大家画的直角三角形都有一个37°角时,短直角边与长直角边的比值都一样,你发现有什么一般性的规律了吗?

预设:只要知道直角三角形中一个锐角的大小,就能知道这个直角三角形各边的比。

教师:你能证明吗?

预设:如图 2-5-11,已知 $\triangle ABC$,$\angle B = 90°$,$\angle C = \alpha$,要求 AB,BC,AC 的比值。我可以作一条长度为 10 cm 的线段 $B'C'$,再作 $\angle A'C'B' = \alpha$,$A'C'$ 交过点 B' 且垂直于 $B'C'$ 的直线于点 A',度量出 $A'B'$ 和 $A'C'$ 的长度。因为 $\angle B = \angle B'$,$\angle C = C'$,所以 $\triangle ABC \backsim \triangle A'B'C'$,所以 $AB:BC:AC = A'B':B'C':A'C'$。

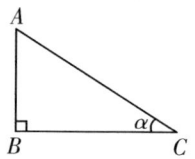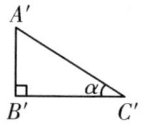

图 2-5-11

教师:我们要解决的是求线段长的问题,肯定要关注线段长有关信息的获取。无论是构造相似三角形,还是测量直角三角形一个锐角的大小,两类方法都能获得直角三角形各边的比值。除了上一章学过的利用相似求各边比的方法,现在大家又发现了直角三角形中"以角定边比"的新思路,各边比的获得不用那么复杂了。

【设计意图】引导学生对问题进行解读,明确已知什么、要证的是什么,用演绎推理的方式证明猜想的正确性,初步形成"直角三角形中以角定边比"的认识,和三角形中"角是潜藏的边的信息"的观念,形成锐角三角函数概念的认知基础。在这一过程中,学生用数学的语言表达世界,发展推理能力和模型观念,提高创新能力。

(四) 回顾反思,明确方向

教师:为了解决测量佛香阁高度的实际问题,我们经历了哪些过程?

预设:我们经历了把实际问题简化成数学问题,参考我们以前解决类似问题的经验来思考新的问题。

教师:你是怎么想到度量角度来获得直角三角形各边的比的?

预设:因为题目里给了"测角"这个条件。

教师:为了解决测量佛香阁高度的问题,你觉得下一步我们可能要进行怎样的思考?

预设:下一步可以思考题目里给的"测线段长度"这个条件怎么用。

教师:要解决线段长度的问题,我们已经可以获得一个直角三角形各边的比值,但还缺乏线段长度的已知条件,不足以确定所求线段的长。人到佛香阁底部的线段不可测量,我们可以想一想,不到底部的线段长度是否对解决问题有帮助?

教师:对于解决一个复杂的实际问题,我们往往要将实际问题抽象为数学问题,从已有经验中获得启发,同时还应重视挖掘已知条件对于解决问题的价值,这种分析问题的方法是可以迁移到其他问题的解决中去的。

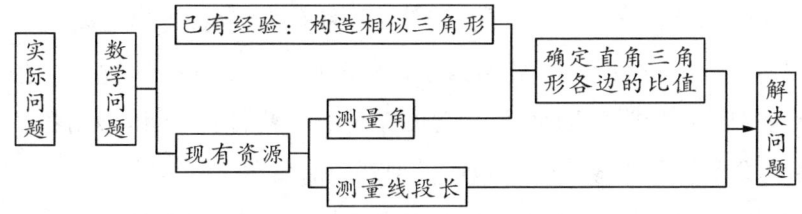

图 2-5-12

【设计意图】本环节中,学生回顾本节课问题探究的过程,总结思维路径,体会其中蕴含的分析问题、解决问题的一般方法,有利于经验、方法的迁移与运用,进一步体会用数学的眼光观察世界,用数学的思维分析世界,用数学的语言表达世界。

(五) 作业设计

1. 在 $\triangle ABC$ 中, $\angle C = 90°$。

(1) 若 $\angle A = 60°$,求 $\dfrac{BC}{AB}$ 和 $\dfrac{BC}{AC}$ 的值;

(2) 若 $\angle A = 45°$,求 $\dfrac{BC}{AB}$ 和 $\dfrac{BC}{AC}$ 的值。

【设计意图】在根据直角三角形锐角的大小求边比的过程中,进一步强化学生对"直角三角形中以角定边比"的认识和三角形中"角是潜藏的边的信息"的观念。学生运用等腰三角形、勾股定理等已学过的知识解决新的问题,获得成功的体验,使学生感受到新旧知识的联系,增强对新内容学习的信心,为后续特殊角的三角函数的学习奠定基础。

2. 如何借助测角仪和量尺测量旗杆的高度?请画出测量方案设计图,并做出说明。

【设计意图】使学生结合课堂学习经验,经历将实际问题转化为数学问题,对条件进行挖掘利用。运用直角三角形中角与边的比的关系解决实际问题的过程,不同认知水平的学生可以有不同的方案,使学生强化对本节课所学内容的理解与运用,体会数学抽象和数学建模思想。

五、教学反思

本节课关注学生数学建模等核心素养的培养。在解决测高问题的任务驱使下,将实际问题转化为数学问题,经历"剥离无关信息,提出必要且合理的假设,对现实场景进行数学抽象,用数学语言清晰表述问题"的过程。在此过程中,明确要解决的数学问题是什么、已知条件有哪些,使学生体会用数学的眼光观察世界,发展数学抽象、几何直观、模型观念的数学核心素养。

在问题解决的过程中,学生对解决问题的方法进行初步分析,清晰描述所面对的困境,形成认知冲突,促进自主建构过程的开展。面对复杂问题主动简化问题或调取已有的研究经验,从已有经验中获取有价值信息,从解决问题的不同方法中提取共性信息,从而启发当前问题的解决。在这一过程中,使学生用数学的思维分析世界,提升分析问题、解决问题的能力。

六、案例分析

(一)单元的整体设计

本节课是基于单元整体视角进行设计的。教师对单元整体教学、锐角三角函数概念的教学提出方向:突出概念的探究和形成过程,注重数学建模思想。激发学生认知冲突,并且给出了本单元的教学设计结构框架和安排。

(二)通过问题促进学生深入思考

教师设计了不同层次的问题,引发学生在已有知识经验基础上不断深入思考。教师创设了"佛香阁高度测量"的问题情境,学生借助学习过的相似三角形的经验,可以"理想化"地解决这个问题。教师引导学生关注问题背景、可能存在哪些困难,师生共同形成问题,即底部无法到达的建筑物高度如何测量?构造三角形相似的原理是什么?引发学生关注三角形的边角关系,为锐角三角函数的概念做了铺垫。

第六节 函数的基本性质——奇偶性

一、教学内容分析

本节课内容是人民教育出版社《普通高中教科书数学 A 版必修第一册》第三章"函数的概念与性质"3.2.2 函数的基本性质——奇偶性。

(一)核心概念及进阶路线

本节课"函数的奇偶性"置入高中"函数"中,落实"课标2017"中"函数的性质"的相关内容要求,相关的高中函数核心概念及进阶路线见图2-6-1。

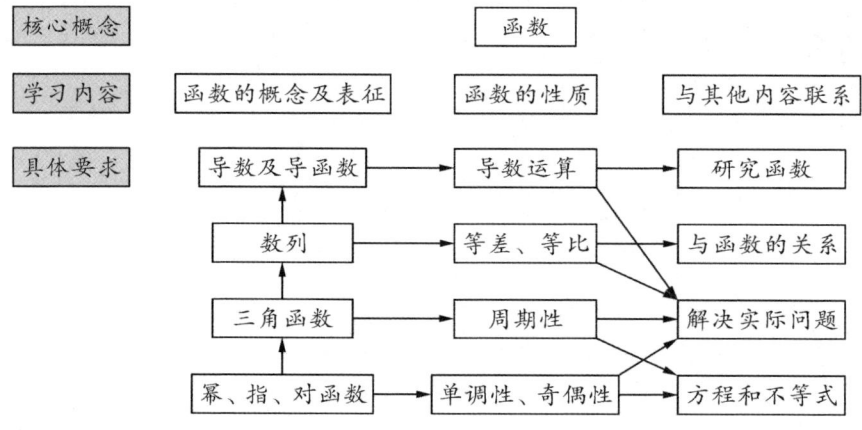

图 2-6-1 函数核心概念及进阶路线

(二)课程标准要求

借助函数图象,会用符号语言表达函数的单调性、最大值、最小值,理解它们的作用和实际意义;结合具体函数,了解奇偶性的概念和几何意义。

(三)单元结构分析

"函数的概念与性质"是高中阶段函数学习的正式开始,本章包括函数的概念及表示、函数的基本性质、幂函数、函数的应用、文献阅读与数学写作、小结,共12个课时。函数的概念及表示,是在初中函数"变量说"基础上,通过对具体函数的归纳和抽象获得函数的"对应说"。初中阶段已经学习过函数的三种表示方式,高中阶段关注函数表征方法的灵活使用、相互转换,以及在三种表示方式中理解对应关系。函数的基本性质包括单调性与最大(小)值、奇偶性等,初中阶段学习过函数的增减性,高中阶段侧重综合代数运算和函数图象的研究方法,使用严格的数学语言刻画函数的性质。幂函数,借助幂函数的研究,学习研究函数的内容、思路和方法。函数的应用,综合应用函数的概念及蕴含的思想方法解决问题,包括函数性质的研究、简单的数学建模问题。

本单元知识结构图,见2-6-2函数知识结构。

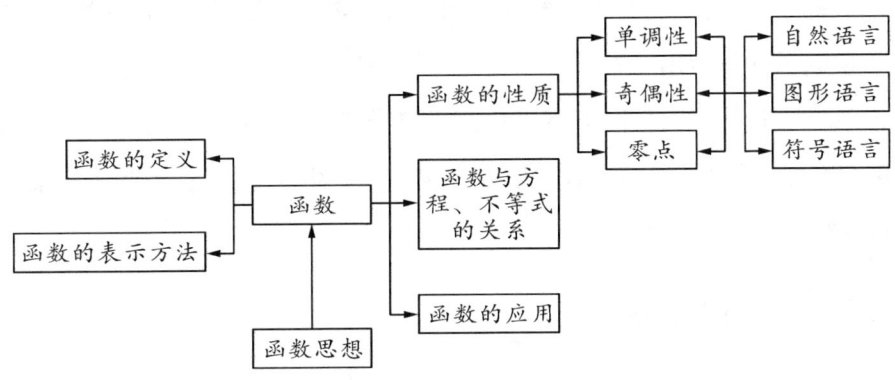

图2-6-2 函数知识结构

(四)课时内容分析

函数性质是变化中的不变性,又是变化中的规律性。高中阶段所学习的函数性质包括单调性与最大(小)值、奇偶性、周期性、函数的零点、增长率、增长快慢等。3.2研究函数的单调性与最大(小)值、奇偶性两部分内容。

函数性质的研究内容和方法。首先给出研究函数性质的意义和内容,通过研究函数性质更好地认识变化规律,函数性质如增减性、最大、最小值和图象特征等。研究方法,可以通过画出函数图象进行观察,得到函数的一些性质。

函数的单调性与最大(小)值。以学习过的二次函数及其增减性为载体,结合函数图象,将已有函数增减性的知识进一步抽象,并用数学符号语言进行表达;给出单调递增和增函数、单调递减和减函数的概念;利用单调性概念研究三个具体函数的单调性;借助二次函数的图象,抽象并给出最大值的定义,并模仿给出最小值的定义,利用函数最大(小)值解决问题。

函数的奇偶性。观察两个具体函数图象,归纳出共同特征,即函数图象关于 y 轴对称;类比函数单调性,用数学符号语言描述函数图象关于 y 轴对称的特征,归纳概括出偶函数的定义;类比研究函数图象关于原点中心对称的特征,归纳概括奇函数的定义;最后的思考问题,渗透奇偶性可以简化某些函数的研究。

(五)对教学的思考

在探究函数的奇偶性的概念时,注重发展学生发现问题、提出问题、解决问题的能力,关注学生用"数学语言表达世界"的训练。通过直观观察图形并按照一定的标准进行分类,从图形直观角度进行数学描述,引出如何从数量的角度研究函数的对称性。本节内容可以提升学生直观想象、数学抽象和逻辑推理的核心素养。

二、教学对象分析

(一)学生认知水平

数学符号语言是一种高度抽象化、概括化和形式化的数学语言。数学语言是数学中通用的、特有的简练语言,是在人类数学思维长期发展过程中形成的一种语言表达形式,其中较为突出的是叙述语言、符号语言及图形语言,其特点是准确、严密、简明。可以说数学学习实质上是熟悉数学符号并以之进行数学思维活动。那么在教学中如何让学生理解数学语言尤为重要,而如何引领学生理解数学语言,做好数学语言的训练是突破教学难点的有效方法。

高二学生已经具备一定抽象概念,逻辑推理能力,不管有无具体事物,都可了解形式中的相互关系与内涵的意义。但是对于由具体到抽象出简洁的符号语言仍有一定的难度,对符号语言的意义的理解还是有差异的,需要逐步引导,培养学生用符号语言概括的能力。

（二）学生的知识、经验基础

学生在初中已经学习过图形的轴对称与中心对称，对特殊图形的对称性有一定的感性认识。在学习本节课之前，学生已经学习了函数的单调性，经历了用代数运算和函数图象研究函数的单调性、最大（小）值的函数性质，由具体到抽象、从特殊到一般的研究过程，归纳概括出用严格的数学语言精确刻画单调性的方法。了解研究函数性质的一般思路，又注意到函数性质的特殊性——变化中的规律性、不变性的科学处理方法，具备一定的研究函数性质的方法。

（三）学生学前调研

班级约有三分之一的学生已经提前学习了函数的奇偶性，他们能够判断简单函数的奇偶性，对用函数图象判断函数的奇偶性掌握的比较好，再用数学符号语言进行抽象表述具有一定困难。

三、教学目标和重难点

基于上述分析，本节课的教学目标及教学重难点如下：

【教学目标】

1. 结合具体函数，了解函数奇偶性的概念和几何意义，能从数和形两个角度认识函数的奇偶性。

2. 经历函数奇偶性概念的形成过程，渗透数形结合、从特殊到一般、类比的数学思想，培养学生观察、归纳、抽象的能力。

3. 通过具体情境，体会数学图形的和谐美、对称美及数学语言的简洁美，发展学生的直观想象和数学抽象素养。

【教学重点】

结合具体函数，得到函数奇偶性的概念及图形特征。

【教学难点】

抽象概括出函数奇偶性的概念。

四、教学过程和活动设计

本节课的教学活动主要分为如下五个环节:

(一)直观图形分类,提出问题。提供学生常见的函数图象,侧重从图形角度分析基础上进行分类,同时为类比单调性提供铺垫。

(二)类比函数单调性,定量刻画。该环节主要是师生共同类比函数单调性开展探究,从函数图象直观、定量刻画两个角度归纳偶函数的特征。

(三)类比偶函数,分组探究。基于偶函数探究经验,学生将偶函数的研究思路和方法迁移到奇函数的研究,发展合作探究的能力。

(四)对比奇偶函数,深化理解。从研究过程、奇偶函数定义等角度进行对比,深化对奇偶函数的理解。

(五)课堂小结,反思提升。总结本节课的重点内容,并回顾课上没有解决的问题,培养反思意识。

(一)直观图形分类,提出问题

问题:观察下列图形(图2-6-3),它们可以如何分类?分类标准是什么?

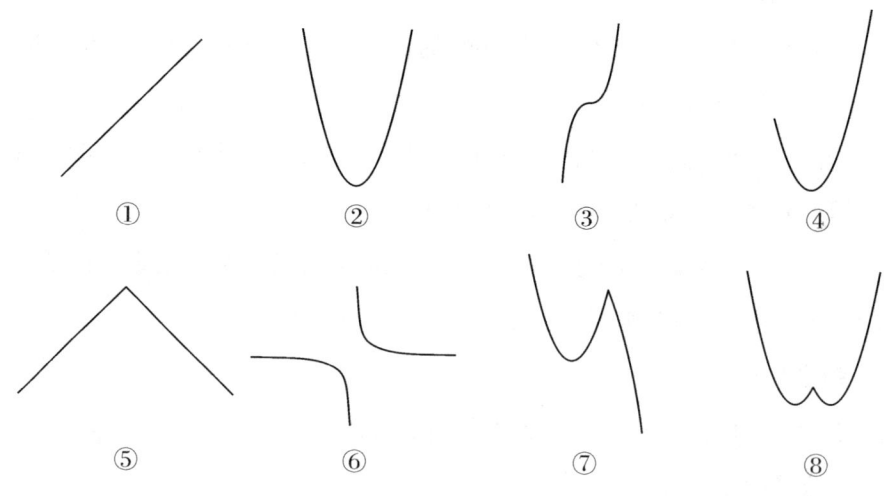

图 2-6-3

预设1:按照曲线还是直线,可以将①和⑤归为一类,其他曲线归为一类。

预设2:我们学习过函数的增减性,可以按照变化趋势分:①和③是增长趋势,⑥是减少趋势,其他曲线既有增又有减。

预设3:可以按照几何图形的对称性分类:③和⑥是中心对称图形,②⑤和⑧是轴对称图形,①即是轴对称图形,也是中心对称图形,其他图形没有对称性。

小结:分类过程中,利用了图形的性质和函数增减性的图象表示。在研究函数增减性时,可直观观察函数图象,同时用数学方式去刻画函数的增减性。有些函数具有对称性,如初中学习过的一元二次函数 $y = ax^2 + bx + c$,我们知道它的图象的对称轴是 $x = -\dfrac{b}{2a}$,这是在用数学方式刻画对称性。那么我们如何用数学方式刻画一般函数所具有的对称性呢?

【设计意图】从"形"的角度体会函数图象的对称性,感受数学的对称美,锻炼学生的观察能力,培养学生由感性到理性的观察思维能力。小结内容激活学生初中二次函数学习的经验、用数学方式刻画函数增减性的经验,教师示范提出所研究的问题,同时为类比函数增减性研究做铺垫。

(二)类比函数单调性,定量刻画

探究活动:从刚才讨论中,我们知道函数图象有可能是轴对称图形、中心对称图形、即是轴对称又是中心对称图形。类比函数单调性的研究,以函数 $f(x) = x^2$ 和 $g(x) = 2 - |x|$ 为例(图2-6-4和图2-6-5),探究如何从数量关系刻画函数图象的对称性。

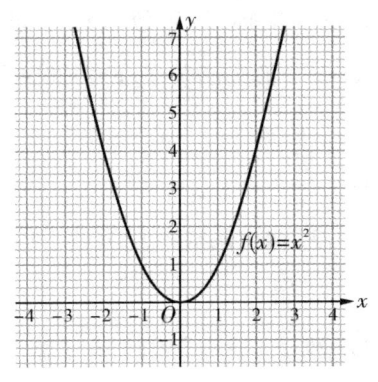

图 2-6-4

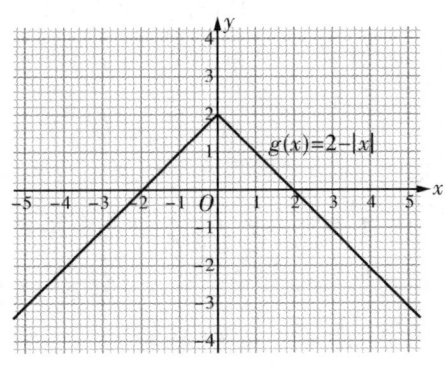

图 2-6-5

问题:从函数图象上看,对称性有什么特点?

预设1:都是轴对称图形,并且对称轴是y轴。

预设2:如果函数图象的对称轴是平行于y轴的直线,对应函数表达式怎样变化?

预设3:对称轴不能是x轴,不符合函数的定义。

问题:类比函数单调性的研究,可以怎样定量刻画这两个函数的轴对称性?

预设1:从函数图象和解析式,都可以看出当x取一对相反数时,对应的函数值相等。如$x=1$和$x=-1$时,$f(x)=1$;$x=2$和$x=-2$时,$f(x)=4$;……

预设2:可以列成表格,多取几组点。

表2-6-1

x	…	-3	-2	-1	0	1	2	3	…
$f(x)=x^2$									

表2-6-2

x	…	-3	-2	-1	0	1	2	3	…
$g(x)=2-\|x\|$									

预设3:这个结论可以一般化,用数学符号语言可以表述为:$\forall x\in R$,点$P(x,f(x))$与点$P'(-x,f(-x))$关于y轴对称,此时y轴是线段PP'的垂直平分线,根据坐标的意义即得$f(-x)=f(x)$;反之也对。

小结:具有这种特征的函数,定义为偶函数,即一般地,设函数$f(x)$的定义域为I,如果$\forall x\in I$,都有$-x\in I$,且$f(-x)=f(x)$,那么函数$f(x)$就叫作偶函数。

追问:你能尝试写出一个偶函数的解析式吗?

预设1:$f(x)=x^2+2$,只要当x取任何一对相反数时,函数值相等就可以。

预设2:类似$f(x)=x^2$,任何偶次幂函数都可以,如$f(x)=x^4$。

预设3:$f(x)=x^2$和$g(x)=2-|x|$都是偶函数,如果将它们加在一起,则$h(x)=x^2+2-|x|$,根据偶函数定义,$h(x)$也是偶函数,那么它的图象是什么

样？偶函数和偶函数相加、减仍然是偶函数吗？相乘或相除呢？

【设计意图】

探究函数对称性,引导学生有序思考,利用具体化和类比等方法研究。具体到偶函数的研究,从函数图象的直观观察、定量刻画关于 y 轴的对称性两个方面,综合数和形认识偶函数的特征,获得偶函数的定义。让学生根据偶函数的定义尝试写出一个偶函数解析式,深入理解偶函数的定义。如果学生有困难,教师可以用提出问题的方式引导学生思考,鼓励学生提出问题。

(三)类比偶函数,分组探究

探究活动:类比偶函数的研究思路和方法,以函数 $f(x)=x^3$ 和 $g(x)=\dfrac{1}{x}$ 为例(图 2-6-6 和图 2-6-7),分组探究,尝试从数量关系角度分析和刻画函数图象关于原点对称。

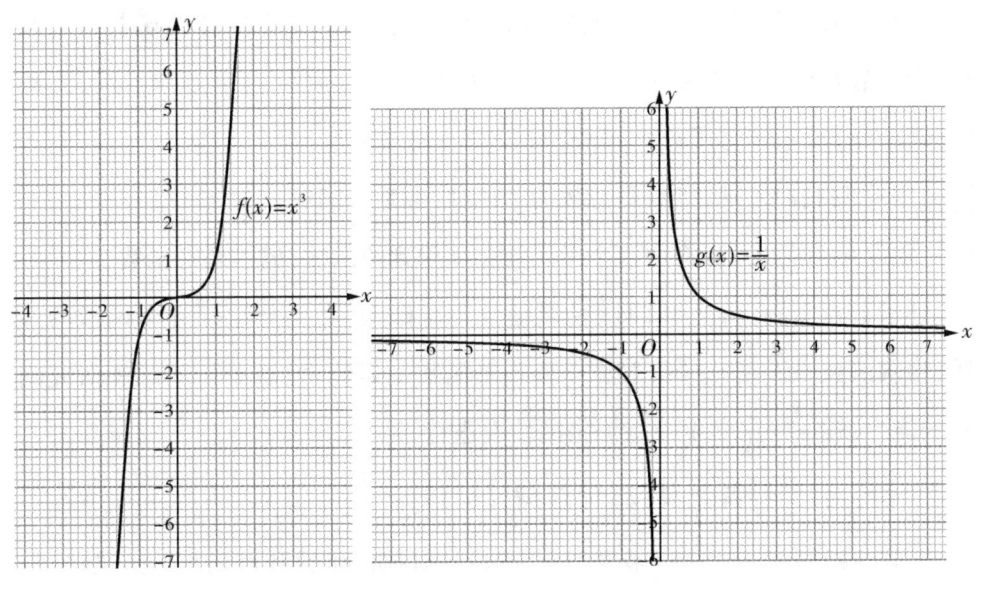

图 2-6-6　　　　　　　　　图 2-6-7

学生分组探究,并进行交流。

预设 1:从函数图象和函数解析式,发现当 x 取一对相反数时,对应的函数值也是相反数。将这一发现列成下面的表格。

表 2-6-3

x	...	-3	-2	-1	0	1	2	3	...
$f(x)=x^3$									

表 2-6-4

x	...	-3	-2	-1	1	2	3	...
$g(x)=\dfrac{1}{x}$								

预设2：用数学符号语言可以表述为：$\forall x \in R$，点 $P(x,f(x))$ 与点 $P'(-x,f(-x))$ 关于原点对称，此时原点是线段 PP' 的中点，根据坐标的意义即得 $f(-x)=-f(x)$；反之也对。

预设3：这个结论也可以表示为 $f(-x)+f(x)=0$。

预设4：通过阅读教材，我们知道具有这种性质的函数叫作奇函数。一般地，设函数 $f(x)$ 的定义域为 I，如果 $\forall x \in I$，都有 $-x \in I$，且 $f(-x)=-f(x)$，那么函数 $f(x)$ 就叫作奇函数。

预设5：我们发现，指数是奇数的幂函数，都是奇函数。

预设6：我们发现，将这两个奇函数相加得到的函数，仍然是奇函数。

【设计意图】 在师生共同探究偶函数的基础上，学生分组探究奇函数的性质，将偶函数的研究思路和方法迁移到奇函数的研究，发展分析问题和研究问题的能力，教师根据学生分组汇报的情况进行指导。

(四) 对比奇偶函数，深化理解

问题：回顾偶函数和奇函数的研究过程，对比偶函数和奇函数的定义，它们有哪些共同点和不同点？

预设1：从函数要素考虑，定义域都是关于原点对称的。

预设2：与函数单调性对比，偶函数、奇函数都是函数的整体性质，单调性是函数的局部性质。

预设3：偶函数和奇函数都是函数的对称性，所以考虑自变量取一对相反数，偶函数是函数值相等，奇函数是函数值互为相反数。

预设4：在研究过程中，都借助具体的函数，从函数图象和解析式两个方面进行研究。

预设5：从具体的函数发现，偶函数＋偶函数＝偶函数，奇函数＋奇函数＝奇函数，这个结论是否一定成立呢？

问题：已知函数$f(x)=x+x^3$，判断函数$f(x)=x+x^3$的奇偶性。

如果图2-6-8是函数$f(x)=x+x^3$图象的一部分，你能根据$f(x)$的奇偶性画出它在y轴左边的图象吗？

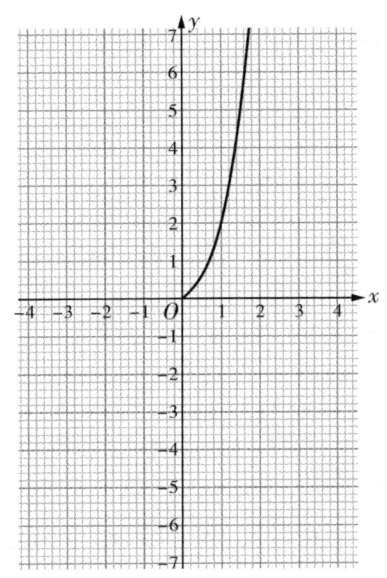

图 2-6-8

追问：从这个例子中，你能体会研究函数奇偶性的作用吗？

【设计意图】 从研究过程、奇偶函数定义等角度进行对比，深化对奇偶函数的理解；通过具体函数奇偶性的判断，以及根据奇偶性画函数图象，初步体会研究函数性质的意义。

(五)课堂小结，反思提升

通过奇偶函数概念的形成过程，你学习到了什么？

如何判断函数的奇偶性?

课上还有哪些问题没有解决?

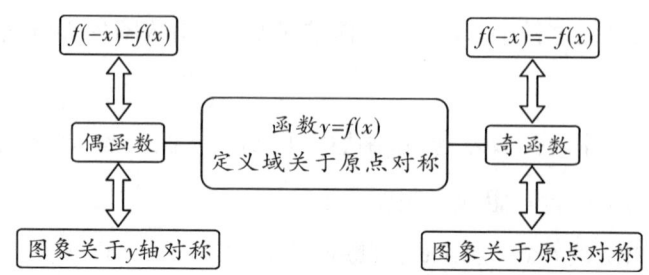

图 2-6-9 板书结构

【设计意图】对研究过程和获得的知识进行总结,将知识系统化,明确本节知识结构,体会具体化、数形结合、类比、一般化等研究方法。回顾课上提出但没有解决的问题,学生课下进行自主学习。

(六)作业设计

1. 函数 $f(x)=\dfrac{1}{x}, x\in(0,1)$ 是( )。

A. 奇函数

B. 偶函数

C. 非奇非偶函数

D. 既是奇函数又是偶函数

2. 已知函数 $f(x)$ 是定义在区间 $[a-1,2a]$ 上的奇函数,则实数 a 的值为_____。

3. 已知函数 $f(x)$ 是奇函数,且当 $x>0$ 时, $f(x)=2x^2-1$,那么 $f(-1)=$ _____。

4. 若 $y=(m-1)x^2+2mx+3$ 是偶函数,则 $m=$ _____。

5. 设偶函数 $f(x)$ 的定义域为 R,当 $x\in[0,+\infty)$ 时,$f(x)$ 是增函数,则 $f(-2),f(\pi)$ 与 $f(-3)$ 的大小关系是_____。

6. 已知函数 $f(x)=x+\dfrac{m}{x}$,且 $f(1)=3$。

（1）求 m；

（2）判断函数 $f(x)$ 的奇偶性。

【设计意图】题目1和2是对奇偶函数定义域的考查，定义域是关于原点对称的区间。题目3和4是利用奇偶函数性质解决简单问题，题目5综合函数奇偶性和单调性解决问题。题目6判断函数奇偶性，首先判断函数的定义域是否关于原点对称，其次可以通过特殊值法、函数图象猜测、奇偶函数定义法进行判断，丰富学生不同的思维角度。

五、教学反思

（一）创设问题情境，注重概念教学

数学概念是"过程"和"对象"的统一体，概念的学习是一个有层次的数学活动过程。在本节课中通过设置一系列的数学情境、问题串，使学生经历形成概念、理解概念的过程，积累对概念的认知经验，逐步达到对概念本质的理解。

（二）通过合作交流，发展学生思维

在教学中，引导学生亲历知识发生、发展的过程，关注学生的思维发展，引导学生用已学的知识、方法解决问题，并获得知识体系的更新与拓展，学生经历了"观察——概括——归纳——应用"等环节。逐步培养学生发现问题、分析问题、解决问题的能力和创造性思维的能力，充分发挥学生的主体作用，有助于发展学生数学抽象、直观想象、逻辑推理等数学核心素养。

六、案例分析

本节课通过创设情境、问题引领、小组合作等方式，学生经历概念的形成过程，建立奇函数和偶函数概念的丰富表象。教师引导学生类比研究，发展学习迁移能力，深化数学思考。

（一）经历知识形成过程，丰富概念表象

本节课内容为函数的奇偶性，以偶函数为主要探究活动。

首先，建立图形对称性的表征，主要通过图形类的方式，激活学生初中阶段所学习的一元二次函数图象的对称性，提出如何利用"数"的方式刻画一般函数的对称性。

其次，类比迁移函数单调性的研究经验，即综合函数图象与数学方式刻画函数的单调性，通过两个具体函数，画出函数图象，主要探究如何通过数学方式刻画这种特殊的对称性，归纳建构偶函数的概念。

最后，在初步建构偶函数概念的基础上，让学生写出一个偶函数的解析式，再次体会函数解析式是如何体现函数图象关于 y 轴对称的。

（二）基于学生学习经验，深化数学思考

通过函数单调性的研究，学生积累了利用数学方式刻画函数单调性的经验。

首先，类比函数单调性的研究过程研究偶函数，经历函数图象直观观察到具体取值说明，再到利用抽象的数学语言刻画的过程，教师引导学生提出问题：两个偶函数经过一定的数学运算是否仍然为偶函数，培养学生发现问题和提出问题的能力，深化数学思考。

其次，类比偶函数的研究，学生分组探究奇函数，并将偶函数和奇函数进行对比理解，通过应用函数奇偶性画出函数图象，初步感受研究该性质的意义。

第七节　指数函数的概念

一、教学内容分析

本节课是人民教育出版社《普通高中教科书数学 A 版必修第一册》第四章"指数函数与对数函数"4.2.1 指数函数的概念。

(一)核心概念及进阶路线

本节课属于"函数"主题的"幂函数、指数函数、对数函数"单元,本单元的核心概念为函数,落实"课标2017"中"指数函数"的相关要求,高中阶段函数核心概念及进阶路线见图 2-7-1。

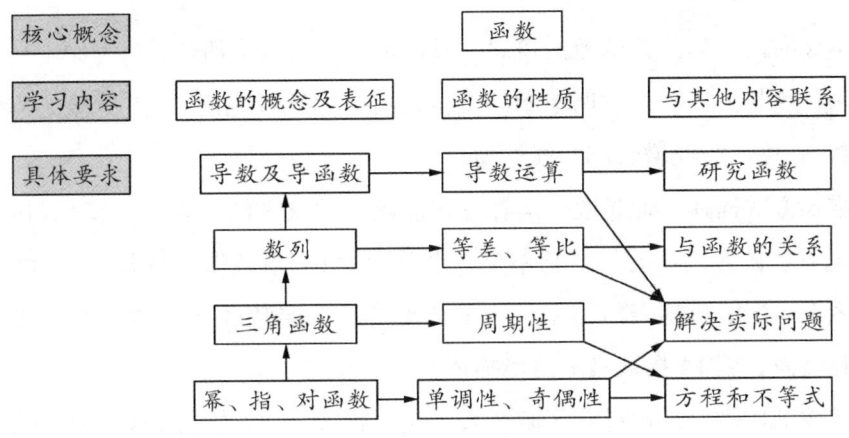

图 2-7-1 函数核心概念及进阶路线

(二)课程标准要求

通过对有理数指数幂 $a^{\frac{n}{m}}$($a>0$,且 $a\neq 1$;m,n 为整数,且 $n>0$)、实数指数幂 a^x($a>0$,且 $a\neq 1$;$x\in \mathbf{R}$)含义的认识,了解指数幂的拓展过程,掌握指数幂的运算性质。通过具体实例,了解指数函数的实际意义,理解指数函数的概念。能用描点法或借助计算工具画出具体指数函数的图象,探索并理解指数函数的单调性与特殊点。

（三）单元结构分析

指数函数作为基本初等函数之一，在高中函数模块内占据重要地位。指数函数在解决实际问题中有着广泛的应用，指数增长和指数衰减都是比较常见的数据变化方式。

指数函数单元共包括两节内容：4.1 指数和 4.2 指数函数。该单元首先引导学生经历从整数指数幂到有理数指数幂再到无理数指数幂的拓展过程，建立实数指数幂的概念，并研究其运算，为指数函数 $y=a^x (a>0,$ 且 $a \neq 1)$ 的学习奠定基础；然后，教科书通过典型丰富的实际问题，抽象概括出指数函数概念；最后，重点研究了指数函数的图象、性质和应用。与幂函数一样，本单元依然是按照"实际背景——函数概念——图象和性质——应用"的路径来研究指数函数，后续对于对数函数的研究流程也一致，都体现了函数研究的一般思路。

（四）课时内容分析

本课时内容为指数函数的概念。具体可以分为四个活动：

两种增长方式。通过两地景区游客人次变化的情境描述，初步感受两种不同的增长方式：线性增长和非线性增长。

增长方式描述。通过改变运算方式描述 B 地景区的游客人次变化，初步得到 B 地景区游客人次的年增长率是一个常数，引入指数增长的概念，并将 x 年后游客人次用解析式表示出来。折纸活动中纸张层数的指数增长及纸张面积的指数衰减。碳 14 指数衰减情境描述。

指数函数概念。通过景区游客人次变化和碳 14 指数衰减两个情境的表达式，抽象归纳出指数函数的概念和定义域。

解决相关问题。教材给出了两个例题，例 1 是纯数学背景问题，通过给出的条件求出指数函数的底数，进一步理解指数函数的概念；例 2 是游客人次、碳 14 衰减的实际问题。

（五）对教学的思考

本节课重点培养学生的数学抽象素养——学生从实例中抽象出一般规律和结构，并用数学语言予以表征，从而得到几个具体的数学表达式；接着找形式结构上的共同点,继而抽象出指数函数的概念。本节课意在培养学生的数学建模能力,让学生有意识地从数学的角度思考问题,用数学语言表达并解决问题。

二、教学对象分析

(一)学生认知水平

教学对象为高一年级学生。根据皮亚杰认知发展理论,学生的认知处于"形式运算阶段",具备较强的抽象概括能力。学生能够记忆并提取指数幂等相关知识,理解实际问题的背景,在抽象后理解指数函数的概念,并应用概念解决一些简单的问题。

(二)学生的知识、经验基础

学生在初中学习过一次函数、二次函数、反比例函数三种具体函数,在上一章从集合角度更深刻地认识了函数的概念及其基本性质,并借助这些知识对幂函数进行了系统研究,经历了研究函数的完整流程:"实际背景——函数概念——图象和性质——应用"。因此学生对于研究一类新的函数——指数函数,有方法和知识上的储备,不会感到十分困难。学生在4.1节"指数"中知道了幂$a^x(a>0)$的指数x的范围可以拓展到实数,从而可以推测指数函数的定义域,具备学习指数函数概念的基础。难点在于学生需要从实际问题中抽象出指数函数概念,这是对学生数学抽象能力和数学建模能力的锻炼。

(三)学生学前调研

课前教师对学生进行调研,提出两个问题:

(1)初始状态下有一个细胞,开始分裂,每次每个细胞都一分为二。请你尝试用一个函数来刻画细胞数量与分裂次数的关系,并给出其定义域;

(2)对于问题(1)中的陌生函数,你认为接下来可以进行什么研究呢?如何研究呢?

对于问题(1),大部分学生能够准确写出分裂次数为1、2、3时对应的细胞数量,部分学生可以提炼出指数函数模型,但定义域不够准确。对于问题(2),学生提到可以描点画图,关注单调性、奇偶性等性质。

三、教学目标和重难点

基于上述分析,本节课的教学目标及教学重难点如下:

【教学目标】

1. 通过具体的实例,从实际问题中抽象概括出指数函数的概念。

2. 通过实例感受指数模型的特点,体会从特殊到一般的思想,感受数学应用的价值。

3. 通过数形结合的方法,在指数函数概念的学习中发展数学抽象的素养,培养勇于探索的精神。

【教学重点】

从实际问题建构的模型中抽象概括出指数函数的概念。

【教学难点】

从数和形两个角度体会和刻画实际问题变化规律的本质特征。

四、教学过程和活动设计

本节课的教学活动主要分为如下五个环节:

(一)开篇总述,认知指导。本节是一类新的基本初等函数的概念起始课,教师首先带学生回顾以往函数的研究内容和流程,对学生给予认识和方法上的指导。

(二)创设情境,引入概念。在旅游人次增长问题中设置线性增长和指数增长的对比,从图象与数量两个角度体会两种变化规律,为后续引出指数函数模型、抽象出指数函数概念做铺垫。

(三)抽象归纳,形成概念。通过贴近学生生活的折纸活动,得到两个指数函数模型,该过程调动了学生学习的积极性。此环节和上一环节共得到三个指数函数的解析式,由学生观察概括出指数函数的表达形式,形成指数函数的概念,并进一步得到指数函数的定义域。

(四)应用概念,解决问题。设置三个练习,帮助学生巩固指数函数的概念,体会指数增长与线性增长的快慢差异,并为下一节指数函数的图象与性质做铺垫。

(五)课堂小结,反思提升。总结本节课的重点内容,引导学生关注知识生成的背景,关注知识之间的联系,为下一节指数函数的图象与性质做铺垫。

(一)开篇总述,认知指导

问题:对于幂$a^x(a>0)$,我们已经学习了指数x可以在实数范围内取值。本节课我们学习与指数x相关的函数——指数函数。关于函数,我们学习了函数的概念和性质,并研究了幂函数,对函数的研究有哪些方法?

预设1:幂函数的学习是从几个具体的幂函数进行研究的。

预设2:根据解析式求出函数的定义域,画出函数的图象。

预设3:综合解析式和图象,讨论函数的性质,包括值域、单调性、奇偶性等。

预设4:要对a分类讨论。

预设5:需要知道指数函数是什么,再开始进行研究。

师生小结:综合我们以往研究函数的经验,首先要知道指数函数的概念,研究方法有分类讨论、研究具体函数、画出直观函数的图象,函数性质包括定义域和值域、单调性、奇偶性等。带着这些经验,我们开始指数函数的研究。

【设计意图】作为一类新的基本初等函数的概念起始课,通过对上一章函数的学习和幂函数的研究进行回顾,激活学生研究函数的经验,师生在此基础上共同条理化,从而对指数函数的研究过程有较为宏观的认识。

(二)创设情境,引入概念

教师展示第一份阅读材料和题目:

随着中国经济高速增长,人民生活水平不断提高,旅游成了越来越多家庭的重要生活方式。由于旅游人数不断增加,A,B两地景区自2001年起采取了不同的应对措施,A地提高了景区门票价格,而B地则取消了景区门票。表2-7-1给出了A,B两地景区2001年至2015年的游客人次以及逐年增加量。图2-7-2、图2-7-3给出了A,B两地景区游客人次随年份变化的图象。

表 2-7-1

时间/年	A 地景区		B 地景区	
	人次/万次	年增加量/万次	人次/万次	年增加量/万次
2001	600	—	278	—
2002	609	9	309	31
2003	620	11	344	35
2004	631	11	383	39
2005	641	10	427	44
2006	650	9	475	48
2007	661	11	528	53
2008	671	10	588	60
2009	681	10	655	67
2010	691	10	729	74
2011	702	11	811	82
2012	711	9	903	92
2013	721	10	1 005	102
2014	732	11	1 118	113
2015	743	11	1 244	126

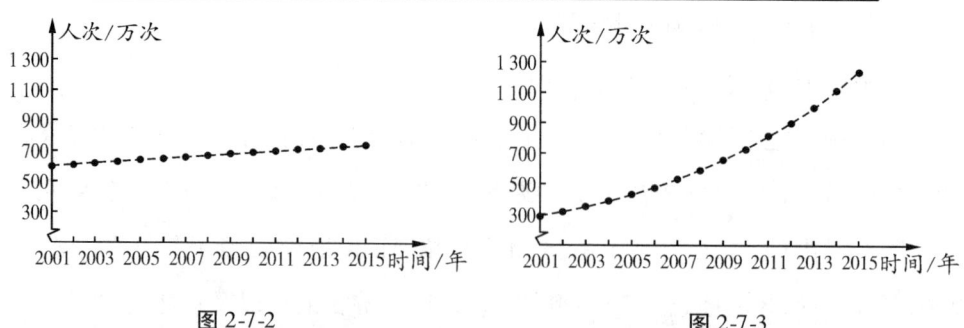

图 2-7-2　　　　　　　　图 2-7-3

问题：观察表格中的数据以及图 2-7-2、图 2-7-3，你能描述两地景区游客人次的变化规律吗?

预设1:两地游客人次都在增加,A地每年增加量大致相等,B地每年增加量逐渐增加,B地增长速度快。

预设2:从图2-7-2和图2-7-3中可以看出,A地游客人次近似直线增长,B地游客人次不是直线增长的,增长速度快。

预设3:从表格和图都可以看出规律,图象更直观。

问题:A地游客人次线性增长,数学上可以用一次函数来刻画。对于B地的游客人次变化,除了通过相邻两年游客人次做减法描述变化关系,还能够使用其他运算描述游客人次变化吗?

预设:每一年游客人次除以上一年游客人次,并通过计算得B地每年游客人次大约是上一年人次的1.11倍,也可以描述为年增长率约为0.11。

教师:那么就可以这样描述B地游客人次的变化,从2001年开始,B地景区游客人次的变化规律如下:

1年后,游客人次是2001年的1.11倍;

2年后,游客人次是2001年的1.11^2倍;

3年后,游客人次是2001年的1.11^3倍;

……

x年后,游客人次是2001年的1.11^x倍。

这里面就存在一个函数关系,年数x和当年的游客人数相对于2001年的倍数y,用解析式可以表示为$y=1.11^x(x\in \mathbf{N}^*)$,其中$x$是自变量。

小结:像这样,增长率为常数的变化方式,称为指数增长;在游客人数增长(或变化)的例子中,我们使用了两种方式描述,一种是做减法得到增加的数量,一种是做除法得到增长率,增长量和增长率是刻画事物变化的两个重要的量。

进一步,我们用一个函数解析式表示了B地游客人次增长率的变化规律。

【设计意图】使用教材中的问题情境,根据学生认知基础,同时呈现表格和直观图,在描述游客人次变化规律中,体会两地变化规律的不同,感受图象的直观特点;进一步描述B地游客人次变化规律,认识到增长量、增长率两种刻画变化规律的量,并从函数角度分析其中的变化关系,表示出函数解析式,初步感受指数函数的应用。

(三)抽象归纳,形成概念

活动:两名同学一个小组进行折纸活动,一人折纸,一人记录。设纸张面积为1,将其不断对折,每折一次记录相应的纸的层数 d 和面积 S,完成下表。你能发现什么规律?你能尝试用解析式表达这个规律吗?

表 2-7-2

次数 x	1	2	3	4	5	6	7	8
层数 d								

表 2-7-3

次数 x	1	2	3	4	5	6	7	8
面积 S								

学生分组活动,教师进行巡视,对有问题的学生进行个别指导,如果有共性问题,全班集中处理。

学生汇报:(1)通过动手操作和填写表格都可以发现,每次纸张层数是上一次的 2 倍,每次纸张面积是上次纸张面积的一半$\left(\text{或} \dfrac{1}{2}\right)$;(2)用解析式可以表示为 $d = 2^x, S = \left(\dfrac{1}{2}\right)^x$,其中 $x \in \mathbf{N}^*$。

追问:d 和 x,S 与 x 是函数关系吗?

预设:对每一个 x,都有唯一确定的 d(或 S)与之对应,因此是函数关系。

【设计意图】通过贴近学生生活的折纸活动,得到两个指数函数模型,该问题中计算和发现规律相对容易,降低学生数学运算的难度,同时动手探究的过程调动了学生学习的积极性;通过对是否构成函数关系的判断,加深学生对函数概念的理解,为进一步归纳指数函数概念提供例子。

问题:通过刚才两个问题的探究,得到三个表达式:$y = 1.11^x, d = 2^x, S =$

$\left(\dfrac{1}{2}\right)^x$,它们都是函数关系,有什么共同点吗?

预设1:自变量都是 x。(教师要引导学生关注本质,用什么符号表示都可以)

预设2:自变量都在指数位置上。

预设3:它们都表示倍数的增长或减少关系,也就是增长率的变化。

预设4:三个表达式可以用 $y=a^x$ 统一表示。

追问:也就是说可以表示成幂的形式,其中的指数有什么特点或限制?

预设1:x 可以是任意实数,但是上述三个表达式中 x 都取整数。

预设2:底数 a 要大于0,并且 $a \neq 1$。

抽象归纳:综合我们讨论的,给出指数函数的定义。一般地,函数 $y=a^x$($a>0$,且 $a \neq 1$)叫作指数函数,其中指数 x 是自变量,定义域是 **R**。

概念辨析:请学生写出几个指数函数的例子,教师也给出几个,辨析是否为指数函数。

$y=x^2, y=(-3)^x, y=4^{2x}, y=5^{x-1}, y=2^{-x}$。

【设计意图】通过观察上述问题情境中得到的三个解析式,抽象概括出指数函数的表达形式,并初步体会指数函数的概念;通过追问进一步激活学生指数的知识,找出指数函数的限制条件、指数函数的定义域和值域。

(四)应用概念,解决问题

问题:再探旅游人次增长问题,A 地景区的门票价格为 150 元,两地景区平均每位游客出游一次均可为当地带来 1 000 元门票之外的收入,比较 15 年间 A,B 两地旅游收入的变化情况。

预设:设经过 x 年,A,B 两地旅游收入分别为 $f(x)$ 和 $g(x)$,则

$$f(x)=1\,150 \times (10x+600),$$

$$g(x)=1\,000 \times 278 \times 1.11^x。$$

利用计算器或 Excel 等软件,可以计算出 15 年两地旅游收入的差距(表2-7-4)。

表 2-7-4

x	A 地收入	B 地收入	A 地 − B 地
0	690 000	278 000	412 000
1	701 500	308 580	392 920
2	713 000	342 524	370 476
3	724 500	380201	344 299
4	736 000	422 024	313 976
5	747 500	468 446	279 054
6	759 000	519 975	239 025
7	770 500	577 173	193 327
8	782 000	640 661	141 339
9	793 500	711 134	82 366
10	805 000	789 359	15 641
11	816 500	876 189	− 59 689
12	828 000	972 569	− 144 569
13	839 500	1 079 552	− 240 052
14	851 000	1 198 303	− 347 303

学生如果提到可以画出函数图象(图 2-7-4),教师可利用信息技术画出两个函数图象进行分析,对两地旅游收入变化情况进行描述:经过 0 到 10 年 A 地收入高于 B 地,11 到 15 年 B 地收入高于 A 地;两地收入都呈现出增长趋势;A 地呈线性增长,B 地呈指数增长,速度快于线性增长的速度。

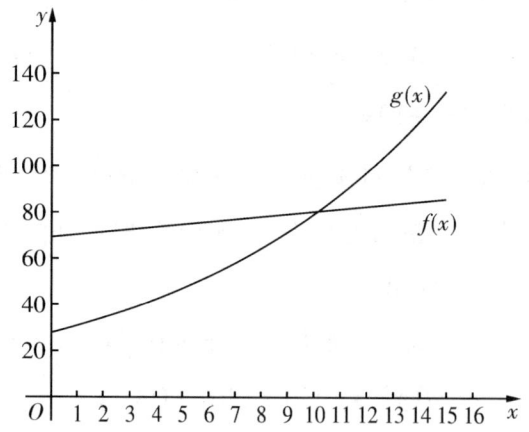

图 2-7-4

问题:已知指数函数 $f(x) = a^x (a > 0,$ 且 $a \neq 1)$,且 $f(3) = \pi$,求 $f(0)$,$f(1)$,$f(-3)$。

预设:学生可以顺利解决。

问题:以下图象中,有可能表示指数函数的是_____,理由是什么?

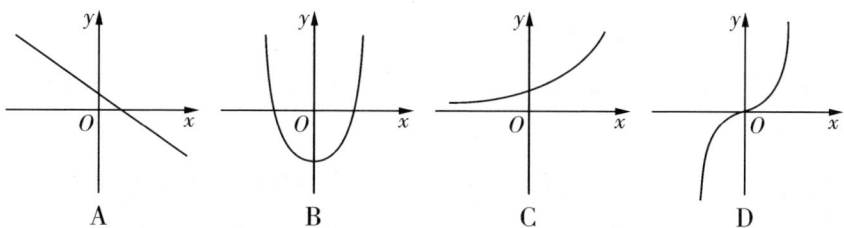

【设计意图】第一个问题根据实际问题情境列出函数解析式,如果学生有困难,可以指导学生先列出游客人次的表达式,利用计算器或 Excel 软件计算得到两地收入的差距,如果学生提出计算每相邻两年收入的变化也是可以的,分析表格数据和函数图象中,再次理解指数函数、指数级增长。

第二个问题为纯数学背景的问题,解决该问题中进一步理解指数函数的概念,特别是有些学生会与幂函数混淆。

第三个问题可以借助前面所学习的指数的性质进行判断,如 y 不小于 0,当 $x=0$ 时,$y=1$,所以图象过定点 $(0,1)$ 等,引导学生关注知识之间的联系,并为下一节指数函数的图象和性质做铺垫。

(五)课堂小结,反思提升

增长量和增长率是刻画事物变化的两种重要方式,指数函数是刻画增长率的一个模型,可以用它解决一些实际问题。

关于我们学习的指数函数,你有哪些认识?

游客人次问题中,指数函数表达式 $f(x)=278\times1.11^x$,如果底数小于 1 会怎样?

通过本节课的学习,对指数函数的图象和性质,你能提出一些猜想吗?

【设计意图】引导学生关注知识生成的背景,根据学生发言总结本节所学习的指数函数。教师从底数改变、对函数图象和性质的猜想,引导学生分类思考和关注知识间的联系,为下节课指数函数图象和性质的研究进行铺垫。

(六)作业设计

阅读"碳 14 衰减问题",并解决相关问题。

科学研究表明,宇宙射线在大气中能产生包括碳 14 在内的放射性物质。

碳14的衰减非常有规律,其准确性可以称为自然界的"准确时钟",动植物在生长过程中衰减的碳14,可以通过与大气的相互作用得到补充,所以活着的动植物体内的碳14含量不变。死亡后的动植物停止了与外界的相互作用,体内原有的碳14按确定的规律衰减,半衰期为5 730年,这也是考古中常用碳14来推断年代的原因。

良渚遗址位于浙江省杭州市余杭区良渚和瓶窑镇,1936年被考古学家首次发现。考古学家利用遗址中遗存物碳14的残留量,测定出古城存在时期为公元前3300年至前2300年(展示良渚遗址图片)。测算原理其实是:当生物死亡后,它机体内原有的碳14含量会按确定的比率衰减(称为衰减率),大约每经过5 730年衰减为原来的一半,这个时间称为"半衰期"。

思考问题:我们把刚死亡的生物体内碳14含量看成1个单位,设死亡生物体内碳14含量的年衰减率为p,则p是多少?按照上述变化规律,设生物死亡年数为x,死亡生物体内碳14含量为y,y与x之间有怎样的关系?

五、教学反思

(一)激活函数研究经验,明确课堂学习目标

教师通过提问激活学生函数的概念和性质、幂函数的研究思路等已有经验,提出本节课学习目标是研究一类新的基本初等函数——指数函数,可以类比幂函数的研究思路,从而明确本节课的学习方向,同时方法上的指导给学生以信心,在一定程度上唤起学生的学习热情。

(二)经历概念抽象过程,训练学生思维品质

指数函数概念获得过程,共设置了"旅游人次增长问题""折纸活动"两个问题情境,从而得到了三个数学表达式,学生观察它们的共同点,找出结构形式上的特点。教师并没有直接下定义,而是引导学生思考三个表达式是否能构成函数关系,确定后再去分析其中的底数取值范围,从而给出指数函数的概念,进一步探讨指数函数的定义域。

纵观得到概念的过程,较好地体现了知识形成的过程,即先观察、对比分析,再归纳概括,是从特殊实例到一般性结论、从具体到抽象的数学思想的展

现。问题的设置教会学生不能想当然,在得到新概念时要仔细辨析、严谨论证,训练学生思维的深刻性和批判性。

(三)激发学生学习动机,重视非智力因素培养

旅游人次增长问题和碳 14 衰减问题的实例,分别涉及国民经济增长和悠久历史的主题,促进学生了解中国文化、关心社会,增强爱国主义精神。而折纸活动的设置,一方面学生动手操作、合作探究,调动了学习的积极性,活跃课堂氛围,提高学生的探究能力以及与人沟通协作的能力;另一方面折纸活动更贴近学生的生活,问题情境也容易理解,降低了"旅游人次增长问题"中让学生用函数刻画 B 地游客人次指数增长的难度。几个实例涉及生活中的不同领域,学生通过它们能够充分体会数学的应用价值,可以说教学素材的选择考虑到了对学生非智力因素的培养。

六、案例分析

(一)联系已有知识经验,明确研究方法

联系函数、指数相关知识经验,明确指数函数的研究方法。本节课开始,教师通过提问引导学生回顾函数的概念和性质,以及幂函数的研究过程,师生总结出指数函数研究的方法和内容,对指数函数的研究建立相对宏观的认识。

总结延伸指数函数性质,教师引导学生思考底数改变,指数函数图象和性质的猜想,引导学生分类思考和关注知识联系,为指数函数图象和性质的研究思路进行铺垫。

(二)经历概念形成过程,训练思维品质

指数函数的引入,通过两地"旅游人次增长问题",使用增长量和增长率两种不同的方式刻画,进而初步认识指数函数是刻画某类现实问题的函数模型,让学生体会数学与生活的联系。指数函数概念的建立,由于碳 14 衰减的运算具有一定难度,教学中使用了学生熟悉的折纸问题,对三个函数表达式分析基础上抽象出指数函数的概念,根据指数学习的相关知识得到指数函数的定义域和值域。指数函数的应用,包括三个不同情境问题:两地旅游收入问题,指数函数求值问题,初步判断指数函数图象。

第八节 导数的应用

一、教学内容分析

本节课内容是人民教育出版社《普通高中教科书数学 B 版选择性必修第三册》第六章"导数及其应用"6.3 利用导数解决实际问题之后，综合运用导数知识解决有关数学问题的一节课。

（一）核心概念及进阶路线

本节课属于"函数"主题的"一元函数导数及其应用"单元，本单元的核心概念为"函数、导数"，落实"课标 2017"中"一元函数导数及其应用"的相关要求，高中阶段函数核心概念及进阶路线见图 2-8-1。

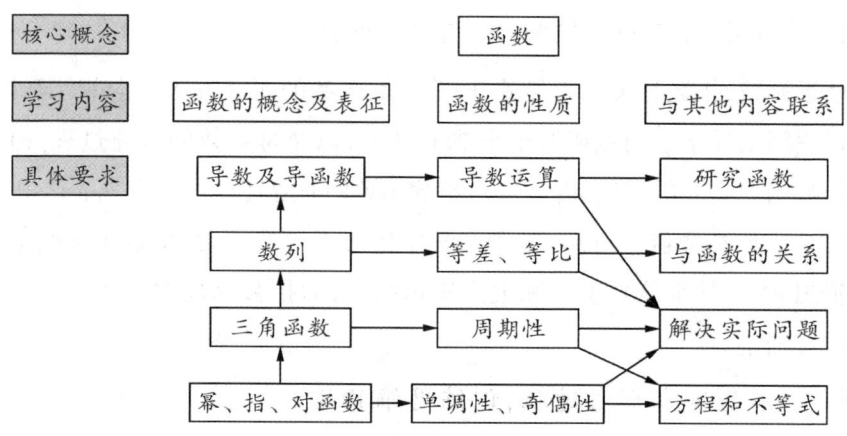

图 2-8-1 函数核心概念及进阶路线

（二）课程标准要求

结合实例，借助几何直观了解函数的单调性与导数的关系；能利用导数研究函数的单调性；对于多项式函数，能求不超过三次的多项式函数的单调区间；借助函数图象，了解函数在某点取得极值的必要条件和充分条件；能利用导数求某些函数的极大值、极小值以及给定闭区间上不超过三次的多项式函数的最大值、最小值；体会导数与单调性、极值、最大（小）值的关系。

（三）单元结构分析

本章内容共分为四节：导数、利用导数研究函数的性质、利用导数解决实际问题、数学建模活动。

导数，包括函数的平均变化率、导数及其几何意义、基本初等函数的导数、求导法则及其应用。教材通过丰富的实际背景和具体实例，经历了由平均变化率过渡到瞬时变化率的过程，学习了导数是如何刻画瞬时变化率的，初步感悟到了极限的思想。

利用导数研究函数的性质，包括利用导数研究函数的单调性，求函数的单调区间；借助函数的图象，了解函数在某点取得极值的必要条件和充分条件，能利用导数求某些函数的极大值、极小值以及给定闭区间上不超过三次的多项式函数的最大值、最小值。

利用导数解决实际问题，主要是实际生活中最优化相关问题，需要根据问题的背景分析变量和常量之间的关系，写出函数表达式，建立数学模型，进行求解并回到实际问题中检验和解释，需要注意实际问题中变量的取值范围。

（四）课时内容分析

本节课是本章内容学习完之后，综合运用导数知识和研究函数的方法，解决相关数学问题和实际问题的一节课。本节课第一个问题选取了一个数学情境问题，侧重在分析问题和解决问题过程中，丰富问题解决的策略；第二个问题是实际生活问题，体会在现实生活中发现数学问题、提炼数学问题的意识和方法，同时体会合理选择函数、构造函数、恰当运用数学知识解决问题。

（五）对教学的思考

新的高中课程标准更加强调学生对数学知识的灵活应用，要求学生具有数学的应用意识，素养导向的数学教学也更加注重科学探究能力的培养。通过给学生提供新的信息，设计问题情境，包括学术探究情境和现实的生活实践情境，让学生从已有的知识结构出发，获取信息、加工信息，提炼出相对熟悉的数学问题，并且依靠科学的方法、科学的态度进行推理，创造性的解决问题，进而得到最终的答案。在这个过程中，促进学生思维能力的提升，形成和发展应用意识，提高学生对数学的应用价值的认识。

二、教学对象分析

（一）学生认知水平

学生能够掌握导数的计算，并利用导数研究一些函数的性质。对导数概念理解的深刻性还有待提高，在利用导数研究函数和实际问题中，思维的广度有待拓展。

（二）学生的知识、经验基础

学生理解导数的意义，并掌握基本函数求导公式和求导法则，对于求导法则的熟练度有待进一步提高。能够利用导数研究函数的单调性、求最大（小）值，并能够解决简单的实际问题。学生具有一定的解决实际问题的经验，学习过转化与划归的数学思想，具备学习本节课知识和数学思想方法方面的基础。

（三）学生学前调研

学生具有解决实际问题的经验，对解决问题思路多角度分析、用数学语言有逻辑的表达还需提高，解决问题策略和方法的灵活选择需要加强。

三、教学目标和重难点

基于上述分析，本节课的教学目标及教学重难点如下：

【教学目标】

1. 掌握利用导数解决数学问题、解决实际应用问题的基本思路。

2. 在解决问题的过程中体会导数知识的应用，体会转化与化归的数学思想；在将数学情境问题和生活情境问题转化为熟悉的数学问题过程中，体会思维策略和数学的应用。

3. 在合作交流与思辨的过程中，感受数学的应用，提高数学学习的兴趣.提升直观想象、数学抽象、逻辑推理和数学运算等核心素养。

【教学重点】

进一步学习运用导数知识解决数学问题和实际应用问题的方法，在解决问题的过程中锻炼综合运用已有知识分析问题和解决问题的能力。

【教学难点】

如何将具有一定情境的数学问题和实际应用问题抽象或转化为比较熟悉的数学问题是教学难点。

四、教学过程和活动设计

（一）回顾知识、做好铺垫

问题：本章我们学习了导数，尝试从是什么、怎么做、有什么用三个方面总结本章学习的内容。

预设1：学习了什么是导数。函数角度，导数刻画函数的变化率；物理背景，可以表示瞬时速度；几何角度，导数表示曲线在某点处切线的斜率。

预设2：学习了怎么求函数的导数，基本初等函数的导函数是什么，基本函数经过四则运算所构造函数的求导法则。

预设3：学习了导数的作用，利用导数研究切线问题；研究函数的性质，如函数的单调性、极值、最大（小）值等；如果实际应用问题可以用函数来表示，可以借助导数来研究。

【设计意图】 通过回顾导数一章的基本知识，可以进一步构建本章的知识结构和可以解决的问题体系，同时为本节课两个问题的解决做知识上的铺垫。

（二）函数问题分析，丰富解决问题策略

问题：通过回顾，利用导数研究曲线切线问题、函数的性质和解决实际问题，可以归结为利用导数对函数的研究。我们以一个具体函数问题为例，综合运用学习过的知识进行解决。

题目：当 $x>0$ 时，证明函数 $y=e^x$ 图象在函数 $y=x^2$ 图象的上方。

追问1：这个函数问题，并没有明显的单调性、极值或最大（小）值问题，可以怎样转化这个问题？

预设1：将函数图象"形"的问题转化为"数"的表达，转化为问题"证明当 $x>0$ 时，$e^x>x^2$"。

预设2："证明当 $x>0$ 时，$e^x>x^2$"是在给定条件下，两个函数比大小的问题，可以通过减法或除法构造一个函数转化问题，证明当 $x>0$ 时，函数 $f(x)=$

$e^x - x^2 > 0$，或者证明当 $x > 0$ 时，$f(x) = \dfrac{e^x}{x^2} > 1$。需要注意利用除法构造函数时，分子分母的符号以及分母不能为 0，这样就将原问题转化为函数最小值问题。

预设 3：根据不等式左侧特点，可以将 $e^x > x^2$ 不等式两边同时取对数得到 $x > 2\ln x$，然后再利用减法或除法构造函数，将问题转化为"当 $x > 0$ 时，$f(x) = x - 2\ln x > 0$"或"当 $x > 0$ 且 $x \neq 1$ 时，$f(x) = \dfrac{x}{2\ln x} > 1$"。

预设 4：根据不等式右侧可以将 $e^x > x^2$ 不等式两边同时开方得到 $e^{\frac{x}{2}} > x$，然后再利用减法或除法构造函数，将问题转化为"当 $x > 0$ 时，$f(x) = e^{\frac{x}{2}} - x > 0$"或"当 $x > 0$ 时，$f(x) = \dfrac{e^{\frac{x}{2}}}{x} > 1$"。

小结：通过讨论，我们将函数图象"形"的问题转化为两个函数比大小的问题，并且还想到可以等价转化函数，以及将函数比大小问题转化为两个函数相减大于 0，或者两个函数相除大于 1，进而将问题转化为函数的最大或最小问题。

追问 2：观察转化的几个问题，选择哪个思路？你有什么想法？

预设 1：两个函数相除，还需要考虑函数值的正负、分母不能为 0，限制条件多，可以优先考虑利用减法构造函数。

预设 2：两个函数相除的求导有点复杂，可以优先考虑利用减法构造的函数。

预设 3：根据转化后的函数选择，在我们讨论的这个问题中，利用减法构造的函数比较简单，要具体问题具体分析。

预设 4：当遇到分数形式的复杂函数最值问题，或者加减组合的函数形式最值问题，分数形式与加减组合形式可以互相转化。

学生活动：根据讨论的几种转化想法，学生自己选择并独立解决问题后，全班交流。

【设计意图】该数学情境的问题，通过问题的分析和解决，希望学生能够进一步体会运用函数知识解决问题的思路，体会划归与转化的数学思想，提升用数学的方法分析问题和解决问题的能力。同时，构造函数解决问题是数学中常见的思路和方法,希望学生体会不同的构造函数的方法在解决问题时的差异,培养灵活地构造函数解决问题的意识。

(三)实际问题分析,感受数学应用价值

我们来考虑一个实际问题:"70 规则"是经济学里面的一个古老规律,是银行存款翻倍所需时间的一种经验说法。用数学语言整理一下,可以表述为下面的问题。

问题:如果在银行的存款为 P_0 元,银行的年利率为 $i\%$,以复利方式计息(以年为单位),则当 i 较小时,大约需要 $\frac{70}{i}$ 年,存款会翻一倍,变成 $2P_0$ 元。能利用我们学习的知识说明为什么吗?

预设 1:用数学语言将存款 $P(t)$ 和存款时间 t 的关系表示出来,根据题设 t 年后存款为

$$P(t) = P_0(1 + i\%)^t$$

预设 2:可以从两个方向说明,存款时间 $t = \frac{70}{i}$ 时,函数值是否大约为 $2P_0$;或者当存款 $P(t) = 2P_0$ 时,t 的取值是否大约为 $\frac{70}{i}$。

追问 1:请大家尝试从两个方向进行转化和分析。

预设 1:方向 1,由存款时间 $t = \frac{70}{i}$ 时,函数值是否大约为 $2P_0$。进一步表示为 $P_0(1 + i\%)^{\frac{70}{i}}$ 或 $(1 + i\%)^{\frac{70}{i}}$ 的近似值。表达式 $(1 + i\%)^{\frac{70}{i}}$ 的近似值,由于底数和指数都具有参数,可以取对数表示为 $\frac{70}{i}\ln(1 + i\%)$,只需要估计 $\ln(1 + i\%)$ 的近似值。

预设 2:方向 2,由 $P(t) = P_0(1 + i\%)^t = 2P_0$,得到 $(1 + i\%)^t = 2$,两边同时取以 e 为底的对数,得 $t\ln(1 + i\%) = \ln 2$,由此解得 $t = \frac{\ln 2}{\ln(1 + i\%)}$。这个表达式中有两个自然对数,分子为数值可以直接求出近似值,$\ln 2 \approx 0.693$;分母是含参数的表达式,那么对 $\ln(1 + i\%)$ 进行估计就可以了。

小结:通过分析,我们从两个方向将问题逐步转化,发现都是将问题转化为

求 $\ln(1+i\%)$ 的近似值,那么如何求这个表达式的近似值?

预设:估计 $\ln(1+i\%)$ 的值,分析函数 $g(x)=\ln(1+x)$ 在 $i\%$ 的近似值,根据实际问题 $i\%$ 很接近 0;那么问题就转化为:当 x 很小时,函数 $g(x)$ 在点 $(0,0)$ 处切线方程的函数值(图 2-8-2)。利用导数,可以求出函数 $g(x)$ 在点 $(0,0)$ 处切线方程为 $y=x$,可得 $\ln(1+i\%)\approx i\%$。

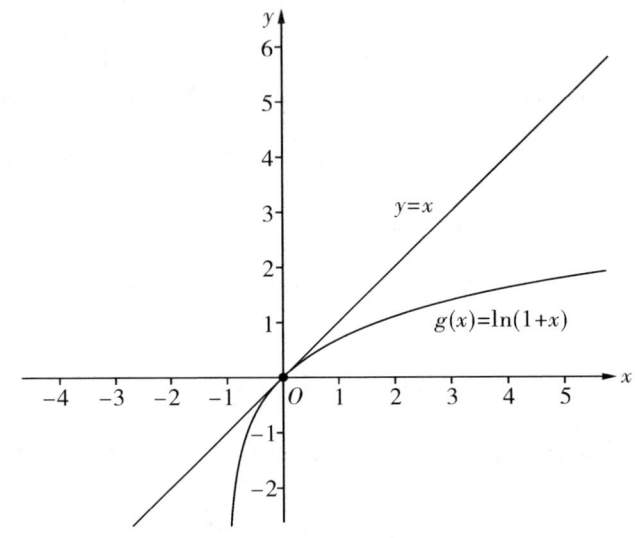

图 2-8-2

于是 $t=\dfrac{\ln 2}{\ln(1+i\%)}\approx\dfrac{0.693}{i\%}\approx\dfrac{70}{i}$。

因此,在银行年利率很低的情况下,大约 $\dfrac{70}{i}$ 年后存款就会变为原来的两倍。

事实上,当年利率在 10% 以内时,这种近似结果是比较精确的。

追问 2:解决这个问题过程中,学习到哪些经验?

预设 1:要将实际问题转化为函数的表达。

预设 2:可以从不同方向考虑,从函数的自变量或者函数值开始思考。

预设 3:根据导数的几何意义,在切点附近,切线和函数图象接近,就是说可以用切线在该点处的值估计相应函数值。

小结:解决这个问题的过程中,可以换个角度考虑,可以用切线的函数值近似曲线的函数值。

【设计意图】体会在现实生活中发现数学问题、提炼数学问题的意识和方法。同时,问题的解决在设计函数、构造函数、恰当运用数学知识解决问题等方面都有很充分的体现。

(四)分享交流、归纳总结

问题:回顾我们解决的两个问题,有哪些收获?

函数图象上下是形的问题,可以等价转化为两个函数取值大小问题。两个函数大小,可以利用减法或除法构造新的函数,从而将问题转成函数最大值或最小值问题。

构造函数解决问题时,由于构造函数的思路不同,后续解法复杂程度可能也会不同。因此构造函数解决问题时,既要有灵活性也要有批判性,及时调整解决问题的思路。

函数图象的形象直观与函数解析式的抽象,综合起来可以帮助转化问题或者理解问题,可以用切线在该点处的值估计相应函数值。

解决问题时,从多个角度考虑,建立数学模型或者等价转化问题时,要注意参数、自变量的取值范围。

【设计意图】通过对本节课两个问题的解决过程的回顾,积累问题解决的策略和经验,如何将问题从不同角度逐步转化,综合利用函数的数和形,利用函数的切线可以估计函数在某点的近似值等。

(五)作业设计

如图2-8-3,有一块半椭圆形钢板,其长半轴长为$2r$,短半轴长为r,计划将此钢板切割成等腰梯形的形状,下底AB是半椭圆的短轴,上底CD的端点在椭圆上,记$CD=2x$,梯形面积为S。

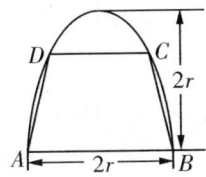

图2-8-3

(1)求面积S以x为自变量的函数式,并写出其定义域;

(2)求面积S的最大值。

【设计意图】该问题需要综合圆锥曲线与导数的知识解决问题,根据题目给定的条件建立适当的直角坐标系,利用椭圆的标准方程求出梯形的高,需要特别注意,引导学生关注根据问题情境确定自变量的取值范围。

五、教学反思

在导数一章学习完成之后,学生具备了综合运用函数与导数的知识综合解决问题的知识基础。此时设计一节问题解决的课,培养学生综合理解函数与导数的知识,增强问题意识,让学生在尝试解决问题的过程中体会函数与导数的知识在解决数学问题中的作用,感悟数学思维策略在解决问题时的作用。

(一)关注数学应用

导数的有关知识是比较抽象的。学生初步体会导数在研究函数性质的作用之后,通过对第一个问题各种解法中思维方法的分析和比较,让学生体会导数知识在研究函数性质时的作用和灵活构造函数解决问题的意识。通过第二个问题的分析和解决,让学生体会到导数与实际生活息息相关,体会数学的应用价值,增加学生的学习兴趣。

(二)体会转化化归

在第一个问题的多种解决问题的策略中,在第二个问题的将生活中的问题提炼、转化成数学问题的过程中,体现了数形结合、转化与化归等数学思想方法,体现了数学思维的灵活性和深刻性。同时,学生还可以进一步体会到在解决实际问题中要注意的问题,例如文字语言的转换,在实际问题中函数自变量的取值范围,构造恰当的函数解决问题等。

(三)重视深度参与

课堂中学生的活动,更重要的是通过问题的设置、学生活动的安排,促进学生思维活动的深度发生。

本节课的两个问题对于学生来讲是具有一定挑战性的。

第一个问题中构造函数解决问题,需要学生对于问题的解决有一定的预期,有一定的前瞻性,才能做到合理地构造函数解决问题,本节课学生未必有这样灵活处理问题的能力,但可以通过对第一个问题的研究,体会其中的方法。

第二个问题的解决更是给学生在如何应用数学知识理解和解决现实生活中的问题方面开拓了视野,展现了"数学题"和"数学问题"的不同。"数学问题"的解决在现实课堂教学中需要加强,"数学问题"的开放性和解决"数学问题"中思维的灵活性很多时候是"数学题"所不具备的。

六、案例分析

本节课是一节应用知识解决问题的课,教学目标更多是数学思考和问题解决维度的目标,是潜在的数学思想方法和能力培养目标。

(一)问题深度分析,灵活选择问题解决策略

第一个问题以函数图象相关进行呈现,师生共同分析问题中,有两个层面的转化过程:将函数图象"形"的问题转化为函数值比大小的"数"的问题;函数值比大小问题,通过构造新函数转化为等价的数学问题。

构造新函数等价转化问题中,通过将两个函数进行减法运算或除法运算构造新的函数,在该问题中利用减法运算构造更为简单,有些问题中利用除法运算构造更为简单,因此引导学生对两种构造方法进行具体分析,帮助学生体会如何选择构造方法。通过对不等式两边进行相同运算等价转化问题,教师引导学生关注不等式两边函数的特征进行转化,并体会哪种转化可以更简单地解决问题。

(二)实际问题解决,数学思维思考现实问题

第二个问题是经济学中有关的问题,通过教师示范将"70规则"运用数学语言进行描述,引导学生用学习过的数学知识分析问题,渗透用数学眼光观察现实世界,用数学思维思考现实问题。

如何利用数学知识进行分析,学生能够根据问题的描述写出存款和存款时间的函数关系,基于第一个问题的分析经验,教师引导学生从存款时间或存款两个方向进行分析,并体会两种策略的不同。

最后从两个方向都将问题归结为估计 $\ln(1+i\%)$ 的值,该问题对学生具有一定的挑战性,教师需要进行引导:关注实际问题中变量取值的特点,即 $i\%$;反之,将自变量取值很小回归到抽象函数中,可以转化为当 x 很小时,函数 $g(x)$ 在点 $(0,0)$ 处切线方程的函数值,进而将曲线问题转化为直线方程问题。在这个环节中,教师可以利用信息技术进行演示,帮助学生更好地理解以直代曲的合理性。

第三章
代数思维教学设计案例

初中阶段的"数与代数"领域包含代数和函数,高中阶段函数是独立主题,将初中函数与高中函数放在第二章,本章只包括初中三个代数思维的典型案例。

著名数学家阿蒂亚提到:几何是视觉思维占主导地位,代数则是有序思维占主导部分的,这种区分或者用"洞察"和"严格"来进行刻画,两者在数学研究中都起着本质的作用。从教育角度而言,应该将发展学生这两种不同的思维模式作为目标[①]。

代数思维的特征。卡帕特认为代数思维包括两个核心方面:(1)一般化,使用约定的符号系统进行一般化的表示;(2)利用符号系统的表示进行符合规则的推理和操作。可以具体化四种对数学的结构或关系进行:一般化推广、表示、论证、推理。代数思维体现在三个主线:(1)代数作为关于结构和系统的研究,是从计算和关系中抽象而来的,包括源于算术和定量推理的内容;(2)代数作为关于函数、关系和共变的研究;(3)代数作为一套模型语言在数学内部和外部的应用[②]。

代数学习的思维过程。凝聚是数学思维的一种基本形式,即由过程到对象的转化,斯法德(A. Sfard)提出的"三阶段"说,可以认为是对"凝聚"的细分:内化、压缩和客体化,其中内化指的是个体在头脑中建立起相应过程的整体心理表征,压缩是将相应过程压缩为一个更小的单元,客体化是将原先的过程看作

[①] [英]阿蒂亚著,袁向东编译:《数学的统一性》,大连理工大学出版社,2009,第96—97页。
[②] [美]蔡金法主编:《数学教育研究手册》(第二册),人民教育出版社,2020,第274—276页。

静止的对象①。

基础教育阶段数学课程中,义务教育阶段的第二、三、四学段,以及高中阶段均有体现。第二学段具体内容是"等量的等量相等"。第三学段包括"等式的基本性质;用字母表示事物的关系、性质和规律。"第四学段主要包括"实数、代数式、方程和不等式"。高中学段主要包括"相等关系和不等关系"。

本章共有三个教学案例:平方根、因式分解和一元一次方程的解法。

1. 平方根主要体现开平方运算到平方根对象的凝聚过程。

2. 因式分解主要体现代数式结构的分析,并能够对一般化的符号进行运算。

3. 一元一次方程的解法主要体现方程结构的分析,在方程的等价变形过程中丰富对等号意义的认识。

---

①郑毓信,肖柏荣,熊萍:《数学思维与数学方法论》,四川教育出版社,2001,第305—308页。

第一节 平方根

一、教学内容分析

本节课是人民教育出版社《义务教育教科书数学七年级下册》第六章"实数"6.1平方根。

本章内容属于初中数与代数领域中"数与式"部分,"数与式"是代数的基本语言,初中阶段主要内容是负数、无理数及其四则运算,在此基础上学习字母表述代数式,进行代数式的运算,体会代数思维的概括性和一般性,并发展数学运算及推理能力[①]。

本节内容代数思维的具体体现是"会用根号表示数的平方根和算术平方根",根号具有双重意义:根号既表示开平方运算的过程,同时又表示开平方运算的结果。

(一)核心概念及进阶路线

本节课平方根置入初中"数与式"中"数的认识"单元,落实"课标2022"中"数与式"的相关内容要求。

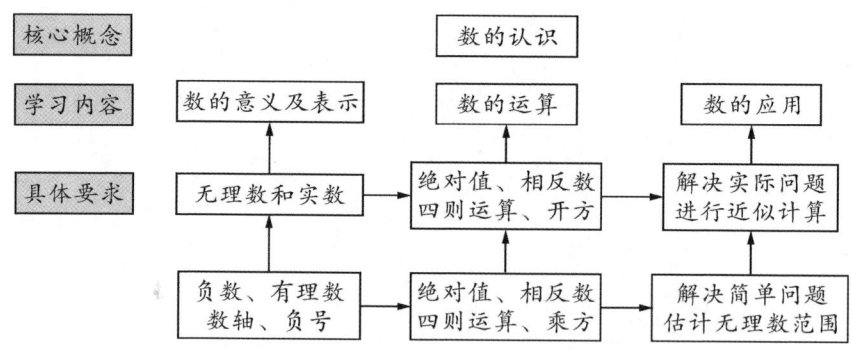

图 3-1-1 数的认识核心概念及进阶路线

---

① 中华人民共和国教育部制定:《义务教育数学课程标准(2022年版)》,北京师范大学出版社,2022,第54页。

(二)课程标准要求

知道平方根、算术平方根的概念,会用根号表示平方根、算术平方根;知道乘方与开方互为逆运算,会用乘方运算求百以内完全平方数的平方根,会用计算器计算平方根;能用有理数估计一个无理数的大致范围。

(三)单元结构分析

本章共有3节:平方根、立方根和实数。这部分内容是以七年级上册第一章有理数为基础的,为今后进一步学习和理解逆运算、数域的扩充、二次根式、用直接开平方法和公式法解一元二次方程做了铺垫。章引言利用物理学习中第一宇宙速度和第二宇宙速度的计算,初步引入平方根的概念,简单介绍了数域扩充到实数的过程,并提出"类比"有理数学习实数的表示、运算和解决问题。

本章的知识结构图可以表示为图3-1-2。

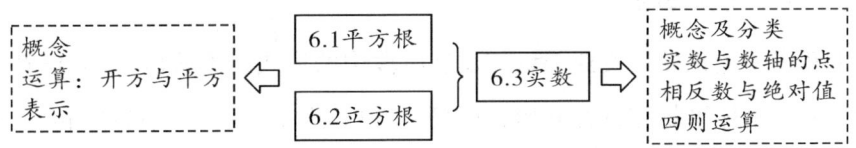

图3-1-2 人教版教材本章内容结构图

(四)课时内容分析

6.1可以分为3课时,其中第1课时为算术平方根的概念、表示和简单计算;第2课时利用算术平方根解决问题;第3课时利用有理数求一个无理数的近似值。平方根的概念和表示、平方与开平方互为逆运算,是算术平方根的延续和发展,也是用直接开平方、公式法解一元二次方程的基础,同时本节课也为更好地理解立方根的概念和求法提供了思路和研究方法。这是一节概念课,起着基础性作用。具体而言,教材安排了三个活动:

活动1:平方根的概念。将算术平方根所解决的问题"已知一个正数的平方,求这个正数"减弱条件,教材给出具体的思考问题:"如果一个数的平方是9,这个数是多少?"解决该问题后,通过填表方式给出5个具体数求平方根的例子,通过归纳给出平方根的概念和表示方法。

活动2:平方与开平方互为逆运算。理解两种运算的互逆关系,并通过平方根与平方数两个集合对应关系,给出平方运算、开平方运算的直观表示。

活动3:平方根的性质。计算三个数的平方根,讨论0和负数的平方根,归纳出平方根的性质,介绍平方根的抽象符号表示。

(五)对教学的思考

基于上述分析,教学过程中要注意概念的形成需要逐步进行,多角度多形式反复理解。平方根的符号表示是类比算术平方根的符号表示进行学习的,同样根号前加"±",也是学生难理解的地方,需通过大量具体的实例进行说明。算术平方根的学习是平方根学习的重要基础,为学生学习平方根提供了研究路径,在单元教学设计中二者是一脉相承的。

二、教学对象分析

(一)学生认知水平

七年级学生正处于皮亚杰认知发展阶段中的形式运算阶段,该阶段特征为思维不必从具体事物和过程开始,可以利用语言文字,在头脑中想象和思维,重建事物和过程来解决问题,甚至可以根据概念、假设等为前提,进行假设演绎推理,得出结论。这对用根号表示平方根以及用字母表示被开方数的教学起到了正面作用。

学生学习平方根的概念要经历与算术平方根概念的矛盾冲突过程,再到领悟平方根概念的合理性。

(二)学生的知识、经验基础

学生学习了算术平方根的概念、特点和表示,能够进行简单的计算。由于算术平方根具有一定实际背景作为支撑,学生理解起来相对容易。

算术平方根计算和概念归纳过程,本节课中学生可以进行类比迁移,具有一定的方法基础。对于运算对象有限定,负数没有平方根这种情况,学生理解起来会有困难;正数开平方运算有两个结果,相比于之前学生接触到的运算结果的唯一性,学生比较难接受且容易遗漏负的平方根;对于算术平方根和平方根的联系和区别,也是学生理解的难点。

（三）学生学前调研

班级约有四分之三的学生能够用自己的语言及符号语言表述出算术平方根的概念；所有同学都会求百以内常见的平方数的算术平方根；对于以往学过的运算中，有近一半的同学能够回忆出绝对值为正数的数有两个这种运算结果不唯一的情况。

三、教学目标和重难点

基于上述分析，本节课的教学目标及教学重难点如下：

【教学目标】

1. 通过实例总结归纳，了解平方根的概念和性质。

2. 类比算术平方根的表示方法及平方根的特征，会用根号表示平方根，提高数学抽象能力。

3. 通过对比、计算，了解平方与开平方互为逆运算的关系，会求某些非负数的平方根，提高数学运算能力。

【教学重点】

平方根的概念。

【教学难点】

平方根与算术平方根的区别与联系。

四、教学过程和活动设计

本节课主要分为五个教学活动：

（一）复习导入，提出问题：复习算术平方根的概念、特点和表示；由算术平方根解决的问题拓展为本节课的问题。

（二）具体实例，初步感悟：通过具体实例感悟正数有两个平方根；已知一个数的平方，求这个数的思路。

（三）抽象归纳，建构概念：通过实例归纳出平方根的概念；了解平方与开平方的关系。

(四)深入理解,归纳性质:渗透分类讨论的意识,归纳出平方根的性质;类比算术平方根,学会表示平方根。

(五)归纳小结,知识概览:从知识和知识间的联系、学习过程与方法等进行总结,培养学生的反思意识。

(一)复习导入,提出问题

问题:什么是算术平方根?$a(a\geq 0)$的算术平方根如何表示?算术平方根有什么特点?

师生共同回顾,也可以通过学生回答的方式,注意学生回答不要求按照教材文字回答,不缺要点即可。

小结并提出问题:算术平方根解决的问题是"已知一个正数的平方,求这个正数的问题。"数学研究有时加限定条件,有时放宽限定条件,将这个问题减少限制条件"已知一个数的平方,求这个数。"带着学习算术平方根的经验开始学习。

【设计意图】回顾算术平方根的概念、简单计算和表示,为平方根的学习思路奠定"类比"的基础;通过将算术平方根解决的问题进行发展,及减弱条件,引出本课的主题,同时让学生感受数学研究方式的一些特点。

(二)具体实例,初步感悟

问题:将问题具体化,如果一个数的平方等于9,这个数是多少?

教师调动学生已有学习经验,解决这个问题:需要逆着想"平方"运算,满足条件的有两个数3和-3,而且两个数互为相反数。

根据问题的思考,填表3-1-1。

表3-1-1

x^2	1	16	36	49	$\frac{4}{25}$
x					

【设计意图】环节(一)提出的问题是相对抽象的问题,将抽象问题具体化,体会数学研究的方式;调动学生的经验解决问题,引导学生如何进行思考,教师

要基于学生的表达进行提炼,初步体会开平方是平方的逆运算。学生填写表格,一是熟悉开平方的运算,二是为归纳平方根的概念做铺垫。

(三)抽象归纳,建构概念

归纳概念,回顾所解决的问题"已知一个数的平方,求这个数"。所求出来的数叫作已知数的平方根,如 $\pm 1, \pm 4, \pm 6, \pm 7, \pm \dfrac{2}{5}$ 分别叫作 $1, 16, 36, 49, \dfrac{4}{25}$ 的平方根,尝试给出平方根的概念。

教师引导学生归纳平方根概念的要点,可以提示学生类比算术平方根的定义尝试给出平方根的定义。

师生小结:如果一个数的平方等于 a,那么这个数叫作 a 的平方根或二次方根;如果 $x^2 = a$,那么 x 叫作 a 的平方根。求平方根也是一种运算,叫作开平方。

问题:平方运算和开平方运算有什么关系?

教师给出图或者观察教材中的两幅图:

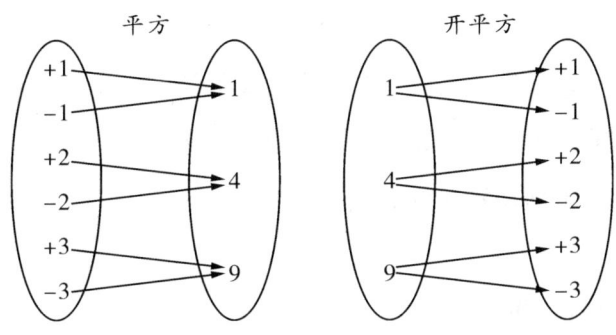

图 3-1-3

教师引导学生观察并小结:平方与开平方互为逆运算;一个数的平方只有 1 个,一个正数的平方根有 2 个;平方是 2 对 1,开平方是 1 对 2,所以求平方根要注意有两个解。

练习:判断下列说法是否正确。

(1)49 的平方根是 7;　　　　(2)4 是 2 的平方根;

(3)−5 是 25 的平方根;　　　(4)64 的平方根是 ±8;

(5)−16 的平方根是 −4。

计算:分别求下列各数的平方根。

(1)100; (2)$\frac{9}{16}$; (3)0.25。

【设计意图】通过具体的实例,学生对平方根建立感性的认识,类比算术平方根的定义给出平方根的定义,形成正迁移;通过平方和开平方两幅图,使学生直观感知开平方与平方运算互为逆运算,可适当引导学生具体说明这种互逆特点,为根据互逆关系求一个非负数的平方根打下基础。

(四)深入理解,归纳性质

问题:有理数可以分为正数、0和负数,它们的平方根各有什么特点?

师生:正数可以通过刚才的例子归纳,正数有两个平方根,它们互为相反数,其中正的也是这个数的算术平方根;$0^2=0$,并且没有其他数的平方为0,所以0只有一个平方根0。

负数的平方根怎么说明呢?提示平方和开平方互为逆运算,可以从平方运算想。

归纳性质:可以引导学生从平方根的个数和它们之间的关系进行归纳。

问题:类比算术平方根的表示,平方根怎么表示?

练习:请说出下列各数表示的意义。

$\sqrt{7}$ $\qquad$ $-\sqrt{7}$ $\qquad$ $\pm\sqrt{7}$

计算:求下列各式的值。

(1)$\sqrt{36}$; (2)$-\sqrt{0.81}$; (3)$\sqrt{\frac{49}{9}}$。

追问:看到根号,你能想到什么?

预设:带根号的数是某个数的平方根或算术平方根,看到根号想到这个数是开平方运算得来的。

【设计意图】渗透分类讨论的意识,学生已经学习有理数可以分为正数、0和负数,分类讨论平方根的特点;负数平方根的讨论,学生语言表达可能存在一定困难,提示学生平方和开平方为互逆关系,用平方运算进行说理。性质归纳后,引导学生体会根号的双重含义。

(五)归纳小结,知识概览

知识:学习了哪些知识?

联系:平方根和算术平方根之间有什么联系?平方和开平方运算是什么关系?

方法:减少限制条件改变数学问题,将一个问题具体到数进行思考,类比相关的知识进行学习等。

【设计意图】从知识本身、知识之间的联系、方法三个方面进行总结,帮助学习形成联系思考的习惯,培养学生反思自己的学习过程和方法的意识。

(六)作业设计

本堂课的作业分为必做题和选做题两部分:必做题部分均为本节课内容,考查的知识点分别对应概念辨析、求具体数的平方根、求带根号式子的值;选做题部分为对平方根概念的进一步理解,其与解方程相联系是知识的拓展延伸。

必做题:

1. 判断下列说法是否正确。

(1) $\dfrac{5}{7}$ 是 $\dfrac{25}{49}$ 的一个平方根;

(2) $\sqrt{6}$ 是 6 的算术平方根;

(3) $\sqrt{16}$ 的值是 ± 4;

(4) $(-4)^2$ 的平方根是 -4;

(5) 因为 $(\pm 0.1)^2 = 0.01$,所以 0.01 的平方根是 ± 0.1。

2. 分别求 $64, \dfrac{49}{81}, (-5)^2, \sqrt{16}$ 的平方根。

3. 求下列各式的值:

(1) $\sqrt{144}$; (2) $-\sqrt{0.36}$;

(3) $\pm\sqrt{\dfrac{121}{196}}$; (4) $\pm\sqrt{1\dfrac{9}{16}}$。

选做题:

1. 一个正数的两个平方根分别是 $2a+1$ 和 $a-4$,求这个数。

2. 求满足下列各式的 x 的值。

(1) $x^2 = 81$；　　　(2) $2x^2 - 98 = 0$；　　　(3) $(x-1)^2 = 64$。

五、教学反思

本节课的重点是平方根的概念,难点是平方根与算术平方根的区别与联系。学生学习的困难在于对平方根与算术平方根的概念容易混淆。在刚开始学习平方根时,还有两点不太习惯,一是正数有两个平方根,即正数进行开平方运算会有两个结果,这与学生之前遇到的运算结果唯一的情况有所不同；二是负数没有平方根,这种对运算对象进行限定的情况以前遇到的较少。

目标达成的标志一是了解平方根的概念,会归纳出平方根的特征；标志二是知道平方运算与开平方运算互为逆运算,会求一个非负数的平方根。教学过程中,注意算术平方根与平方根的区别和联系,教法中注重对比教学,学法中注重生生讨论交流,进行对比、归纳总结。

本堂课基本能够按照教学设计进行,能够完成教学任务。但授课方式略显单一,给学生的时间和空间较少,学生主体地位不突出,可适当在概念生成以及相关概念对比环节进行小组合作讨论,并制订细致的小组合作任务单,帮助学生有效地进行小组讨论,设置如：一人看教材中算术平方根与平方根概念的不同,一人举例,一人评价,一人总结归纳,使得大家都参与其中,都能让学习真正的发生。

在巩固辨析概念环节,可以让学生上台板演,展示给更多的同学看,充分暴露问题,师生共同完成问题的讨论与解答。

六、案例分析

(一) 经历概念形成的过程

平方根是学生比较难理解的概念,特别是平方根与算术平方根的区别和联系。该教学案例让学生充分经历了概念的形成过程,复习引入即对照算术平方根所解决的问题开始,将其拓展为平方根研究的问题,让学生初步感受平方根与算术平方根的区别和联系;6个具体求平方根的例子,提示学生借助算术平方根逆着"平方"运算思考的思路解决,通过6个具体例子归纳得出平方根的概念;再次通过对正数、0和负数的平方根分别讨论,将平方与开平方运算渗透其中,归纳平方根性质深入理解概念。

(二)渗透数学的研究方法

该教学案例注重数学研究方法和学习方法的渗透,主要体现在三个方面。(1)改变问题:将算术平方根所解决的问题减少限制条件,改变为平方根的问题;(2)抽象问题具体化,"已知一个数的平方,求这个数"是一个相对抽象的问题,那么选择具体的数字进行研究,就成为学生可以思考的问题了;(3)类比算术平方根进行学习,复习引入从算术平方根研究内容:概念、特点和表示,为平方根的研究角度提供类比基础。平方根概念的归纳、平方根如何表示,教师都提出让学生类比算术平方根的学习得出。

第二节 因式分解

一、教学内容分析

本节课是人民教育出版社《义务教育教科书数学八年级上册》第十四章"整式的乘法与因式分解"14.3 因式分解。

本节为主题教学设计,包括因式分解三个主要课时,代数思维主要体现在对一般化的数学结构,进行符合运算规则的运算和推理,以及关注多项式的结构性特征。

（一）核心概念及进阶路线

本主题置入初中"数与式"中"代数式"单元,落实"课标 2022"中"因式分解"的内容要求。

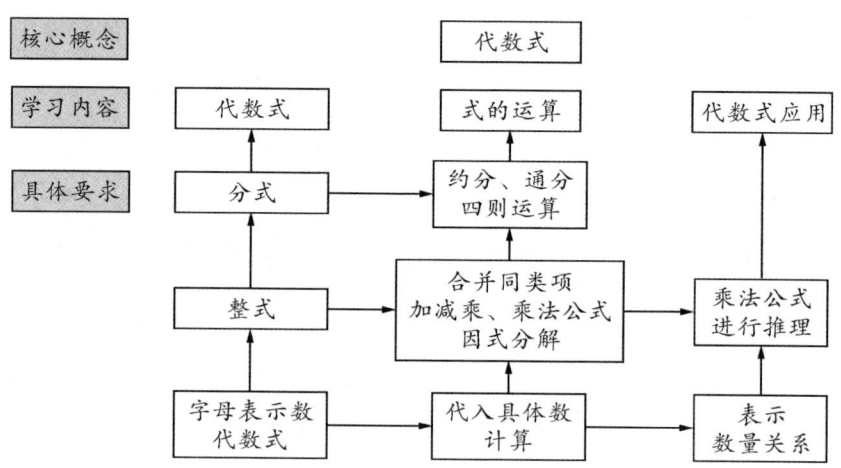

图 3-2-1 代数式核心概念及进阶路线

（二）课程标准要求

理解整式的概念,掌握合并同类项和去括号的法则;能进行简单的整式加减运算,能进行简单的整式乘法运算(多项式乘法仅限于一次式之间和一次式与二次式的乘法)。

理解乘法公式$(a+b)(a-b)=a^2-b^2$,$(a\pm b)^2=a^2\pm 2ab+b^2$,了解公式的几何背景,能利用公式进行简单的计算和推理。能用提公因式法、公式法(直接利用公式不超过二次)进行因式分解(指数为正整数)。

(三)单元结构分析

14.3.1 提公因式法,教材通过将两个多项式化为整式乘积的例子引入因式分解的概念,并直接指出因式分解与整式乘法是方向相反的变形,教学中要紧紧抓住这一关键要素,因为各种因式分解的方法都是以此为基础推导出来的。14.3.1 提公因式法的部分,教材中从多项式 $pa+pb+pc$ 的变形过程概括出提公因式法,然后设计了两个例题,其中例题 1 是"把 $8a^3b^2+12ab^3c$ 分解因式",该例题对学生能力要求比较高,教学时可以结合学情做出适当调整。

14.3.2 公式法,包括平方差公式分解因式和完全平方公式分解因式两个课时,实际上就是整式乘法的平方差公式和完全平方公式的逆向应用。从引入方式来看,这两课时在教材中都是单刀直入;从例题设置来看,设置了公式法的直接应用、整体思想在分解因式中的应用、提公因式法和公式法分解因式的综合使用,对于学生综合运用所学知识的能力要求较高。

教材中并没有单独设置因式分解习题课,而是把本课时的内容分散在公式法中,这两个课时分别编写了利用平方差公式因式分解法和利用完全平方公式因式分解法,并且都涉及了与提公因式法的综合运用。基于所教学生的学情分析,同时也是为了给学生呈现完整的结构,将两个公式法合二为一,并将它们与提公因式法的综合运用放到习题课中,形成习题课的教学内容。

(四)课时内容分析

教学实践时做了一些调整,第 1 课时与教材一致。教材中的第 2,3 课时合并,但难度降低,即在第 2 课时不处理公式法与提公因式法的综合运用问题,将这种综合练习放到第 3 课时习题课,本课时主要解决公式法的使用,目的是让学生不受干扰地掌握公式的结构特征。

表 3-2-1 因式分解在人教版教材中的课时安排

	教材	调整后
第 1 课时	14.3 因式分解 14.3.1 提公因式法	因式分解及提公因式法
第 2 课时	14.3.2 公式法 （平方差公式）	公式法 （完全平方公式和平方差公式）
第 3 课时	14.3.3 公式法 （完全平方公式）	习题课（提公因式法和公式法综合应用）

这 3 课时的逻辑关系如下（图 3-2-2）。第 1 课时学习概念，建立理论依据——因式分解与整式乘法互为方向相反的变形，并学习提公因式法。第 2 课时在此理论依据之上学习公式法。第 3 课时在同样的理论基础上学习分组分解法，综合运用提公因式法和公式法。

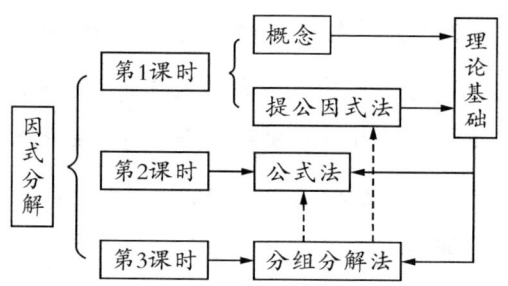

图 3-2-2 调整后的课时安排

（五）对教学的思考

因式分解的本质是对整式的一种恒等变形，具体来说，是把一个多项式转化成几个整式相乘的形式，其与整式乘法互为相反方向的变形。

因式分解在中学代数中具有重要的地位（图 3-2-3）。因式分解是后续学习分式、二次根式、一元二次方程、二次函数等知识的基础，是解决整式恒等变形和简便运算问题的重要工具。以分式为例，在分式约分和通分时，如果分子或分母有多项式，常常需要进行因式分解。

因式分解蕴含着丰富的数学思想与方法：①类比思想，代数式是数的抽象化和一般化，因此可以类比质因数分解的概念，从因式分解的形式、因式分解的目的、因式分解的结构对因式分解的概念展开教学。该主题 3 课时提出问题的方式也体现了类比思想，第 1 课时发现整式乘法与因式分解是互为相反方向的变形，第 2，3 课时基于类比分别发现了公式法和分组分解法。②整体思想，整式运算时已经了解公式中的字母不仅可以表示数,还可以表示代数式,因式分解学习过程中得到再次强化。③逆向思维,因式分解与整式乘法是互相相反方向的变形,所以因式分解的问题都可以转化为对整式乘法的逆向变形。

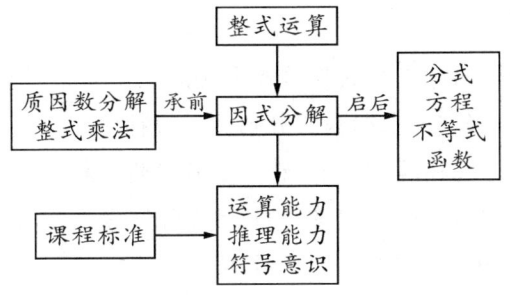

图 3-2-3 因式分解在中学代数中的地位

二、教学对象分析

(一)学生认知水平

所授课班级是通过随机派位组成,学生的数学学业水平参差不齐,运算能力较为一般,在应用公式进行计算时还会出现丢项、错符号等错误,可能是由于初中生对于抽象符号的运算能力还较弱。

因此例题设置的难度跨度不易过大,技巧性应该小,综合性也应该略微降低。第 1 课时提公因式法的学习,教材中例题 1 之前铺垫了一些简单的因式分解练习,降低学生的认知负荷,这样做的目的是使得教学重点更加突出。

(二)学生的知识、经验基础

因式分解的知识基础是整式乘法,学生会做单项式乘多项式、多项式乘多项式,会使用乘法公式进行多项式乘法运算,初步发展了逆向思维、整体思想,这构成了因式分解的基础。除此以外,学生小学阶段学习过分解质因数,这有利于学生通过比较理解因式分解。

根据已有经验,部分学生会认为提公因式法和公式法不会同时使用。所以前两课时分别针对提公因式法和公式法进行学习,第 3 课时重点学习两种方法的综合运用。

(三)学生学前调研

因式分解是建立在整式乘法的基础上的,通过平时测验和课后作业可以判断,授课班级对于整式乘法的掌握程度良好,已经为学习因式分解做好准备。

三、教学目标和重难点

基于上述分析,主题教学目标及教学重难点如下:

【教学目标】

1. 理解因式分解的意义及其与整式乘法的互逆关系,能综合运用提公因式法和公式法进行因式分解,掌握因式分解的一般程序。

2. 类比质因数分解和因式分解,感悟数式通性。概括整式乘法与因式分解的互逆关系,发展逆向思维,通过多项式因式分解发展运算能力、推理能力、符号意识,体会化归思想,培养思维的灵活性。

3. 通过有规则、有依据、有程序地进行因式分解,培养良好的学习习惯,掌握恰当的数学学习方法。

【教学重点】

应用提公因式法和公式法分解因式。

【教学难点】

准确找出公因式,对具体的多项式与一般的公式中对应项、对应字母的判断,活动经验的概括。

四、教学过程和活动设计

第1课时 因式分解及提公因式法

本节课的教学流程图如下:

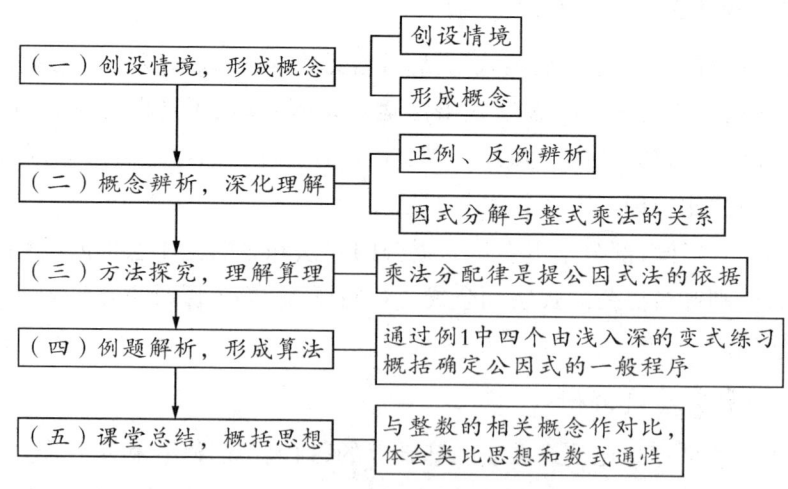

图 3-2-4 第 1 课时教学流程图

(一)创设情境,形成概念

问题1:我们已经学习过了整式的加法、减法、乘法三种运算,你会做整式的除法吗?

$(x^2 + x) \div (x + 1) =$ _____。

师生活动:学生独立思考,教师适当引导。

活动预设:学生只学过多项式除以单项式,对于多项式除以多项式没有思路,所以采取教师引导的方式突破难点。

教师引导:类比数的除法,数的除法和乘法互为逆运算,如:$\because 63 = 9 \times 7$,$\therefore 63 \div 7 = 9$,可以对多项式 $x^2 + x$ 进行分解:$x^2 + x = x(x + 1)$,因此 $(x^2 + x) \div (x + 1) = x$。

追问:为什么能够这样类比?这体现了什么?

师生活动:学生独立思考,回答问题,教师小结。

教师小结:因为代数式是字母表示数参与运算形成的,其中的字母就可以理解为数,代数式整体也可以看作数,所以有关数的运算律和运算法则在代数式中通用,这体现了数式通性思想。

【设计意图】通过具体问题的解决,让学生了解因式分解与整式乘法的关系,建立知识之间的联系,自然地引出因式分解的概念。通过将数的除法类比到式的除法,体会数式通性,即数的运算及运算律适用于代数式。

归纳定义:把一个多项式化成几个整式的积的形式,像这样的式子变形叫作这个多项式的因式分解,也叫作把这个多项式分解因式。

问题2:因式分解的概念与你知道的哪个概念比较类似?它们都在哪些方面类似呢?

表 3-2-2 整数和整式的类比
(运算和运算律)

整数	数式通性类比 → 整式
整数除法	整式除法
约分	约分
分解质因数	分解因式
公因数	公因式

追问：这体现了数与式具有什么关系？（数式通性）

【设计意图】培养学生的类比思想，通过与整数领域内相关概念的类比，提高学生对于数式通性的理解。

（二）概念辨析，深化理解

问题3：下列变形中，属于因式分解的有_____。

(1) $2x+4=2(x+2)$；

(2) $x^3+2x^3-3=x^2(x+2)-3$；

(3) $x^2+1=x\left(x+\dfrac{1}{x}\right)$；

(4) $x(x+1)=x^2+x$；

(5) $xy+xz=x(y+z)$。

【设计意图】提供正例、反例，让学生进行概念辨析。其中，(1)(5)是正例，便于学生从中观察发现提公因式法，二者是特殊与一般的关系；(2)(3)(4)是反例，(2)是针对整式"乘积"的反例，(3)变形后含有分式，(4)是整式乘法，便于学生概括因式分解与整式乘法的关系。

追问：

①如何改写(4)，使它成为因式分解呢？

$$x^2+x \xrightarrow[\text{整式乘法}]{\text{因式分解}} x(x+1)$$

②上式等号左右两端相等的依据是什么呢？

③整式乘法与因式分解的关系是什么呢？（互为相反方向的变形）

【设计意图】前两问为后面方法探究做好铺垫。第三问建立整式乘法与因式分解的联系。这是因式分解部分的理论基础，因为二者是互为相反方向的变形，从这个关系可以直接从整式乘法的乘法公式推导出公式法分解因式的方法，以及可以得到分组分解法，这是后两课时的重点。

（三）方法探究，理解算理

问题4：上面的问题中，除改写后的(4)以外，(1)(5)又是如何进行分解因式的呢？依据是什么？

师生活动：学生独立观察，教师作适当引导，让学生发现不同等式之间的共同点，概括共同原理。

$$提公因式法\begin{cases} \boxed{x}y+\boxed{x}z=\boxed{x}(y+z) \quad （依据：乘法分配律）\\ x：多项式xy+xz各项的公因式 \\ 2x+4=\boxed{2}(x+2) \quad （依据：乘法分配律）\\ =\boxed{2}\cdot x+\boxed{2}\times 2 \\ 2：多项式2x+4各项的公因式 \\ x^2+x=\boxed{x}(x+1) \quad （依据：乘法分配律）\\ =\boxed{x}\cdot x+\boxed{x}\cdot 1 \\ x：多项式x^2+x各项的公因式 \end{cases}$$

图 3-2-5 生成板书

活动预设：学生在回答问题的过程中，会提到 $xy+xz$ 各项中都有 x，$2x+4x$ 各项中都有 2，x^2+x 各项中都有 x。由此引出公因式的概念，进而给出提公因式法的概念。

提公因式法：一般地，如果多项式的各项有公因式，可以把这个公因式提取出来，将多项式写成公因式与另一个因式的乘积的形式，这种分解因式的方法叫作提公因式法。

追问：如何用符号一般地表示提公因式法分解因式？

符号语言：$pa+pb=p(a+b)$。

【设计意图】引导学生归纳提公因式法分解因式的一般表达，发展学生的归纳概括能力。

（四）例题解析，形成算法

例. 把下列多项式因式分解。

（1）$8x+12$；　　　　（2）$8x+12xy$；

（3）$8x^3+12x^2y$；　　（4）$8x^3y^2+12x^2y^3z$。

【设计意图】通过由简入繁的例题设计，逐步增加多项式的字母、次数，让学生积累寻找公因式的经验，以便归纳寻找公因式的方法以及提公因式法分解因式的步骤。

师生活动:通过例题,总结确定公因式的步骤。

(1)找各项系数的最大公约数;

(2)找各项的相同字母,取其最低指数幂;

(3)将所得的各个幂相乘。

【设计意图】总结例题所得的活动经验,将内隐的知识概括化为显性知识,便于学生快速、正确地找到公因式,进行因式分解。

练习:分解多项式。

(1)$8x^3y^2 + 12xy^3z - 4xy^2$;

(2)$2(a+b)^2 - (a+b)$;

(3)$(x-y)^2 - x(x-y) - y(y-x)$。

【设计意图】巩固提公因式法分解因式的步骤;培养整体意识,完善学生对于公因式的理解,公因式不仅可以是数和单项式,也可以是多项式;要求学生能够识别 $x-y$ 作为一个整体是第(3)小题多项式的公因式。

(五)课堂总结,深化认识

本节课你学到了什么知识?

提公因式法的本质是什么?(逆用乘法分配律,模式的识别 $pa + pb = p(a+b)$)

通过这些知识,体会到了哪些数学思想方法?(字母表示数、数式通性)

【设计意图】字母代表数,代数式是数及其运算的抽象化、一般化产物,因此我们可以类比数及其运算对代数式展开研究。字母代表数,所以在代数式的运算中,关于任何数都成立的运算律均可用。让学生明确数式之所以具有通性,是因为字母表示数的缘故。

(六)作业设计

1.下列式子中,从左到右的变形是因式分解的是( )。

A. $x^2 + 4x + 4 = x(x-4) + 4$

B. $(x-1)(x-2) = x^2 - 3x + 2$

C. $xy^2 - x^2y = x(y^2 - xy)$

D. $x^2 - 8x + 16 = (x-4)^2$

【设计意图】检测学生对因式分解的概念以及因式分解与整式乘法关系的理解。

2. 分解因式。

(1) $x^3 - 9x$；

(2) $-2x^2 + 18x^2y - 4xy^2$；

(3) $6a(a+b) - 4b(a+b)$。

【设计意图】(1)(2)检测学生对于基本的提公因式法的掌握情况,(3)检测学生的整体意识。

第2课时 公式法

本节课的教学流程图如下：

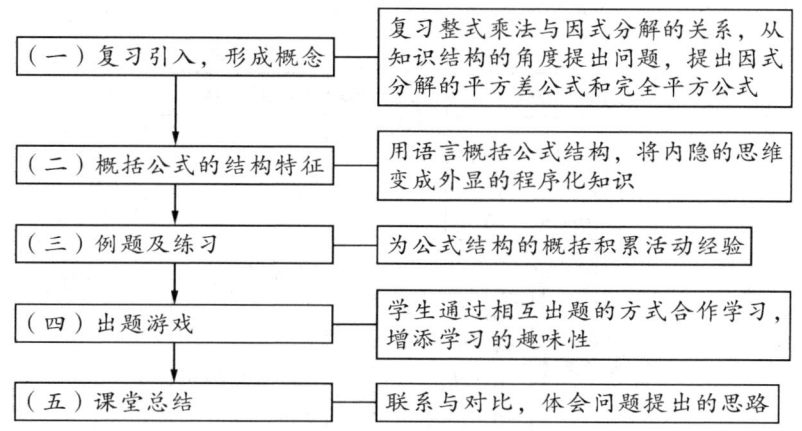

图 3-2-6 第2课时教学流程图

(一) 复习引入,形成概念

问题1:什么是因式分解？因式分解与整式乘法有什么关系？具体地说,提公因式法可以看作是哪类整式乘法的相反方向的变形？

小结:一般地,将单项式乘多项式的符号表达 $p(a+b) = pa+pb$ 等号两边互换位置,就得到 $pa+pb = p(a+b)$,这是提公因式法分解因式的一般表达。

【设计意图】复习相关概念,主要是复习提公因式法和单项式乘多项式的一般表述互为相反方向的变形,以便引出本节课的主题。

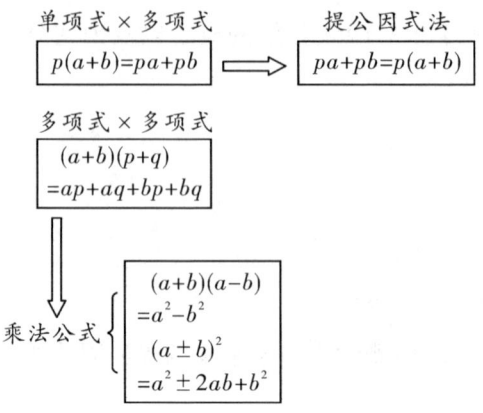

图 3-2-7 因式分解知识结构图（1）

问题 2：用这种方法，你还能得到其他恒等变形吗？

师生活动：学生独立思考、发言，教师小结。

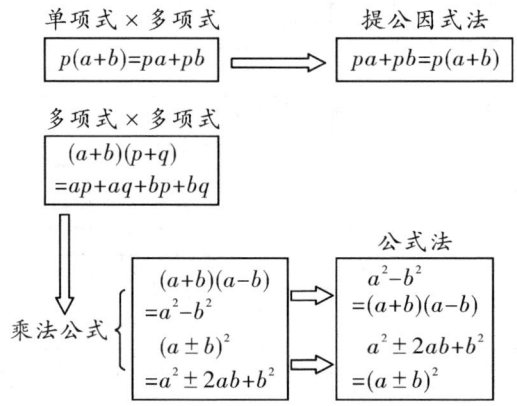

图 3-2-8 因式分解知识结构图（2）

将乘法公式等号两边互换位置，就得到 $a^2 - b^2 = (a+b)(a-b)$ 和 $a^2 \pm 2ab + b^2 = (a \pm b)^2$。

追问：恒等变形 $a^2 - b^2 = (a+b)(a-b)$ 和 $a^2 \pm 2ab + b^2 = (a \pm b)^2$ 是因式分解吗？分解的依据是什么？

类比定义：像这样，运用乘法公式将多项式进行因式分解的方法，称为公式法。

不同表示：学生用文字语言对公式进行描述，教师强调需要按照从左到右的顺序进行叙述，与整式乘法区别开来。

【设计意图】让学生了解类比推理得到的结论是需要验证的,而验证一个代数式变形是否是因式分解,需要回到定义,培养学生的类比推理的能力和从定义出发思考问题的意识。

学习数学从某种角度来说是学习数学语言,通过将符号语言转化为文字语言,发展学生的语言表达能力,促进学生对于公式结构特征的辨别,有利于利用公式分解因式。

(二)概括公式的结构特征

问题3:下列多项式哪些能用平方差公式来分解因式?哪些不能?为什么?
(1)x^2+y^2;(2)x^2-y^2;(3)$-x^2+y^2$;(4)$-x^2-y^2$。

师生活动:学生回答,并相互补充。在回答的过程中,要让学生指出谁代表公式中的 a,谁代表公式中的 b。

活动预设:有的学生在回答(3)时,可能会认为公式中第一项符号为 $+1$,第二项符号为 -1,而 $-x^2+y^2$ 刚好相反。实际上,学生给出的原因就是公式的非本质特征,其本质特征是两项符号相反且均为平方项。

【设计意图】通过变换多项式的非本质特征,突出其本质特征,为后续概括公式的结构特征积累经验。通过寻找多项式与公式中的对应项,促进学生对公式结构的理解。

问题4:能够用平方差公式进行因式分解的多项式有什么特征?能够用完全平方公式进行因式分解的多项式有什么特征?

师生活动:总结不同公式的结构特征。

可运用平方差公式因式分解的多项式的结构特征:①二项式;②两项均为平方项且符号相反。

可运用完全平方公式因式分解的多项式的结构特征:①三项式;②首尾两项为平方项,符号同为正;③中间项是首尾两项底数乘积的二倍,符号不限。

【设计意图】发展学生的归纳概括能力,应用公式的第一步需要辨别多项式是否符合公式的结构特征,用语言加以概括总结,将内隐的思维变成外显的程序化知识。

练习

(1) 下列多项式哪些是完全平方式？

① $x^2 + y^2 - 2xy$；② $x^2 + 2xy - y^2$；③ $x^2 + y^2 - xy$；

④ $-x^2 + 2xy + y^2$；⑤ $-x^2 + 2xy - y^2$。

活动预设：对于④⑤两个小题，学生可能会遇到困难，因为需要先进行提取 -1。

【设计意图】通过变换公式的非本质特征，突出公式的本质特征。

(2) 已知 $4y^2 + my + 9$ 是完全平方式，求 m 的值。

师生活动：学生在笔记本上完成，教师巡视，观察学生的完成情况。

活动预设：第(2)小题需要一定的逆向思维，可能会有学生出现问题。除此，本题有两个答案，预设大多数学生只能写出一个，可通过此练习培养学生思维的严谨性。

【设计意图】巩固练习概括出来的结构特征。

(三) 例题及练习

例1. 分解因式。

(1) $4x^2 - 9$；(2) $9x^2 - 6x + 1$。

师生活动：师生共同分析，教师板书。为突破难点，在分析(1)的过程中，教师要明确哪一个式子或数，相当于平方差公式中的 a 和 b。在分析(2)的过程中，找到平方项以后，注意让学生验证乘积项是否为 $2ab$ 的形式。

【设计意图】让学生利用公式进行因式分解，体会判断多项式是否符合公式结构特征的方法，以及找到公式中对应项的方法。

练习：分解因式。

(1) $9x^2 - 25$； (2) $-\dfrac{1}{25}b^2 + a^2$；

(3) $x^2 + 12x + 36$； (4) $4y^2 - 2y + \dfrac{1}{4}$。

【设计意图】通过基本类型题目的充分练习，帮助学生记忆公式，巩固学生对于公式法分解因式的理解和应用。

（四）出题游戏

同桌之间相互出题考试,一人出利用平方差公式因式分解的题目,另一人出利用完全平方公式因式分解的题目。

师生活动:同桌之间相互出题,教师巡视,寻找有代表性的到黑板上完成。

活动预设:有的学生由于对于公式的结构还不熟悉,所以可能会出现无法在有理数范围内因式分解的情况,如 $x^2 - 8$。

【设计意图】学生在出题的过程中,会主动思考什么结构的代数式能用公式法分解,从而加强对公式结构特征的理解。学生通过相互出题方式的合作学习,增添学习的趣味性。

例2. 分解因式。

(1) $(x+p)^2 - (x+q)^2$；(2) $(x+y)^2 - 10(x+y) + 25$。

师生活动:师生共同分析,教师板书(1),学生板书(2)。在解答(1)的过程中,教师要明确将哪些式子看作整体,相当于平方差公式中的 a 和 b。巩固学生对于公式的理解,明确 a 和 b 不仅可以代表数和单项式,也可以代表多项式。

【设计意图】发展整体意识,促进对公式结构的理解,即公式中的 a 和 b 可以是数、单项式或多项式。

（五）课堂总结

今天我们主要学习了因式分解的公式法,包括两个公式,想一想:平方差公式和完全平方公式与整式乘法中的相应公式有什么联系与区别?

虽然都称为平方差公式和完全平方公式,但是在整式乘法和因式分解两个领域内,公式的写法有所不同,这体现了概念本质的不同,整式乘法与因式分解是互为相反方向的变形。

我们是如何发现这种因式分解的方法的?采用类似的方法,你能猜想一下我们下节课要学习的内容吗?

从问题提出的方法来看,受到了上节课中提公因式法因式分解与单项式乘以多项式公式互为相反方向变形的启发,提出了因式分解的公式法。这种问题提出的角度是基于知识结构的,再次受到启发,那么多项式乘多项式的相反方向的变形是否也是因式分解呢?采用了什么方法呢?提出这样的问题显得自然,顺理成章地成为下一课时研究的问题。

【设计意图】总结思想方法,为下节课的学习做好准备。

(六)作业设计

必做题:分解因式。

(1) $1 - 36b^2$;

(2) $1 + 10t + 25t^2$;

(3) $(2x + y)^2 - (x + 2y)^2$;

(4) $a^2 + 2a(b + c) + (b + c)^2$;

(5) $3ax^2 - 3ay^2$。

选做题: $\left(1 - \dfrac{1}{2^2}\right)\left(1 - \dfrac{1}{3^2}\right)\left(1 - \dfrac{1}{4^2}\right)\cdots\left(1 - \dfrac{1}{9^2}\right)\left(1 - \dfrac{1}{10^2}\right)$。

【设计意图】必做题前4个小题都是直接应用公式进行因式分解,第5个小题先要进行提公因式,然后再使用公式法因式分解,选做题起到教研的作用,为下节课的教学提供参考。

第3课时 习题课

本节课的教学流程图如下:

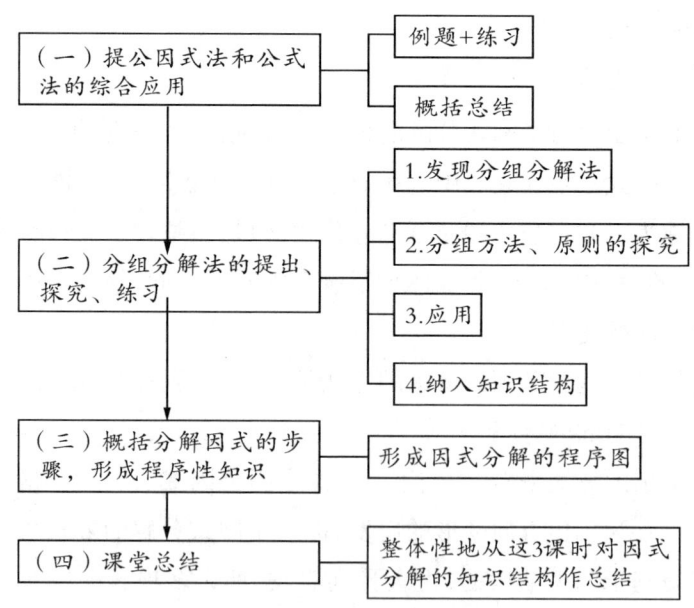

图 3-2-9 第 3 课时教学流程图

(一)提公因式法和公式法的综合应用

例1. 分解因式。

(1) $3ax^2 - 3ay^2$; (2) $3ax^2 - 6axy + 3ay^2$。

【设计意图】在前两节课都是单独学习提公因式法和公式法,从课后作业来看有学生认为不能混合使用这两种方法,而本例题就是综合使用提公因式和公式法分解因式。第(1)小题是提公因式后使用平方差公式,第(2)小题是提公因式后使用完全平方公式。

练习:分解因式。

(1) $xy^2 - x$; (2) $4xy^2 - 4x^2y - y^3$。

学生活动:限时训练。两名学生在黑板上完成,其余学生独立完成,教师巡视,发现个别问题及时辅导。学生完成后先让两名学生自己点评,然后让班级其余学生进行点评。

活动预设:第(1)题比较简单,预设学生能够顺利完成。第(2)题涉及提取"-1"的问题,没有那么容易辨识,学生可能会遇到问题。

【设计意图】巩固综合使用提公因式法和公式法分解因式,引导学生关注公式结构的本质特征。

问题1:上面的例题和练习中的题目在分解因式的方法和步骤上有什么共同特征?你认为有什么需要注意的地方?

概括总结:针对上面四个分解因式的例题和练习,学生发言总结概括,教师引导。

(1)分解因式,必须进行到每一个多项式因式都不能再分解为止;

(2)有公因式先考虑提取公因式,提出公因式后要检查是否分解彻底,往往还能使用公式继续进行分解。

【设计意图】积累活动经验,形成技能。发展学生的概括能力。

(二)分组分解法的提出、探究、练习

问题2:我们已经学习了两种因式分解的方法了,提公因式法可以看作是单项式乘多项式的相反方向的变形,公式法可以看作两个乘法公式相反方向的变形。那么多项式乘多项式相反方向的变形结果是什么呢?

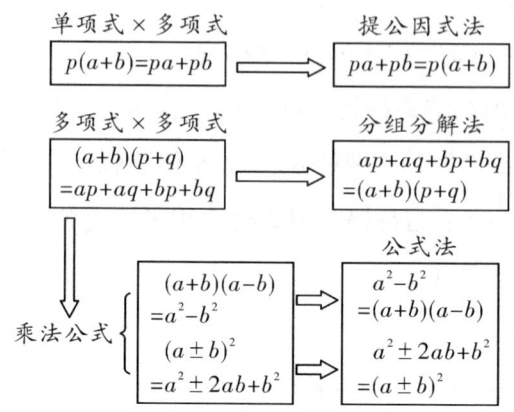

图 3-2-10 因式分解知识结构图(3)

结果:$ap + aq + bp + bq = (a+b)(p+q)$。

追问:这个变形是因式分解吗?所用方法是提公因式法还是公式法?还是都不是?

【设计意图】①通过从知识结构图的完备角度提出问题,为学生提出数学问题提供思路,提升提出问题的能力;②学生已经学习了提公因式法和公式法,并且通过上面的例题和练习已经知道这两种方法可以同时使用。但是多项式 $ap + aq + bp + bq$ 并不能直接应用这两种方法,由此造成学生的认知冲突,引发思考。

问题3:这种分解方法的思维过程是怎样的?

师生活动:学生独立思考,在笔记本上进行尝试,教师巡视指导,学生发言。

活动预设:通过观察,发现四项中两两有公因式,所以可以尝试先分别提出公因式,得到:

$$ap + aq + bp + bq = a(p+q) + b(p+q)$$

继而发现还有公因式 $p+q$ 可提,进一步得到:

$$ap + aq + bp + bq = a(p+q) + b(p+q) = (a+b)(p+q) ①$$

追问:如何想到这种分解方法的?

师生活动:学生发言,教师总结。

我们将这种把多项式分成几组来分解因式的方法称为分组分解法。

【设计意图】希望学生灵活变通,如果不能直接提公因式和利用公式法分解,可以考虑进行分组。

问题4:分组分解法的分解方法一定是唯一的吗?

活动预设:$ap+aq+bp+bq=p(a+b)+q(a+b)=(a+b)(p+q)$ ②

追问:比较这两种因式分解的方法,有什么异同?你能用语言概括多项式$ap+aq+bp+bq$的分解思路吗?

学生活动:学生思考、发言。

教师小结:分解过程和结果都是一致的,由于不能直接使用提公因式法和公式法,通过观察发现,两两有公因式,所以先分组进行提公因式,而后两组中又出现了公因式,所以可以继续分解,最终完成因式分解,得到相同的结果。不同的是提公因式的顺序不同。

【设计意图】从不同的现象中发现共同的本质特征,培养学生数学概括的能力。

追问:如何从整式乘法的角度认识上面的两种方法?

学生活动:学生思考、发言。

教师小结:实际上,当我们进行多项式乘法$(a+b)(p+q)$时,也是有两种不同的顺序,但本质上是一样的,都是乘法分配律。

$(a+b)(p+q)=a(p+q)+b(p+q)=ap+aq+bp+bq$;

$(a+b)(p+q)=p(a+b)+q(a+b)=pa+pb+qa+qb=ap+aq+bp+bq$。

【设计意图】因式分解的两种思路和整式乘法的两种思路是相对应的,应加深对整式乘法和因式分解互为相反方向变形的理解。

例2. 分解因式。

(1)$ac-bc+2a-2b$;(2)$x^2+2x+1-y^2$。

师生活动:师生共同分析,教师板书。

活动预设:有学生可能会提出将(2)题中 x^2-y^2 分为一组。

【设计意图】示范分析问题的思路与分组的方法,积累因式分解的活动经验,为后续概括一般程序做好准备。

问题5:通过上面的例题,你能总结分组的原则是什么吗?

学生活动:教师引导学生思考、讨论、发言。

活动预设:学生只能说出分组后每组能够因式分解,但可能会忽略分解后的组间还必须继续分解,最终达到整式乘积的形式。

教师小结:组内可以用提公因式法或公式法分解因式,分解后的组间还能继续用提公因式法或公式法分解因式,最终达到整式乘积的形式。

【设计意图】概括分组原则,为分组提供方向。

练习:分解因式。

(1) $2a(x+y)+x+y$;

注意一题多解:

$$
\begin{aligned}
& 2a(x+y)+x+y \\
={} & 2a(x+y)+(x+y) \\
={} & (2a+1)(x+y)
\end{aligned}
\qquad
\begin{aligned}
& 2a(x+y)+x+y \\
={} & 2ax+2ay+x+y \\
={} & x(2a+1)+y(2a+1) \\
={} & (x+y)(2a+1)
\end{aligned}
$$

学生活动:讨论以上两种方法的优缺点。

【设计意图】发展整体意识和运算的灵活性。

(2) $x^2-y^2+2x-2y$。

解:原式 $=(x+y)(x-y)+2(x-y)$

$\qquad =(x-y)(x+y+2)$

(三)概括分解因式步骤

问题6:分组分解法和我们先前学过的提公因式法和公式法有什么联系?

(通过分组,将问题转化为提公因式法分解因式或公式法分解因式。)

【设计意图】建立方法之间的联系,体会化归思想。

概括分解因式的步骤,形成程序化知识(图 3-2-11)。

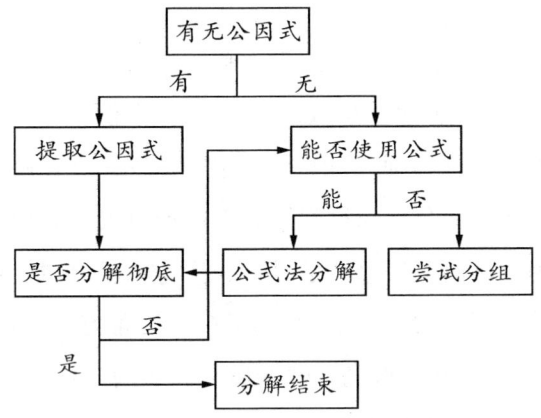

图 3-2-11 因式分解程序化知识流程图

【设计意图】帮助学生形成有关因式分解的程序性知识。

练习:分解因式。

(1) $2m^2 - 8n^2 + 2xm + 4xn$; (2) $2(x^2 - 3pq) + x(4p - 3q)$。

【设计意图】检验、练习上面概括的因式分解一般程序。

(四) 课堂总结

(1) 分组分解法并不是一种新的办法,而是通过分组变形,局部可以使用提公因式法或公式法进行分解,而后还能用这两种方法继续分解。这体现了化归思想。

(2) 从知识结构的完备角度可以提出数学问题,并不一定来源于生活实际。

(3) 回顾 3 课时知识建构的过程。

(五) 作业设计

(1) 分解因式。

①$x^3 - 9x$; ②$6xy^2 - 9x^2y^2 - y^2$; ③$x^2 - y^2 - z^2 - 2yz$; ④$4xz - 4yz - y + x$。

(2) 画因式分解部分的知识结构图。

【设计意图】(1)中前两个小题综合运用提公因式法和公式法,后两个小题先进行分组,再综合运用提公因式法和公式法,巩固因式分解的程序。(2)通过画知识结构图帮助学生熟悉知识建构过程。

五、教学反思

第 1 课时教学重点是因式分解的概念和提公因式法分解因式的方法,主要有两方面特色。(1)引入方法。从运算的角度,让学生计算两个多项式的除法。虽然学生还没有正式学过多项式除以多项式,但是由于数式通性,学生凭借着数的除法的经验以及乘法分配律得到结果。这种引入方式较为自然,让学生体会因式分解是有用的。值得反思的是,从课堂实施效果来看,在探究 $(x^2+x) \div (x+1)$ 的时候,不应该突兀地给出一个例子 $63 \div 7$,最好是将这个代数式除法算式特殊化,培养学生运用从一般到特殊的研究问题的意识。除此应该再多给出几组例子,这样就更容易概括出因式分解的定义。(2)方法归纳。改变了对于书中例题的设计,采用变式例题,逐步增加字母、改变字母指数等方法,达到让学生主动归纳概括的效果。值得反思的是,从实施效果来看,这种方式是成功的,今后可以继续使用。

第 2 课时教学重点是因式分解的平方差公式和完全平方公式的特点,使用公式进行因式分解。教材中将平方差公式和完全平方公式分两个课时讲解,每一个课时针对每一个公式都设计了不同层次的例题,其中包括提公因式法与公式法的综合运用。针对学生的学情分析,将这种综合练习放到后面的习题课上去做,本课时主要解决公式法的使用,目的是让学生不受干扰地掌握公式的结构特征。引入方式是基于知识结构的,或者说是基于数学知识内部的,与书中直接的引入方式有所不同。教材直接提出"多项式有什么特点?你能将它分解因式吗?"本课采用从整式乘法与因式分解关系的角度进行引入,一方面加深了对此关系的认识,另一方面显得自然,同时还给学生提供了问题提出的角度。

第 3 课时教学重点是对因式分解方法的灵活选择。其中提出问题的思路与前面是一脉相承的,让学生在这样的学习中发展逻辑思维,在这样的逻辑下逐步完善知识结构。引导学生概括出了因式分解的一般思路,形成程序化知识,即关于怎么做的知识。形成因式分解的程序化知识,是为了避免学生初学因式分解时,由于一时所接触的多个方法所造成的混乱。在程序化知识形成的过程中,需要在一定量因式分解练习的基础上积累数学活动经验,进而促进学生对于因式分解概念和方法的理解。

六、案例分析

(一)主题设计,引导学生系统思考

本案例的特点是主题教学设计,其系统思考主要体现在两个方面。

因式分解置于整式运算系统中,由已经学习过的整式加、减、乘三种运算引入,思考整式除法问题,并在因式分解概念辨析中,将因式分解与整式乘法的互逆关系进行提炼,建立整式运算的知识结构。

因式分解方法的学习和巩固,教材中将公式法分为两个课时分别学习,本案例中将平方差公式和完全平方式公式放在一个课时,有利于学生系统掌握因式分解的方法。第3课时是综合性的练习,包括三种因式分解的方法以及分组法,有助于发展学生数学思维的灵活性,根据整式的特征选择合适的方法进行因式分解。

(二)问题引导,促进学习方法迁移

因式分解概念的建立,教师引导学生类比质因数分解这一熟悉的概念,初步体会因式分解的概念,并将数的乘法与质因数分解的互逆关系迁移,进而概括出整式乘法与因式分解的互逆关系,深入理解因式分解的概念。

公式法分解因式的学习,在第1课时对因式分解概念建立的基础上,类比提公因式法引出两个乘法公式所对应的分解因式的方法。教学中教师通过结构化的板书帮助学生建立关系,系统地认识因式分解的方法。

第三节 一元一次方程的解法

一、教学内容分析

本节课是人民教育出版社《义务教育教科书数学七年级上册》第三章"一元一次方程"解一元一次方程的起始课。

本节课代数思维主要体现在对方程结构的分析，在方程的等价变形过程中丰富对等号意义的认识。

（一）核心概念及进阶路线

本主题置入初中"方程与不等式"中"方程"单元，落实"课标2022"中"方程与方程组"的内容要求。

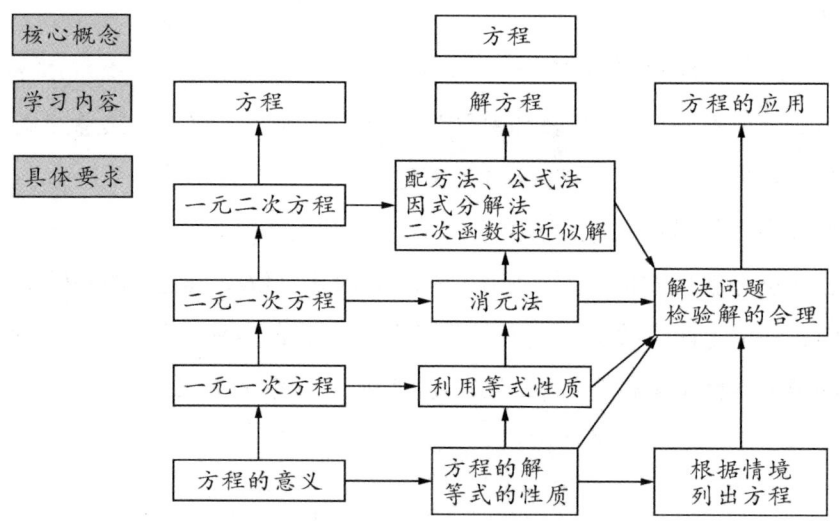

图 3-3-1 方程核心概念及进阶路线

（二）课程标准要求

能根据现实情境理解方程的意义，针对具体问题列出方程；理解方程解的意义，经历估计方程解的过程。掌握等式的基本性质；能解一元一次方程和可化为一元一次方程的分式方程。掌握消元法解二元一次方程组。能解简单的三元一次方程组。理解配方法,能用配方法、公式法、因式分解法解数字系数的一元二次方程。会用一元二次方程根的判别式判别方程是否有实根及两个实根是否相等。了解一元二次方程的根与系数的关系。能根据具体问题的实际意义,检验方程解的合理性。

(三)单元结构分析

本章内容分为四节:从算式到方程、解一元一次方程(一)——合并同类项与移项、解一元一次方程(二)——去括号与去分母、实际问题与一元一次方程,本章内容的结构图如图3-3-2。

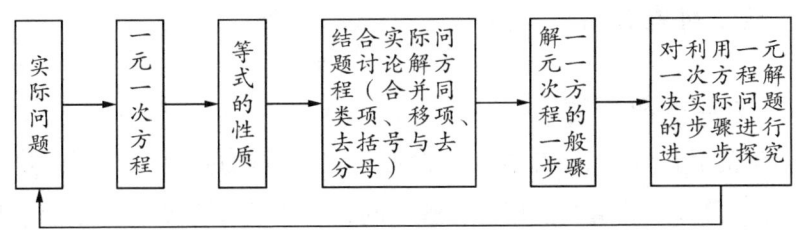

图3-3-2 "方程"单元结构图

一元一次方程的解法是初中阶段解二元一次方程组、解可化为一元一次方程的分式方程和解一元二次方程的基础。二元一次方程组通过"消元",可以化为一元一次方程来解;可化为一元一次方程的分式方程通过"去分母",可以化为一元一次方程来解;一元二次方程通过"降次",可以化为一元一次方程来解。就方程而言,一元一次方程是最简单的代数方程,它的解法是所有代数方程解法的基础,其解法的实质是应用"等式的性质"通过"同解变形"来解方程。

(四)课时内容分析

解一元一次方程(一)和(二)共安排了8课时,目的是根据实际问题列方程贯穿本章,将列方程的教学过程拉长。解一元一次方程的过程中,每一步都蕴含着从未知转化为已知的"化归思想",并且应用有理数的运算、合并同类项和去括号等整式加减运算法则,进行同解变形,使方程逐步转化为 $x=a$ 的形式。

本节课是基于解一元一次方程作为一个整体考虑的,内容安排在等式的性质后,在解一元一次方程之前,希望学生能够体会到"化归思想"、了解解方程的步骤,对解一元一次方程有整体感。本节课作为解方程的起始课,让学生能够对解方程有整体的认识。

(五)对教学的思考

本主题的教学设计充分体现了学生是学习的主体,教师是课堂的组织者和引导者,引导学生对课前调研的方程进行分类,并组织学生梳理解一元一次方程的步骤,形成结构化的板书,便于学生观察和发现"化归思想"。以思维型教学理论为指导,设计课堂教学,重视知识和方法的应用和迁移,体现知识和方法的整体性和一致性,对学生加深理解知识,提高思维能力,落实数学核心素养,具有重要的作用。

二、教学对象分析

(一)学生认知水平

就学生的学段而言,学生在小学阶段学习方程的过程中,存在一定的困难和疑问,总觉得算术法解题比用方程解决问题要简洁和方便。很多学生并未认识到方程是比算术式子更有力的数学工具,字母(未知数)可以列入方程并参与运算,从而给解决问题带来大的便利,从算术方法到代数方法是数学的进步。对于解方程而言,也仅从解题程序上学习了解简单一元一次方程的步骤,并不能真正理解解方程的意义。就学生的思维发展而言,小学更多地强调了直观感受,到中学后能够将科学的概念与日常概念进行充分的比较,其代数思维的发展水平为方程的学习做好了准备。

(二)学生的知识、经验基础

七年级的学生处于形式运算阶段,对于有理数的运算、整式加减运算法则中的合并同类项和去括号,有一定的运算基础,但是运算的算理不清楚,运算不够准确。

学生在小学阶段会解简单的一元一次方程,知道使方程逐步转化为 $x = a$ 的形式;学生在解方程时更多地运用了数量关系,根据自己学习数学的经验解方程。对于解一元一次方程每一步是什么,它们的依据是什么,学生并不是很清楚,因此在移项、去分母和去括号的过程中容易出错。学生对于解方程的核心思想"化归思想"认识和理解的不到位,也是造成学习困难的原因。因此,在一元一次方程的解法上要外显"化归思想",让学生体会从简单到复杂,把未知化已知的过程。

(三)学生学前调研

课前进行了一个20分钟的调研,调研内容分为两部分:第一部分是学过的基本概念和性质,第二部分是尝试解下面10道一元一次方程题目。

1. 请回答下列问题。

(1)请你用自己的语言叙述什么是一元一次方程;

(2)请你写出等式的性质;

(3)什么是解方程?

2. 请尝试解下列方程。

(1) $-5x=20$;(2) $x+2x+4x=140$;(3) $x-7=26$;

(4) $-2x=2-3x$;(5) $3x+7=32-2x$;(6) $x-3=\dfrac{3}{2}x+1$;

(7) $2x-(x+10)=5x+2(x-1)$;(8) $3x-7(x-1)=3-2(x+3)$;

(9) $\dfrac{5y-1}{6}=\dfrac{7}{3}$;(10) $\dfrac{x+2}{5}-2=x-\dfrac{x-1}{2}$。

上课班级共有27名学生。

表 3-3-1 问题1回答情况

问题	正确人数	出现问题
(1)	16	3人空白; 8人回答缺少要点,如等式;
(2)	13	6人空白; 8人忘记除以一个数"不为0"的条件;
(3)	11	8人空白; 8人回答的是解未知数的过程。

关于解一元一次方程(1)—(10)题的正确率分别是93%,93%,93%,85%,89%,74%,59%,48%,78%,33%。出现的问题:系数化为1的符号或数计算错误,合并同类项时分数和整数运算错误,移项没变号或者丢项,去括号漏乘,或括号前为负号时去括号没变号,带着分数运算错误及去分母漏乘。大部分学生会运算,有两位学生不会运算,所有学生都没写解方程的每一步是什么。

因此,本节课的教学重点主要是提炼出解方程的步骤及每一步的依据是什么,让学生养成良好的代数逻辑思维习惯,体会数学中的"化归思想"。

三、教学目标和重难点

基于上述分析,本节课的教学目标及教学重难点如下:

【教学目标】

1.通过讨论课前作业,培养反思的意识和习惯。

2.经历讨论和分析解方程中出现的问题,体会利用等式性质解决方程的优势,丰富对等号的理解,体会等式变形中蕴含的化归思想。

3.通过教师示范,逐步掌握一元一次方程解法的基本步骤。

【教学重点】

提炼出解一元一次方程的步骤,解一元一次方程。

【教学难点】

体会等式变形中蕴含的化归思想。

四、教学过程和活动设计

本节课主要分为五个教学活动。

(一)展示课前练习,引入本课主题

教师PPT展示课前调研第一部分的内容及作答情况,每个题目用文本形式给出典型的回答,师生共同分析存在的问题是什么。

(1)请你用自己的语言叙述什么是一元一次方程;

(2)请你写出等式的性质;

(3)什么是解方程?

师生讨论"什么是解方程?",学生理解要点即可。

根据学生情况,可以安排两人一组交流,是否理解了三个问题。

【设计意图】引导学生对自己的学习进行反思,前两个问题侧重数学的严谨性,为本节课解方程进行铺垫,第三个问题引出本节课的主题。

(二)讨论课前方程,明确学习目标

问题:观察课前所解方程(1)(2)(3)的最后结果,$x=-4, x=20$ 和 $x=33$,

你知道解方程达到的目标是什么呢？

师生讨论归纳：化为 $x=a$（a 是常数）的形式。

问题：回想课前解的 10 个方程，你用了哪些方法解方程？

预设 1：根据方程所表示的数量关系，如 $x-7=26$。

预设 2：学习过等式的性质，$-5x=20$，$x-7=26$ 直接应用等式性质就可以解决。

预设 3：$x+2x+4x=140$ 不能直接用等式的性质，想到了学习过的合并同类项转化为 $7x=140$，就可以用等式的性质了。

归纳：讨论都有哪些方法可以将一个方程逐步转化为 $x=a$ 的形式。

【设计意图】明确学习目标，了解解方程的基本目标是使方程逐步转化为 $x=a$ 的形式；通过学生对课前所解方程的反思，激活学生已有的知识和经验，引导学生有意识地说出解方程的依据，引入学习内容：需要掌握转化的一些方法。

教师 PPT 展示课前调研第二部分的内容。

问题：这 10 个方程中，哪些解方程的步骤是相同的？请把相同的归为一类，并思考分类的依据是什么。

学生先独立思考，然后 4 人小组讨论，并准备好汇报。

小组 1：(1) 和 (2) 是一类，不用移项；(3)—(6) 是一类，需要移项；(7) 和 (8) 是一类，有括号；(9) 和 (10) 是一类，有分母。

小组 2：(1)—(3) 是一类，只需要一步计算；(4)—(6) 是一类；(7) 和 (8) 是一类；(9) 和 (10) 是一类；其他理由同小组 1。

小组 3：(1) 和 (3) 是一类，都是一步，(2) 左边需要合并同类项；(4)—(6) 是一类，需要移项；(7) 和 (8) 是一类；(9) 和 (10) 是一类；其他理由同小组 1。

师生归纳分类中提到的关键词有：移项、合并同类项、括号、分母。

【设计意图】基于学生课前调研，根据解方程所使用的方式进行分类，师生共同归纳出分类依据，初步了解解方程有哪些方法；在这里不特别关注分类标准的一致性。

(三) 分析典型错误，学习同伴经验

教师 PPT 展示学生解方程的典型错误。

第一组:

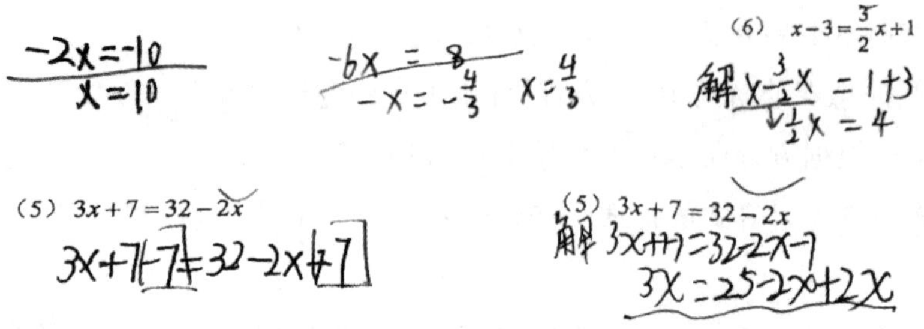

$$-2x = -10$$
$$x = 10$$

$$-6x = 8$$
$$-x = -\frac{4}{3} \quad x = \frac{4}{3}$$

(6) $x - 3 = \frac{3}{2}x + 1$

解 $x - \frac{3}{2}x = 1 + 3$
$\frac{1}{2}x = 4$

(5) $3x + 7 = 32 - 2x$

$3x + 7 - 7 = 32 - 2x + 7$

(5) $3x + 7 = 32 - 2x$

解 $3x + 7 - 7 = 32 - 2x - 7$
$3x = 25 - 2x + 2x$

图 3-3-3 第一组学生典型错误

师生共同分析出错的原因及注意点:(1)碰到负号容易出错,慢一点先想清楚,或者分步处理,如前两个小题中,等号两边可以先同时乘 -1,转化为 $2x = 10$ 和 $6x = -8$;(2)遇到分数计算时,容易出错,如(6)题可以再写一步 $\left(1 - \frac{3}{2}\right)x = 4$;(3)利用等式的性质解决问题,等号两边需要同时操作,如(5)题可以将原来方程先写上,留点空,然后再写两边的"-7",对于 $2x$ 也是同样的错误,可以留点空,然后两边同时 $+2x$。

【设计意图】课前测中,前六个题目的正确率相对较高,通过讨论这里出现的错误,引导学生反思的意识,并通过与同伴交流获得经验;分析解方程的易错点,同时为进一步讨论复杂的方程打下基础。

第二组:括号的处理

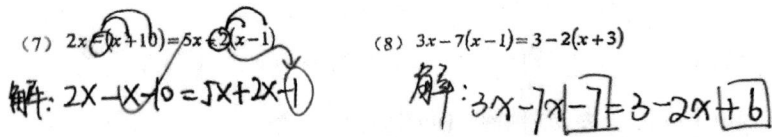

(7) $2x - (x + 10) = 5x - 2(x - 1)$

解:$2x - x - 10 = 5x + 2x - 1$

(8) $3x - 7(x - 1) = 3 - 2(x + 3)$

解:$3x - 7x - 7 = 3 - 2x + 6$

图 3-3-4 括号处理的典型错误

学生小组合作,交流讨论这两个方程解决过程为什么是错的。教师巡视,针对学生的讨论进行指导,引导学生联系整式运算中的括号的处理。

师生小结:去括号的注意事项:(1)要小心负号的处理,如果自己经常出错,遇到负号可以先慢下来,想清楚再计算;(2)乘法分配律的使用,括号中每一项都需要进行运算,不能漏掉,可以慢点做或者养成检查的习惯;(3)对照自己做的,是负号处理错了,还是使用乘法分配律时漏乘了,或者两方面都出错了,通过讨论,有没有学习到如何减少这样的错误。

【设计意图】这是两道学生出错率较高的题目,因此安排了小组讨论和教师指导,师生小结出现的错误,并安排学生对照自己的错误进行反思,并吸收同伴的经验,养成从错误中学习的意识。

第三组:分数的处理

教师 PPT 展示(10)题错误。去括号时负号的处理问题,让学生根据前面讨论的经验说说可以怎样避免这种错误。

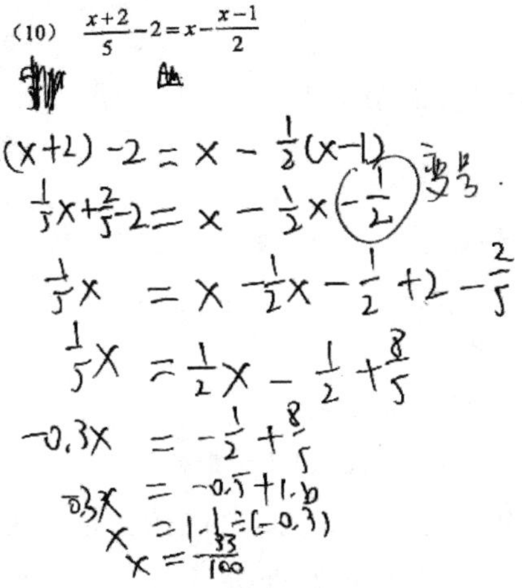

图 3-3-5 分数处理的典型错误

问题:这个题目,只有三分之一的同学做对,说说解这个方程时,感觉麻烦的是什么。

预设:括号和分数。

教师:去括号时,刚才讨论了容易出现的问题,可以借助刚才讨论的经验解决。(如果有时间,可以让学生利用对括号处理的讨论解一下这个方程)

分数处理,看一下出现的典型错误(图 3-3-6),师生共同讨论错在哪里。

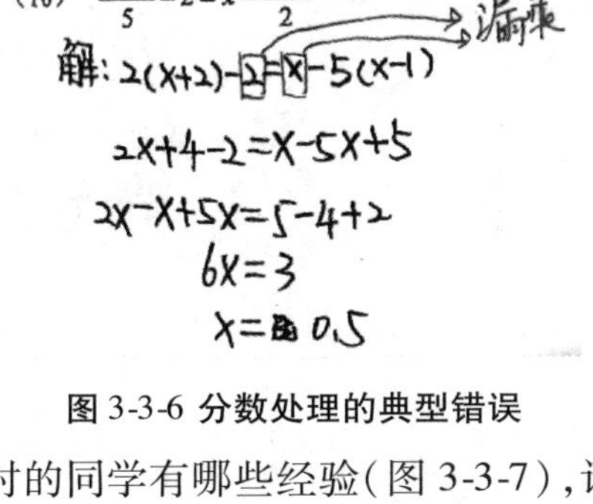

图 3-3-6 分数处理的典型错误

教师:分享两位做对的同学有哪些经验(图 3-3-7),请两位同学说说他们是怎么做的。

小结:一是先把每一项都写成分数的形式,通分后使分母一样,根据等式的性质两边同时乘10,变为系数是整数的方程就好解决了,也不容易漏掉某一项;二是通过观察方程两边,通过乘10可以变成整数的,就直接乘10,但要注意每一项都要乘10,不能漏项。

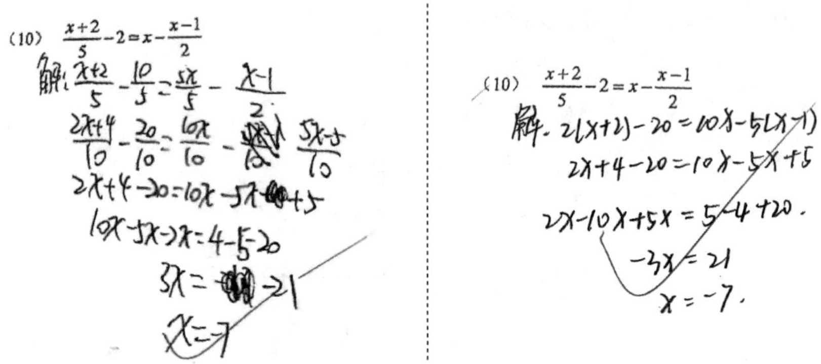

图 3-3-7 分数处理

【设计意图】该题的错误率最高,其中包括去括号处理错误,去括号前面已经处理过,这里主要针对分数如何处理进行讨论,通过两位学生分享自己的解决经验,同伴互相启发,并且在这个过程中再次感受等式性质的应用。

(四)解决自编题目,感受转化思想

教师:根据刚才我们的讨论,请你编写一个类似的一元一次方程供大家来解,并作为教师板演的例题。

题目:(1) $2x - \frac{7}{2}x = 12$; (2) $4x + 6 = 43 - 2x$。

学生自主解决,教师提醒学生注意每步计算的依据是什么,教师巡视进行个别指导,并关注全班学生的解答情况。

教师进行板书示范:

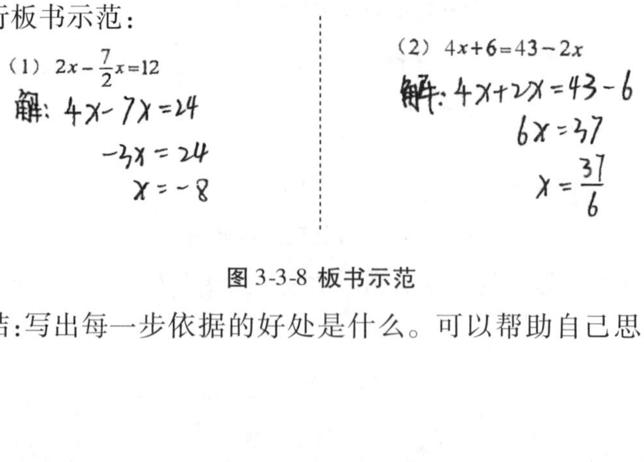

图 3-3-8 板书示范

师生小结:写出每一步依据的好处是什么。可以帮助自己思考,也方便进行检查。如果自己解方程经常出错,开始可以每一步写一个过程,如第二个方程连续两次使用等式的性质,等熟练后可以合并为一步。每进行一步计算,其实就是将方程进行了转化,一直到转为 $x=a$ 的形式,就完成了。

【设计意图】学生根据讨论自编一元一次方程,供同学们作为例题,巩固了一元一次方程的概念,将解方程的易错点融入其中。教师示范使用不同颜色的粉笔书写,让学生体会由未知转化为已知的过程,理解解方程步骤中写出每一步的依据,并根据自己的掌握情况选择一步一步写或合并某些步骤。

(五)借助板书呈现,整体认识解方程

本节课的板书设计如下:

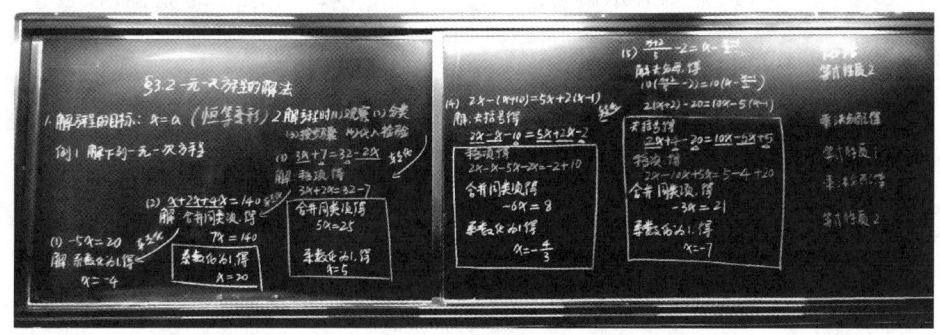

图 3-3-9 本节课的板书设计

课堂生成板书:

图 3-3-10 课中生成板书设计

问题:回顾本节课,解方程的目标是什么?课前解的 10 个方程过程中用到哪些方法?过程中出现的错误或者遇到的困难有哪些?你获得哪些解方程的经验?

下面几节课,带着我们这节课的经验,继续学习如何解方程,以及利用方程解决实际问题。

【设计意图】 学生观察板书的例题设计,给学生如何解方程的整体感,让"化归思想"通过板书的不同颜色书写和阶梯设计外显。回顾解方程中的错误或困难,以及在师生讨论后获得了哪些经验,培养学生的反思意识和习惯。

(六) 作业设计

1. 解下列方程。

$(1) 3x + 5 = 4x + 1$; $\quad (2) 9 - 3y = 5y + 5$; $\quad (3) -2x = 2 - 3x$;

$(4) x - 3 = \dfrac{3}{2}x + 1$; $\quad (5) \dfrac{5y-1}{6} = \dfrac{7}{3}$; $\quad (6) 2x - (x + 10) = 5x + 2(x - 1)$。

2. 如图 3-3-11,框图表示解方程 $\dfrac{5y+4}{3} + \dfrac{y-1}{4} = 2 - \dfrac{5y-5}{12}$ 的流程,在五个步骤中,依据等式的性质 2 的步骤有_____。(只填序号)

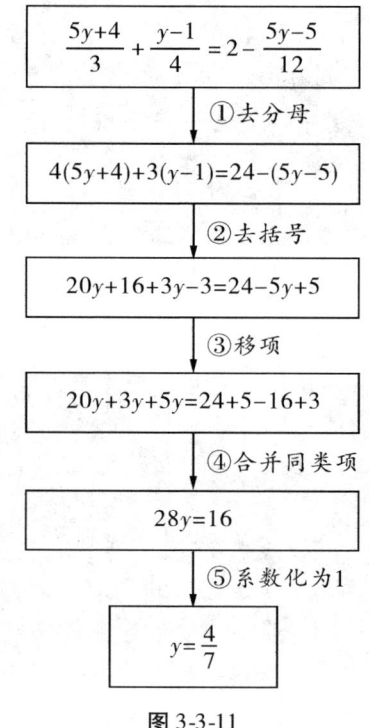

图 3-3-11

五、教学反思

(一) 基于解方程的整体性,设计起始课

本节课基于课程标准要求和课前调研结果,制订了精准的教学目标,针对学生的真实学情,设计开放型例题及阶梯状的板书,体现解一元一次方程的化归思想,充分体现了整体性和解方程步骤中的联系。

(二)落实"四基",培养"四能"

本节课在教会学生基本知识、基本技能的同时,更重视对学生基本思想、基本活动经验的积累。本节课设计的教学活动充分体现了学生为学习的主体,教师用问题串,引导学生思考如何把未知转化为已知,培养学生的观察归纳总结的能力及代数推理的能力。

(三)精心设计板书,体会化归思想

本节课的板书设计体现了结构化和层次性,突出了解一元一次方程中的化归思想。师生共同生成板书,用不同的颜色书写,便于学生观察归纳总结解一元一次方程的步骤,逐步掌握解一元一次方程的解法。

六、案例分析

(一)解方程的基本目标和步骤,体现一般化

卡帕特认为代数思维包括两个核心方面:(1)一般化,使用约定的符号系统进行一般化的表示;(2)利用符号系统的表示进行符合规则的推理和操作。可以对四种数学的结构或关系进行具体化:一般化推广、表示、论证、推理。在本节课中从学生解一元一次方程的结果抽象出解方程就是使方程逐步转化为 $x = a$ 的形式,体现了一般化的过程。在解一元一次方程的过程中每一步都给了名称和依据,体现了把解一元一次方程的步骤程序化,也是一般化的过程。解方程每一步的依据,又体现了代数的推理论证。

(二)通过课前调研课上生成,注重数学思想的体验与形成

通过展示学生课前的调研结果,分析问题,设计解一元一次方程的过程,体现从简单到复杂,通过学生观察思考和小组讨论分类,给出一元一次方程的简单分类,例题的设置遵循从简单到复杂,用阶梯状和不同颜色的板书设计,学生观察到数学思想中的"化归思想"。在解方程的过程中落实了基本知识和基本技能,并强调了运算的灵活度。

总之,本节课作为方程解法的起始课,体现了整体性和层次性,起到了统领作用。不仅关注落实"四基",而且更注重"四能"的培养。基于真实的学情,进行课堂开放型例题设置,更接近学生的最近发展区,提高课堂效率。

第四章
几何思维教学设计案例

基于皮亚杰的认知发展理论，荷兰范希尔夫妇对几何思维进行深入研究，并提出学生几何思维发展的五个水平。

水平1：直观。思维对象是形状；思想方法是看起来像什么？学生用一种整体的格式塔的方式处理形状，它根据整体的图形视觉特征，辨认图形，给图形命名。

水平2：描述和分析。思维对象是形状的类，而不是个别的形状；思维的结果是形状的性质。学生能够对某类形状进行思考，而不是某个具体形状；能够列出图形的所有性质，看不出来性质之间的包含关系、不同图形之间的关系。

水平3：非形式演绎。思维对象是形状的性质，思维的结果是几何对象性质之间的关系。学生能够考虑几何图形的性质，并能建立这些性质之间的关系；但是对于公理系统的严格演绎系统的理解只停留在表面。

水平4：形式化演绎。思维对象是性质之间的关系，思维成果是几何演绎的公理系统。学生能够对形状的性质进行更多的深入思考；学生也能理解需要一个逻辑系统，它含有最少一组假设，而其他定理都能从这一组假设中推导出来。

水平5：系统化思维对象是几何的演绎的公理系统，思维成果是不同几何公理系统间的比较与联系。学生关注的是不同公理系统之间的联系和区别；这是大学数学系学生的思维水平，把几何作为数学的一个分支。

中学阶段学生几何思维水平主要处于水平2和水平3，个别学生能够达到水平4，中学阶段并没有讲到公理化体系，但是有对公理化思想的设计。

本章包括初中阶段三个教学案例和高中阶段五个教学案例。

初中阶段三个教学案例：三角形内角和定理、角平分线的性质、几何综合题图形分析。

1. 三角形内角和定理主要体现水平3，体会几何图形性质之间的关系，在推导三角形内角和定理过程中渗透公理化思想。

2. 角平分线的性质，主要体现水平2，对几何图形性质的思考，为什么选择"角平分线上的点到角两边的距离相等"作为角平分线的性质，并同时帮助学生积累动态思考几何图形的经验。

3. 几何综合题图形分析，主要体现了水平2和水平3，通过复杂图形的生成和分析过程，积累分析图形的经验，发展合情推理和逻辑推理能力。

高中阶段五个教学案例：两条直线平行和垂直的判定、椭圆及标准方程、平面与平面垂直的判定、空间中的距离、正方体截面问题。

1. 两条直线平行和垂直的判定，主要体现水平3，主要是将几何直观与代数表达结合研究几何图形的性质，类比两条直线平行的判定开展探究，体现特殊到一般、提出合理猜想、不同角度进行证明的过程。

2. 椭圆及标准方程，主要体现水平3，从圆的概念拓展两个定点、距离和相等的点的轨迹；由椭圆方程的建立类比直线和圆的研究过程。

3. 平面与平面垂直的判定，主要体现水平3，帮助学生建立三条相互垂直的直线、直线与平面垂直、平面与平面垂直的图形表征，为学生应用判定定理解决问题积累经验；关注知识间联系，回归定义判断两个平面垂直，回归面面垂直的定义和二面角的定义，通过看得见的二面角或构造二面角判断两个平面的垂直关系。

4. 空间中的距离，主要体现水平3，聚焦于问题：空间中点、线、面可以构成哪些距离问题？可以怎样研究这些距离问题？引导学生提出和整理关于空间距离相关的问题，并分析哪些问题是核心问题。

5. 正方体截面问题，主要体现水平3，截面三角形形状直观想象和观察，体现了从特殊情形进行运动变化；截面三角形形状的证明，发展学生逻辑推理的核心素养；截面图形的其他形状，综合运用已有经验解决问题。

第一节　三角形内角和定理

一、教学内容分析

本节教学内容是北京出版社《义务教育教科书数学八年级上册》第十二章第二节"三角形的性质"第 2 课时（74 页—76 页），属于定理的新授课。

（一）核心概念及进阶路线

本节课置入初中"图形与几何"中"三角形"单元，落实"课标 2022"中的相关内容要求。

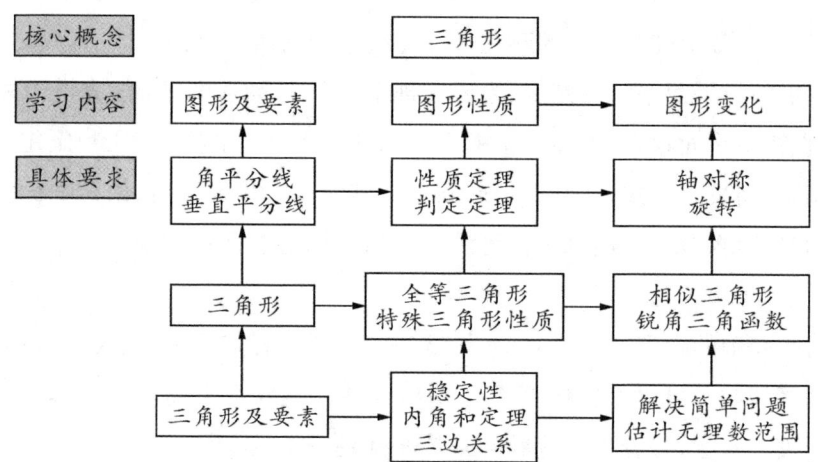

图 4-1-1　三角形核心概念及进阶路线

（二）课程标准要求

探索并证明三角形的内角和定理。掌握它的推论：三角形的外角等于与它不相邻的两个内角的和。

（三）单元结构分析

三角形是平面内最简单的直线型封闭图形，三角形的知识是进一步探究学习其他图形性质的基础。通过全等三角形、等腰三角形、直角三角形，逐步积累研究几何图形的基本活动经验，同时要增强学生学习几何的兴趣和信心，为以后的学习打下坚实的基础。三角形内角和定理不仅为之后三角形的其他性质、四边形及其他多边形的性质等学习奠定基础，还为实现角转移提供了方法。学生通过"实验→发现结论→形成猜想→证明→形成定理"，在初步体会研究几何问题的一般方法和步骤的同时，积累研究几何图形的基本活动经验，也为形成与发展学生的逻辑推理和直观想象核心素养创造条件。

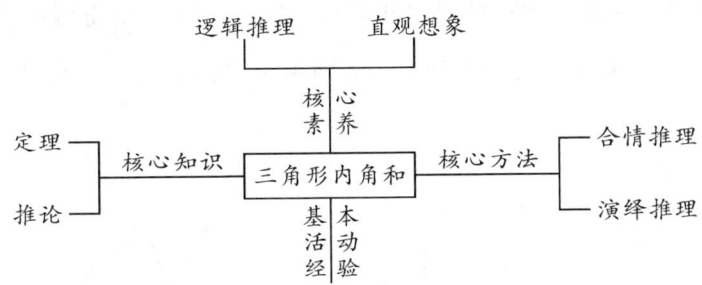

图 4-1-2 研究几何图形的内容和方法

（四）课时内容分析

本课时为三角形内角和，在数学史上有很多数学家研究过。

公元前 6 世纪，古希腊思想家、哲学家泰勒斯通过三角形拼图（图 4-1-3）发现三角形三个内角和是 180°，并未给出证明。美国数学史家和数学教育家史密斯认为，从等边三角形到等腰三角形，再到不等边三角形，这是三角形内角和定理的自然发现顺序。

图 4-1-3

之后，毕达哥拉斯学派在泰勒斯的基础上证明三角形内角和定理（如图 4-1-4 左图）；公元前 3 世纪，欧几里得在《几何原本》中给出了基于平行线性质的证明方法(图 4-1-4 右图)。

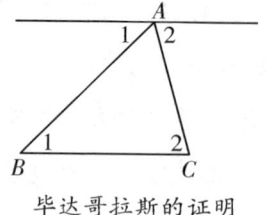
毕达哥拉斯的证明

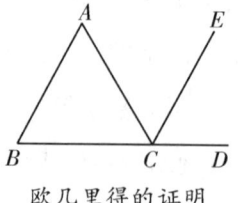
欧几里得的证明

图 4-1-4

普洛克拉斯(410—485)试图避开毕达哥拉斯和欧几里得所用过的平行线的方法,但实际上并非如此。他的方法如图 4-1-5 所示,换一种表述方法即为图 4-1-6 所示。

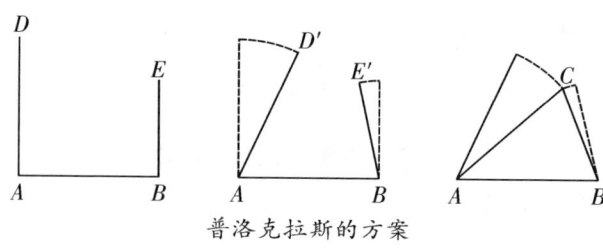
普洛克拉斯的方案

图 4-1-5

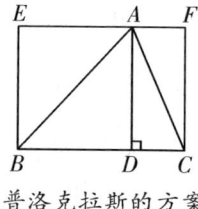
普洛克拉斯的方案

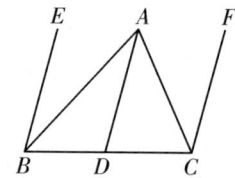
普洛克拉斯的方案的一般情况

图 4-1-6

18 世纪法国数学家克莱罗在其《几何基础》中给出三角形内角和的一种发现方法(图 4-1-7)。欧几里得的证明宛若从天而降,而克莱罗则为其提供了一种自然的思考过程,正如他在《几何基础》前言所说那样,他要用定理的最初发现者的方法来引入几何定理。法国数学家帕斯卡(1623—1662)12 岁时,用折纸法,独立发现三角形内角和是 180°。1809 年,提波特(1775—1832)利用旋转的方法发现了三角形内角和(如图4-1-8)。

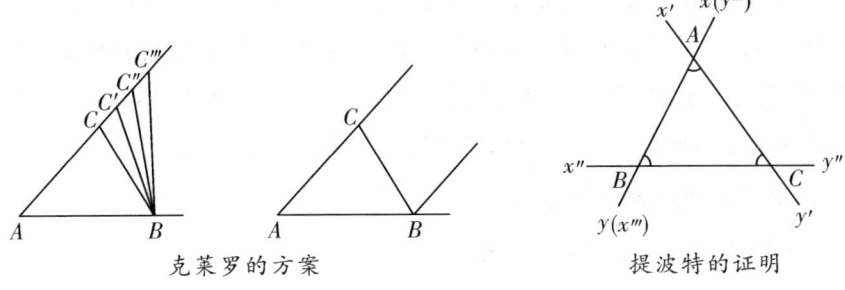

克莱罗的方案　　　　　　提波特的证明

图 4-1-7　　　　　　　　图 4-1-8

19世纪西方平面几何教材,大多采用毕达哥拉斯或欧几里得的方法来证明三角形内角和定理,但也有少数教材将毕氏和欧氏的方法推广到一般情形:不在某一顶点处作某一边的平行线,而在三角形内任一点处同时作三条边的平行线。用这种方法易于证明三角形外角和定理,并可用于任意多边形。

三角形内角和定理在古代证明的过程中是曲折艰辛的,同时也演化出了争论,使得一个新的数学分支即非欧几何诞生,非欧几何的创建打破了 2 000 多年来欧式几何一统天下的局面,从根本上革新和拓宽了人们对几何学观念的认识。非欧几何的创建导致人们对几何学基础的深入研究,不仅推广了几何学观念,而且对于 20 世纪初期所发生的关于空间和时间的物理观念的改革,也起了巨大的推动作用。

(五)对教学的思考

基于上述分析,本课设计了课前思考,基于学生的理解开展教学;通过学生汇报,进一步知其然并知其所以然;进而通过再现三角形内角和定理的生成过程,进一步加深认识,培养学生的逻辑推理素养;最后鼓励学生查阅并汇报三角形内角和相关数学史,了解其发展脉络,增强学生的学习兴趣,培养学生的理性精神。

二、教学对象分析

(一)学生认知水平

授课对象为八年级学生,根据在教学过程中观察,本班学生积极主动、敢于并乐于发表观点,学生知识面比较广。但认知水平不够完善,对于数学定理的认知正从感性向理性过渡。

对于数学的学习能"知其然",部分学生会好奇"其所以然",很少会思考"何由以知其所以然",因此学生不仅要知道三角形内角和定理是什么,更要引导学生思考怎么证,以及为什么这么证。在初步体会研究几何问题的一般方法和步骤的同时,积累研究几何图形基本活动经验,也为形成与发展学生的逻辑推理和直观想象核心素养创造条件。

(二)学生的知识、经验基础

小学通过测量、剪拼、折叠等方法合情推理出三角形内角和是180°,确定了本节课的认知起点;初中数学学习中,学生已经掌握了平行线的性质、平角的定义,这为证明三角形内角和定理奠定了基础。

学生的学习侧重于感性认知,看待与分析问题不够理性,知识的系统性不完善,对于耳熟能详甚至能灵活运用的三角形内角和定理,为什么要再次探究存在困惑,因此要帮助学生体会证明的必要性。在证明过程中,如何使学生自然地将原有的知识与现有推理相联系,从多个角度思考并解决问题,体会万变不离其宗,抓住本质,从而提高解决问题的能力,实现学习方式的转变,这是本节课要突破的。

(三)学生学前调研

课前思考三角形内角和,所有学生能通过测量、剪拼、折叠等方法合情推理出三角形内角和是180°,但只有四分之一学生意识到需要理性分析,六分之一的同学能证出三角形内角和是180°,但书写不够规范。

三、教学目标和重难点

基于上述分析,本节课的教学目标及教学重难点如下:

【教学目标】

1. 掌握三角形内角和定理,能够利用三角形内角和定理解决与角有关的计算问题。

2. 经历三角形内角和定理的探究过程,感受证明的必要性,体会转化的思想。

3. 通过探究过程中师生、生生的合作交流,体验数学探究活动的过程,培养探究问题与解决问题的能力,通过相关三角形内角和数学史的介绍,激发学习兴趣和自信心。

【教学重点】

三角形内角和定理的探究。

【教学难点】

添加辅助线实现"角的转移"的方法。

四、教学过程和活动设计

本节课的教学流程图如下。

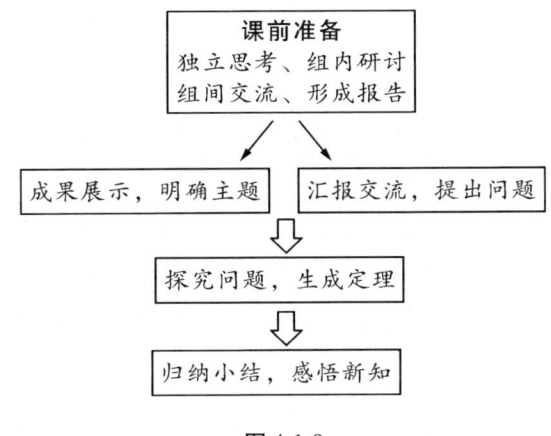

图 4-1-9

(一)课前准备

教师布置三个问题供学生课前思考。

(1)对于熟悉的三角形内角和是 180°,在小学是如何得出这一结论的?

(2)为什么要再次探究三角形内角和定理?

(3)联系所学知识,有什么方法可以证明出三角形内角和定理?你是怎么想到这种方法的?

学生独立思考并尝试回答,激活已有的知识,为三角形内角和定理的探究做好铺垫,也为小组合作交流做好准备;小组合作交流,提出解决问题的思路和问题;小组间进行汇总、交流,在此基础上形成问题解决的方案,并汇总大家的问题,准备好在全班进行汇报。

教师指导:在学生独立思考、小组交流、组间交流三个环节,教师有针对性的指导。对于独立思考环节,要特别关注没有任何想法的学生,鼓励他们回忆所学的相关知识，提出自己的问题；小组交流环节，教师帮助学生梳理讨论内容，关注小组成员的合作交流，避免个别学生被忽略；组间交流重点指导学生如何进行汇报。

【设计意图】本环节基于耳熟能详的三角形内角和是180°这一结论。引导和组织学生学会独立思考、分工合作、交流讨论、寻求帮助。特别要鼓励学生发现问题和提出问题。

（二）成果展示，明确主题

展示课前探究、交流成果。

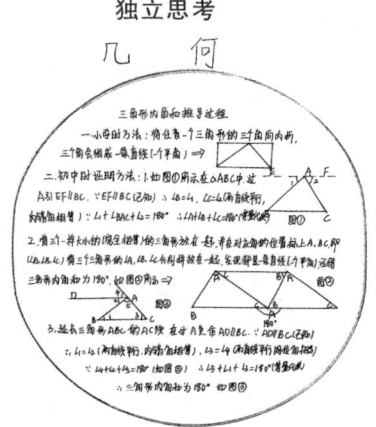

组内研讨、组间交流

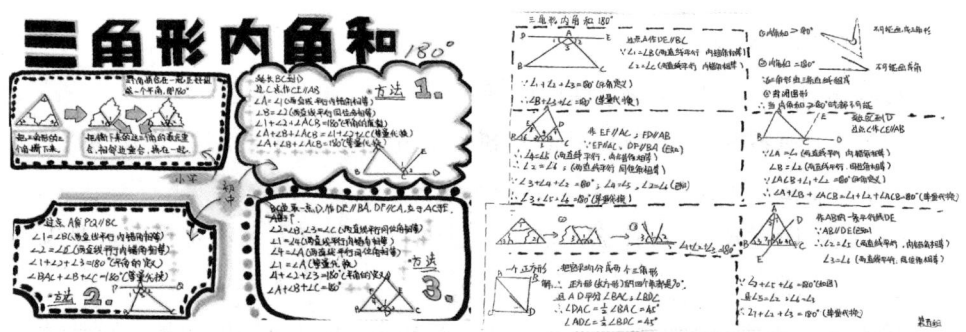

图4-1-10 学生课前探究成果

【设计意图】学生课前做了充分准备，通过展示课前自己的探究成果，增强自信心。明确本节课探究"三角形角的性质"这一主题。

（三）汇报交流，提出问题

学生汇报：小学曾经学习过的三角形内角和等于180°的方法，包括测量法、剪拼法和折叠法。汇报过程中学生进行演示,或者教师利用信息技术演示。

通过对问题(1)的回答,教师引导学生思考,这些方法有什么不足?由于测量的误差和测量、剪拼、折叠只能验证手中的三角形,因此需要进行证明。这些方法有什么共同之处?测量求和法是通过数学运算将三个角合在一起,剪拼法和折叠法是通过图形的运动将三个角凑在一起。

教师指导:表达交流方面,学生表达是否清晰,讲解是否到位,出现问题要及时反馈;总结过程,主要针对结论获得过程,经历了"实验验证、发现结论、形成猜想";发展提升,初中阶段将这个"观察"得到的结论称为命题,数学上需要对其证明。

【设计意图】学生对已有的认知进行梳理,激活已有经验,并反思这些方法的不足,初步感受数学证明的必要性;通过思考三种方法的共同之处,为进一步探究三角形内角和定理的方法做铺垫,体会数学命题获得的过程。

(四)探究问题,生成定理

问题:命题的题设和结论分别是什么?

预设:题设是有一个图形是三角形;结论是它的三个内角和是180°。

问题:请尝试用图形语言和符号语言表示这个命题。

预设:

已知:如图 4-1-11,$\triangle ABC$。

求证:$\angle A + \angle B + \angle C = 180°$。

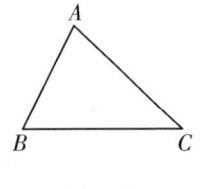

图 4-1-11

问题:小学学习过的三种方法,共同之处是通过某种方式将三个角凑在一起,对我们证明这个命题有什么启发呢?

学生先独立思考,小组合作交流:(1)学过的哪些知识可以实现角的移动?(2)如何将三个角凑在一起?(3)请尝试写出一个证明过程。(4)梳理证明思路,准备汇报,并记录下小组交流过程中遇到的问题。

预设1:

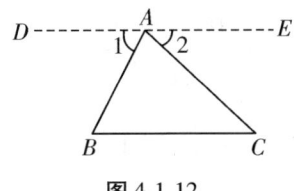

图 4-1-12

如图4-1-12,过A作DE∥BC,∵DE∥BC,(辅助线作法)

∴∠B = ∠1,(两直线平行,内错角相等)

∠C = ∠2。(两直线平行,内错角相等)

∵∠1 + ∠BAC + ∠2 = 180°,(平角定义)

∴∠B + ∠BAC + ∠C = 180°。(等量代换)

预设2:

如图4-1-13,过点C作CE∥AB,

∵CE∥AB,(辅助线作法)

∴∠A = ∠1,(两直线平行,内错角相等)

∠B = ∠2。(两直线平行,同位角相等)

∵∠ACB + ∠1 + ∠2 = 180°,(平角定义)

∴∠A + ∠B + ∠ACB = 180°。(等量代换)

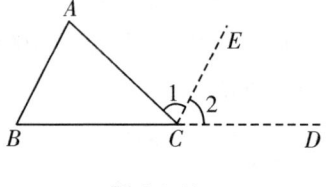

图 4-1-13

预设3:

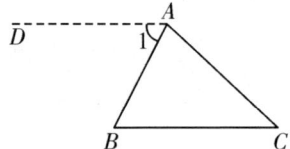

图 4-1-14

如图4-1-14,过A作AD∥BC,则∠B = ∠1,(两直线平行,内错角相等)

∠C + ∠DAC = 180°。(两直线平行,同旁内角互补)

∵∠DAC = ∠1 + ∠BAC,(如图4-1-14)

∴∠C + ∠1 + ∠BAC = 180°,(等量代换)

∴∠C + ∠B + ∠BAC = 180°。(等量代换)

预设4:

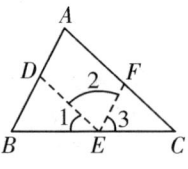

图 4-1-15

如图4-1-15,在BC上任取一点E,过点E分别作DE∥AC交AB于点D,EF

$//AB$ 交 AC 于点 F,

则有 $\angle 1 = \angle C$,(两直线平行,同位角相等)

$\angle 3 = \angle B$,(两直线平行,同位角相等)

$\angle BDE = \angle A$,(两直线平行,同位角相等)

$\angle BDE = \angle 2$,(两直线平行,内错角相等)

∴ $\angle A = \angle 2$。(等量代换)

∵ $\angle 1 + \angle 2 + \angle 3 = 180°$,(平角定义)

∴ $\angle C + \angle A + \angle B = 180°$。(等量代换)

还可预设几种方法,作辅助线如图4-1-16。

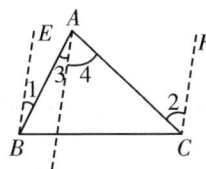 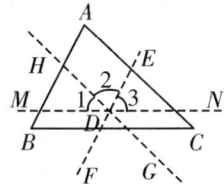 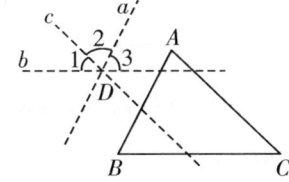

图 4-1-16

师生共同总结,给出定理及总结探究过程。

三角形内角和定理:三角形三个内角的和等于180°。

总结提升:实验、发现结论、形成猜想、证明、形成定理。

问题:证明过程中得到哪些解题经验?

预设:看到180°想到平角或者两直线平行,同旁内角互补,把角"凑"到一起,即角的转移;添加平行线(两直线平行,同位角相等;两直线平行,内错角相等)实现"角的转移"。

【设计意图】 通过对题目的分析和证明,有意识地培养学生的逻辑推理能力,发展合情推理和演绎推理的能力,使学生能初步依托基本图形添加适当的辅助线解决问题。

证明之后的回顾与小结能够促进对证明过程的再认识、图形的再认识,对图形的本质有了更深的理解,培养了学生的逻辑推理、数学抽象的能力。

通过不同的证明思路,活跃学生的思维,抓住问题本质。当一个命题有几种证明方法时,要选择比较简捷的方法进行证明。

(五)归纳小结,感悟新知

我们是如何推导出三角形内角和定理的?

在这个过程中你有哪些收获?

你觉得和小学数学学习有什么不同?

【设计意图】以问题讨论的方式进行小结,培养学生反思的习惯,鼓励学生运用自己的语言对问题进行概括。让学生经历整个探究学习过程,还能在此基础上对本节课有整体的认识,说出整个过程的环节,感受以及发现证明定理运用的方法等。通过"观察、发现结论、形成猜想、证明、形成定理"的过程,体会研究几何问题的一般方法和步骤,积累研究几何图形基本活动经验。

(六)作业设计

1. 四边形内角和:如图 4-1-17,已知四边形 $ABCD$,那么四边形四个内角的和是多少度?

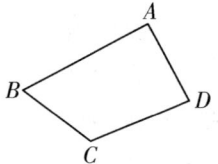

图 4-1-17

2. 多边形内角和:如图 4-1-18,已知五边形 $ABCDE$,那么五边形五个内角的和是多少度?

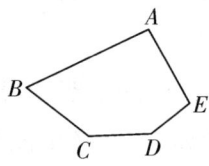

图 4-1-18

3. 很多数学家研究过三角形内角和,请你课下阅读相关资料。

【设计意图】题目1和题目2,一方面考查学生是否能用本节课的证明思路解决,另一方面是否有意识利用已经得到的"三角形三个内角的和等于180°"这个定理进行证明。

题目3,学生阅读相关数学家的工作,有兴趣的同学可以自己再查阅相关资料,既能让学生看到智慧之光,又能让学生从两千年的艰辛历程,体会学习中有些困惑是正常的,坚持思考是通向成功之门的钥匙。

表 4-1-1 课堂学习评价设计

评价方式	评价内容			
	评价项目	评价等级		
		A	B	C
师评	发言反映出的思维深度			
	发现问题的角度、能力			
	学习的积极性			
互评	发言的次数、质量			
	设计解决问题的方法、方案			
	帮助同学的情况			
自评	本节课的学习兴趣			
	独立思考的习惯			
	合作交流的意识			
	对知识、方法等方面获得收获的程度			

五、教学反思

(一)关注学生

了解学生的已有认知,注重学生合理性的生成知识,关注学生发展。在课前充分了解学情,合理把握最近发展区。在教学过程中,尊重学生、尊重历史原貌,注重尊重学生逻辑观点的养成,逻辑框架的形成,更重要的是尊重学生对这类问题的认知角度和熟悉程度,关注学生对于知识探索生成的合理性的认知。因此在探究问题时,自然地从猜想到证明,追随历史发展足迹,亦是如此。并且有助于学生对此类问题的切入以及在此基础上的发展认知,充分体现学生的主体地位。

(二)数学文化走进课堂

三角形的角的性质是古老的数学,厘清它的发展对学生"再创造"有着至关重要的作用。因此设计本节课时,契合于三角形的角的性质的历史发展脉络,学生再现知识的生成过程。同时让学生课后阅读相关数学史资料,因为"相关数学家的工作,既能让学生看到智慧之光,又能让学生从两千年的艰辛历程中明白即使在学习中有些困惑也并不奇怪,坚持思考是通向成功之门的钥匙"。课下学生梳理相关历史,扩展学生的知识面,增强学生的学习兴趣,培养理性精神。

六、案例分析

(一)借助学生知识基础,激发学生认知冲突

通过课前思考问题,了解学生认知基础。教师课前设置了三个问题,分别指向小学学习经验、可能的疑问、如何进行证明,充分了解学生对三角形内角和命题的已有认识。"为什么还要探究三角形内角和定理",很多学生是存有困惑的,也有学生没有想过这个问题就直接进行学习,该问题的提出有利于激发学生的认知冲突,有利于学生学习过程的深入思考,也可以培养学生反思的意识和习惯。如何进行证明,怎么想到的?

(二)基于数学知识的历史发展设计教学

本节课注重数学文化,首先教师在教学内容分析时,通过阅读已有研究对三角形内角和定理及证明、发展进行了系统整理,包括对其他研究领域的影响,使得教师能够站在更广阔的视角看待数学内容以及学生的数学学习。

作业设计中,问题3是教师提供给学生相关的数学史中的资料,学生自行阅读,体会形成过程中的数学,感受数学学习的性质。

(三)注重学生发现问题和提出问题

发现和提出问题是数学教学中的难点之一。本节课教师通过示范提出问题,如课前提供给学生的三个思考问题,以及课堂小结也是通过提出问题进行总结的,一方面促进学生的数学思考,另一方面也是示范给学生可以怎样提出问题。教师注重让学生提出问题,课前小组交流、组间交流中,教师都有注重让学生提出问题。

第二节　角平分线的性质

一、教学内容分析

本节教学内容是人民教育出版社《义务教育教科书数学八年级上册》第十二章"全等三角形"12.3 角平分线的性质第 2 课时。

（一）核心概念及进阶路线

本节课置入初中"图形与几何"中"三角形"单元，落实"课标 2022"中的相关内容要求。

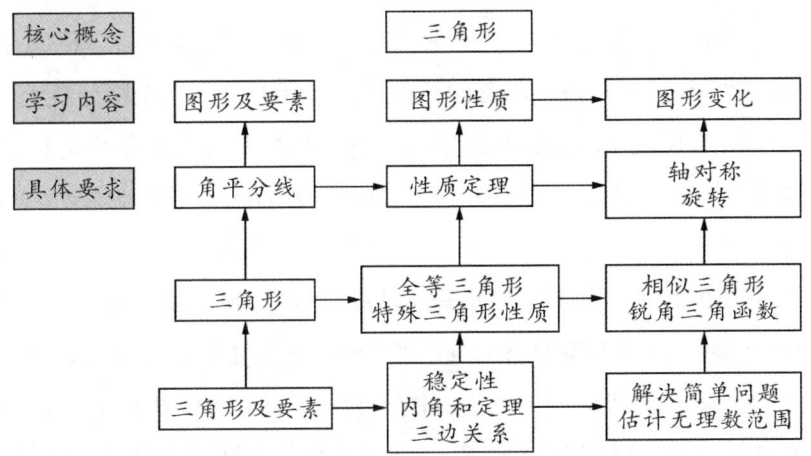

图 4-2-1 三角形核心概念及进阶路线

（二）课程标准要求

理解角平分线的概念，探索并证明角平分线的性质定理：角平分线上的点到角两边的距离相等；反之，角的内部到角两边距离相等的点在角平分线上。

（三）单元结构分析

本章共分为三节内容：全等三角形、三角形全等的判定、角平分线的性质，其中角平分线的作图和性质证明需要利用三角形全等的判定和性质。本章注重推理论证、提出猜想、开展探究的培养。

全等三角形。教材给出全等形、全等三角形、全等三角形的对应边和对应角等概念,并给出全等三角形的性质:全等三角形对应边相等,全等三角形的对应角相等。

三角形全等的判定。教材注重引导学生寻找判定两个三角形全等的思路:简化条件和分类讨论。通过作图探究得到判定两个三角形全等的基本事实:SSS,SAS 和 ASA,通过推理得到第四个判定方法 AAS;通过作图探究获得特殊的直角三角形的一种判定方法 HL。

角平分线的性质。通过分析平分角的仪器给出角平分线的作图过程,作图测量猜想角平分线的性质,特别突出了猜想的过程。利用三角形全等的判定和性质对角平分线的性质进行证明,并明确证明一个几何命题的一般步骤。

(四)课时内容分析

角平分线的性质共安排了三个活动:角平分线的尺规作图、角平分线上的点到角两边的距离相等、角的内部到角两边距离相等的点在角平分线上。

角平分线的尺规作图,教材设置平分角的仪器,并对它的使用进行了说明,启发学生思考它的原理是什么,从而引出角平分线的画法,给出了角平分线画法的步骤。

角平分线的性质,教材给出了一个思考题,过角平分线上任意一点向角的两边作垂线,通过测量观察两条垂线段的关系,得出角平分线性质的猜想;将角平分线的性质表述为待证明的命题,用符号语言表示出已知和求证;利用全等三角形的判定条件(AAS)进行证明,总结几何命题的证明思路。例题是对性质的应用,给出三角形两个内角平分线的交点,证明交点到三角形三边距离相等;提出思考问题,三条角平分线有什么关系?

角平分线的判定,通过实际问题"集贸市场应建于何处"引出思考:到角的两边距离相等的点是否在角的平分线上?该命题是要求学生自己证明。

(五)对教学的思考

本节课是在学生已经掌握角平分线尺规作图基础上,探究角平分线的性质。教材活动设计中是通过作出角平分线上的点到角两边的垂线段,通过测量猜想得到性质,本教学设计中让学生体会角平分线性质的合理之处,并帮助学生丰富对角平分线图形的认识,建立良好的几何直观。

二、教学对象分析

(一)学生认知水平

通过图形与几何相关内容的学习,学生具备一定的逻辑推理能力,能够理解证明的必要性。学生对于建立不同知识之间的联系还有待提高。

(二)学生的知识、经验基础

学生已经学习三角形全等的判定、几何命题的证明思路、体会证明的必要性;另外三角形重要线段探究过三角形三条高线相交于一点。

学生学习过角平分线的概念,在三角形重要线段中,学习过三角形的角平分线,知道三条角平分线相交于一点。

(三)学生学前调研

学生对于本节内容学习有困惑,不知道为什么在学全等三角形和等腰三角形之间要加入角平分线的性质的学习;也不能理解为什么把角平分线上的点到角两边的距离相等这种特殊的情况作为角平分线的性质。

三、教学目标和重难点

基于上述分析,本节课的教学目标及教学重难点如下:

【教学目标】

1. 初步体会角平分线的轴对称性,并体会利用角平分线构造全等三角形的方法。

2. 探究角平分线性质定理的形成过程,理解角平分线的性质并能初步运用角平分线的性质解决问题。

3. 在经历观察、动手操作、合作交流、自主探究、多媒体演示等过程中,体会知识的形成过程,提高应用数学知识解决问题的能力。

4. 充分利用信息技术动态呈现的优势,激发探究问题的兴趣,增强解决问题的信心,获得解决问题的成功体验。

【教学重点】

探究角平分线的性质。

【教学难点】

对角平分线性质的条件与作用的讨论。

四、教学过程和活动设计

本节课共设计了五个教学活动：

(一)复习引入,复习角平分线的概念,尺规作图的依据,为后续活动数学说理和证明奠定基础。

(二)性质探究,经历角平分性质得出的过程,学生体会"规定"的合理性。

(三)性质证明,师生共同证明角平分线的性质。

(四)性质应用,应用角平分线性质解决典型习题,并感受在几何图形中构造辅助线需要充分利用已知条件。

(五)课堂小结,从知识、过程、辅助线构造总结本节课。

(一)复习引入

复习角平分线的概念和尺规作图。

教师:请你用自己的语言描述一下,什么是角平分线。

学生用自己的语言回答出角平分线的要点:将一个角平分成两个相等的角的射线。

教师:角平分线的尺规作图方法是什么？你能说出作图的依据吗？

师生共同复习作图步骤,教师引导学生关注作图背后的依据。

①以点 O 为圆心,适当长为半径画弧,交 OA 于点 M,交 OB 于点 N。

②分别以点 M,N 为圆心,大于 $\frac{1}{2}MN$ 的长为半径画弧,两弧在 $\angle AOB$ 的内部相交于 C。

③画射线 OC,射线 OC 即为所求。

依据:第一步保证 $OM = ON$。

第二步大于 $\frac{1}{2}MN$ 为半径是保证两弧有交点,否则两弧就无交点,用同样的

半径是为了保证 $MC = NC$。

利用 SSS 判定方法来得出 $\angle 1 = \angle 2$，从而得出 OC 平分 $\angle AOB$。

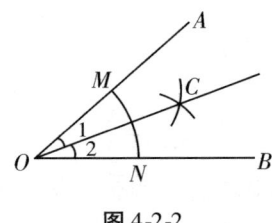

图 4-2-2

【设计意图】角平分线概念的复习，学生用自己的语言说出要点，也是为了避免学生记忆文本定义，让学生体会需要理解概念的本质；角平分线的概念蕴含角相等，对后面要探究线段相等起到承上启下的作用。

学生基础相对较弱，尺规作图及作图依据的复习，帮助学生在理解的基础上记忆尺规作图的步骤；体会角平分线构造全等三角形的方法。

(二) 性质探究

教师：复习了角平分线的概念和画法，接下来我们该研究角平分线的什么呢？

学生：研究角平分线的性质。

教师：根据定义可以知道由角平分线可以求角相等这个性质。那么由角平分线是否可以找到边相等或者说是线段相等呢？今天我们就一起来探究一下这个问题。

【设计意图】将所学内容置于整体知识体系中，帮助学生形成几何问题的研究思路；提出问题，引领学生自主探究。

活动 1：分别在下面四个图形中按要求画图。

射线 OC 平分 $\angle AOB$，请在角平分线 OC 上任取一点 P，在角的一边 OA 上取一点 M，连接 PM。

学生课堂共出现以下几种情况（图 4-2-3）：

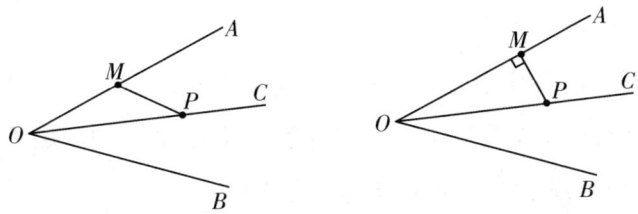

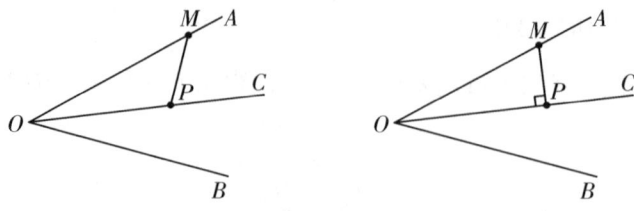

图 4-2-3

问题:这四种情况有什么不同?你能看出来它们是一个变化过程中的四种情况吗?

教师运用信息技术演示,点 M 在射线 OA 上运动,学生从动态角度重新认识四种情况,发现它们之间的联系。

活动 2:如果想在射线 OB 上找一点 N,使得 $PN = PM$,请你尝试找出 PN。

教师巡视,学生作图,找到图 4-2-4 两种不同的作图思路,请学生画到黑板上。

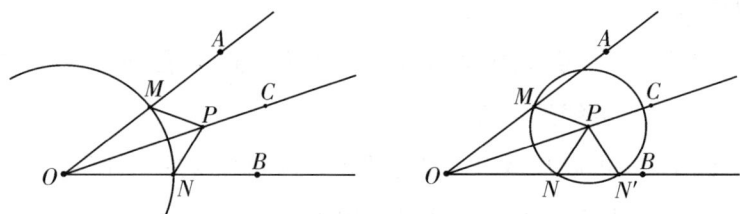

图 4-2-4

教师:你能用数学知识解释一下作图背后的依据吗?

学生 1:以 O 为圆心,OM 为半径作圆。

教师板书作法,这种情况满足 $\triangle PMO \cong \triangle PNO$ 条件,可以得到 $PM = PN$,但射线 OB 上的点是唯一的,因为三角形全等判定条件 ASA 保证了唯一性。

学生 2:以 P 为半径,PM 为半径作圆。

教师板书作法,可以直接得到 $PM = PN$,利用了同圆的半径都相等,在射线 OB 上找到 2 个满足条件的点。

师生共同分析两种作图的利弊,为后面解决问题提供经验。作法 1 构造了一对全等三角形,满足全等三角形的判定条件;作法 2 找到满足条件的所有点,不满足三角形全等判定的条件,因为这类是 SSA。

活动3：活动1出现了四种情况，点 N 是否都有两种情况呢？

请同学们将之前找到的四个图形，用第二种方法画一画。

请一个学生在黑板上用以展示，其他学生画在学案上，得到如图 4-2-5 的结果。

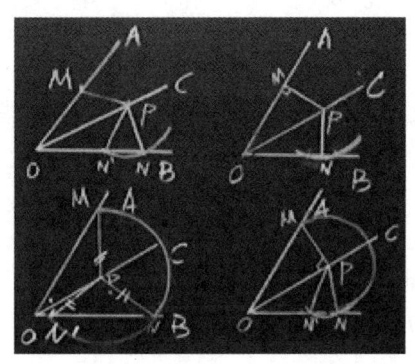

图 4-2-5

教师：我们发现当 $PM \perp OA$ 时，点 N 只有一个符合题意。用数学软件演示一下当 P 在角平分线上移动时，是否只有该情况下点 N 是唯一确定的？

通过演示，可以观察到只有当 $PM \perp OA$ 时，OB 上只有一个符合题意的点 N。我们将这种特殊情形作为角平分线的性质。

【设计意图】本环节设计了三个活动，其中活动1作出一个图形比较简单，也有部分学生做出不止一种情况，通过信息技术演示，让学生从动态角度认识图形之间的关系，激发学生数学学习的兴趣。活动2的目的是对于三角形全等判定的条件进行解读，让学生学习用数学的思维方式思考问题，而不仅仅是作图技能。活动3通过四种情况的分析，体会为什么将"角平分线上的点到角两边的距离相等"作为角平分线的性质，经历知识形成的过程。

(三) 性质证明

教师：角平分线上的点到角两边的距离相等，是我们通过观察图形得到的结论，在数学上我们还需要证明它是成立的。

请同学们用数学符号语言写出已知和求证，并画出图形。

学生回答：如图 4-2-6，已知 OC 平分 $\angle AOB$，$PM \perp OA$，$PN \perp OB$。求证：PM

= PN。

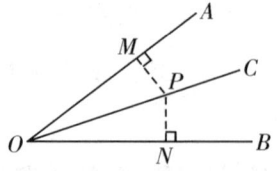

图 4-2-6

教师:刚才作图的过程,对我们证明这个命题有哪些启发？请你带着这些思考,完成证明。

学生:∵ OC 平分∠AOB,

∴ ∠AOC = ∠BOC。（角平分线定义）

∵ PM⊥OA,PN⊥OB,

∴ ∠OMP = ∠ONP = 90°。

又∵ OP = OP,（公共边）

∴ △OMP≌△ONP,(AAS)

∴ PM = PN。

符号语言:∵ OC 平分∠AOB,PM⊥OA,PN⊥OB,∴ PM = PN。

文字语言:角平分线上的点到角两边的距离相等。

小结:角平分线的性质,可以用于证明线段相等,需要注意条件垂直。

【设计意图】上一环节的活动,通过观察得到角平分线有关的性质,在此基础上体会数学证明的必要性和思维严谨性,用图形语言、符号语言、文字语言进行表述和写出证明过程。

(四)性质应用

已知:如图 4-2-7,OP 平分∠MON, PM = PN。

求证:∠PMO + ∠PNO = 180°。

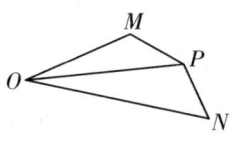

图 4-2-7

教师：观察这个图形，对比之前探讨过的图形，你能看出原来的图形吗？

在学生发言基础上，出示图 4-2-8 两幅图的变化过程，帮助学生建立丰富的图形表征，同时也为进一步的证明做出铺垫。

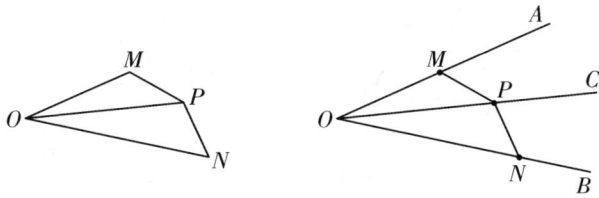

图 4-2-8

教师：请你尝试解决这个问题。

学生构造的方法：

方法 1：如图 4-2-9，以 P 为圆心画弧，交 ON 于 D，从图形上看 $\triangle OMP \cong \triangle ODP$。通过讨论，发现无法证明是全等的，这种作图方式满足 SSA。

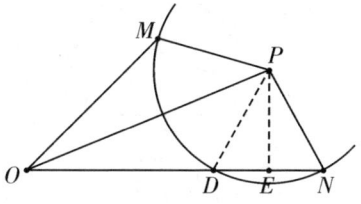

图 4-2-9

方法 2：如图 4-2-10，以 O 为圆心画弧，交 ON 于 D，学生可以利用 SAS 证明全等。

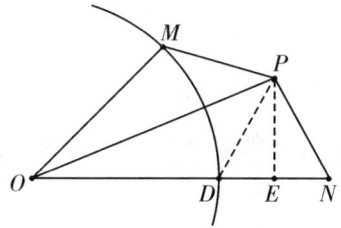

图 4-2-10

方法 3：学生想到可以在延长线上考虑问题。

如图 4-2-11，在 OM 的延长线上取点 F，构造 $\triangle ONP \cong \triangle OFP$，同样有如下两种找点 F 的方法，提醒学生注意区分取舍。

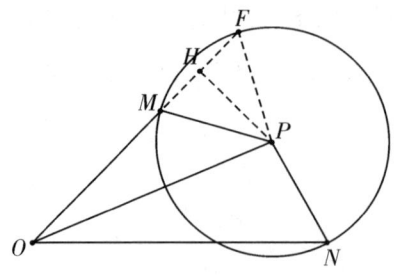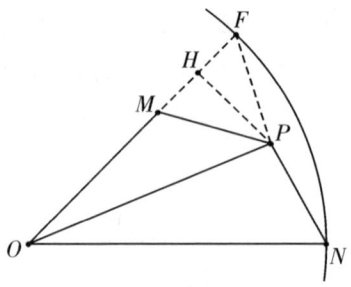

图 4-2-11

方法 4：直接利用角平分线的性质。

如图 4-2-12，过点 P 分别作 OM，ON 的垂线段，根据角平分线性质定理得到 $HP=PE$，从而用 HL 定理证明 $\triangle ENP \cong \triangle HMP$，从而得到 $\angle PNE = \angle HMP$，从而得证。

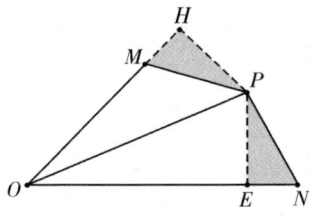

图 4-2-12

师生共同小结：方法 1 虽然可以作出图形，但是不能满足三角形全等的判定条件，所以在构造图形的时候，要充分用图形中已知的条件，具体到这个题目，知道了角平分线这个条件，就有了两个角相等，需要充分利用它。

（五）课堂小结

知识总结：角平分线的性质及证明。

过程总结：我们是如何得到角平分线的性质的？你能体会到为什么选择这个作为它的性质吗？

辅助线构造：通过刚才解决的题目，构造辅助线需要关注什么？

（六）作业设计

1. 角平分线的性质：角的平分线上的点 ＿＿＿＿＿＿＿＿＿＿。

已知：

求证：

证明：

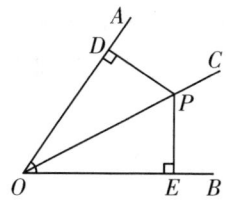

图 4-2-13

【设计意图】结合本班学生学情，设置巩固型作业，回顾知识的形成过程。

2. 如图 4-2-14，在直线 CD 上求作一点 P，使点 P 到射线 OA，OB 的距离相等。

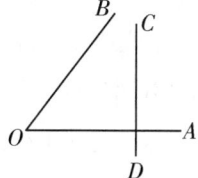

图 4-2-14

【设计意图】该题目题干中没有出现角平分线的性质，需要学生将题目条件与角平分线性质联系起来解决。

3. 如图 4-2-15，在 Rt△ABC 中，$\angle B = 90°$，以顶点 C 为圆心，适当长为半径画弧，与 AC，BC 分别交于点 E，F，再分别以点 E，F 为圆心，大于 $\frac{1}{2}EF$ 的长为半径画弧，两弧交于点 P，作射线 CP 交 AB 于点 D。若 $BD = 3$，$AC = 10$，求 △ACD 的面积。

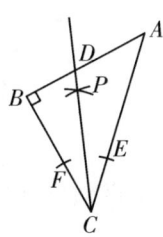

图 4-2-15

【设计意图】该题目考查学生对角平分线尺规作图过程的理解，并能够应用其性质解决相关问题。

4. 如图 4-2-16，△ABC 中，∠B = ∠C，AD 是 ∠BAC 的平分线，DE⊥AB，DF⊥AC，垂足分别为 E，F。求证：EB = FC。

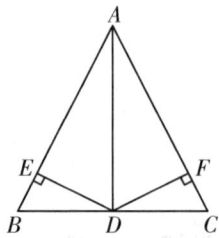

图 4-2-16

【设计意图】此题学生一般有两种思路：一种是证两组全等三角形，先由 AAS 证 △ABD≌△ACD，从而得到 BD = CD，再由 AAS 证 △EBD≌△FCD；另一种思路是直接用角平分线性质得到 ED = FD，再由 AAS 证 △EBD≌△FCD。教师在作业讲评时，可以比较学生的不同作法，感受角平分线性质的作用。

5. 如图 4-2-17，已知 AB = AC，BD = CD，DE⊥AB，交 AB 的延长线于点 E，DF⊥AC，交 AC 的延长线于点 F。求证：DE = DF。

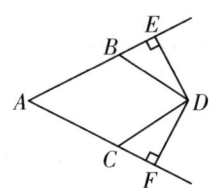

图 4-2-17

【设计意图】此题是对题目 4 的补充，连接 AD 后，先由 SSS 证明 △ABD≌△ACD，从而得到角平分线，再利用角平分线性质证明 DE = DF，巩固角平分线的基本图形。

五、教学反思

（一）允许学生试误，在探索中巩固旧知，得到新的经验

无论是探索新知阶段，还是对于例题的证明，允许学生将自己的想法大胆地提出来，分析每种方法的作用和利弊，学生在分析比较中，对以前学习的全等三角形的判定进行再认识，进一步认识到 SSA 不能证明全等的原因。

在对新知的探索和角平分线性质定理的证明中,学生运用了很多的全等三角形的判定方法和全等三角形的性质,让学生在运用中体会学习全等三角形的作用。知道全等三角形不是对三角形图形的学习,而是一种证明角相等、边相等的工具。

(二)追根溯源,将知识放在体系中学习

课程标准提出:数学知识的教学,要注重知识的"生长点"与"延伸点",把每堂课教学的知识置于整体知识体系中,注重知识的结构和体系,处理好局部知识与整体知识的关系,引导学生感受数学的整体性,体会对于某些数学知识可以从不同的角度加以分析,从不同的层次进行理解。

在全等三角形和等腰三角形中加入角平分线性质的学习,学生会感到突兀。如果将学生直接拉回到角平分线的再学习,则知识更具有系统性,学生学习的知识结构和体系更加完整。角平分线作为轴对称图形,在对本节课知识的探究中,也让学生初步感知了轴对称图形的一些特点,为后续学习做了铺垫。

(三)探究活动中提升学生的几何素养

几何教育一方面要使学生掌握基本的几何知识和基本的几何技能,包括几何直观、表达、作图、度量和基本的推理;另一方面,具有几何能力是学生学习几何的教育目标,包括空间想象能力和逻辑推理能力。数学核心素养就是学生就算忘记了已学过的数学知识,但是依旧能用数学思维来思考问题、解决问题。

作图是几何素养中的一个重要能力,尺规作图一直是初中学生难以掌握的作图方法。在平时的教学中,尺规作图往往只出现在课标规定的尺规作图教学任务中。

八年级的教学中,教师会更专注于作一个角的角平分线和作一条线段的垂直平分线,这对于几何基础薄弱的学生,无疑是一下子教了一套组合拳,学得似是而非。虽然有的教师会明确告诉学生,圆规是用来画相等的线段,但学生知道,却不会用。本节课也是在这方面想做一点尝试,让学生在探究知识的同时,体会圆规作为一个非常有用的作相等线段的方法,提高学生的几何作图素养。

六、案例分析

（一）经历角平分线性质得出过程

本节课并没有采用教材的设置：作出角平分线上的点到角两边的垂线段，通过度量观察两条垂线段的关系，获得对角平分线性质的猜想。该教师考虑到学生学习的困惑：为什么选择"角平分线上的点到角两边的距离相等"作为角平分线的性质？另外经过之前几何内容的学习，学生积累了一定的数学思考、合情推理和演绎推理的经验，教师适当地提高性质得出的难度。通过环节（二）的三个活动，认识从角平分线上的点向角两边作相等线段，只有垂直于角的两边，图形才是唯一确定的，进而理解角平分线性质选择的合理性。

（二）积累动态图形经验，激发学生学习兴趣

基于学生习惯于孤立、静态地观察图形，教师充分利用现代信息技术动态呈现的优势，帮助学生积累图形动态变化的经验。环节（二）的活动1，全班学生共出现了四种不同的作图结果，教师利用信息技术演示随着 M 点的变化，四种作图结果是在这个变化过程中的，将四幅图联系起来观察。环节（四）例题的处理中，学生开始做题之前，帮助学生将题目中的图象"放在"角平分线图形中认识，并观察两者之间的转换。课堂上学生的表现，也体现出信息技术的合理使用，激发了学生的学习兴趣。

（三）突出数学说理过程，促进学生学习反思

本节课是数学味道很浓的一节课，复习引入阶段，让学生说出角平分线尺规作图的步骤依据，可以帮助部分停留于操作记忆的学生理解作图道理，示范学生对进行的操作进行反思。环节（四）应用性质解决问题的阶段，可能受到环节（二）的负迁移，学生出现了错误的作图思路，师生共同分析为什么不可行。再次联系三角形全等的判定条件，反思构造辅助线应当注意什么。启发学生需要充分借助题目中已有的条件。

第三节　几何综合题图形分析

一、教学内容分析

本节课内容是九年级几何综合复习课。

几何学是研究图形的性质和不同图形之间的位置关系的学科。几何图形基本上可以分为基本图形和复合图形，初中几何的基本图形包含平行线和相交线、三角形、四边形和圆；复合图形是在基本图形基础上复合生成的。几何综合问题主要以复合图形为载体，对复合图形的整体认识尤为重要，经历图形的生成过程有助于其认识。图形的生成主要是感知图形的生成顺序，找出几何图形基本元素——点和线之间的逻辑顺序，从宏观角度对复合图形有准确的认识。经历图形的生成过程，可以帮助学生区分图形的哪些点与线是基本元素，哪些点和线是派生出的衍生条件，从而对几何问题有一个准确的把握。

本节课让学生经历复合图形的生成过程，引导学生从图形生成和图形变换的角度，分析图形中的位置关系和数量关系。在分析图形过程中，学生很容易发现单一图形中的性质，但当图形组合起来，学生很难从图形之间的关联进一步推知隐含的位置关系和数量关系。因此，在引导学生分析图形的过程中，首先要让学生重点关注特殊图形之间的关联。其次，在解决问题时借助图形变换，构造全等三角形，转移图形中边或角的位置，建立已知和未知的关联。最后，引导学生思考适当改变题目中的条件来把问题进行推广，从解决一个问题推广到研究一类问题，让学生体会猜想、证明、推广的整个过程，这对培养学生的数学思维能力有很大的帮助，也能够使学生从被动做题者改为主动研究者，从解答问题到研究问题。

二、教学对象分析

（一）学生认知水平

学生在解决几何综合的题目时，如果图形特别复杂，一方面会产生畏难情绪,另一方面,学生没有章法地分析复杂图形,即便能识别图形中的基本图形,也很容易遗漏某些基本图形之间的数量关系或位置关系,阻碍了学生进一步分析图形,导致无法找到解决问题的思路和方法。

（二）学生的知识、经验基础

傅佑珊老师在文章中指出:"平面几何的教学,从某种意义上讲,就是使学生认识这些基本图形的性质,引导学生运用研究基本图形的方法去分析问题和解决问题,培养学生的逻辑思维能力。"

学生在初中图形与几何领域的学习中,能够对图形的元素、图形元素之间的关系进行认识,并能通过逻辑推理建立图形性质之间的关系,体会证明的必要性和公理化思想。虽然学习了图形的运动,但是当面对复杂图形时,不习惯或没有意识从图形运动角度分析图形。

（三）学生学前调研

如果不直接给出复杂图形,而是让学生利用基本图形的性质和图形变换等把基本图形逐步生成复杂图形,再引导学生运用研究基本图形的方法分析图形并且找出隐含的位置关系和数量关系。这个图形生成的过程,让学生对复杂的几何图形有了一个完整的理解,把基本图形的运用作为几何思维活动的载体,也作为了学生研究几何问题的思维过程。那么反过来,学生再见到图形复杂的几何综合题目时,学生可以从图形生成的角度对一个复杂图形展开分析与研究。

三、教学目标和重难点

基于上述分析,本节课的教学目标及教学重难点如下:

【教学目标】

1. 经历由基本图形通过图形变换生成复合图形的过程,从整体上认识复合图形。

2. 从图形运动变换的角度分析复合图形,找到基本图形之间的关联,发现隐含的数量关系。

3. 理解在几何问题中,位置关系决定数量关系,数量关系刻画位置关系。

【教学重点】

能从图形生成和图形变换的角度来分析复合图形；能建立基本图形之间的关联，发现复合图形中隐含的数量关系。

【教学难点】

能建立特殊图形之间的关联，发现复合图形中隐含的数量关系。

四、教学过程和活动设计

（一）变换生成图形，多角度分析图形

几何综合问题难，主要是难在图形复杂，复杂图形是由简单的基本图形经过添加元素、图形变换等逐步生成的。在研究复杂图形时，我们可以从图形生成角度分析图形，得出其中边和角的位置关系和数量关系，从而帮助我们解决问题。

已知：如图 4-3-1，正方形 $ABCD$，直线 AE 与线段 AB 的夹角为 $\alpha(0°<\alpha<45°)$，作点 B 关于直线 AE 的对称点 B'，连接 AB'。

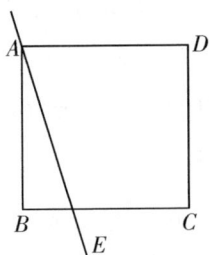

图 4-3-1

学生活动：按照要求补全图形，观察补全后的图形（图 4-3-2），可以得到哪些结论？

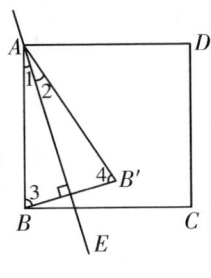

图 4-3-2

预设1:数量关系 $AB=AD=AB'$,$\angle 1=\angle 2$,$\angle 3=\angle 4$,位置关系 $AE\perp BB'$。

预设2:三角形 ABB' 是等腰三角形。

预设3:三角形 ABB' 被分成两个对称的小三角形。

追问:从特殊图形、几何元素的数量关系、位置关系得到一些结论,这些结论之间有什么关系?从已有的结论还能推出哪些结论?

预设1:这些发现是可以互相推导的,如由 B 和 B' 关于 AE 对称,由垂直平分线的性质可知 $AB=AB'$,可以推出三角形 ABB' 是等腰三角形。

预设2:由 $AB=AD=AB'$,可以推出 B,B',D 三点共圆,圆心是 A 点。

预设3:从图形运动角度看,点 B',D 可以看成是点 B 绕着点 A 旋转得到的。

小结:从这个图形的分析中,我们可以从特殊图形、几何元素的数量关系、位置关系进行观察分析,并且这些结论之间经常是有关联的;另外从已有结论推导出新的结论,或者换个角度进行分析,如 $AB=AD=AB'$,可以推出 B,B',D 三点共圆,从图形旋转分析 B,B',D 之间的关系。

【设计意图】由一个相对简单图形的分析,引导学生观察和分析图形的角度,包括图形整体、图形元素之间的关系,结论之间的关联,图形静态和图形运动的不同视角分析,初步感受有序、多角度地分析图形,积累图形分析的经验。

(二)添加几何元素,有序分析图形

问题:在图4-3-2基础上添加几何元素,结合已经得到的结论,可以得到哪些特殊的关系?

预设1:已得到 $AD=AB'$,连接 DB' 并延长,交直线 AE 于点 P,那么三角形 ADB' 为等腰三角形(图4-3-3,图4-3-4)。

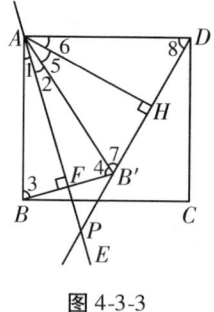
图4-3-3

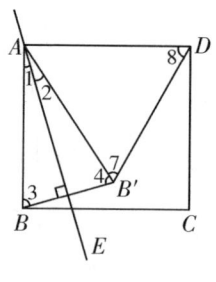
图4-3-4

预设2：因为三角形 ADB' 为等腰三角形，那么作 $AH \perp DB'$，可以得到 $\angle 5 = \angle 6$，$\angle 7 = \angle 8$，$B'H = HD$。

预设3：从图形变换的角度，B' 和 D 关于 AH 对称，AB' 和 AD 关于 AH 对称。

预设4：因为 $AH \perp DB'$，所以有特殊的直角三角形，$\triangle ADH$，$\triangle AHB'$，$\triangle AHP$。

预设5：$\triangle AHP$ 是等腰直角三角形，因为 $\angle 1 = \angle 2$，$\angle 5 = \angle 6$，$\angle 1 + \angle 2 + \angle 5 + \angle 6 = 90°$，所以 $\angle HAP = 45°$。由此又可以得到边的数量关系 $AP = \sqrt{2}AH = \sqrt{2}HP$，$AP^2 = AH^2 + HP^2$。

预设6：两个等腰三角形都被分成两个小的直角三角形，相邻的两个小直角三角形 $\triangle AHB'$ 和 $\triangle AFB'$ 的四个顶点共圆，AB' 为圆的直径。

小结：在对图形的观察以及已有结论基础上，添加新的几何元素，通过直观观察或者逻辑推理获得对图形更多的认识。根据图形特殊性添加几何元素，如根据 $\triangle ADB'$ 为等腰三角形，作 $AH \perp DB'$；从不同的几何元素分析图形变换，如 B' 和 D 关于 AH 对称，AB' 和 AD 关于 AH 对称。

问题：带着新的添加元素及分析图形的经验，尝试在图 4-3-4 基础上添加几何元素，并分析可以得到哪些结论。

预设1：因为 B 和 B' 关于 AE 对称，也可以看成关于 AP 对称，$B'P$ 已经连接，可以对称连接 BP（图 4-3-5）。

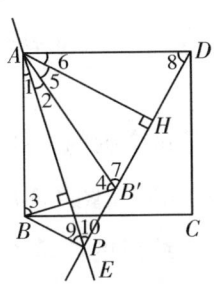

图 4-3-5

预设2：由对称性可以得到数量关系 $BP = B'P$，刚才已经得到 $\triangle AHP$ 是等腰直角三角形，所以 $\angle 10 = 45°$，那么 $\angle 9 = 45°$，也就是说 $\triangle BB'P$ 为等腰直角三角形；那么边的位置关系 $BP \perp B'P$，边的数量关系 $BB' = \sqrt{2}BP = \sqrt{2}B'P$，$BB'^2 = BP^2 + B'P^2$。

预设3：$BP \perp B'P$，可以看成 $BP \perp PD$，如果连接 BD，那么 $\triangle BPD$ 为直角三

角形(图 4-3-6),则 $BD^2 = BP^2 + PD^2$。

预设 4:以 BD 为斜边有三个直角三角形,$\triangle PBD$,$\triangle ABD$,$\triangle CBD$,其中 $\triangle ABD$ 和 $\triangle CBD$ 是等腰直角三角形。由于三个直角三角形共用斜边,可以推出 A,B,C,D,P 五点共圆,BD 是圆的直径,BD 的中点为圆心,可以得到边的数量关系:_____。

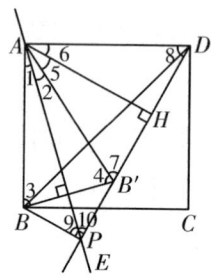 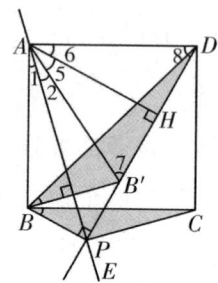

图 4-3-6　　　　图 4-3-7

追问:知道了 A,B,C,D,P 五点共圆,如果连接 CP,AC,可以得到哪些数量关系或位置关系?

预设 1:从图 4-3-7 中可知圆周角 $\angle BCP = \angle BDP$,$\angle BPC = 135°$,$\angle CPD = 45°$。

预设 2:是否能得到 $\angle BPC = \angle BB'D$,$\angle PBC = \angle B'BD$?

预设 3:$\angle PBC$ 和 $\angle B'BD$ 共顶点,可以放在等腰三角形 BCD 与等腰三角形 $BB'P$ 中,而这样的位置关系,数量关系上就会产生角的和差关系,即 $\angle B'BD = 45° - \angle B'BC = \angle PBC$;由 $BD = \sqrt{2}BC$ 可知 $\triangle BB'D$ 和 $\triangle BPC$ 相似比是 $\sqrt{2}$,进而得到 $B'B = \sqrt{2}PB$,$B'D = \sqrt{2}PC$。

预设 4:如果连接 AC,AC 也是这个圆的直径,那么 $AP \perp CP$。

预设 5:$Rt\triangle PAC$ 和 $Rt\triangle HAD$ 相似(图 4-3-8),相似比是 $\sqrt{2}$;$B'D = 2HD$,$AC = \sqrt{2}AD$;可以得到很多直接和间接线段的数量关系。

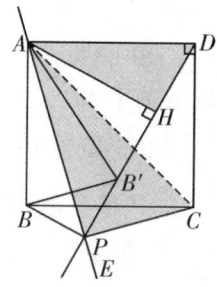

图 4-3-8

小结:通过讨论,我们再次认识到添加几何元素时,往往是在对已有图形分析基础上添加的,当得到新的特殊图形、特殊的数量关系或位置关系时,又可以生成新的图形。可以将同一个几何元素放在不同的三角形中,或者放在圆中进行分析。

【设计意图】在现有图形的基础上,引导学生生成复杂的图形,分析图形并识别复杂图形中的基本图形及图形之间的关联,从而产生新的数量关系,帮助学生总结并理解位置关系决定了数量关系,而数量关系刻画位置关系。

(三)应用研究经验,不同思路解决问题

问题:带着我们分析图形的经验,探究线段 PA, PB 和 PC 的数量关系。

预设1:因为线段 PA, PB 和 PC 并不在同一个封闭图形中,所以需要借助中间量找到它们之间的关系,在刚才分析中得到:$B'D = \sqrt{2}PC, PC = \sqrt{2}DH = \sqrt{2}B'H$,考虑 $B'D, DH, B'H$ 与 PA, PB 在特殊图形中,或者与 $B'D, DH, B'H$ 相关的线段建立联系。

预设2:见图4-3-7,结合 $B'D = \sqrt{2}PC$ 的条件,关注等腰直角三角形 APH 计算推导。

$$PA = \sqrt{2}PH$$
$$= \sqrt{2}(PB + B'H)$$
$$= \sqrt{2}\left(PB + \frac{1}{2}B'D\right)$$
$$= \sqrt{2}\left(PB + \frac{\sqrt{2}}{2}PC\right)$$
$$= \sqrt{2}PB + PC。$$

预设3:见图4-3-8,结合 $PC = \sqrt{2}DH = \sqrt{2}B'H$ 的条件,关注等腰直角三角形 APH 计算推导。

$$PA = \sqrt{2}PH$$
$$= \sqrt{2}(PB' + B'H)$$
$$= \sqrt{2}(PB + B'H)$$
$$= \sqrt{2}PB + \sqrt{2}B'H$$

$$=\sqrt{2}PB+PC。$$

预设4：如图4-3-9，关注$\angle BPA=45°$，作$P'B\perp BP$交AP于点P'。

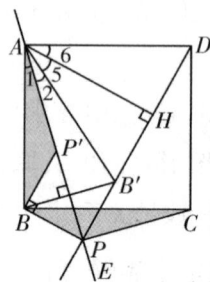

图4-3-9

$\because BP=BP'$，$\angle ABP'=\angle CBP$，$AB=BC$，

$\therefore \triangle ABP'\cong \triangle CBP$，

$\therefore AP'=PC,PP'=\sqrt{2}PB$。

【设计意图】三条线段的数量关系是相对复杂的一个问题。本环节引导学生在已有分析图形、添加辅助线经验基础上开展探究，思考当三条线段不在一个完整几何图形中时，如何借助桥梁找到三条线段之间的联系。

(四)改变原题条件，拓展问题

问题：几何是研究图形的形状、大小和位置关系的学科。那么我们可以怎样改变题目中的条件，提出新的问题呢？

预设1：把正方形改为等腰直角三角形ABC，见图4-3-10，$\angle BAD=90°$，直线AE与线段AB的夹角为$\alpha(0°<\alpha<45°)$，点B关于直线AE的对称点为B'，连接AB'。

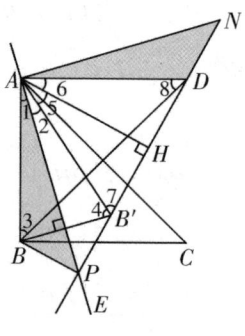

图4-3-10

预设2:把正方形改为等边三角形 ABD,见图4-3-11,$\angle BAD = 60°$,直线 AE 与线段 AB 的夹角为 $\alpha(0° < \alpha < 30°)$,点 B 关于直线 AE 的对称点为 B',连接 AB'。

预设3:把正方形 $ABCD$ 改为一般等腰三角形 ABD,见图4-3-12,$\angle BAD = \beta$,直线 AE 与线段 AB 的夹角为 $\alpha(0° < \alpha < \dfrac{\beta}{2})$,点 B 关于直线 AE 的对称点为 B',连接 AB'。

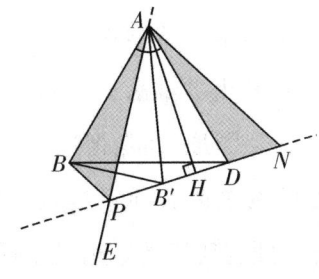

图 4-3-11　　　　　　　图 4-3-12

【设计意图】在解决完问题后,引导学生思考适当改变题目中的条件来把问题进行推广,从解决一个问题推广到研究一类问题,让学生体会猜想、证明、推广的整个过程,这对培养学生的数学思维能力有很大的帮助,也能够使学生从被动做题者改为主动研究者,从解答问题到研究问题。

(五)总结

回顾本节课的研究过程,关于分析图形有哪些收获?关于几何问题有哪些收获?

预设1:对于复杂图形,可以从图形生成和图形变换的角度分析,发现图形中的位置关系和数量关系。

预设2:分析图形的角度,图形整体、图形元素之间的关系,将同一个几何元素放在不同图形中去分析等。

预设3:添加几何元素(或辅助线),要结合图形的特征和现有的结论,包括特殊图形,几何元素之间的关系等。

预设4:对于隐含的数量关系,需要关注特殊图形之间的关联,比如共边的关联可能产生等量代换,共点的关联可能产生角的和差,共线的关联可能产生线段的和差等等。

预设5:可以改变问题条件提出问题,可以从不同角度提出问题。

五、教学反思

本节课以正方形为研究背景,通过图形变换和运动逐步生成复合图形,再引导学生研究图形与图形之间的关联,找出隐含的数量关系。本节课是以"无题讲题"的形式进行讲授的。"无题讲题"是一个非常好的形式。第一,让学生自己动手画图,经历复杂图形的生成过程的同时,获得数学活动经验,落实了数学课程标准"四基"。第二,本节课不只是研究一个图形,而是把这个图形经过适当的变换得到另外的图形,比如去掉正方形的两条边后,问题背景改为了等腰直角三角形。然后又把背景图形变到等边三角形,其实最后相当于任意一个三角形都可以,这个过程中学生的思维得以提升和拓展。

通过"无题讲题"的形式,本节课不仅把一个特别难的平面几何题讲出来了,而且做到了把不同的看似没有关系的几个平面几何综合题串联了起来,在解决完问题后,引导学生思考适当改变题目中的条件来把问题进行推广,从解决一个问题推广到研究一类问题,让学生体会猜想、证明、推广的整个过程,这对培养学生的数学思维能力有很大的帮助,也能够使学生从被动做题者改为主动研究者,从解答问题到研究问题。

六、案例分析

(一)经历图形生成过程,积累分析图形经验

师生共同经历几何图形的生成过程,包括从几何变换角度生成图形,本案例第一个活动给出了轴对称的具体要求,学生作图的过程中体会几何图形的生成;第二个活动环节主要侧重在对图形分析基础上添加辅助线,使得几何图形变得复杂。

积累图形分析的经验,第一个活动引导学生观察和分析图形的角度,包括

图形整体、图形元素之间的关系,结论之间的关联,图形静态和图形运动的不同视角分析,初步感受有序、多角度的分析图形。第二个活动侧重在图形之间关联基础上分析几何图形,从已有的性质通过推理得到新的性质。

(二)问题生成和解决,培养问题意识

本案例以"无题讲题"的形式,借助图形运动变化、对图形分析添加辅助线的方式,引导学生掌握分析图形和推理图形性质之间的关系,事实上就是问题生成、分析和解决的过程。第三个活动探究三条线段之间的数量关系,是相对较难的一个问题,在对已有图形分析基础上找到解决问题的关键,提高学生分析问题的能力。

经历图形生成、分析和推理图形性质,引导学生改变原有题目条件提出问题,当然提出问题也可以在活动一和活动二适当加入,增加学生发现和提出问题角度的丰富性。

第四节　两条直线平行和垂直的判定

一、教学内容分析

本节课是人民教育出版社《普通高中教科书数学 A 版选择性必修第一册》第二章"直线和圆的方程"第 1 节 2.1.2 两条直线平行和垂直的判定。

（一）核心概念及进阶路线

本节课"两条直线平行与垂直的判定"置入高中"解析几何"中"直线与方程"单元，落实"课标 2017"中"直线与方程"的相关内容要求，核心概念及进阶路线见图 4-4-1。

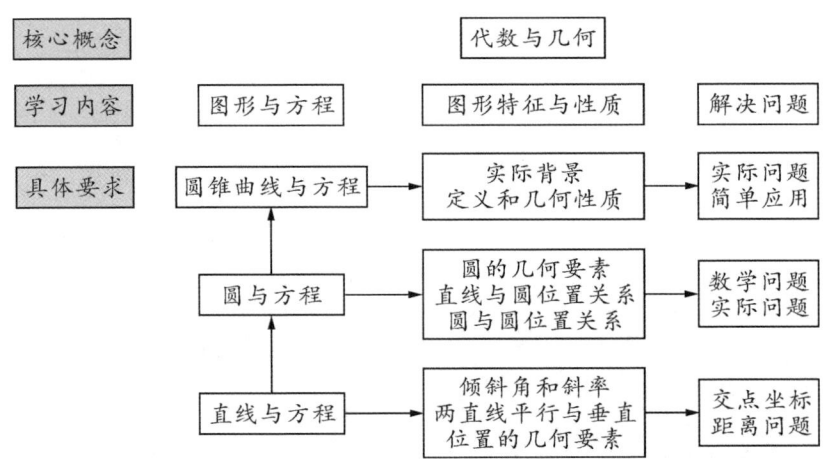

图 4-4-1 代数与几何核心概念及进阶路线

（二）课程标准要求

理解直线的倾斜角和斜率的概念，经历用代数方法刻画直线斜率的过程，掌握过两点的直线斜率的计算公式；能根据斜率判断两条直线平行或垂直。

（三）单元结构分析

平面解析几何是高中课程的重要内容，解析几何是近代数学发展的一个里程碑，引入坐标法研究几何问题。在解析几何学习中，数形结合思想和坐标法统领全局,始终强调"先用几何眼光观察与思考,再用坐标法解决的策略"。一方面应从几何角度关注图形,认识图形的几何特征;另一方面要建立代数方程,用代数工具研究几何性质。

本章是平面解析几何第一章,包括直线与方程、圆与方程两部分。初中阶段从几何角度研究过直线和圆,本章学习用代数方法进行研究,包括用代数方法表示几何图形、图形的位置关系以及距离有关问题,感悟解析几何的思想方法,为圆锥曲线的研究奠定基础。

本章重点提升直观想象、数学运算、逻辑推理和数学抽象素养。

(四)课时内容分析

直线的倾斜角与斜率,共有两课时内容:倾斜角与斜率、两条直线平行与垂直的判定,本课时为第2课时。

本课时教材可以分为三个活动:直线倾斜角和斜率研究方法回顾、两条直线平行、两条直线垂直。(1)直线倾斜角和斜率研究方法回顾,回顾第2课时内容,如何将一个几何问题转化为代数问题,提出本课时的研究问题。(2)两条直线平行,教材采取将几何角度平行与倾斜角、斜率联系,得到如何根据斜率判断两直线平行的结论;另外对斜率不存在特殊情形进行说明,两条直线重合时可以证明三点共线;设置两个例题,直接判断两直线是否平行和判断四边形形状。(3)两条直线垂直,首先由相交逐步聚焦到垂直的特殊情况并提出研究问题;利用方向向量得到判断,根据斜率判断两直线垂直的结论;说明特殊情形,斜率不存在与斜率为0的两条直线互相垂直;设置两个例题,直接判断两直线是否垂直和判断三角形形状。

(五)对教学的思考

对于本节课,要求学生能够根据斜率判定两条直线平行或者垂直,充分发挥信息技术的作用,通过计算机软件向学生展示方程中参数的变化对两直线位置关系的变化的影响;提升学生数学运算、直观想象、逻辑推理和数学抽象核心素养。但是如何能让学生发现问题、提出问题、解决问题,从而让学生的思维得到进一步的锻炼,是我们在教学中需要关注的问题。

二、教学对象分析

（一）学生认知水平

高二的学生具备一定的数学抽象、数学运算、直观想象和逻辑推理能力，但是学生对事物的认知仍然比较感性，缺乏严谨性。这节课的情境创设借鉴了皮亚杰认知冲突理论，我们认为教学要善于制造认知冲突，从而使其主动地求知并真正将知识内化，进而促进其认知发展。

（二）学生的知识、经验基础

初中几何已经学习直线和圆、直线位置关系、点和圆的位置关系、直线和圆的位置关系、圆和圆的位置关系，知道一次函数的图象是一条直线，能够利用平面几何知识解决一些简单的图形问题。经过高一数学的学习，学生积累了一定的数形结合、转化等数学思想和从特殊到一般的研究方法。

本章学习是从解析几何角度，用代数方法研究直线和圆，从代数角度来判定图形的位置关系，是一种新的思维方式。在探究过程中要用到向量和向量运算、平面几何等相关知识，可能会有一部分学生在探究过程中受阻。

（三）学生学前调研

班级近四分之一的学生已经提前学习了两直线的位置关系，能够根据斜率判断两直线的位置关系，但是对于结论的证明并不熟悉。

学习本节课知识之前，让学生观察图片中抽象出来的直线的位置关系，引发学生的认知冲突，体会从数学角度研究问题的必要性。

在探究两直线垂直的判定方法时，注重发展学生发现问题、提出问题、解决问题的能力，积累研究问题的方法，引导学生思考学过哪些判断两条直线垂直的方法，进而猜想判断两条一般直线垂直的结论并证明。

三、教学目标和重难点

基于上述分析，本节课的教学目标及教学重难点如下：

【教学目标】

1. 能根据斜率判断两直线平行或垂直，能理解用坐标法研究图形问题的方法和思想。

2. 经历从具体问题情境中抽象出两条直线平行、垂直的结论的过程,提高发现问题、分析问题、解决问题的能力。

3. 通过两直线平行或垂直问题的探究,发展学生的直观想象、逻辑推理和数学运算素养。

【教学重点】

通过代数方法得到两条直线平行与垂直的几何结论。

【教学难点】

两条直线垂直的判定方法的探究。

四、教学过程和活动设计

本节课共设计了五个教学活动。

1. 创设情境,提出问题。通过具体情境引发学生的认知冲突,激发学生的学习兴趣和研究意识。

2. 分析位置关系,研究直线平行判定。结合初中两直线平行的性质定理和判定定理,发现如何用"数"来表示两条直线平行的位置关系。

3. 迁移学习经验,研究两直线垂直判定。类比研究两条直线平行判定的学习,研究两直线垂直的判定。

4. 典例讲解,巩固应用。

5. 归纳小结,回顾方法。从知识和方法两个方面进行小结。

(一)创设情境,提出问题

创设情境:2019年中国北京世界园艺博览会——中国馆。

2019年中国北京世界园艺博览会(简称"2019北京世园会")是继2010上海世博会之后,我国举办的规格最高、规模最大的世界园艺博览会,也是献礼祖国70周年华诞的盛事之一。2019北京世园会主题为"绿色生活,美丽家园",中国馆是世园会中首个整体亮相的场馆,师法自然,传递生态文明,效仿先人"巢居""穴居"的古老智慧,2019北京世园会将中国馆打造成一座会"呼吸"、有"生命"的绿色建筑。

图4-4-2为中国馆部分截图,观察图中中国馆场馆上方的排山勾滴,从数学

角度看,有什么样的位置关系?

图 4-4-2

观察中国馆全景图,你认为中国馆上方的各个排山勾滴之间有什么位置关系?

图 4-4-3

通过中国馆局部图和整体图,我们发现利用图形直观观察得到的结论不一定正确,需要严谨的判定方法。本节课将在直线方程的基础上,用解析法继续探究两直线的位置关系及判定方法。

【设计意图】通过具体情境引发学生的认知冲突,激发学生的学习兴趣和研究意识,同时让学生感受中国建筑的对称美、和谐美,渗透数学文化。引导学生用数学视角观察现实世界,并尝试用数学语言描述现实世界。

(二)分析位置关系,研究直线平行判定

问题1:平面内两条不重合的直线的位置关系有哪些?

预设1:相交和平行。

预设2:相交的特殊情形,垂直。

问题2:首先探究两条直线平行的判定条件,具体化为:

已知平面内两条不重合直线 $l_1:y=k_1x+b_1$ 和 $l_2:y=k_2x+b_2(b_1\neq b_2)$,若 l_1

$//l_2$,能得到哪些结论?反之成立吗?

预设1:从几何图形角度看,两条直线平行,如果被第三条直线(这里是 x 轴)所截,那么形成的同位角相等,也就是两条直线的倾斜角相等。体现在两条直线的方程上,就是 $k_1 = k_2$。

预设2:如果两条直线斜率相等,即 $k_1 = k_2$,由正切函数的单调性,可知它们的倾斜角相等;从图形上看是一对同位角,由两条直线平行的判定定理可知,它们平行。

预设3:综合起来,在斜率存在的前提下,两条直线平行与它们的斜率相等互为充分必要条件,即对于斜率分别为 k_1, k_2 的两条直线 l_1, l_2,都有

若 $l_1 // l_2$,则 $k_1 = k_2, b_1 \neq b_2$;反之,若 $k_1 = k_2, b_1 \neq b_2$,则 $l_1 // l_2$。

预设4:如果 l_1, l_2 的斜率都不存在,那么它们的倾斜角都是 $90°$,从而它们是互相平行或重合。

师生小结:我们从初中学习过两直线平行的判定方法,进一步从直线方程角度给出了代数的判定方法,并且关注到要考虑特殊的斜率不存在的情况。

【设计意图】通过观察平面内两条互相平行的直线,结合初中两直线平行的性质定理和判定定理,让学生发现如何用"数"来表示两条直线平行的位置关系,从而将几何直观转化为代数表达,体现数形结合的数学思想,培养学生直观想象、逻辑推理等数学核心素养和严谨的数学思维。同时让学生感受数学的简洁美。

(三)迁移学习经验,研究两直线垂直判定

问题:平面内两条不重合直线的位置关系有相交和平行,垂直是相交的特殊情形,如何判定两条直线垂直呢?

预设1:从几何图形的角,可以根据两直线夹角等于 $90°$ 判断。从几何图形的线,可以利用勾股定理的逆定理判断。

预设2:如果两个向量的数量积为0,那么两个向量垂直。可以写出两条直线所在的向量,利用向量数量积判断。

预设3:如果已知平面内两条直线的方程,是否可以找到斜率之间的关系?

预设4:如果其中一条直线斜率不存在,另一条直线斜率为0,那么这两条

直线就是垂直的。

预设 5：如果其中一条直线斜率存在且不为 0，从图形上易知另一条直线斜率一定存在。可以从具体例子开始研究，如 $l_1:y=x$，即一、三象限的角平分线，从图形上看二、四象限的角平分线 $l_2:y=-x$ 与 l_1 垂直。两条直线的斜率分别是 1 和 -1，互为相反数或互为负倒数。

预设 6：可以从特殊倾斜角考虑，假设其中一条直线倾斜角是 $60°$ 且过原点，那么 $l_1:y=\sqrt{3}x$，那么与 l_1 垂直的直线 l_2 倾斜角为 $150°$，假设 l_2 过原点，那么 $l_2:y=-\dfrac{\sqrt{3}}{3}x$。两条直线的斜率分别是 $\sqrt{3}$ 和 $-\dfrac{\sqrt{3}}{3}$，互为负倒数。

师生小结：通过讨论，我们可以从几何元素的角、线判断两条直线垂直，具体方法有勾股定理的逆定理等，也可以计算向量的数量积判断。通过两组特殊的直线，可以提出初步猜想：已知两条直线 $l_1:y=k_1x+b_1$，$l_2:y=k_2x+b_2$，当 $l_1\perp l_2$ 时，两条直线的斜率互为负倒数，用数学表达式可以表示为 $k_1\cdot k_2=-1$。

已知两条不重合的直线 $l_1:y=k_1x+b_1$，$l_2:y=k_2x+b_2$（图 4-4-4），证明：当 $l_1\perp l_2$ 时，有 $k_1\cdot k_2=-1$。

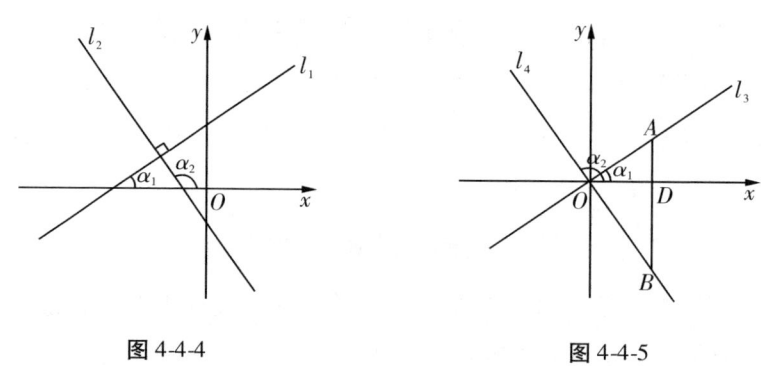

图 4-4-4　　　　　　　图 4-4-5

预设 1：联立直线方程解交点，勾股定理、射影定理（计算量太大）。

预设 2：将两条直线分别平移到过原点减小计算量。如图 4-4-5，过坐标原点 O 分别作 $l_3\parallel l_1$，$l_4\parallel l_2$，分别在 l_3，l_4 上取两点 $A(1,k_1)$，$B(1,k_2)$，线段 AB 与 x 轴交点 $D(1,0)$，由勾股定理 $AO^2+BO^2=AB^2$ 得证或由射影定理 $OD^2=AD\cdot BD$ 得证。

预设 3：在图 4-4-5 基础上，利用倾斜角 $\alpha_2=\alpha_1+90°$，结合三角函数、诱导公式知识得证。

预设 4：如图 4-4-5，过坐标原点 O 分别作 $l_3 /\!/ l_1$，$l_4 /\!/ l_2$，分别在 l_3，l_4 上任取两点 $A(x_1,y_1)$，$B(x_2,y_2)$，由勾股定理 $AO^2 + BO^2 = AB^2$ 及直线方程得证。

预设 5：利用方向向量证明

设两条直线 l_1，l_2 的斜率分别为 k_1，k_2，则直线 l_1，l_2 的方向向量分别是 $\vec{a} = (1,k_1)$，$\vec{b} = (1,k_2)$，于是 $l_1 \perp l_2 \Leftrightarrow \vec{a} \cdot \vec{b} = 0 \Leftrightarrow 1 \times 1 + k_1 k_2 = 0$，即 $k_1 k_2 = -1$。

小结：当两条直线都存在斜率时，有 $l_1 \perp l_2 \Leftrightarrow k_1 \cdot k_2 = -1$；当其中一条直线斜率不存在，另一条直线的斜率为 0 时，有 $l_1 \perp l_2$（分别与 x 轴、y 轴平行的两条直线互相垂直）。

【设计意图】 问题设置从特殊到一般，为学生搭建学习研究的桥梁，体会从归纳推理到演绎推理的过程，体会用坐标法研究几何问题的过程，感受向量方法的运用突出了几何直观与代数运算之间的融合，提高学生数形结合能力和严谨的数学思维，发展学生的数学运算、逻辑推理、直观想象等数学核心素养。同时让学生体会数学的和谐美、简洁美。

（四）典例讲解，巩固应用

例 1. 已知 $A(2,3)$，$B(-4,0)$，$P(-3,1)$，$Q(-1,2)$，试判断直线 AB 与 PQ 的位置关系，并证明你的结论。

例 2. 已知四边形 $ABCD$ 的四个顶点分别为 $A(0,0)$，$B(2,-1)$，$C(4,2)$，$D(2,3)$，试判断四边形 $ABCD$ 的形状，并给出证明。

例 3. 已知 $A(-6,0)$，$B(3,6)$，$P(0,3)$，$Q(6,-6)$，试判断直线 AB 与 PQ 的位置关系。

例 4. 已知 $A(5,-1)$，$B(1,1)$，$C(2,3)$ 三点，试判断三角形 ABC 的形状。

【设计意图】 例 1 和例 3 都是用斜率判断两条直线的位置关系，例 2 和例 4 的综合性强一些，由图形直观容易猜想，再按照猜想的思路给予证明，是用斜率判断两条直线的位置关系的应用。

（五）归纳小结，回顾方法

本节课学到的知识及研究解决问题的方法、思想有哪些？

知识角度:平面内两条不重合的直线平行的判定方法,两条直线垂直的判定方法。

方法角度:从特殊到一般,从几何和解析式不同角度思考问题。

(六)作业设计

1. 判断下列各对直线是否平行或垂直:

(1)经过 $A(2,3)$, $B(-1,0)$ 两点的直线 l_1, 与经过点 $P(1,0)$ 且斜率为 1 的直线 l_2;

(2)经过 $C(3,1)$, $D(-2,0)$ 两点的直线 l_3, 与经过点 $M(1,-4)$ 且斜率为 -5 的直线 l_4。

2. 试确定 m 的值,使过 $A(m,1)$, $B(-1,m)$ 两点的直线与过 $P(1,2)$, $Q(-5,0)$ 两点的直线:(1)平行;(2)垂直。

3. 已知四边形 $ABCD$ 的四个顶点是 $A(2,2+2\sqrt{2})$, $B(-2,2)$, $C(0,2-2\sqrt{2})$, $D(4,2)$。求证:四边形 $ABCD$ 为矩形。

4. 查阅、整理、探究证明直线与直线平行、垂直的方法及直线平行、垂直在生活中的应用。

【设计意图】题目 1 到 3 巩固基础知识,题目 1 和 2 是对两直线平行或垂直条件的直接应用,需要关注当斜率相等时,判断两直线是否重合的情况,关注思维的严谨性。题目 3 需要将四边形 $ABCD$ 为矩形的"几何描述"转化为代数条件,进而利用本节课所学知识进行判断。题目 4 培养学生自主学习能力,发展学生思维,体会数学美及数学的应用价值。

五、教学反思

(一)创设问题情境,发展数学思维

本节课通过具体的问题情境,逐步引导学生,符合学生的认知水平,学生经历了从特殊到一般,从归纳到演绎的推理过程,体会了数学的严谨性,同时,体现数学知识之间的联系性,更有利于发散学生思维,发展学生的逻辑推理、数学运算等核心素养,有利于培养学生的创新精神和研究能力。

(二)融合信息技术,提高学习兴趣

教学中体现信息技术与高中数学教学深度融合,利用数学软件动态呈现两条直线的位置关系及斜率数据的变化,学生能够直观地看到变化中的不变性、实现化静为动,动静结合。通过使静态的知识动态化,增强了数学的趣味性,使教与学充满了生机,使学生对结论印象深刻,实现化难为易,突破学习难点。

(三)感受中国文化、渗透美育教学

本节课通过创设现实情境,让学生感受中国建筑中的和谐美、对称美,感受数学中的简洁美、对称美。培养学生善于发现美、鉴赏美、创造美的能力,使学生在学习过程中享受美,从而形成美的心灵、美的灵魂,同时感受中国文化的博大精深。

六、案例分析

(一)创设具体情境,引发学生的认知冲突

引入环节,观察2019年中国北京世界园艺博览会建筑图片,引导学生用数学眼光观察现实世界,并尝试用数学语言进行描述。对比建筑图片的局部和全景,体会直观观察得到的结论并一定成立,需要严谨的判断方法,进而聚焦于本节课的学习目标。

(二)经历探究过程,积累数学思考经验

直线平行的判定探究,激活学生在平面几何所学习的两直线平行的性质和判定定理知识,尝试如何用"数"方式表达两直线平行,将几何直观与代数表达结合。

直线垂直的判定探究,首先类比两直线平行的探究经验,引导学生思考将平面几何学习的垂直表达方式代数化;其次引导学生从特殊的象限对角线开始思考,提出合理的猜想;最后尝试从不同角度进行一般化的证明。

(三)注重反思总结,加强学生思维的自我监控

直线平行与垂直的判定探究,本节课最后的总结中,教师都非常关注学习活动后的反思,特别是对数学思考过程的反思,教学开展中可以根据学生情况,通过教师总结或引导学生总结的方式,帮助学生逐步建立对自己思维过程进行监控的意识和习惯。

第五节 椭圆及标准方程

一、教学内容分析

本节课是人民教育出版社《普通高中教科书数学 A 版选择性必修第一册》第三章"圆锥曲线的方程"第 1 节 3.1.1 椭圆及其标准方程。

(一)核心概念及进阶路线

本节课"椭圆及标准方程"置入高中"解析几何"中"圆锥曲线与方程"单元,落实"课标 2017"中"圆锥曲线与方程"的相关内容要求,核心概念及进阶路线见图 4-5-1。

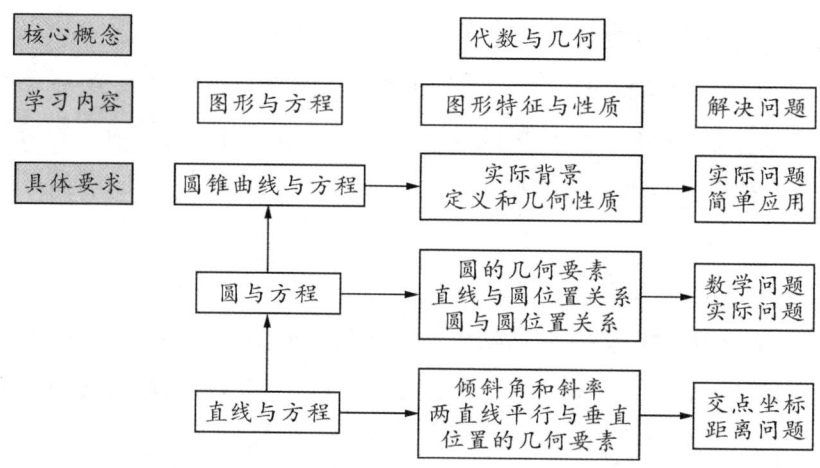

图 4-5-1 代数与几何核心概念及进阶路线

(二)课程标准要求

了解圆锥曲线的实际背景,感受圆锥曲线在刻画现实世界和解决实际问题中的作用;经历从具体情境中抽象出椭圆的过程,掌握椭圆的定义、标准方程及简单几何性质;了解抛物线与双曲线的定义、几何图形和标准方程以及它们的简单几何性质;通过圆锥曲线与方程的学习,进一步体会数形结合的思想;了解椭圆、抛物线的简单应用。

(三)单元结构分析

第三章"圆锥曲线的方程"的研究对象是圆锥曲线(几何图形),章节引言中介绍了圆锥曲线名称的由来,对圆锥曲线的研究历史,以及圆锥曲线在科研、生产和生活中的广泛应用,本章主要学习内容和研究方法。

教材按椭圆、双曲线、抛物线的顺序安排了三节内容,三种圆锥曲线的研究内容、过程和方法是"同构"的,对每一种圆锥曲线都是按照"曲线的几何特征→曲线的标准方程→通过方程研究曲线的性质→应用"的过程展开。在具体展开过程中,教材把椭圆作为重点,强调它的典型示范作用,注重数学思想和基本方法的引领性,双曲线、抛物线的研究通过类比椭圆来完成。教材根据解析几何的学科特点,在对这些曲线的研究中都贯彻了"先用几何眼光观察与思考,再用坐标法解决"的策略。

教学中要注重引导学生开展有结构、有逻辑的系统学习。教材中以系列化情境与问题为载体,构建了"分析背景→探索几何特征→选择坐标系、建立标准方程→探索不同形式的标准方程→通过方程研究几何性质"的系列化数学活动。

本单元知识结构图如下:

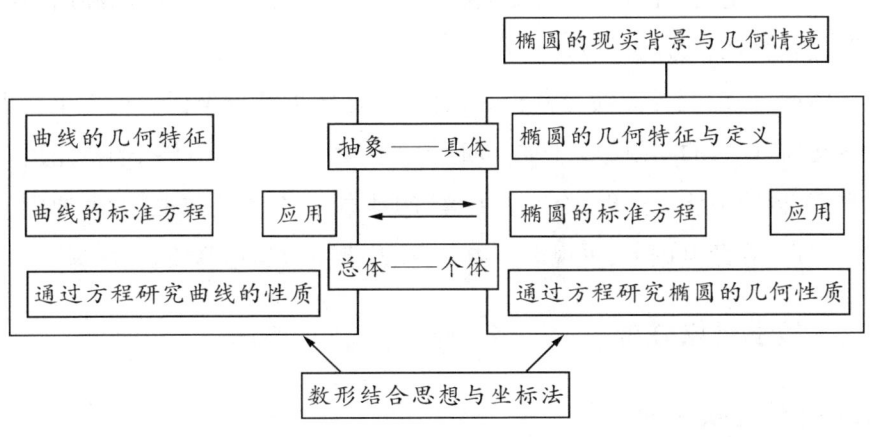

图 4-5-2 "圆锥曲线的方程"单元结构图

(四)课时内容分析

3.1 椭圆包括椭圆的定义、标准方程与简单的几何性质。共分两小节,课时安排为四课时:第一小节通过学生动手画图、抽象、归纳、概括得到椭圆的概念并选择适当的坐标系建立椭圆方程;第二小节利用椭圆的标准方程研究椭圆的几何性质。

本课时为第一小节第1课时,教材编排可以分为四个活动。

椭圆的定义。动手操作画圆基础上拓展,将细绳两端分开画出曲线,并从数学角度描述曲线满足的几何性质,进而抽象出椭圆、焦点和焦距等定义。

建立坐标系。根据椭圆的几何特征,通过思考问题"观察椭圆的形状,你认为怎样建立坐标系可使所得的椭圆方程形式简单?"选择并建立适当的坐标系。

方程的推导。根据椭圆的定义,用数学语言表示出椭圆上的点满足的条件,并进一步转化为方程,简化整理得到椭圆的标准方程;检验方程与曲线的等价性。

方程再认识。椭圆标准方程的结构特点,a,b,c 的几何意义;思考将两个焦点改在 y 轴上,猜想椭圆的标准方程。

(五)对教学的思考

在本章教学中,应以坐标法为核心和纽带展开教学,把"解析几何是一种方法论"作为本单元内容的一个核心定位。解析几何是"以代数方法研究几何问题",研究对象是几何图形,所以要把握所研究对象的几何特征、明确面临的几何问题,然后用代数方法研究。

具体而言,以圆锥曲线与方程为载体,把让学生掌握坐标法这一工具去解决一些几何、代数的问题作为核心和重点。教学中一定要引导学生"先用几何眼光观察,再用坐标法推理、论证和求解"的基本思路,不要忽视"几何要素的分析"这一环。在此基础上,重视运算指导,提升学生数学运算核心素养。

二、教学对象分析

(一)学生认知水平

数学抽象是从事物的具体背景中抽象出一般规律和结构,用数学语言予以表征。学生在高二阶段具备一定数学抽象素养,学生在学习过程中亲历在情境中抽象出数学概念、命题、方法和体系,积累了一些从具体到抽象的活动经验。

数学运算是解决数学问题的基本手段。通过高中数学课程的学习,学生进一步发展数学运算能力;能够尝试按照理解运算对象,掌握运算法则,探究运算思路,形成程序化思维的进阶思路借助运算方法解决问题。

根据学生认知水平,选择学生动手实操,既能反映数学对象的本质特征,又能与学生的认知水平相适应。椭圆定义的展开过程中,赋予"先行组织者"以重要地位,注重用坐标法讨论问题基本思路的引导。这既是解析几何思想的教学,又是一种思维策略的教学,对于学生获得数学基本思想、积累基本活动经验,增加发现和提出问题的可能性,以及培养理性思维等都能起到非常重要的作用。

(二)学生的知识、经验基础

在知识层面,学生在初中学习过平面直角坐标系的相关知识,高中学习了直线与圆的方程,并明确了坐标法思想、提供了用坐标法解决平面几何问题的示范和练习。从能力与学习经验层面,学生具备按照从具体到抽象、从特殊到一般的思维方式,归纳、概括的学习经验,能够在与学生的现实紧密关联的真实问题情境中,开展体验学习、合作学习、建构学习,通过有结构、有逻辑地系统学习,逐步形成数学学科观念、数学思维方式和探究技能。

(三)学生学前调研

大部分学生对于坐标法和数形结合思想只是初步了解,缺乏用坐标法解决综合性问题的训练,没有形成用坐标法思考和解决问题的思维习惯。解析几何的学习对运算能力的要求较高,对于较为复杂的代数式的运算,学生从心理上存在畏难情绪,从学习经验上与初中训练有一定差距,运算技能有所欠缺,学生运算素养有待提升。

三、教学目标和重难点

基于上述分析,本节课的教学目标及教学重难点如下:

【教学目标】

1.通过实际绘制椭圆的过程,认识椭圆上点的几何特征,抽象出椭圆的定义,并能用它解决简单的问题,发展数学抽象素养。

2.能够根据椭圆的几何特征建立适当的坐标系,根据椭圆的定义列出椭圆上的点的坐标满足的方程,化简得到椭圆的标准方程,发展直观想象、数学运算素养。

3.初步认识本章的学习方法与学习价值,在开放式的课堂活动及积极、友善的心理环境中,提升学习兴趣,获得积极的情感体验。

【教学重点】

椭圆的定义及椭圆的标准方程。

【教学难点】

椭圆几何特征的发现,椭圆的标准方程的推导。

四、教学过程和活动设计

本节课主要分为五个教学活动。

(一)归纳抽象,建构椭圆概念。动手画圆基础上拓展,画出满足条件的轨迹;用数学的语言描述轨迹满足的条件,归纳抽象出椭圆、焦点、焦距等概念。

(二)着眼几何,寻求代数解决。类比直线和圆的研究,对椭圆图形对称性认识基础上,建立适当的坐标系;根据椭圆定义写出满足条件的方程。

(三)运算推导,得出标准方程。师生讨论明确运算目标,运算推导得出标准方程;反思为什么要用 $2a$ 和 $2c$ 分别表示椭圆的定长与焦距;理解 b 的几何意义。

(四)猜想证明,完善标准方程。理解焦点在 x 轴上的椭圆标准方程,猜想交点在 y 轴的椭圆标准方程形式,完善认识。

(五)归纳反思,展望后续学习。归纳本节课所学习的知识,形成知识结构图;反思研究过程中的经验,提出椭圆进一步研究的内容。

(一)归纳抽象,建构椭圆概念

问题1:在平面内到定点距离等于定长的点的集合为圆,我们取一条定长的细绳,把它的两端都固定在图板的同一点,套上铅笔,拉紧绳子,移动笔尖,这时笔尖(动点)画出的轨迹是一个圆。如果把细绳的两端拉开一段距离,分别固定在图板的两点 F_1, F_2(图 4-5-3),套上铅笔,拉紧绳子,移动笔尖,画出的轨迹是什么曲线?

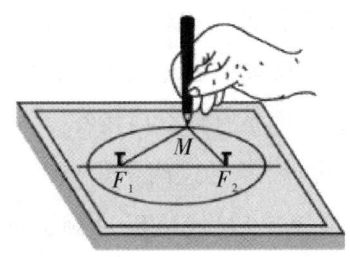

图 4-5-3

学生动手操作后,教师用 GeoGebra 软件(动态数学软件)模拟演示椭圆绘制过程,呈现所画的曲线具有共同的特点。

追问:请尝试用数学语言刻画曲线上点满足的条件。

预设1:曲线上的点到两点 F_1,F_2 距离之和不变,用数学符号可以表示为 $|MF_1| + |MF_2| = d$。

预设2:距离之和要大于或等于 $|F_1F_2|$。

预设3:距离之和等于 $|F_1F_2|$ 时,只有两个点满足条件。

【设计意图】由实际操作,强化学生对椭圆的几何特征的认识。在探讨定点间距离与动点到两定点间距离和的大小关系发生变化(量变)时动点的轨迹相应发生的变化(质变)的过程中,再一次渗透辩证唯物主义思想。

问题2:你能用准确的数学语言刻画椭圆吗?

尝试让学生用准确的数学语言给出椭圆的定义。在此基础上,教师关注学生对定义中相关用语及符号表示:"平面内""定点""距离之和""常数""常数大于两定点间的距离""点的轨迹"的使用是否准确。

【设计意图】学生通过对曲线上点坐标满足的条件进行初步描述,并对限制条件进行讨论。在此基础上,通过强化椭圆概念的抽象与建立过程,增强学生思维的严谨性与语言表达能力。

(二)着眼几何,寻求代数解决

问题3:类比直线和圆的研究方法,建立椭圆的方程来研究椭圆的性质。确立椭圆方程的大致步骤是什么呢?

师生:师生共同回顾解析几何研究问题的基本思路,明确建立椭圆的方程的大致步骤:根据椭圆的几何特征建立适当的直角坐标系→明确椭圆上的点满足的几何条件→将几何条件转化为代数表示列出方程→化简方程→检验方程。学生在教师引导下通过讨论明确如何建立适当的直角坐标系。

追问:观察椭圆,对建立坐标系有什么启发?

观察发现:椭圆具有对称性,并且过两个焦点的直线是它的对称轴。受圆心在原点时圆的标准方程最简单启发,以经过椭圆两焦点 F_1, F_2 的直线为 x 轴,线段 F_1F_2 的垂直平分线为 y 轴,建立直角坐标系 $O-xy$。建立适当的坐标系,用有序数对 (x, y) 表示椭圆上任意一点 M 的坐标是用坐标法研究问题的前提与基础。分析点在椭圆上的条件,将适合的条件用坐标表示,列出方程 $\sqrt{(x-c)^2+y^2}+\sqrt{(x+c)^2+y^2}=2a$ 是建立曲线方程的关键。

利用坐标法求曲线方程首先要选取恰当的坐标系,坐标系选取得不同,方程的形式也会产生差异,也就是说选取恰当的坐标系会给我们的化简过程带来便捷。

【设计意图】 通过上述师生活动,明确求曲线方程的大致步骤,避免推导过程中思维的盲目性;引导学生在对椭圆几何性质初步分析基础上,选择建立适当的直角坐标系,并能够把几何条件坐标化。通过类比圆的方程猜测椭圆的方程形式,为进一步化简方程明确运算方向,减少运算盲目性。

(三)运算推导,得出标准方程

问题4:如何化简 $\sqrt{(x-c)^2+y^2}+\sqrt{(x+c)^2+y^2}=2a$?你有什么想法?

预设1:有根号存在,可以两边同时进行平方运算。

预设2:可以把两个根式分别位于等号两侧再进行平方运算,这样不会出现四次方。

学生独立进行计算,教师巡视,对于学生出现的典型问题进行处理,学生基本上整理到下面的方程。

$$(a^2-c^2)x^2+a^2y^2=a^2(a^2-c^2) \quad (*)$$

追问:从简化、美化的角度出发希望继续优化方程,(*)中等式两边都有一个代数式 a^2-c^2,如果令 $b^2=a^2-c^2$,式变形为 $b^2x^2+a^2y^2=a^2b^2$,如何对这一等式进一步变形?

教师引导学生在等式两边同时除以 a^2b^2 得到椭圆标准方程 $\dfrac{x^2}{a^2}+\dfrac{y^2}{b^2}=1$（$a>b>0$）。并明确以上方程的变形是同解变形，方程 $\dfrac{x^2}{a^2}+\dfrac{y^2}{b^2}=1$ 与所给椭圆是等价的，称为椭圆的标准方程。方程所蕴含了简洁美、对称性、和谐美，"数"与"形"有内在的一致性。

追问：推导出的椭圆方程的形式与猜想的形式是否一致？椭圆方程中的 b 有什么几何意义？为什么要用 $2a,2c$，而不是 a,c 表示椭圆的定长与焦距？

从寻找 a^2-c^2 的几何意义入手明晰了 b 的几何意义，在利用绳子绘制椭圆的过程中，体会 b 与椭圆形状的关系。在对参数 $2a,2c$ 设立的反思中，体会为数学运算带来的简洁。

【设计意图】 通过问题与追问，引导学生完成化简代数式，使学生养成在明确运算目标的前提下探究运算思路，选择运算方法，设计运算程序后按照算理进行运算的良好习惯，提升学生数学运算核心素养。以椭圆的标准方程的推导为载体，引导学生掌握推导圆锥曲线方程的一般思路与方法。以椭圆的标准方程概念为载体，深化学生对曲线与方程的关系的理解。

（四）猜想证明，完善标准方程

问题5：如果椭圆的焦点 F_1,F_2 在 y 轴上，且 F_1,F_2 的坐标分别为 $(0,c)$，$(0,-c)$，仍然令 $b^2=a^2-c^2$，那么椭圆的方程又是什么？

预设1：可以按照刚才的方式建立坐标系，进行推导。

预设2：是不是将表达式中 x 和 y 互换位置就可以？

教师引导下，学生先猜想，并讨论猜想成立的依据，由学生课下独立完成焦点在 y 轴上椭圆的标准方程 $\dfrac{y^2}{a^2}+\dfrac{x^2}{b^2}=1$ 推导过程。

学生间形成互助模式，自己能够独立完成推导的学生帮助有困难的同学纠偏，共同进步。

【设计意图】 形成和完善椭圆的标准方程的概念，逐步促成学生大胆猜想，谨慎证明的理性思维方式；借助对焦点在 x 轴的椭圆方程推导经验，独立完成椭圆的标准方程 $\dfrac{y^2}{a^2}+\dfrac{x^2}{b^2}=1$ 推导过程，提升数学运算核心素养。

(五)归纳反思,展望后续学习

回顾本节课学习内容,学习了哪些知识?课下画出本节课知识结构框图。

建立坐标系、推导椭圆方程过程中,学习到哪些经验?

类比圆和直线的研究,关于椭圆将继续研究哪些内容?

【设计意图】 本节课小结部分以学生建构自己的知识结构框图形式帮助学生存储有关椭圆的事实性知识及概念性知识。通过对椭圆方程建构中坐标系选择、方程推导的回顾,培养反思意识和习惯。通过思考后续学习内容,深化解析几何研究问题的基本思路,为后续学习做必要铺垫。

(六)作业设计

1. 画出本节课知识结构图。

2. 完成焦点在 y 轴上椭圆的标准方程 $\dfrac{y^2}{a^2}+\dfrac{x^2}{b^2}=1$ 的推导过程,遇到困难采取同学互助形式解决。

3. 如果点 $M(x,y)$ 在运动过程中,总满足关系式 $\sqrt{x^2+(y-3)^2}+\sqrt{x^2+(y+3)^2}=10$,那么点 M 的轨迹是什么曲线?为什么?写出它的方程。

4. 写出适合下列条件的椭圆的标准方程:

(1)焦点坐标分别为 $(0,-4),(0,4),a=5$;

(2) $a+c=10, a-c=4$。

【设计意图】 题目1学生通过画出知识结构图,将本节课所学习知识结构化。题目2帮助学生巩固曲线方程的推导过程,并提高运算能力。题目3使学生将数学表达式与几何意义建立联系,并能够直接写出椭圆标准方程。题目4使学生加强对椭圆标准方程的掌握和应用。

五、教学反思

(一)调动学生高阶思维参与事实性知识、概念性知识的学习

布鲁姆教育目标分类学阐述了可以从学科知识的类别和大脑思考的加工方式两个维度看待学习。该理论将知识分为事实性知识、概念性知识、程序性知识、元认知知识。将认知过程分为六个层级,即知道、理解、应用、分析、综合、

评价。常常把记忆、理解、应用称作初级认知加工。

本节课学习的椭圆概念及其标准方程为事实性知识与概念性知识,在课堂中通过学生类比圆的标准方程猜想椭圆方程的形式,由焦点在 x 轴上的椭圆标准方程猜想焦点在 y 轴上的椭圆标准方程形式,以及在小结归纳部分构建自身知识结构图等活动,确定要素在一个结构中的合适位置或作用,为完成某一任务设计程序,调动学生分析与创造的思维活动。

(二)突出知识形成过程

思维过程活动框架为:明确目标→接受信息→加工编码→抽象概括→操作运用→获得成功。本节课在设计教学活动时,让学生经历动手操作画出椭圆、抽象出椭圆概念、猜想椭圆方程形式、选取恰当坐标系、代数化椭圆上的点满足的几何关系、化简方程、完善椭圆方程、形成自身知识框架等一系列活动,突出知识形成过程。

教师注重过程与方法的引导,包括发现问题、提出问题、分析问题和解决问题的过程及策略,具体方法如观察、实验、类比、归纳等等。给予学生进行思考的时间,提出符合学生认知基础的高认知问题,引发学生的认知冲突,引导学生积极主动地思考。

(三)任务驱动,激发学生的学习动机和兴趣

教师通过有效干预创造丰富的学生主体活动,把学生的智慧和人格力量尽可能多地吸引到学习中来,让学生掌握学习方法、培养学习兴趣和学习需要,成为进行教学改革、提升教学质量的关键。

教师要利用和培养学生的非智力因素,利用任务驱动激发学生的学习动机和兴趣。本节课保持知识完整性,没有在课堂教学环节中设计例题,把求解教材中例题以及完成焦点在 y 轴上椭圆的标准方程 $\dfrac{y^2}{a^2}+\dfrac{x^2}{b^2}=1$ 推导过程安排在课后作业中要求学生先独立完成,遇到困难采取同学互助形式解决。引导学生积极主动地思考,帮助学生形成关于学习、关于所学习学科的正向观念,促进学生思维的发展。

六、案例分析

(一)联系已有知识经验,促进认知建构

椭圆概念的形成,激活学生关于圆的概念,在圆的概念基础上将一个定点拓展为两个定点、距离相等拓展为距离之和相等,教师示范画出满足要求的几何图形,引导学生归纳概括出椭圆概念,发展数学抽象和归纳概括的能力。

椭圆方程的建构,类比直线和圆的研究过程,师生共同回顾了解析几何的研究方法;进一步结合圆及标准方程,引导学生观察椭圆的图形特征,思考如何建立直角坐标系,可能会为进一步的方程推导和表示带来简洁性。

(二)引导学生进行反思,训练思维品质

椭圆方程的推导,列出满足条件的方程$\sqrt{(x-c)^2+y^2}+\sqrt{(x+c)^2+y^2}=2a$,引导学生观察方程的结构,思考并讨论如何能简化运算,通过讨论减少运算的盲目性,发展数学运算素养。得到椭圆的标准方程,反思为什么选择用$2a$,$2c$,而不是a,c表示椭圆的定长与焦距。

焦点在y轴上的椭圆标准方程,让学生根据焦点在x轴上的椭圆标准方程形式进行猜测,引导学生关注知识之间的联系思考问题。

本课小结及作业布置,小结中注重学生对学习经验的反思和总结,作业布置中让学生画出本节知识结构图,提升数学思维的深度。

第六节 平面与平面垂直的判定

一、教学内容分析

本节课是人民教育出版社《普通高中教科书数学 A 版必修第二册》第八章"立体几何初步"8.6.3 平面与平面垂直。

(一)核心概念及进阶路线

本节课"平面与平面垂直的判定"置入高中"立体几何初步"中"空间直线、平面的垂直"单元,落实"课标 2017"中"基本图形的位置关系"的相关内容要求,核心概念及进阶路线见图 4-6-1。

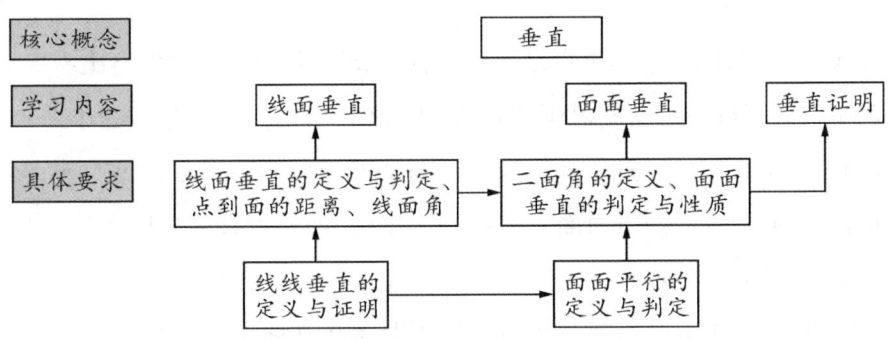

图 4-6-1 垂直核心概念及进阶路线

(二)课程标准要求

借助长方体,通过直观感知,了解空间中平面与平面垂直的关系,归纳出性质定理并加以证明:两个平面垂直,如果一个平面内有一条直线垂直于这两个平面的交线,那么这条直线与另一个平面垂直;归纳出判定定理:如果一个平面过另一个平面的垂线,那么这两个平面垂直。

(三)单元结构分析

本章内容包括三部分:基本立体图形、基本图形位置关系、几何学的发展。

基本立体图形,主要是对空间几何体的认识,借助对空间几何体的整体观察,认识柱、锥、台、球等基本立体图形的组成元素及其相互关系,帮助学生认识这些图形的几何结构特征;学习它们在平面上的直观图表示以及它们的表面积和体积的计算。

基本图形位置关系,主要是对组成立体图形的几何元素之间的位置关系的认识。从组成立体图形的基本元素——点、直线、平面出发,研究平面基本性质,认识空间点、直线、平面的位置关系,重点研究直线、平面的平行和垂直这两种特殊的位置关系。

几何学的发展,教材在不同节安排了三个阅读材料:画法几何与蒙日、祖暅原理与体积、欧几里得《几何原本》与公理化方法,最后安排了文献阅读和写作,让学生搜集和阅读欧氏几何的发展,撰写小论文,了解几何学对数学以及人类文明的贡献。

(四)课时内容分析

8.6 空间直线、平面的垂直是本章最后一节,教材开始即提出类比 8.5 空间直线、平面的平行的研究过程研究直线、平面的垂直关系,共包括三小节内容:直线与直线垂直、直线与平面垂直、平面与平面垂直。平面与平面的垂直分为三部分:面面垂直的定义、面面垂直的判定定理、面面垂直的性质定理,本课时为面面垂直的判定定理。

本课时教材可以分为四个活动:(1)教材提出在两个平面互相垂直定义的基础上,研究两个平面垂直的判定和性质,有意识渗透几何研究的思路。(2)从数学角度分析具体例子,教材选用的是铅锤检测所砌的墙面与地面是否垂直的例子,归纳出墙面经过地面的垂线可以说明墙面和地面垂直。(3)借助长方体这个直观模型理解,归纳得出两个平面相互垂直的判定定理和符号语言表述。(4)应用判定定理解决两个问题,均是证明两个平面相互垂直,两个例题都重视对证明思路的分析。

从内容要求可以看出,本节课重点发展直观想象、逻辑推理的核心素养,在直观想象和操作确认得到的命题基础上,要特别关注学生用数学语言进行表达。

（五）对教学的思考

通过本节课学习，学生学会用数学的眼光观察世界，能把现实世界中的面面垂直抽象成几何中的面面垂直；会用数学的思维思考世界，能够利用已经学过的一些概念和定理，类比面面平行的判定定理得出面面垂直的判定定理；会用数学的语言表达世界，能运用图形语言和符号语言表达面面垂直的判定定理，并利用定理进行简单的证明。

为了更贴近学生的生活，将教科书中例子换为书本与桌面的位置关系、利用直角三角板构造与桌面的垂直关系，增加构造过程中利用面面垂直的定义进行说理，抽象出三条相互垂直的直线，借助长方体的直观模型归纳出面面垂直的判定定理。

二、教学对象分析

（一）学生认知水平

学生学习几何的过程分为直觉阶段、分析阶段和综合阶段三个阶段。这三个阶段是学生学习几何的必经阶段，从第一阶段到第三阶段是逐步提高的，三个阶段的发展是不连续的，中间存在着跳跃。学生从低阶段到高阶段的发展，教学起关键作用。直觉阶段，男女生之间不存在明显的差异，如在教室中寻找异面直线、举出两平面平行或垂直的例子、举出线面垂直的例子等等，男女生都能正确迅速地给出答案。但在第二、第三阶段则存在明显的差异，对基本的定理或较复杂概念的掌握，男女生之间存在着差异，女生往往对概念、定理背得很熟，男生往往是知道意思，但表述不准确。

（二）学生的知识、经验基础

在平行关系学习中，学生的直观想象能力得到一定的培养和锻炼，从实物模型到几何命题的抽象能力也得到一定的锻炼。学生对日常生活中的平面与平面垂直有比较好的认知基础，对平面与平面平行的判定定理、直线与平面垂直的判定定理以及空间问题转化为平面问题的思想理解得比较好。学生具有一定的识图能力和逻辑推理能力，具有一定的观察、分析、解决问题的能力，但在探究问题的内部联系和内在发展上可能还有所欠缺。

(三)学生学前调研

班级所有学生都能够举出生活中面面垂直的例子,有四分之三的学生可以复述平面与平面平行的判定定理和直线与平面垂直的判定定理等已经学过的相关的知识,但是对于线线平行、线面平行与面面平行之间的关系有将近一半的学生并不能够准确给出,说明学生对学过的这些定理之间的内在联系并不是很清楚。

三、教学目标和重难点

基于上述分析,本节课的教学目标及教学重难点如下:

【教学目标】

1. 通过直观操作理解面面垂直的判定定理,并能够用数学语言和符号语言准确表述判定定理,能够利用判定定理证明简单的面面垂直问题。

2. 通过自主学习、合作交流的探究活动,经历面面垂直判定定理的发现过程,积累基本活动经验。

3. 在探究面面垂直的判定定理过程中,发展数学抽象、逻辑推理和直观想象等数学核心素养。

【教学重点】

平面与平面垂直的判定定理及简单应用。

【教学难点】

发现、探究和归纳面面垂直的判定定理;如何将面面垂直转化为线面垂直。

四、教学过程和活动设计

本节课主要分为五个教学活动。

(一)复习回顾,提出主题。通过提出问题,回顾面面垂直的相关知识和研究方法,引出学习主题。

(二)合作交流,探究问题。利用二面角定义说明数学书与桌面垂直,在此基础上探究需要构造二面角的问题情境,重点发展数学抽象和逻辑推理的核心素养。

(三)归纳总结,得出定理。反思面面垂直的构造和说理过程,抽象出三条相互垂直的直线,结合线面垂直的判定定理和长方体直观图形,归纳得出面面垂直的判定定理,并用数学语言进行表达。

(四)定理应用,解决问题。巩固二面角的定义和构造,发展对图形的直观想象能力,并能够利用面面垂直的定义或判定定理进行说明;巩固线面垂直、面面垂直的相关知识。

(五)课堂小结,归纳提升。从知识和过程两个方面总结,引导学生思考进一步学习什么,发展数学思考能力。

(一)复习回顾,提出主题

问题:面面垂直我们学习了什么?

预设1:什么是面面垂直,怎么用数学符号表示面面垂直。

预设2:如何用图形表示两个互相垂直的平面。

预设3:类比直线和平面的垂直,给出了二面角的定义,如果两个平面所成的角是直二面角,两个平面是垂直的。

追问:在我们生活中,有哪些面面垂直的例子呢?请举例。

预设:墙面所在的平面和地面所在的平面,门所在的平面和地面所在的平面等。

小结:从二面角的定义和面面垂直的定义,我们知道它是面与面相交的一种特殊情况,可以用数学符号和直观图形表示。类比面面平行的学习思路,本节课继续学习面面垂直的判定和性质。

【设计意图】通过复习提问的方式,系统回顾面面垂直的相关知识和研究过程;举出生活中面面垂直的实例,并类比提出本节课的学习内容。

(二)合作交流,探究问题

问题:把桌面上的数学书的封面慢慢打开,在打开的过程中,书的封面所在的平面何时与桌面所在的平面垂直呢?你是根据什么判断的?

预设：书的封面下端所在直线与封底下端所在直线成直角时，书的封面所在的平面与桌面所在的平面垂直。判断的依据是面面垂直的定义。

问题：定义是判断面面垂直的一种方法，是否还有其他判断方法呢？类比所学习的面面平行的判定（通过线面平行证明面面平行），两人一组，利用三角板，探究满足什么条件时三角板所在平面和桌面所在平面垂直，并尝试用所学习过的知识进行说明。

预设1：三角板斜边在桌面内，相交线是斜边所在的直线，想办法构造二面角，作斜边的高线 CD，然后在桌面内过 D 点作斜边 AB 的垂线 DE，当 DE 和 DC 垂直时，根据面面垂直的定义，两个平面垂直。

预设2：三角形一条直角边 AC 在桌面内，当三角板的另一直角边 BC 所在直线与桌面垂直时，两个平面垂直。因为只要过三角板的直角顶点 C，在桌面所在的平面内作 $CD \perp AC$，就能构造出二面角的平面角 $\angle BCD$，然后就能够根据面面垂直的定义说明。

小结：利用面面垂直的定义判断时，往往需要构造二面角，构造二面角时要分析图形的特征来构造。

【设计意图】将二面角的两个半平面分别换成了桌面所在的平面和三角板所在的平面，实际上是把二面角的平面角"隐藏"了起来，如何把这个"隐藏"的平面角构造出来是关键，教师通过问题，让学生在直观感知和操作确认的基础上，把实际问题抽象成数学问题，利用学习过的数学知识进行说理。

（三）归纳总结，得出定理

问题：回顾构造二面角的过程，两个平面垂直时，或者说当二面角为直角时，构造了哪些特殊的线？这些线之间有什么关系？能得出哪些结论？

预设1：有三条相互垂直的线。

预设2：可以得出线面垂直，依据是"如果一条直线与一个平面内两条相交直线垂直，那么该直线与此平面垂直"，如 BC 所在的直线垂直于桌面所在的平面，CD 所在的直线垂直于桌面所在的平面（图4-6-2 和图4-6-3）。

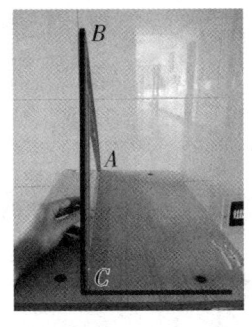
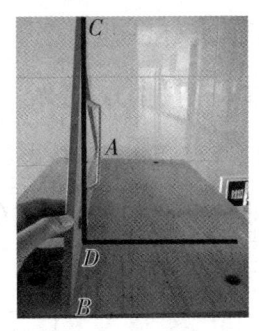

图 4-6-2　　　　　　　　图 4-6-3

预设3：三条互相垂直的线，能联想到立方体同一顶点出发的三条棱（教师出示图形，见图4-6-4）。

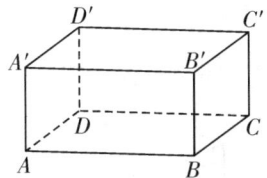

图 4-6-4

小结：大家能从三角板和桌面中抽象出三条相互垂直的线，并能根据学习过的知识证明线面垂直，联想到长方体这个重要的直观模型，这些都是几何学习中重要的方法。

问题：刚才我们的讨论，蕴含着面面垂直的判定方法，也就是可以根据线面垂直来判定面面垂直，这种转化与面面平行的判定定理是一样的，怎样用数学语言来表述？

预设1：当平面内的一条线与另外一个平面垂直时，这两个平面垂直。

预设2：如果一个平面过另外一个平面的垂线，则这两个平面垂直。

预设3：用数学符号表示，$a \subset \alpha, a \perp \beta \Rightarrow \alpha \perp \beta$。

小结：类似于面面平行的判定定理，可以由直线与平面垂直证明平面与平面垂直。

【设计意图】反思三角板构造面面垂直的过程，抽象出三条相互垂直的直线，结合线面垂直的判定定理和长方体直观图形，归纳得出面面垂直的判定定理,并用数学语言进行表达。

(四)定理应用,解决问题

例1:如图4-6-5,正方体 $ABCD\text{-}A'B'C'D'$ 中,平面 $ABC'D'$ 与正方体的各个面所成二面角的大小分别是多少?尝试在正方体中构造一个平面与平面 $ABC'D'$ 垂直。

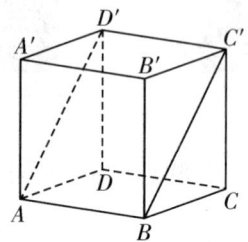

图 4-6-5

例2:如图4-6-6所示,已知 $AB \perp$ 平面 BCD,$BC \perp CD$。

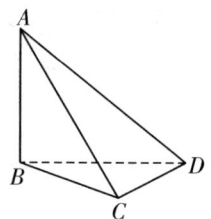

图 4-6-6

(1)四个面的形状是什么?

(2)有哪些线面垂直?

(3)有哪些平面互相垂直?

【设计意图】 例题1巩固二面角的定义和构造,构造与平面垂直的平面,发展对图形的直观想象能力,并能够利用面面垂直的定义或判定定理进行说明。例题2的图形也是立体几何中的经典图形,进一步巩固线面垂直、面面垂直的相关知识。

(五)课堂小结,归纳提升

知识方面:如何判断两个平面垂直,可以用定义和面面垂直的判定定理,判定定理用文字语言、符号语言、图形语言表示。

过程方面:如何得到判定定理的?

类比面面平行的学习,进一步将研究什么?

【设计意图】从知识和过程两个方面进行课堂小结,教师在学生发言基础上进行提炼梳理;过程方面,教师侧重从具体例子抽象出数学对象,图形的直观表示,类比的研究方法等;引导学生思考进一步学习什么,发展数学思考能力。

(六)作业设计

1. 请你用自己的方式整理线线、线面、面面垂直的知识。

2. 求证:三个两两垂直的平面的交线也两两垂直。

3. 如图 4-6-7,在四棱锥 $P-ABCD$ 中,底面 $ABCD$ 为正方形,$PA\perp$ 底面 $ABCD$,$PA=AB$,E 为线段 PB 的中点,F 为线段 BC 上的动点。平面 AEF 与平面 PBC 是否垂直?如果垂直,请证明;如果不垂直,请说明理由。

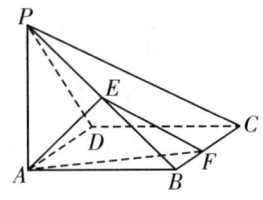

图 4-6-7

【设计意图】题目 1 是对线面垂直相关内容的梳理,根据学生作业的情况,教师在复习课中有针对性地处理。题目 2 没有给出图形,需要学生画出图形,并综合利用所学定理进行证明,对于直观想象较弱的学生,可以提示其关注长方体这个重要的直观模型。题目 3,学生首先要对两个平面是否垂直做出判断,这考查的是学生直观想象素养,更多是探索的过程,判断时也需要综合运用面面垂直的判定定理。

五、教学反思

以往教学,一般是通过让学生观察身边平面与平面垂直的例子,如门在打开的过程中门所在的平面与地面所在的平面始终垂直,书脊与桌面垂直时,书的每一页所在的平面与桌面所在的平面垂直,从而得出定理。应用定理解决问题时,发现对于难度稍大的面面垂直的证明,学生不会将问题转化为线面垂直,不会找那条垂线。反思这样的教学,是教师带着学生直接验证得到结论,没有经历判定定理的探究过程,体验不深刻。因此在本节课设计中,主要考虑以下三个方面。

(一)通过创设情境,引导学生探究

通过打开数学书这样一个学生非常熟悉的日常动作,思考如何判断面面垂直,激活学生通过二面角判断的经验;借助数学课上经常用到的三角板,通过探究三角板何时与桌面垂直,引导学生动手操作,从中可直接看出二面角到构造二面角的过程,同时经历找到隐藏垂线的过程,逐步积累数学活动经验,提升直观想象、逻辑推理和数学抽象等核心素养。

(二)注重前后知识的联系,渗透解决问题的一般思路

类比面面平行的判定定理探究过程,即转化为线面平行的问题,探究面面垂直的判定定理,建立知识之间的联系,形成体系,构建知识脉络,这样更有利于学生对知识的理解,也有利于学生分析和解决问题能力的提升。

(三)三种语言表征及转换,丰富判定定理的表征

文字语言、符号语言和图形语言的不同表述,具有各自独特的思维价值:图形语言直观,符号语言抽象严谨,文字语言更能体现知识的本质,在立体几何学习过程中让学生用三种语言去表述相关定理,学生对定理的理解将更加深刻。

六、案例分析

(一)经历知识的形成过程,积累数学活动经验

该案例得出平面与平面垂直判定定理,安排了两个不同深度的活动。一是通过平放的数学书封面打开过程中与桌面的垂直情形,借助可以"看"到的二面角进行判断;二是学生操作三角板与桌面的垂直,并借助数学书的经验,通过构造二面角说明三角板与桌面何时垂直。在此基础上借助长方体这个模型,抽象出三条相互垂直的线,类比面面平行的判定给出判定定理,并用文字语言、符号语言和图形语言进行表述。

判定定理探究过程中,帮助学生建立三条相互垂直的直线、直线与平面垂直、平面与平面垂直的图形表征,这种表征是具有过程性的,为学生应用判定定

理解决问题积累经验。

（二）注重几何研究方法指导，发展数学思考能力

类比的研究方法。引入部分即提出可以类比面面平行的判断研究；通过数学书、三角板、长方体模型抽象出三条互相垂直的线，再次提到类比的研究方法，但是更为具体：将平面和平面的关系转化为直线和平面的关系；课堂小结，再次提出类比面面平行的研究，引导学生思考进一步将研究什么问题。

关注知识间联系。回归定义判断两个平面垂直，借助数学书、三角板判断两个平面垂直时，引导学生回归面面垂直的定义和二面角的定义，通过看得见的二面角或构造二面角判断两个平面的垂直关系。

第七节 空间中的距离

一、教学内容分析

本节课内容是人民教育出版社《普通高中教科书数学 B 版选择性必修第一册》第一章"空间向量与立体几何"1.2.5 空间中的距离。

(一)核心概念及进阶路线

本节课"空间中的距离"置入高中"代数与几何"中"空间向量与立体几何"单元,落实"课标2017"中"空间向量的应用"的相关内容要求,核心概念及进阶路线见图 4-7-1。

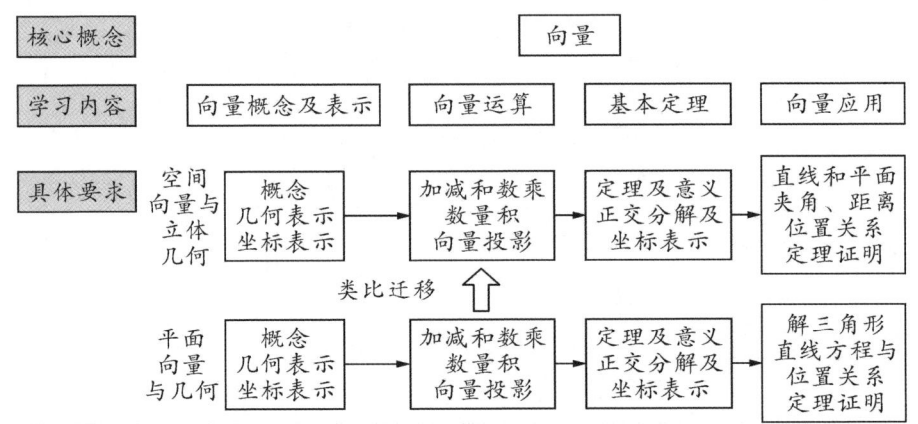

图 4-7-1 向量核心概念及进阶路线

(二)课程标准要求

能用向量方法解决点到直线、点到平面、相互平行的直线、相互平行的平面的距离问题,并能描述解决这一类问题的程序,体会向量方法在研究几何问题中的作用。

(三)单元结构分析

向量作为沟通代数和几何的桥梁,在很多数学问题的解决中有着重要的应用。引入空间向量处理立体几何问题,用向量语言表述空间元素及其位置关系和度量关系,将形式逻辑推理转化为数值计算。用向量方法研究空间距离的优势在于思路直接,具有一定的程序化的特点,可以避免许多添加辅助线的技巧,化繁难为简易,是一种更具操作性的"通性通法"。

本章包括两部分内容:空间向量及运算、空间向量在立体几何中的应用。空间向量及运算的学习是类比平面向量及运算的学习方法而展开的。空间向量在立体几何中的应用包括利用空间向量解决:(1)空间点、直线的相关问题;(2)空间平面相关问题;(3)直线与平面的夹角;(4)两个平面的夹角;(5)空间中点、线和平面的距离问题。

(四)课时内容分析

本节内容为空间中的距离,包括空间中两点之间的距离、点到直线的距离、点到平面的距离、相互平行的直线与平面之间的距离、相互平行的平面与平面之间的距离。本课时主要为前两个距离问题的研究,情境与问题引导将学生从生活中的"距离"抽象为数学研究的"距离",以三个问题启发学生对学习过的"距离"进行思考:学习过哪些平面内的"距离"?这些"距离"定义有什么共同点?由此能得出空间中任意两个图形之间的距离具有的性质吗?空间中两点之间的距离,首先给出距离的定义,提出可以通过向量法解决;以求平行六面体的体对角线为例,教材给出的是利用向量基底法解决,同时提出也可以通过构造三角形或建立空间直角坐标系解决。点到直线的距离问题,给出点到直线距离定义;以正方体中顶点 C_1 到体对角线 BD_1 问题为例,教材给出的是向量坐标法,同时提出可以使用其他方法解决。

(五)对教学的思考

本节内容的学习,对学生深入理解向量的概念和运算,体会向量是研究几何问题的有效工具,感悟数形结合、化归转化等数学思想,培养直观想象、数学抽象、逻辑推理和数学运算等核心素养都具有重要的意义和作用。同时,在思维层面,由于求解空间中的距离的方法比较多,因此在解决问题的过程中,对于学生的分析和综合,抽象和概括,比较和分类,系统化和具体化等思维操作能力都有一定的要求,具有一定的挑战性。当然,这也使得本节课在思维能力培养方面具有独特的价值。

二、教学对象分析

（一）学生认知水平

学生从小学和初中已经对距离有初步认识。在高中数学必修课程学习中，已积累了一定的研究立体几何问题的经验，能比较熟练地分析和构造几何图形、推理几何要素间的关系，直观想象、数学抽象、逻辑推理能力已有一定的提升。

（二）学生的知识、经验基础

平面向量的学习中，已经认识到平面向量的运算在判定直线的位置关系、计算角度与长度中的应用价值，这为研究空间位置关系及相关度量提供了类比前提。在平面向量的夹角和向量长度概念的基础上，类比学习空间向量的夹角、长度的概念，并在本章前几节的学习中，学生已经感受到空间向量与平面向量之间的内在联系，体会并运用类比的方法学习空间向量及其运算。

学生已经能用向量语言表示直线和平面，理解直线的方向向量与平面的法向量；能用向量语言表述直线与直线、直线与平面、平面与平面的夹角以及垂直与平行关系；能用向量方法证明空间几何中有关直线、平面位置关系的判定定理；体会到平面法向量在求解线面角、二面角等问题中的独特作用和一般思路。

上述知识和经验为本课的距离问题的探究活动奠定了知识方面和方法层面的基础。

（三）学生学前调研

课前对学生关于距离概念、研究思路和距离问题解决进行分析。

距离概念：学生对于距离已有一定的认识，但缺乏系统性，认识的角度各有不同，对两图形间距离的本质认识需要进一步抽象。

研究思路：在思考立体几何中距离问题研究时，如何分析出核心问题是什么，如何将其他距离问题转化成核心的距离问题有一定挑战。

距离问题解决：如何用空间向量表示所涉及的几何元素，如何将立体几何问题转化为空间向量问题等，在思维的灵活性方面会有一定困难；向量法求解距离过程中，会涉及较多的向量的坐标公式及向量运算问题，学生的向量基础知识、运算能力可能存在问题;求解空间中的距离的方法比较多,对学生在思维的灵活性、深刻性、批判性等方面的思维品质要求较高。

三、教学目标和重难点

基于上述分析,本节课的教学目标及教学重难点如下:

【教学目标】

1. 理解两个图形间的距离的概念。

2. 掌握空间中两点之间的距离、点到直线的距离的概念,了解点到平面的距离的概念,会解决一些简单的距离问题。

3. 能用向量方法解决两点之间的距离与点到直线的距离,并能描述解决这一类问题的程序,体会向量方法在研究几何问题中的作用。

4. 在解决具体问题的过程中,能够灵活选择运用向量方法与综合几何方法解决空间距离问题,通过对比感受向量方法具有程序性和通法的特点,综合几何方法具有相应问题情境下灵活的特点。

【教学重点】

空间中几种常见距离的概念,用向量解决空间距离的方法。

【教学难点】

点到直线与点到平面距离的向量解法和公式的获得与应用。灵活选择方法求解距离问题。

四、教学过程和活动设计

(一)复习回顾,激活知识经验

问题1:关于"距离",我们学习过什么?

预设1:什么是距离,怎样求距离?

预设2:生活中有很多距离,如从家到学校的距离。

预设3:学习过两点之间的距离,用平面向量研究过两点间距离公式;学习过点到直线的距离,指的是垂线段的长度。

问题2:数学中的距离概念是从生活中的具体问题中抽象出来的,要求具有准确的定义,以避免歧义。平面几何"距离"是如何定义的,有什么共同点?由此能归纳空间中任意两个图形之间的距离具有的性质吗?

预设1:平面几何中距离的定义。

预设2:这些距离都可以归结为点与点之间的距离,而且是两个图形(点、线)之间所有的点与点之间最短连线的长度。

预设3:空间中任意两个图形(点、线、面)之间的距离也具有类似的性质,此距离要小于或等于两个端点分别在这两个图形上的线段长。

追问:学习过哪些求距离的方法?

预设1:在平面几何中两点间距离,可以通过解三角形求解距离,以及等积法、向量法等。

预设2:在平面解析几何中学习过两点间距离公式,也可以用向量的坐标形式求两点之间的距离,利用向量投影的知识求点到直线的距离。

预设3:也可以依据距离"最短"的性质,用函数知识求距离等。

【设计意图】激活学生关于距离的知识与经验,引导学生从什么是距离、怎样求距离两个角度,建立本节空间距离的研究方向。

回顾学习过的距离问题及其求解方法,为本节课的学习提供启发,如平面几何中关于长度的求法,等积法、向量法和解析法等。

(二)聚焦主题,确定研究思路

问题3:空间中点、线、面可以构成哪些距离问题? 我们可以怎样研究这些距离问题?

预设1:两点间的距离,点到直线的距离,点到平面的距离;两平行直线之间的距离,两异面直线之间的距离;相互平行的直线与平面之间的距离;两平行平面之间的距离。

预设2:两点之间距离,在空间直角坐标系中有公式可以利用;两条平行线的距离可以转化为点到直线的距离,两异面直线之间的距离不好想;直线和对应平行平面的距离可以转化为点到平面的距离,两个平行平面的距离可以转化为点到平面的距离。

小结:两点之间距离、点到直线的距离、点到平面的距离是比较核心的问题,如何找到两异面直线之间的距离也是一个关键点。

【设计意图】回顾已有距离研究的基础上,思考空间距离有哪些问题,初步梳理这些问题之间的关系,培养分析和综合、抽象和概括、比较和分类的思维能力。

(三)解决问题,提升方法理解

问题 4:以一个具体的问题,首先讨论两点之间距离、点到直线的距离的求解方法,并对求解方法作评价。

在长方体 $ABCD\text{-}A_1B_1C_1D_1$ 中,$AB=BC=2$,$AA_1=1$。

(Ⅰ)求 A_1,C 两点之间的距离;

(Ⅱ)求点 A_1 到直线 BC_1 的距离。

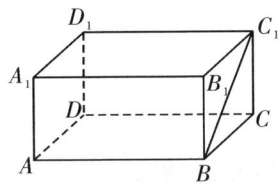

图 4-7-2

问题(Ⅰ)学生作答预设:

预设 1:综合几何方法,通过解三角形的方法解决。

$A_1C = \sqrt{A_1A^2 + AC^2} = \sqrt{A_1A^2 + (AB^2 + BC^2)} = 3$。

预设 2:将两点间的距离的问题转化为向量的模解决。

$\overrightarrow{A_1C} = \overrightarrow{A_1A} + \overrightarrow{AB} + \overrightarrow{BC}$,

$|\overrightarrow{A_1C}|^2 = (\overrightarrow{A_1A} + \overrightarrow{AB} + \overrightarrow{BC}) \cdot (\overrightarrow{A_1A} + \overrightarrow{AB} + \overrightarrow{BC}) = 9$,

$|\overrightarrow{A_1C}| = 3$。

预设 3:通过建立空间直角坐标系,利用公式直接解决。

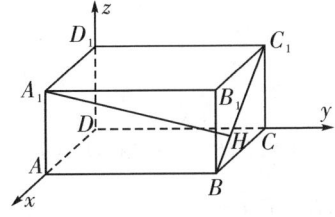

图 4-7-3

$A_1(2,0,1)$,$C(0,2,0)$,

$\overrightarrow{A_1C} = (0,2,0) - (2,0,1) = (-2,2,-1)$,

$|\overrightarrow{A_1C}| = \sqrt{(-2)^2 + 2^2 + (-1)^2} = 3$。

问题(Ⅱ)学生作答预设:

预设1:在△A_1BC_1中利用解三角形的办法求解。

在△A_1BC_1中,$A_1B = \sqrt{5}$,$BC_1 = \sqrt{5}$,$A_1C_1 = 2\sqrt{2}$,△A_1BC_1为等腰三角形,可以求得底边A_1C_1上的高为$\sqrt{3}$。

利用等面积法,设A_1到BC_1的距离为h,则

$S_{\triangle A_1BC_1} = \dfrac{1}{2} A_1C_1 \cdot \sqrt{3} = \dfrac{1}{2} BC_1 \cdot h$,

$h = \dfrac{2}{5}\sqrt{30}$。

预设2:利用向量方法确定垂足,进而求解。

设H在BC_1上且$A_1H \perp BC_1$,令$\overrightarrow{BH} = \lambda \overrightarrow{BC_1}$,由$\overrightarrow{A_1H} \perp \overrightarrow{BC_1}$求得参数$\lambda$,以确定$H$的位置,此时$|\overrightarrow{A_1H}|$为点$A_1$到直线$BC_1$的距离。

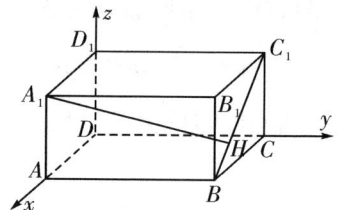

图 4-7-4

$A_1(2,0,1)$,$B(2,2,0)$,$C_1(0,2,1)$,

设垂足$H(x,y,z)$,$\overrightarrow{BH} = \lambda \overrightarrow{BC_1}$,即$(x,y,z) - (2,2,0) = \lambda[(0,2,1) - (2,2,0)]$,

可得$H(2-2\lambda, 2, \lambda)$。

则有$\overrightarrow{A_1H} = (-2\lambda, 2, \lambda - 1)$,$\overrightarrow{BH} = (-2\lambda, 0, \lambda)$。

因为$A_1H \perp BH$,所以$\overrightarrow{A_1H} \cdot \overrightarrow{BH} = 0$,

解得$\lambda = 0$(舍去)或$\dfrac{1}{5}$,则$H\left(\dfrac{8}{5}, 2, \dfrac{1}{5}\right)$,

$\overrightarrow{A_1H} = \left(\dfrac{8}{5}, 2, \dfrac{1}{5}\right) - (2, 0, 1) = \left(-\dfrac{2}{5}, 2, -\dfrac{4}{5}\right)$,

所以 $|\overrightarrow{A_1H}| = \sqrt{\left(-\dfrac{2}{5}\right)^2 + 2^2 + \left(-\dfrac{4}{5}\right)^2} = \dfrac{2}{5}\sqrt{30}$。

预设 3：求 A_1 与 BC_1 上点的最小值，即为点 A_1 到直线 BC_1 的距离，

$|\overrightarrow{A_1H}| = \sqrt{5\lambda^2 - 2\lambda + 5}$，$|\overrightarrow{A_1H}|$ 的最小值为 $\dfrac{2}{5}\sqrt{30}$。

预设 4：在 BC_1 上任取一点，比如点 B，先求 $\overrightarrow{A_1B}$ 在 $\overrightarrow{BC_1}$ 上投影向量的长度，再求出 $|\overrightarrow{A_1B}|$，最后利用勾股定理求出点 A_1 到直线 BC_1 的距离。

先求 $\overrightarrow{A_1B}$ 在 $\overrightarrow{BC_1}$ 上投影向量的长度，进而利用勾股定理求点 A_1 到直线 BC_1 的距离：

因为 $\overrightarrow{A_1B} = (0, 2, -1)$，$\overrightarrow{BC_1} = (-2, 0, 1)$，

$\overrightarrow{A_1B}$ 在 $\overrightarrow{BC_1}$ 上投影向量的长度 $l = \left|\dfrac{\overrightarrow{A_1B} \cdot \overrightarrow{BC_1}}{|\overrightarrow{BC_1}|}\right| = \dfrac{\sqrt{5}}{5}$，

所以点 A_1 到直线 BC_1 的距离 $d = \sqrt{|\overrightarrow{A_1B}|^2 - l^2} = \dfrac{2\sqrt{30}}{5}$。

学生独立思考并解决问题，展示学生的典型做法，通过师生、生生互动分析解法的正确性和方法的通识性、不同解决方法的特点。

在讨论问题的过程中，回顾空间向量及其运算，特别是空间向量投影的几何意义，体会在立体几何的距离问题中向量知识的应用。

师生小结：通过比较分析解决问题（Ⅰ）（Ⅱ）的不同方法，体会平面几何的方法往往需要构造图形，将空间距离问题转化为平面上距离问题，利用解三角形、等积法等求解；向量方法的计算需要考虑向量的模和向量间夹角大小；向量坐标法程序性更强。

问题 5：通过具体问题的解决，利用向量法解决有两种方式：纯向量方法和向量坐标法，解决两点间的距离、点到直线距离的基本程序是什么？

预设 1：两点间的距离的求解方法：(1) 建立空间直角坐标系，利用两点之间距离公式求解；(2) 用向量的运算及向量模的概念求解。

预设 2：也可以适当综合平面几何的方法，建立合适的空间直角坐标系，求

投影长度,利用解直角三角形求解"点到直线的距离"问题。

预设 3:点到直线的距离的求解方法:(1)建立空间直角坐标系,选取恰当的向量,利用向量数量积概念求投影,求距离;(2)建立空间直角坐标系,利用向量方法确定垂足的坐标,利用两点间距离公式求解;(3)建立空间直角坐标系,设直线上动点坐标,转化为函数最小值问题。

【设计意图】 通过对典型例题求解方法的分析和比较,感受求两点间距离不同方法的应用环境、解题策略,感受向量方法具有普适性和程序性的特点,一般情况下是解决距离问题的通法,而综合几何方法具有特定问题情境下灵活的特点,有时非常简洁。应体会它们的共性和差异,归纳利用空间向量解决距离问题的步骤。

(四)问题拓展,综合思考方法

问题 6:学习了"两点之间距离""点到直线的距离"的求解方法,现在思考"点到平面的距离"问题,是点到平面的垂线段的长度,根据前面分析,可能有哪些求解方法?

预设 1:如果有垂面依托,或者几何体比较常规,如正三棱锥,可以直接利用几何体性质作出垂线段求解。

预设 2:可以依托线面平行、面面平行、线段上特殊点的位置等进行转化。

预设 3:可以利用等体积法,计算出点到平面的距离。

预设 4:考虑建立空间直角坐标系,用向量的方法求解。

问题 7:带着我们这些思考,请课下完成:

在长方体 $ABCD\text{-}A_1B_1C_1D_1$ 中,$AB=BC=2$,$AA_1=1$,(Ⅲ)求点 A_1 到平面 BC_1D 的距离。

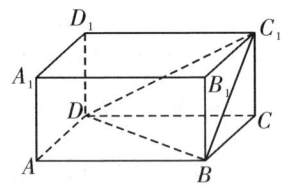

图 4-7-5

【设计意图】 通过自主思考,合作交流,开放地思考"点到平面的距离"的求解方法。比较各种方法在实施过程中所需要的条件、难易程度、是否具有一般性的通法等等，并将这个思考通过作业的形式延续到课后。

（五）作业设计

1. 例题中（Ⅰ）（Ⅱ）解法的完善；尝试解决问题（Ⅲ）。

2. 思考下面问题：

（1）如何求解相互平行的直线与平面之间的距离、两平行平面之间的距离？如何利用向量方法解决上述问题？

（2）用向量知识解决空间中的距离问题的核心是什么？解题思路是怎样的？

【设计意图】课上例题的解决，一般学生只选择其中一种解法，课上交流基础上通过完善再次体会不同方法的优势，并巩固向量方法的程序。

通过独立思考未解决的空间距离问题，尝试使用向量方法解决，培养独立思考的习惯和迁移学习的能力。

五、教学反思

（一）教学目标具有层次性

本节课是高中阶段立体几何学习的最后一节，借助对空间距离问题的讨论，让学生经历综合运用几何知识思考并解决问题的过程，体会合理利用向量知识，建立代数与几何之间的联系，进而程序化解决问题的思路。在对不同方法的比较、分析、整合的过程中理解知识之间的联系，在对方法的灵活运用过程中发展思维能力，本节课内容的学习具有独特的价值。

因此教学目标不仅仅是学习空间距离求解方法层面，更体现了"从数学的角度分析和解决问题的能力"的目标。

（二）典型问题推进教学活动

首先，在长方体问题的 A_1，C 两点之间的距离、点 A_1 到直线 BC_1 的距离解决过程中，巩固复习空间向量及其运算，特别是理解空间向量的投影的几何意义，为将立体几何中的距离问题转化为向量计算问题做好铺垫。

其次,通过学生比较熟悉的立方体模型,解决两个典型的问题,引发学生对不同问题解决方法的思考。数据计算相对简单,几何元素背景简洁,便于学生集中精力在方法层面进行思考,分析和比较不同解决方法的优势。

(三)活动设计促进学生深度参与

本节课聚焦学生对空间中的距离求解方法的自我建构,教师通过问题情境引导学生独立思考,通过交流展示、直观演示、师生对话等活动,探索和发现问题的解决方法。为学生思维活动提供了足够的空间,可以使学生始终处于思维深度参与状态,从而获得对两图形距离的概念和求解距离的一般思路和程序,并通过问题解决提升认识。

本节问题解决的一个鲜明特点就是向量方法操作性比较强,其他方法非常灵活。从灵活性角度,教学中对学生的思维和解决问题的方法充分的"放",对于距离的向量解法又要有一定的"收",讲清距离公式的来龙去脉,归纳总结求解过程的操作程序,让学生熟悉解题步骤,提高解题效率。

选取例题时注重典型性、示范性和拓展性。在处理具体问题时,采取实事求是的态度,凡是用向量比较容易解决的问题,就以向量为"通法"来解决;而对有些直接使用"形"到"形"的综合推理方法比较容易解决的问题,仍用综合几何方法去对待,并适当地加以比较它们的共性和差异。

六、案例分析

(一)问题引领,突显研究思路

本案例有三个活动体现研究问题的思路,体现了比较完整的思考过程。

复习回顾环节,通过三个问题:关于距离学习过什么、归纳空间中任意两个图形之间的距离具有的性质、学习过哪些求距离的方法,激活学生关于距离的已有知识经验,帮助学生建立关于距离问题的研究思路和问题。

聚焦空间距离问题,基于对距离问题的回顾和梳理,聚焦于问题:空间中点、线、面可以构成哪些距离问题?可以怎样研究这些距离问题?引导学生提出和整理关于空间距离相关的问题,并分析哪些问题是核心问题。

作业设计活动提出思考问题,回应空间距离问题中相互平行的直线与平面之间的距离、两平行平面之间的距离,并在本节课学习基础上思考如何利用向量方法进行求解,培养学生迁移学习的能力。

(二)对比分析,发展思维批判性

结合具体长方体模型中两点之间的距离、点到直线的距离问题,学生独立思考并结合已有经验进行解决,并引导学生对解决方法进行评价。

教师展示学生的典型做法,通过对比分析不同解决方法的特点:体会综合几何方法往往需要构造图形,将空间距离问题转化为平面上的距离问题;向量法求距离要掌握向量运算的规则,利用向量的模和向量夹角大小;向量坐标法的程序性更强。

第八节 正方体截面问题

一、教学内容分析

本节课内容是人民教育出版社《普通高中教科书数学 B 版必修第四册》第十一章"立体几何"拓展内容。

（一）核心概念及进阶路线

本节课"正方体截面问题"置入高中"立体几何"单元，落实"课标 2017"中"基本图形的位置关系"相关内容要求，核心概念及进阶路线见图 4-8-1。

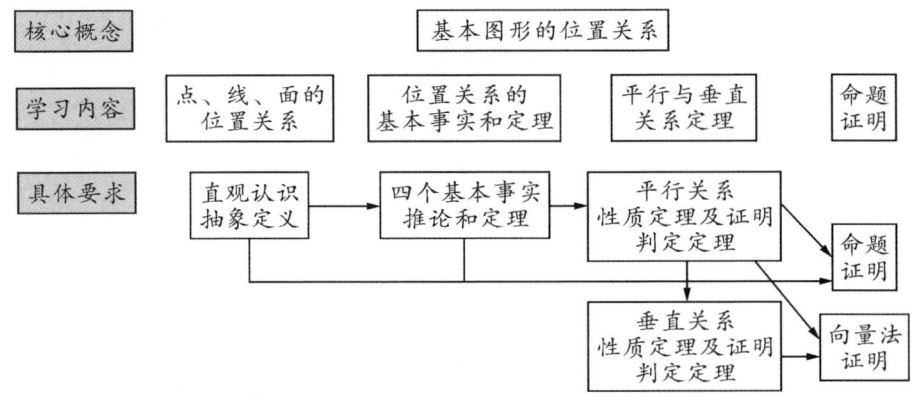

图 4-8-1 基本图形的位置关系核心概念及进阶路线

（二）课程标准要求

借助长方体，在直观认识空间点、直线、平面的位置关系的基础上，抽象出空间点、平面的位置关系的定义，了解四个基本事实和定理；从定义和基本事实出发，借助长方体，通过直观感知，了解空间中直线与直线、直线与平面、平面与平面的平行和垂直的关系，归纳出性质定理，并加以证明；从定义和基本事实出发，借助长方体，通过直观感知，了解空间中直线与直线、直线与平面、平面与平面的平行和垂直的关系，归纳出判定定理；能用已获得的结论证明空间基本图形位置关系的简单命题。

(三)单元结构分析

立体几何初步的教学重点是帮助学生逐步形成空间观念,学生的学习遵循从整体到局部、从具体到抽象的原则。

在11.1节空间几何体中,教材提供丰富的实物模型或利用计算机软件呈现空间几何体,帮助学生认识空间几何体的结构特征,掌握在平面上表示空间图形的方法和技能。11.2—11.4通过对图形的观察和操作,引导学生发现和提出描述基本图形平行、垂直关系的命题,建立了完整的位置关系以及平行、垂直关系演绎推理的理论体系,学生逐步学会用准确的数学语言表达这些命题,直观解释命题的含义和表述证明的思路,并证明其中一些命题。

从单元整体研究问题的角度看,在学习多面体时,很多结论都是直观给出的,没有严格的数学证明。通过点、线、面位置关系学习,学生具备了理性研究几何体结构性质的基础,可以对11.1中学习过的几何体的性质进行更多的理性分析和再认识。因此,在本章的最后,可以设置合适的问题对于多面体中的棱柱、棱锥,以及旋转体中的圆柱、圆锥和球的概念和性质作进一步的理性认识,这是从单元整体教学的角度需要考虑的方面。

本节课的设计既是基于上述考虑,也是将课程标准中"附录2 教学与评价案例"部分中的案例11进行课堂教学实践的尝试。

(四)课时内容分析

本节课是综合运用本章知识的数学探究课,在教材11.1.3课后练习中"计算机上的练习",设置了利用GeoGebra软件探索正方体截面的形状,借助信息技术可以直观看到正方体截面形状,但是学生不能进行证明。在课程标准中"附录2 教学与评价案例"部分中的案例11也以正方体截面问题给出数学探究活动。

基于上述考虑,本案例给出课堂教学实践的尝试。

(五)对教学的思考

本节课是安排在本章最后的拓展课,通过对正方体截面问题的研究,发展提出问题、分析问题和解决问题的能力;深入理解正方体的基本特征,运用数学语言描述图形的基本关系和截面图形结论,并进一步运用线面和面面平行、垂直的判定定理和性质定理,证明几何命题,提升直观想象、逻辑推理、数学运算和数学抽象等核心素养。

思维层面,由于截面问题的研究涉及立体几何中截面的作法、平行与垂直关系的证明、线段长度的计算、几何图形角度的判断等,比较综合地运用了代数、三角、立体几何的有关知识,对于学生的分析和综合、抽象和概括、比较和分类等思维操作能力都有一定的要求,具有一定的挑战性。

二、教学对象分析

(一)学生认知水平

学生熟悉正方体的几何结构特征,学习过截面图形的概念,具有一定的直观想象能力。通过对点、线、面位置关系的学习,能够用准确的数学语言表达命题,直观解释命题的含义和表述证明的思路,比较熟悉线、面平行和垂直的证明方法。但是在理论方法和具体问题之间的迁移能力需要进一步提高,立体几何与其他知识的综合应用方面还需要教师积极引导。

(二)学生的知识、经验基础

学生能够理解空间中点、直线、平面的位置关系,掌握直线、平面的平行和垂直的性质定理和判定定理,并能对某些命题进行证明,具备较好的逻辑推理能力。通过立体几何初步的学习,建立起了一定的空间观念。

正方体截面情况比较复杂,如何合理分类,需要恰当运用分类与整合、数形结合等数学思想。正方体截面多种情况的研究过程中,需要尝试操作,推理论证,计算求解,还有思考问题策略的调整,对学生在思维的灵活性、深刻性、批判性等方面的思维品质要求较高。

(三)学生学前调研

学生对于截面的画法尽管已有一定的认识,但缺乏系统性学习。正方体截面的研究比较综合,对于平面几何知识、三角运算、立体几何等知识的综合运用有一定要求,学生在综合运用、融会贯通等方面可能存在问题。

三、教学目标和重难点

基于上述分析,本节课的教学目标及教学重难点如下:

【教学目标】

1. 通过对已有作截面图形的反思,巩固作截面图形的方法,体会几何作图需要有据可依。

2. 通过对正方体截面问题的思考,培养问题意识,体会合理确定标准和掌握条理化的思维方法。

3. 通过自主探究、合作交流的方式,体会利用特殊与一般、观察、类比等思维方法在分析问题和解决问题中的作用。感悟数形结合、化归转化等数学思想,提升直观想象、数学抽象、逻辑推理和数学运算等核心素养。

【教学重点】

正方体的截面的分类及相关性质研究。在研究正方体截面的过程中锻炼综合运用已有知识分析问题和解决问题的能力。

【教学难点】

如何对正方体截面问题的研究进行恰当分类;在分类之后对正方体截面的性质进行大胆猜想、小心求证,将几何直观和逻辑推理素养很好地表现在分析问题和解决问题之中。

四、教学过程和活动设计

(一)复习引入,做好铺垫

问题:一个平面与一个几何体相交所得到的平面图形叫作几何体的截面。通过两个作出立方体截面的问题,思考作出截面的关键和依据是什么?

(1)作出立方体中过棱上 M,N,P 三个点的截面(图 4-8-2)。

(2)作出立方体中过对角线 AB 和底面上一点 P 的截面(图 4-8-3)。

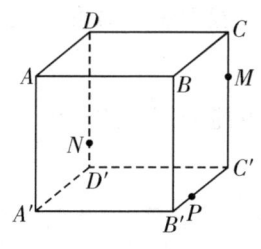
图 4-8-2

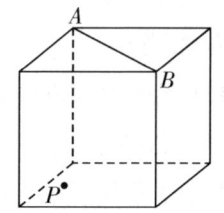
图 4-8-3

预设1:关键是找到交线。

预设 2：依据"基本事实 3：如果两个不重合的平面有一个公共点，那么它们有且只有一条过该点的公共直线"，如图 4-8-2 中，可以将 MP 和 MN 直接连接。

预设 3：依据"两个平面平行，如果另一个平面与这两个平面相交，那么两条交线平行"，图 4-8-2 中可以过 N 在平面 $ADD'A'$ 内作 MP 的平行线，找到交点 N'；再依据基本事实 3，连接 PN'，那么图形 $PMNN'$ 就是所求的截面。

小结：作出截面关键点是找到交线，依据所学习过的基本事实、平行或垂直的判定和性质定理，尝试分析出交线的特点。请根据问题（1）的分析，在图 4-8-3 中作出相应的截面。

【设计意图】对所研究过的画截面问题的方法进行反思，找到作截面的关键点，作出两个平面交线的依据，发展直观想象和逻辑推理的素养。

（二）提出问题，初步分析问题

问题：用一个平面去截一个正方体，会得到什么形状的截面图形呢？

预设 1：截面为多边形。

预设 2：截面多边形的顶点在正方体的棱上，截面多边形边在正方体的面上。

预设 3：正方体有六个面，所以截面图形最少有三条边，是三角形，最多有六条边，是六边形。所以，截面可以是三角形、四边形、五边形和六边形。

追问：这些多边形，有没有可能是特殊的多边形？问题可以怎样具体化？

预设 1：当截面图形为三角形时，是否可能为锐角三角形、直角三角形、钝角三角形、等边三角形、等腰三角形、等腰直角三角形、非等边等腰三角形？

预设 2：当截面图形为四边形时，是否可能为正方形、长方形、菱形、平行四边形、梯形、等腰梯形、直角梯形？

预设 3：当截面图形为五边形时，是否可能为正五边形？五边形中是否有平行的边、相等的边、相等的角？

预设 4：若截面图形为六边形时，是否可能为正六边形？六边形中是否有平行的边、相等的边、相等的角？

【设计意图】通过思考正方体截面图形是什么形状，引导学生从数学角度说明得到的结论，培养理性精神。进一步，如何研究截面图形？通过提问，示范学生分类研究和问题具体化的思考方法。

(三)问题探究,积累研究经验

问题:当截面图形为三角形时,三角形会出现哪些特殊形状?

预设1:会有等边三角形(图4-8-4),此时三角形每条边都是面对角线;如果三个顶点分别由 A 沿着 AP 方向、由 C 沿着 CP 方向、由 B 沿着 BP 方向以相同速度运动,三角形一直保持为等边三角形。

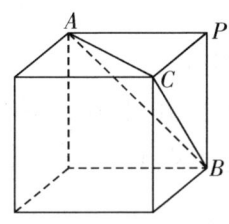
图 4-8-4

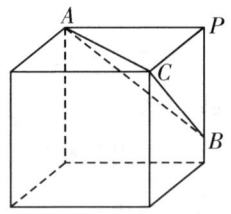
图 4-8-5

预设2:在图4-8-4基础上,固定三角形两个顶点 A 和 C,第三个顶点 B 在 BP 上运动,则 △ABC 为等腰不等边三角形(图4-8-5)。

预设3:在图4-8-4基础上,三个顶点都移动,则一定是锐角三角形(图4-8-6)。

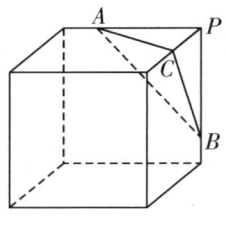
图 4-8-6

证明思路1:

设 $PA = a, PB = b, PC = c$.

则 $AB^2 = a^2 + b^2, AC^2 = a^2 + c^2, BC^2 = b^2 + c^2$。

所以 $AB^2 < AC^2 + BC^2, \cos B > 0, B \in \left(0, \dfrac{\pi}{2}\right)$,

同理,∠A,∠C 为锐角。

综上,截面一定是锐角三角形。

证明思路2:

注意到,BC 与 BP 不可能重合。

如果 ∠ACB 为直角,则 $AC \perp BC$。

又 $BP \perp AC$,

所以 $AC \perp$ 面 PBC,

$\angle ACP = 90°$,与 $\angle APC = 90°$ 矛盾。

所以截面不可能是直角三角形。

正方体面上的线段 AC(AC 不是棱,且不与棱平行)不可能垂直于正方体的任何一个面。

综上,截面不可能是直角三角形和钝角三角形。

师生小结:我们从容易直观想象的截面三角形开始,在此基础上变化,观察图形发生哪些变化;得出猜想"截面三角形一定是锐角三角形",并进行了证明。

问题:带着截面三角形的研究经验,对四边形、五边形和六边形进行研究,并尝试对所提出的猜想进行证明。

预设 1:截面四边形不可能是直角梯形。

通过作图或运用信息技术可以构造出特殊的截面四边形:正方形、矩形、菱形、平行四边形、等腰梯形,其中菱形、平行四边形、等腰梯形见 4-8-7 到图 4-8-9。

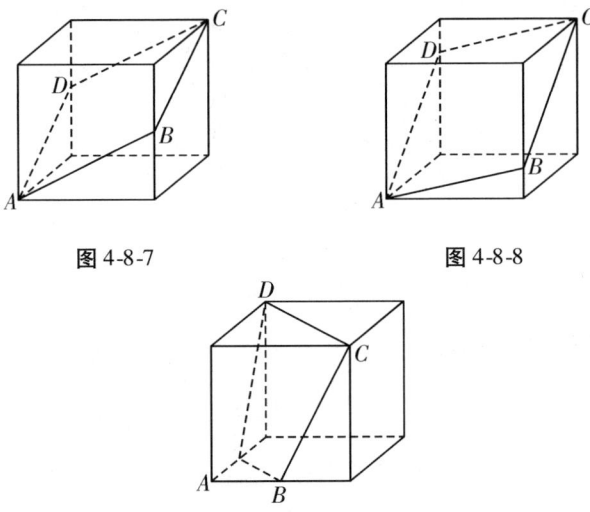

图 4-8-7　　　　图 4-8-8

图 4-8-9

预设 2:若截面图形是五边形,则五边形有两对边彼此平行,有一对角相等。其中,$AB \parallel DE$,$AE \parallel CD$,$\angle A = \angle D$。

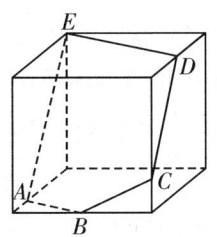

图 4-8-10

预设3：若截面图形是六边形，则六边形三对对边彼此平行，三对对角彼此相等。其中，$AB\ /\!/\ DE$，$BC\ /\!/\ EF$，$CD\ /\!/\ AF$，$\angle A = \angle D$，$\angle B = \angle E$，$\angle C = \angle F$。

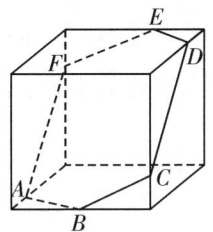

图 4-8-11

【设计意图】 通过对截面三角形形状的探究，积累图形探究经验：从特殊情形的等边三角形开始，在直观想象和运动变化的基础上提出猜想，并运用数学方法进行论证，发展逻辑推理素养。

学生分组或自主对截面四边形、五边形和六边形进行研究，教师给予指导。经历这样逐渐深入的探究过程，有利于培养学生发现问题、分类讨论、作图表达、推理论证等能力，在具体情境中提升直观想象、数学抽象、逻辑推理等素养，积累数学探究活动经验。

（四）分享交流、归纳总结

回顾正方体截面问题的探究，得到了哪些结论？有哪些问题解决的经验？

结论：截面三角形一定是锐角三角形，可以是等边或等腰锐角三角形；截面四边形是有一组对边平行的四边形，可以是正方形、长方形、菱形，可以是梯形，但不可能是直角梯形；截面五边形是有两组对边分别平行（有一组对角相等）；截面六边形的三组对边分别平行，三组对角分别相等，可以是正六边形。

经验：将截面问题进行分解，可以从特殊情形开始思考，可以让截面的元素进行位置变化进行观察，对提出的猜想进行证明。

【设计意图】在学生分享,师生、生生交流的过程中,一方面梳理正方体截面问题的基本结论;另一方面更重要的是回顾研究过程,领悟在面对一个比较开放,且比较复杂的问题时数学思想方法的运用以及严谨、灵活的数学思维的价值。

如何运用分类与整合的数学思想将复杂问题条理化,在截面的研究过程中,既可以直观分析问题,也需要理性分析问题,但都需要对得到的结果有一个理论说明或证明,正确的结论需要构造出来或证明,不正确的结论需要举出反例。

在这样讨论和证明的过程中,体会利用一般与特殊、观察、类比等思维方法在分析问题和解决问题中的作用,培养直观想象和逻辑推理的素养。

(五)作业设计

1. 将课上讨论进行结构梳理,完成重要结论的证明过程。
2. 请研究正四面体的截面特征。

【设计意图】课后对讨论过的结论和过程进行梳理,可以让陌生知识更加清晰。通过研究正四面体的截面特征,将研究问题的思路、方法迁移到相关内容。研究四面体的截面特征的过程中,培养学生的数学抽象、归纳概括能力及表达能力、反思能力,引导学生勤于思考,发展学生思维水平。

五、教学反思

(一)以能力培养为目标的教学设计

本节课是必修部分第十一章"立体几何"的一节课,内容选择参考了课程标准中的案例11"正方体截面的探究"。本节课的教学安排在本章的学习内容之后,对全章内容的学习可以起到构建知识结构,统领全章学习的作用。同时在解决问题的过程中,需要学生依据构想设计立体几何作图,对于截面问题的思考需要合理地分类,对于结论分析需要直观想象和逻辑推理,可以很好地起到综合运用所学知识解决问题的能力培养作用。

(二)依据学习基础设计探究活动,在活动中感悟数学思想

截面问题比较复杂。通过学生比较熟悉的立方体模型的截面问题,贴近学

生的学习实际,在探究问题设计时,给学生搭建平台。

问题1简单回顾了截面的作法,为学生作图研究问题做了铺垫。几何模型教具、GeoGebra软件图形的提供为学生直观分析问题提供了研究问题的起点。

通过问题的讨论逐步展开,使学生体会到分类与整合的数学思想在研究一个陌生问题时所起到作用。分类是自然科学乃至社会科学研究中的基本逻辑方法,是研究数学问题经常使用的数学思想方法,正确地对事物进行分类,体现的是由大化小,由整体化部分,由一般化特殊的解决问题的方法。分类研究基本方向是"分",当分类解决完这个问题之后,还必须把它们综合到一起,这样有分有合,先分后合,这不仅是分类与整合思想解决问题的主要过程,也是这种思想方法的本质属性。在探究正方体截面问题的过程中,完整体会分类与整合的数学思想。

(三)关注学生"学会""会学""乐学"

通过设计具有一定挑战性的学习任务,激发学生的学习热情。在正方体截面问题的研究过程中,让学生实实在在通过观察、比较、分析、归纳、抽象、概括等思维活动,发现有关的规律;通过对几何模型、作图软件的动手操作,进行细致的观察、思考,借助于分析、比较、综合、抽象、概括等思维活动,对直观问题进行理性分析,构造或者证明,由"朴素的直观"到"抽象的分析""严谨的证明",学生始终处于一种积极思考的状态,成为主动的探索者、积极的思考者。通过学生独立思考、交流展示、直观演示、师生对话等活动探索、发现问题的解决,并进行必要的交流、思辨,培养学生的语言表达能力。语言是思维的物质外壳,人们思维的结果、认识活动的成就都是通过语言表达出来的。对数学语言表达能力的培养可以很好地促进对数学思维能力的培养。

整节课教学过程为学生的思维活动提供了时间、拓展了空间,可以使学生在整个教学过程中始终处于积极的思维状态,在这个过程中培养学生由"学会"到"会学"甚至"乐学"的学习状态。

六、案例分析

(一)设计层次性学习活动,促进数学思考迁移

正方体截面形状的研究,设计了不同层次的学习活动。

截面图形为三角形直观想象或观察，体现了从特殊情形进行运动变化，学生容易想到三角形三条边均为面对角线这一特殊等边三角形；将三角形顶点或边进行变化，通过直观想象、实物操作或信息技术等方式，可以提出三角形不可能为直角三角形或钝角三角形的猜想。

截面三角形形状的证明，提出猜想后，教师引导学生如何证明"截面不可能是直角三角形和钝角三角形"，发展学生逻辑推理的核心素养。

截面图形的其他形状，学生经历截面三角形形状探究过程，直观想象或操作提出猜想，进一步利用所学的知识进行证明。将该研究思路应用于截面四边形、五边形、六边形的探究过程中，培养学生学习迁移能力。

（二）设计反思性学习活动，发展学生问题意识

正方体截面问题，学生具有一定的经验，能够根据给定的条件作出正方体的截面，但是没有进行系统研究。该案例中，教师引导学生反思学习经验，并相对系统地提出问题。

反思学习经验，在引入环节，通过两个具体作出截面的问题，思考作出截面的关键和依据是什么，培养学生反思意识和习惯，同时也为正方体截面形状探究中的证明做铺垫。

发现和提出问题，该案例采取了教师主导的方式，渗透发现和提出问题的逐步深入和具体，即"用一个平面去截一个正方体，会得到什么形状的截面图形呢？这些多边形，有没有可能是特殊的多边形？问题可以怎样具体化？"在归纳小结环节，教师通过示范进行了拓展：正四面体的截面特征。

第五章
统计思维教学设计案例

统计思维是在解决统计问题、从事统计活动过程中对统计材料的概括、间接的反映,进而得到统计问题、统计活动本质和规律的认识。统计思维是一个有结构的系统,借鉴林崇德思维结构的构建,统计思维结构包括统计思维的目的、统计思维的材料和结果、统计思维的过程、统计思维的品质、统计思维的非认知因素、统计思维的自我意识和监控等。

统计思维的目的:解决一个统计问题,或者完成一个统计任务,是统计思维中的核心要素。

统计思维的材料和结果:统计思维的材料包括统计研究的五种变异数据类型及其关系、已有的统计概念、统计方法,经过思维过程获得进一步的统计概念和方法,并建立联系将其纳入认知结构中。

统计思维的过程:统计思维过程包括分析与综合、抽象与概括、比较、归纳。

统计思维的品质:统计思维品质包括灵活性、独创性、批判性、深刻性。

统计思维的非认知因素:想象、好奇、寻找深层意义的倾向、坚持性等。

统计思维的自我意识和监控:统计解决问题过程中对自我认知活动的意识和控制。

统计思维的表现形式为统计概念、统计判断和统计推断,它们可以划分为不同的水平。

本章共有五个教学案例:样本与总体的关系、分层随机抽样、频率与概率的关系、一元线性回归模型参数的最小二乘估计、离散型随机变量分布列及其期望与方差。

1.样本与总体的关系、分层随机抽样、频率与概率的关系,三个案例侧重点是统计推断。突出统计推断对样本的理解,了解样本具有代表性,同时也认识或关注到样本有可能偏离总体,承认可以由样本对总体做出推断,认识到这种推断不是100%准确,也有可能得出的推断和真实情况相差很远。

2.一元线性回归模型参数的最小二乘估计,是从单变量分析到双变量分析的发展,也是利用统计知识解决相关问题的过程。

3.离散型随机变量分布列及其期望与方差,主要突出综合利用统计的相关知识解决和分析现实问题的过程。

第一节　样本与总体的关系

一、教学内容分析

本教学设计案例以"样本与总体的关系"为主题,选择估计平均身高的素材,将随机抽样与统计推断结合在一起,在教学活动设计中体现初中到高中的进阶。

(一)核心概念及进阶路线

本节课是以"统计与概率"为主题的"抽样与数据分析"单元,将其置于初中及高中阶段的视角下进行分析,本单元的核心概念为数据分析,该单元的核心概念及进阶路线见图5-1-1。

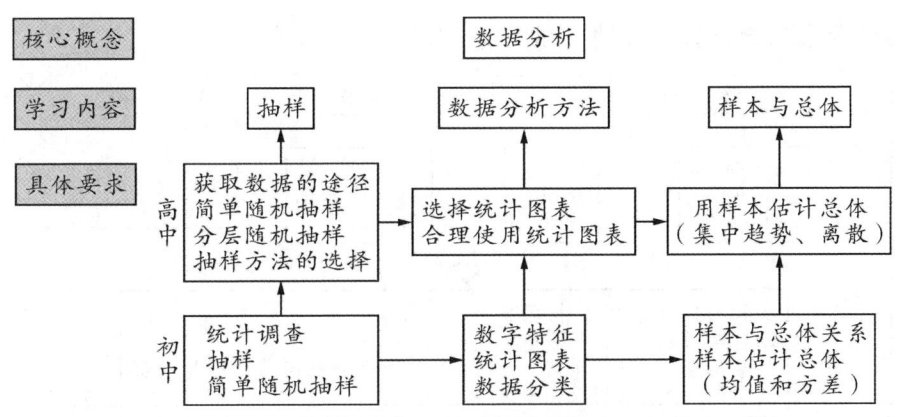

图5-1-1 数据分析核心概念及进阶路线

(二)课程标准要求

"课标2022"的内容要求:体会抽样的必要性,通过实例认识简单随机抽样;体会样本与总体的关系,知道可以用样本平均数估计总体平均数,用样本方差估计总体方差。

"课标2017"的内容要求:了解总体、样本、样本量的概念,了解数据的随机性。结合实例,能用样本估计总体的集中趋势参数(平均数、中位数、众数),理解集中趋势参数的统计意义;结合实例,能用样本估计总体的离散程度参数(标准差、方差、极差),理解离散程度参数的统计意义;结合实例,能用样本估计总体的取值规律;结合实例,能用样本估计百分位数,理解百分位数的统计含义。

(三)单元结构分析

人民教育出版社《义务教育教科书数学七年级下册》第十章"数据的收集、整理与描述",本章共包括三节:统计调查、直方图、课题学习 从数据谈节水。

章首语给出了本章主要的学习内容,并以数据处理的一般过程为线索进行课时编排,其中10.1统计调查,是数据收集的重要方式,重点学习抽样调查中的简单随机抽样。10.2直方图包括数据整理和数据描述的一些基本方法:排序、分组、统计图表,重点是频数分布直方图,并能从直方图中读取数据中所蕴含的信息。10.3课题学习 从数据谈节水,则是运用统计方法解决问题的过程。除此之外,教材还编排了应用统计方法解决问题的三个活动,帮助学生进一步理解相关概念,体会根据数据信息解决问题的价值。

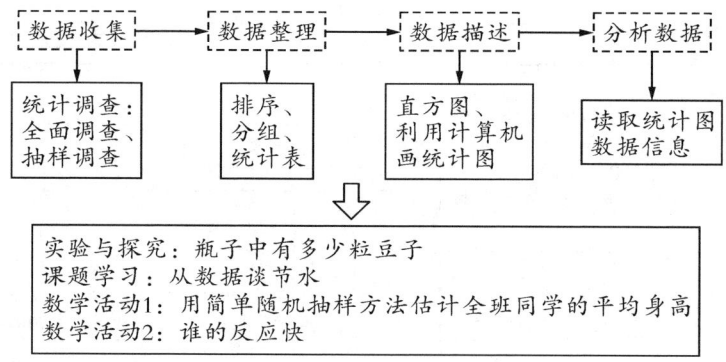

图 5-1-2 知识结构图

人民教育出版社《普通高中教科书数学 A 版必修第二册》第九章"统计",本章包括三节:随机抽样、用样本估计总体、统计案例"公司员工的肥胖情况调查分析"。本章知识结构如图5-1-3。

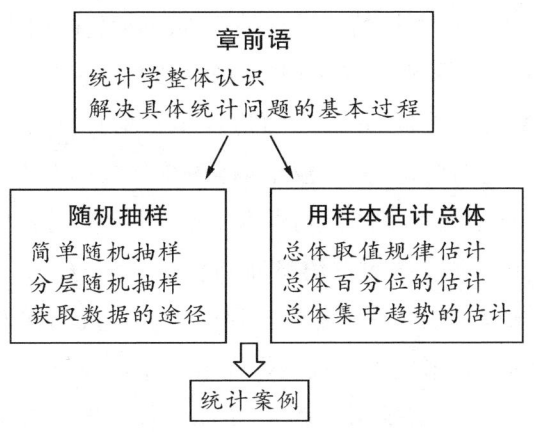

图 5-1-3 知识结构图

(四) 课时内容分析

初中数学教材随机抽样主要有四个活动：①通过实例认识抽样调查及必要性；②样本代表性及简单随机抽样；③重复随机抽样，体会随机性；④随机抽样方法的反思。具体到教材活动设计，以调查某校 2 000 名学生喜爱的节目情况为例，因全面调查耗费时间、人力、物力等原因，介绍抽样调查及必要性。为了使样本尽可能具有代表性，需要考虑样本量、保证每个个体有相等的机会被抽到，根据样本结果对总体情况进行了推断，介绍简单随机抽样的概念。

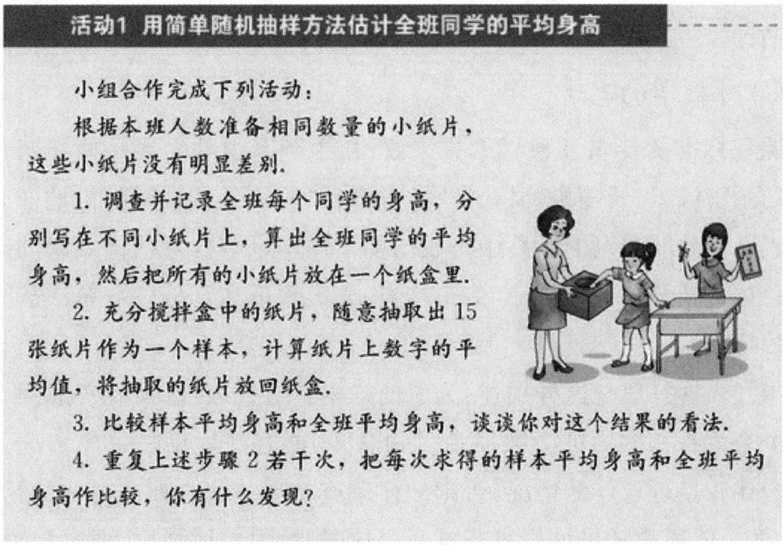

图 5-1-4（选自人教版《义务教育教科书数学七年级下册》）

本章最后编排了活动1用简单随机抽样方法估计全班同学的平均身高(图5-1-4),设计了两个关键问题:比较样本平均身高与全班平均身高,谈谈你对这个结果的看法;重复随机抽样若干次,每次样本平均身高和全班平均身高作比较,你有什么发现?这两个活动将随机抽样与统计推断结合在一起,通过比较样本平均身高和全班平均身高认识到样本的波动性,由此表明统计推断具有不确定性;通过重复抽样比较样本平均身高和全班平均身高,认识到样本的代表性与波动性,认识到统计推断的可靠性与风险性。随机抽样方法的反思是在本章小结的一个思考问题:用简单随机抽样抽出的样本是否一定具有代表性?

高中阶段本教学案例安排两节教学,9.2.1 简单随机抽样的探究活动"小明想考查一下简单随机抽样的估计效果",提供了样本量为50和100的样本各10个,并用直方图进行表示。对两组样本进行分析时关注三个方面:不同样本平均数往往不同、样本平均数与总体平均数的偏离、样本量大小对估计效果的影响。

9.2.3 总体集中趋势的估计包括四个主要内容:①平均数、中位数、众数的区别和联系,各自的适用范围;②频数分布直方图中如何获得平均数、中位数和众数;③统计数据的误导;④阅读与思考:统计学在军事中的应用。本节内容与9.2.1 的探究活动的区别,两个问题所提供的数据是随机抽样获得样本数据,并不知道总体的集中趋势数值,即:总体未知,利用样本的集中趋势对总体集中趋势做出估计。

(五)对教学的思考

从课程标准的要求及教材编排来看,初中到高中的发展是抽样调查、目的及原则的系统认识,及随机抽样方法的丰富和"升级",其中对随机抽样必要性、样本代表性是共同强调的。高中阶段增加了样本量多少对估计效果的影响;样本估计总体包括总体取值规律、集中趋势、离散程度和百分位数等;统计数据的误导等内容。

样本代表性一般是这样描述:为了使样本具有代表性,需要考虑样本量、总体中每个个体有相等的机会被抽中,如此样本能客观地反映总体情况,抽样调查结果会比较接近总体的情况,否则抽样调查结果往往会偏离总体的情况。初中、高中两个阶段教随机抽样进行推断总体时,给出总体情况,通过与总体比较

"看到"样本的代表性或随机抽样的合理性。①

初中数学教材所编排的"用简单随机抽样方法估计全班同学的平均身高",总体是已知的,能够看得到样本的代表性与波动性,进而认识到统计推断的可靠性与风险性。这个活动安排在章学习结束位置,对随机抽样活动反思是章小结的一个思考问题。心理学相关研究表明人会对首先呈现的项目倾注更多的注意和心理努力,即首因效应,教材中活动1"用简单随机抽样方法估计全班同学的平均身高"可作为随机抽样的核心素材,这有利于学生对随机抽样全面、系统地理解和认识。

科学的抽样方法只能增加样本代表性,根据样本对总体做出的推断有一定可靠性,不能保证具有必然性。无论抽样方法多么严谨科学,样本代表总体只是随机事件而非必然事件,随机抽样所获得样本仍有可能和总体偏差很大,这是样本波动性的体现。教学中如何体现样本推断总体的可靠性?两个阶段的发展变化是什么?如何认识到随机抽样获得的样本代表性与波动性两个方面?这些都是值得思考的问题。

综合上述分析和思考,在简单随机抽样的活动设计中,需要考虑获得样本的代表性与波动性两个方面,进而理解统计推断的可靠性与风险性;同时又要思考两个学段的衔接问题。从这两点出发,尝试给出两个学段随机抽样活动的改进设计,并分析如何通过这些活动实现其教学目标。

二、教学对象分析

(一)学生认知水平

七年级的学生处于形式运算阶段,具备一定的抽象能力和初步的推理能力,形成了数据意识,能够理解现实生活中的一些随机现象,对数据的意义有一定的意识。思维方式以确定性思维为主。

高一年级学生具备良好的推理能力,理解推理的重要性,初步掌握了逻辑推理和归纳推理的形式和规则。通过初中阶段统计与概率的学习,形成了一定的数据观念,能够初步理解样本推断总体的推断方式,初步体会不确定性的思维方式。

---

① 陈琦,刘儒德:《当代教育心理学》,北京师范大学出版社,2007,第170页。

（二）学生的知识、经验基础

初中阶段教学活动设计学生学情：学生已经学习了简单随机抽样，对随机抽样的必要性有一定的体会；具有从统计图表获取信息的能力；小学阶段已经学习过平均数的计算，了解平均数的意义。

高中阶段教学活动设计学生学情：学生初中阶段学习了简单随机抽样，对随机抽样获得样本风险性和可靠性具有一定的认识；能够从统计图表获取有效信息，会画频率分布直方图；能够计算平均数，了解平均数的意义。

（三）学生学前调研

初中阶段教学活动设计学前调研：通过学生的个别访谈，了解到有些学生并不认可随机抽样，担心抽到不好的样本；有些学生完全接受随机抽样估计总体的方法，如"既然我们学习随机抽样，那么它就是可行的"，这也是初中阶段活动设计需要重点思考的，如何让学生辩证地认识随机抽样估计总体的方法。

高中阶段教学活动设计学前调研：个别学生仍然存在完全不认可或完全接受随机抽样估计总体的方法；学生对样本量对估计效果的影响停留在感性认识，能够对样本代表性做出定性描述，并不清楚如何定量刻画；缺乏用严谨的语言描述样本估计总体的结论。

三、教学目标和重难点

基于上述分析，教学目标及教学重难点如下：

【教学目标】

1. 经历随机抽样获得样本，在比较样本平均数与总体平均数的过程中，体会样本的代表性与风险性。

2. 通过对样本代表性的讨论，初步体会统计推断需要考虑的要素，理解根据样本估计总体的可靠性与风险性，发展辩证思维。

3. 改变样本量的大小，体会样本容量对统计推断可靠性的影响。

4. 在讨论多个样本平均数基础上，体会平均数的统计量意义，并通过频率分布直方图直观认识样本平均数的分布。

【教学重点】

样本与总体的关系，样本平均数推断总体平均数的可靠性与风险性。

【教学难点】

对统计推断的辩证认识。

四、教学过程和活动设计

初中阶段样本与总体关系活动设计

推断统计中一个基本问题①就是依据观测或试验所取得的信息对整体如何推断的问题,每个推断伴随一定的概率以表明推断的可靠程度。正式的统计推断是构造统计量——依赖于样本的函数,考查统计量的理论分布(称为抽样分布),根据理论分布可以计算统计推断的概率以表明其可靠程度。

平均数是中学统计课程中一个重要的统计量,以人教版初中数学教材中估计平均身高的活动素材为基础,进行关键活动设计。

(一)创设情境,提出问题

我们已经学习过简单随机抽样的调查方法,抽取的样本是否有代表性,直接关系到对总体估计的有效程度,那么简单随机抽样获得样本代表性怎么样呢?我们通过样本平均身高估计总体平均身高进行考查。

为每位学生提供某校107名三年级男生身高数据,平均身高为135.08 cm。并将每个身高做成小卡片,放入一个纸盒中。

问题1:简单随机抽样获得样本代表性怎么样呢?如何解决这个问题呢?

预设1:通过简单随机抽样的方式,抽一组容量为10的样本。

预设2:抽取一组样本不太能说明问题,可以多抽取几组样本,计算这几组样本的平均身高,与135.08进行比较,看看是不是都和135.08相差不多。

预设3:样本量不能太少。

预设4:抽取的几组样本量要一样,这样才具有可比性。

【设计意图】通过问题"简单随机抽样获得样本代表性怎么样呢?"引发学生认知冲突,并以学生熟悉的身高例子作为讨论素材,引导学生对怎么解决问题展开讨论,同时也为下一步的探究进行铺垫。

(二)随机抽样,分析样本

学生活动:将样本量确定为10,每位学生进行简单随机抽样,将纸盒中的小

---

① 魏宗舒等:《概率论与数理统计》,高等教育出版社,2003,第227,231页。

卡片充分摇匀,并随意抽取 10 张卡片,记录下这 10 名男生的身高,利用计算器计算样本平均身高。

同桌交换所记录的数据,检查样本平均身高是否计算正确。教师汇总所有学生的样本及样本平均身高,形成待分析的数据集,可整理成表 5-1-1。

表 5-1-1 样本量为 10 的 30 组随机抽样数据(单位:cm)

序号	h1	h2	h3	h4	h5	h6	h7	h8	h9	h10	平均身高
1	142	132	138	133	135	123	139	134	139	128	134.30
2	135	138	128	132	135	129	142	128	124	138	132.90
3	138	130	131	146	140	135	138	138	139	131	136.60
4	124	139	138	130	138	139	135	138	130	135	134.60
5	132	123	146	138	121	139	128	136	135	142	134.00
6	136	129	132	136	130	139	131	139	140	142	135.40
7	124	147	130	135	129	143	143	146	130	138	136.50
8	127	135	134	140	132	138	137	132	134	138	134.70
9	135	146	138	130	142	131	142	131	140	139	137.40
10	122	135	135	130	135	123	132	140	132	142	132.60
11	129	138	135	146	123	140	136	146	134	124	135.10
12	141	138	129	128	134	131	128	138	135	130	133.20
13	131	143	135	135	156	138	127	125	140	142	137.20
14	139	138	140	135	138	140	135	148	123	128	136.40
15	138	142	138	132	142	131	136	133	135	146	137.30
16	142	128	135	129	137	122	146	129	140	138	134.60
17	140	132	136	136	142	130	129	136	127	139	134.70
18	129	141	139	129	141	143	132	135	135	140	136.40
19	133	146	135	139	131	138	131	124	130	143	135.00
20	135	140	146	137	140	135	122	142	135	140	137.20
21	123	138	134	131	124	136	146	136	138	135	134.10
22	138	134	128	137	134	137	129	122	132	132	132.30
23	128	135	128	130	139	135	131	138	136	134	133.40
24	128	140	139	139	138	138	138	137	123	135	135.50
25	142	138	125	132	139	139	137	130	130	142	135.40
26	133	134	138	137	135	156	132	135	128	135	136.30
27	125	135	128	127	146	131	135	134	141	136	133.80
28	131	130	137	130	146	140	122	139	128	142	134.50
29	146	139	137	135	136	137	146	139	140	136	139.10
30	142	137	132	143	135	137	143	140	135	135	137.90

为了更直观,用散点图表示 30 组随机样本的样本均值(图 5-1-5),横轴数字表示第几次抽样,纵轴表示身高,中间直线表示总体平均身高 135.08 cm。针对统计表和统计图,提出两个核心问题:

问题 1:观察所有 30 组样本平均身高,你有哪些发现?

问题 2:比较所有 30 组样本平均身高与总体平均身高,你有哪些发现?

预设 1:30 组样本平均身高都不等于总体平均身高,围绕总体平均身高上下波动。

预设 2:有些样本平均身高和总体平均身高相差较远,如第 29 次 139.10 cm,第 22 次是 132.30 cm。

预设 3:30 组样本平均身高中很多和总体平均身高"接近"。

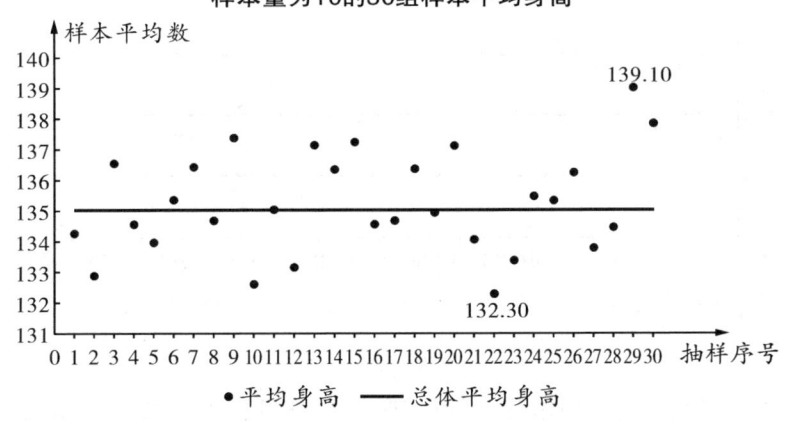

图 5-1-5

【设计意图】两个核心问题指向随机性、样本代表性与波动性。具体而言,问题 1 指向随机性,30 组样本量相同的随机抽样获得样本的平均身高都不同。问题 2 指向样本相对于总体的代表性与波动性。

(三)分析样本,量化代表性

问题 1:随机抽样目的是使获得的样本具有好的代表性,这 30 组样本平均身高都不等于总体平均身高,如何评价这些样本的代表性呢?或者如何评价用样本平均身高估计总体平均身高的可靠程度呢?

预设 1:需要说清楚什么叫作有代表性。

预设2:样本平均身高和总体平均身高相差不多,可以认为有代表性。

预设3:可以看看这30组中有多少和总体平均身高相差不多。

师生活动:总结我们的思考,需要给出一个相差范围来描述代表性,然后考查30组中有多少组在这个范围之内。不妨以 ±2 cm① 为标准,为了更直观,用直观图表示(图5-1-6),上边的横线表示(135.08 + 2)cm,下边的横线表示(135.08 - 2)cm,容易数出共有21组落入范围之内。

可以给出结论:当样本量为10,给定代表性范围为 ±2 cm,重复随机抽样30组,约70%的样本均值落入范围内。

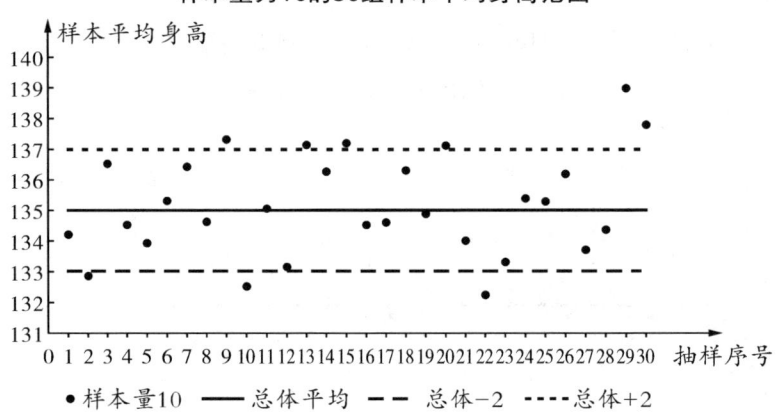

图 5-1-6

问题2:回顾我们对样本代表性的研究,有哪些需要考虑的因素,这些因素会如何影响样本代表性呢?

预设1:样本量的大小,样本量大的时候代表性应该会高。

预设2:代表性的范围,如果定的标准提高,如 ±1 cm,样本的代表性会低,因为条件苛刻了。

预设3:我们只随机抽取了30组,组数增多,代表性会增加吗?

预设4:组数增多时,是不是类似于样本量增大,对代表性的估计会更准确吗?

---

①注:在这个例子中,2 cm恰好约等于样本量为10的抽样分布的一个标准差。

预设5:我们选择随机抽样的方法,不是为了减少工作量吗?随机抽取那么多组,并没有达到减少工作量的目的。

师生活动:关于影响样本代表性的因素,我们提到样本量大小、代表性的标准,这两个因素能够如何影响代表性。那么组数增多,代表性(如这里的70%)会怎样变化,这个留作课下探究活动。

问题3:我们随机抽取了30组,这样增加了很多工作量,实际问题中并不会随机抽取很多组,如果随机抽样获得一组样本,怎么理解可行性呢?

预设1:样本量多时,随机抽取一组是否就可以?

预设2:是不是可以将这一组看成是30组中任意可能的一组,那么就有70%的可能性抽到±2 cm之内的。

【设计意图】 在对样本两面性认识的基础上,引导学生思考如何根据样本平均身高估计总体身高,初步体会统计推断的可靠性和风险性。对样本代表性的评价自然要考虑与总体真值相差多大是能容许的范围,即涉及确定标准的问题。

(四)归纳小结,系统思考

本节课主要围绕问题"简单随机抽样获得样本代表性怎么样的?"使用简单随机抽样从总体抽取了30组样本量为10的样本,关于样本平均数与总体平均数的关系,有哪些认识?

预设1:30组样本平均数不一定相同,并且都分布在总体平均数上下。

预设2:可以用总体平均数的一个范围刻画样本平均数的代表性。

预设3:用样本平均数估计总体平均数具有合理性,当然也有可能超出我们心目中的标准。

预设4:样本量的大小、代表性的标准,是样本估计总体时需要考虑的问题。

预设5:实际问题中,随机抽样获得1组样本,可以看成所有可能的样本中的一个。

【设计意图】 以本课开始的问题,将样本与总体的关系进行归纳,提升学生的整体思考和认识。

高中阶段样本与总体关系活动设计

(一)提出问题,引发思考

问题:总体已知时,通过重复随机抽样看到样本代表性与波动性,在统计实践中遇到的问题往往是:总体未知,如何通过样本对总体做出推断?

预设1:总体平均身高不知道,样本平均数和总体平均数的关系是一样的,还是可以通过样本平均数估计总体平均数。

预设2:我们曾经用总体平均身高±2 cm作为代表性标准,是否可以用样本平均身高±2 cm估计总体平均身高呢?

教师:事实上统计学中就是给出一个误差范围,如ε,构造基于样本平均身高$\bar{X}$的一个区间$[\bar{X}-\varepsilon,\bar{X}+\varepsilon]$,考查这个区间包含总体平均身高的可能性有多大。

【设计意图】 样本与总体关系,是在总体已知时给出的。通过提出问题"总体未知,如何通过样本对总体做出推断?"激发学生的认知冲突,启示学生发现和提出问题,该问题引导学生思考只能从样本出发对总体进行推断,类比给出样本平均身高一个误差范围。

(二)构造样本平均身高区间

以上述30组随机抽样为例,当给定误差范围为±2 cm,就得到了30个区间估计,用直观图表示为图5-1-7。

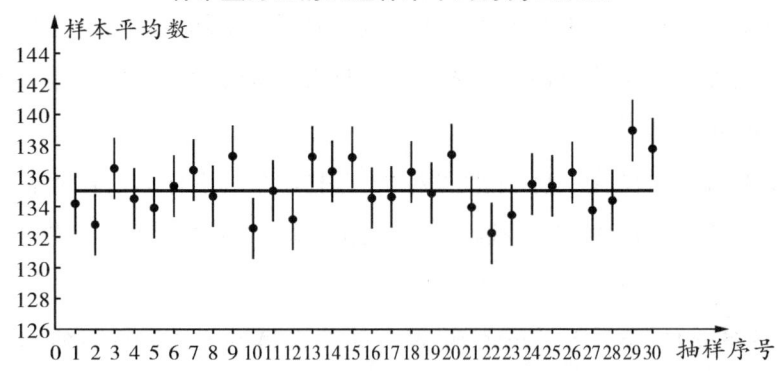

图5-1-7

问题:这时有多少区间能够包含总体平均身高?将图 5-1-6 和图 5-1-7 进行比较,有什么发现?

预设 1:有 21 个样本身高区间包含总体平均身高。

预设 2:比较图 5-1-6 和图 5-1-7,发现两幅图其实是等价的,当样本平均身高落入总体平均身高 ±2 cm 时,样本平均身高 ±2 cm 的区间也包含总体平均身高。

预设 3:随机抽样 1 次给出一个区间估计总体平均身高时,有可能选择到 30 组样本中任何一个,可以用 70%(21/30)来定量刻画这个区间估计的可靠程度。

【设计意图】从样本平均身高构造估计区间,考查总体平均身高是否在区间内;与总体构造区间的方法做比较,初步体会两种方法的等价性;再次体会每个统计推断会有一个可靠性,体会统计思维与确定性思维的差异。

(三)范围对估计效果的影响

问题:每给出一个统计推断,相应地有一个"概率"表明它的可靠程度,当范围改变时,可靠程度会发生什么样的变化?

教师:我们直观上可以知道,当改变范围的时候,样本平均身高估计总体平均身高可靠性会相应变化,仍然是这 30 组样本平均身高,我们将范围改为 ±1 cm、±4 cm,不妨推断可靠性大概是多少?

用直观图 5-1-8 和图 5-1-9 分别表示,缩小范围为 ±1 cm 时,有约 43.3%(13/30)的区间包含了总体平均身高;扩大范围为 ±4 cm 时,约 96.7%(29/30)的区间包含了总体平均身高。

追问:如果我们再进行 30 组随机抽样,结果会有什么变化?请同学们课下进行探究,你可以尝试使用 Excel 实施简单随机抽样。

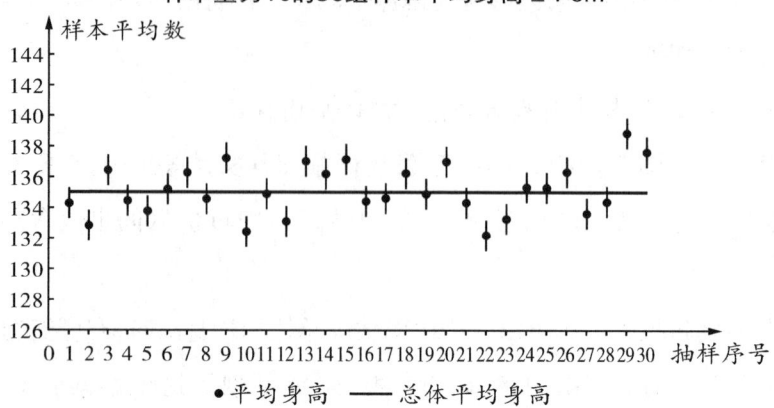

图 5-1-8

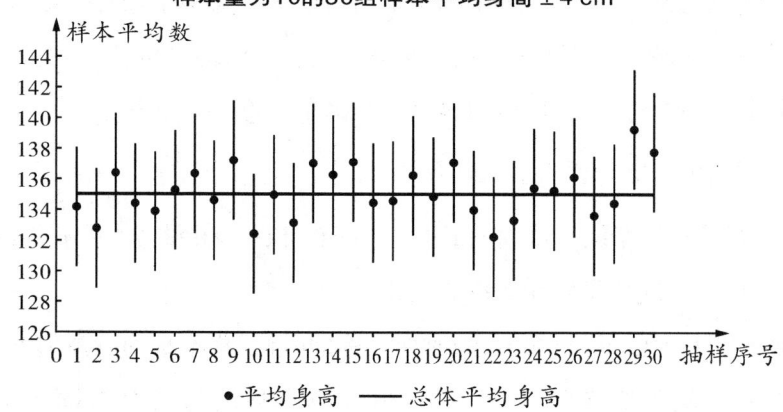

图 5-1-9

【设计意图】学生能够对代表性范围缩小或扩大,能够降低或提高样本平均身高估计总体平均身高的可靠性,事实上初中学生已经能够认识到这一点,因此在高中阶段活动设计中,让学生通过对多组样本平均身高的获得,量化统计推断的可靠性。

(四)样本平均身高的分析

问题:观察这 30 个样本平均身高,可用哪些学习过的方法进行整理和分析?

预设1:计算 30 个样本平均身高的平均数、中位数、众数。

预设2:计算 30 个样本平均身高的极差、方差、标准差。

预设3:可以用频率分布直方图、箱线图①表示这30个样本平均身高。

师生活动:计算平均数 135.28 cm,中位数 135.05 cm,极差 6.8 cm,标准差 1.685,方差 2.84。

追问:观察图 5-1-10 和图 5-1-11,可以获得哪些信息?

预设1:这30个样本平均身高分布有点对称。

预设2:中位数接近总体平均身高。

预设3:30个样本平均身高的平均数和总体平均身高相差不大。

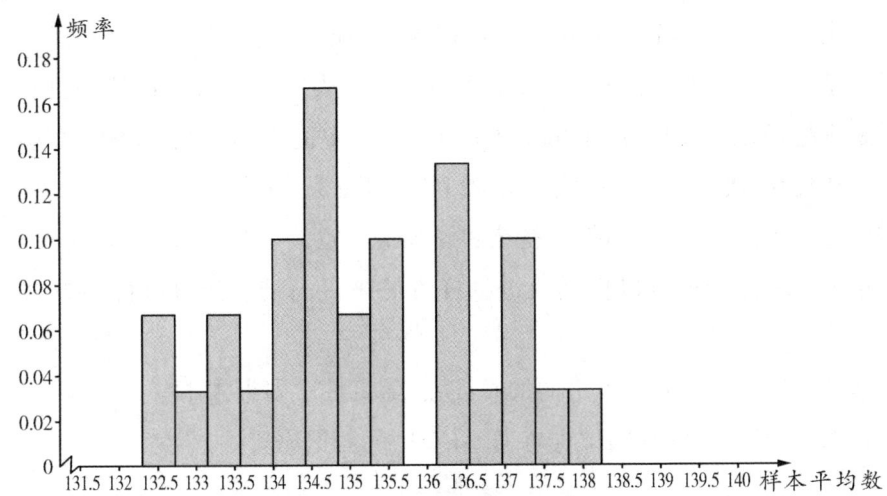

图 5-1-10 频率分布直方图(16 组)

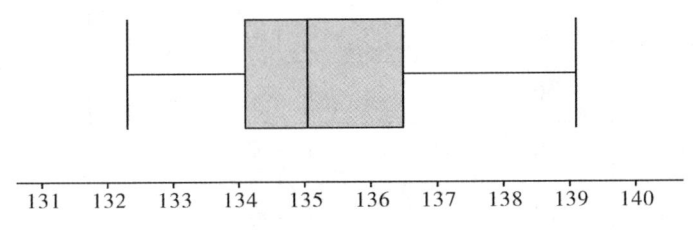

图 5-1-11 箱线图

【设计意图】高中阶段的发展点是将重复随机抽样样本均值作为研究对象,并用初中学习过的数据整理和分析的方法。这个活动将研究对象聚焦于30个样本均值,有三个目的:①应用初中阶段所学的方法分析数据、获得信息;②对

---

①箱线图是《义务教育数学课程标准(2022年版)》新增内容。

平均数作为统计量的体会:一组样本对应一个平均数,平均数的随机性;③对抽样分布的初步体会。

(五)样本容量对估计有效性的影响

问题:样本量为10,随着所容许相差范围的扩大,统计推断的可靠性也增加。统计推断中很多时候对相差范围有要求,给定相差范围下,如何提高统计推断的可靠性呢?

预设:可以增加样本容量。

师生活动:平均身高问题中,给定±2 cm为误差范围,理论上可以计算出不同样本量下所对应的理论概率值(表5-1-2)。从表中可以得到:①随机抽样并不是越多越好,本问题中样本量增加的时候,概率值并不是线性增长;②从40到50,50到60概率值分别提高了仅2.1%,1%;③在不同的情况下,可以选择不同的样本量计算方法(如很多社会科学研究中会有一些经验值,这里针对的是简单随机抽样),也可以借助改进抽样方法来提高结论的可靠性(如分层抽样)。

请同学们自主探究样本量增加时,通过随机抽取多组样本获得样本平均身高估计总体平均身高的可靠性,与表5-1-2中的数据比较。

表5-1-2

样本量	落在±2 cm范围的概率
60	98.6%
50	97.6%
40	95.5%
30	91.8%
20	84.44%
10	68.26%

【设计意图】这个问题设计有两个目的:①让学生体会样本量对统计推断可靠性的影响,通过增加样本量(如样本量为20)进行重复随机抽样30组,观察不同样本量下抽样结果的差异;②进一步强化给出一个统计推断,就相应有一个

可靠性。考虑到课堂时间有限,样本量增加的活动与前面探究活动思路一致,因此将其作为学生课下自主探究的活动,教师主要介绍样本量增加时,对可靠性增加建立直观感知。

作业设计

初中阶段样本与总体关系活动设计

1. 在直觉上,样本量越大,样本和总体接近的可能性越大,针对这节课的研究问题,当样本量提高为 60 时,如果仍然重复抽 30 组,那么会有多少组在总体均值 ±2 cm 之内?

(1)请写出你的猜测:＿＿＿＿＿＿＿＿＿＿＿＿＿＿＿＿＿＿＿＿;

(2)请你完成随机抽样 30 组,验证你的猜测。

2. 代表性的标准改变,将会怎样影响样本估计总体的效果?请设计一个活动验证你的猜想。

【设计意图】通过课上学习,学生能够认识到样本推断总体的可靠性和风险性,并初步体会如何定量的刻画。作业设计让学生对样本量、代表性标准有定性认识,通过给出活动或提出问题的方式,完成活动,辩证地认识随机抽样和统计推断。

高中阶段样本与总体关系活动设计

请查阅相关资料,了解抽样调查的历史发展,并结合本节课的学习,写出对抽样调查的认识。

【设计意图】发展学生查阅资料和数学阅读的能力,在了解抽样调查的历史发展中,提升对抽样调查和随机抽样的认识,发展理性精神。

五、教学反思

初中、高中统计课程中,都有样本与总体关系的内容。本教学案例尝试给出初中、高中两个阶段随机抽样下,样本与总体关系的活动设计。核心观点一是随机抽样要和统计推断结合在一起,且要给出总体情况;核心观点二是随机抽样需要重复多次抽样,认识到样本代表性与波动性两面,进而认识到统计推断的可靠性和风险性;核心观点三是高中阶段的关键发展是研究对象的变化。

目前初中、高中阶段随机抽样发展更多的是抽样方法的丰富和"升级",样本估计总体的方面有所增加,中学阶段随机抽样下样本与总体关系需要有层次划分:初中阶段通过其认识样本的代表性和波动性,初步体会统计推断的可靠性和风险性;高中阶段将重复抽样的结果(如样本均值)作为研究对象,进一步认识样本代表性与波动性,可借助频率分布直方图、箱线图进行研究,初步体会可以通过频率来刻画统计推断的可靠程度,感受样本量对统计推断可靠性的影响。

对样本的代表性与波动性两面性的认识是理解和做出统计推断可靠性与风险性的基础,重复随机抽样活动是一个好的载体。初中阶段活动设计进行过教学实践,实践验证能够达成教学目标。高中阶段活动设计是否可行?高中阶段学生能否实现研究对象的变化?在小范围高中学生进行过个案学习,班级教学的效果需要在教学实践中进一步检验。

六、案例分析

(一)关注学科本质,突出统计思维

样本与总体关系的认识是做出统计推断、理解统计推断的前提,随机抽样获得样本有代表性和波动性两个方面,不是针对一个样本而言,是整体性特征;做出统计推断时,需要同时赋予这个统计推断一个概率以表明可靠程度;理解一个统计推断时,知道这个统计推断是一个含有"概率"的结论,不是一个确定性的结论。

该教学案例突出了对统计推断可靠程度的刻画,初中阶段从定性认识到经验的定量刻画,也就是通过重复随机抽样的方式,获得经验的可靠性度量,让学生体会到每个统计推断伴随一个可靠性的度量,感受辩证的思维方式。

(二)基于学习进阶,跨学段设计活动

样本量对估计可靠性的影响。初中阶段对样本量的确定只是一个直观描述:"样本量太少不具有代表性,样本量要适当"。高中阶段有必要让学生通过不同样本量的重复随机抽样活动,体会样本量对随机抽样样本波动性与代表性的影响,本教学案例主要通过教师介绍,学生课下自主学习的方式设计。

对平均数作为统计量的认识。高中阶段在初中阶段学习的基础上,将随机

抽样获得的多个样本平均身高作为研究对象,进一步认识随机抽样样本的代表性与波动性,统计推断的可靠性与风险性,初步体会统计量的分布,样本容量对统计推断可靠性的影响。

平均数的抽样分布。统计学中是通过考查统计量的分布进行统计推断和计算统计推断的可靠性的。具体到平均身高的例子,在总体数据服从正态分布 $N(\mu, \sigma^2)$ 时,理论上可以证明样本均值服从正态分布 $N\left(\mu, \dfrac{\sigma^2}{n}\right)$。统计分布的直观表现形式是频率分布直方图,图 5-1-12 为总体 107 名学生身高频率分布直方图,图中的光滑曲线为正态分布曲线,总体分布接近正态分布。图 5-1-13 为 30 组样本量为 10 的样本均值的频率分布直方图及正态曲线,从图中可以看到抽样结果和理论分布有一定的偏差,这也正是随机性的体现。当重复随机抽样组数增加时,样本均值频率分布直方图会更接近其理论分布曲线。

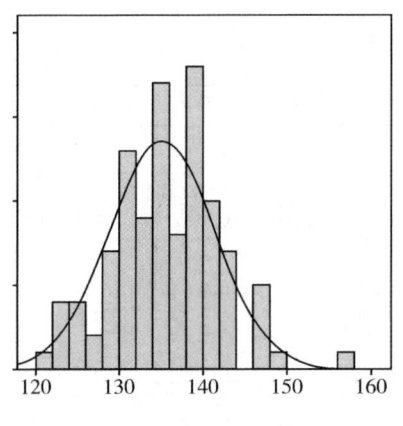

图 5-1-12

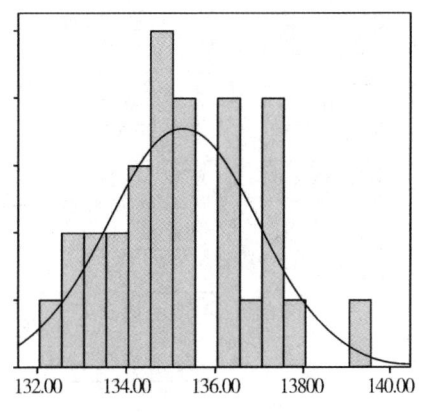

图 5-1-13

第二节　分层随机抽样

一、教学内容分析

本节课是人民教育出版社《普通高中教科书数学 A 版必修第二册》第九章"统计"9.1.2 分层随机抽样。

（一）核心概念及进阶路线

本节课是以"统计与概率"为主题的"抽样与数据分析"单元，将其置于初中及高中阶段的视角下进行分析，落实"课标2017"中"统计"的相关要求，本单元的核心概念为数据分析，该单元的核心概念及进阶路线见图 5-2-1。

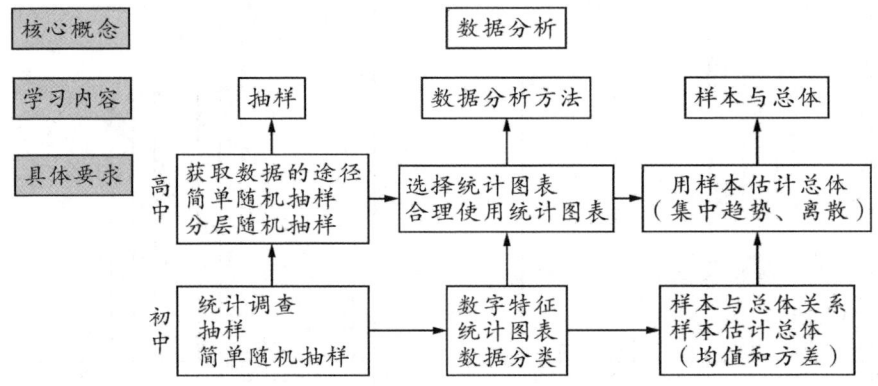

图 5-2-1　数据分析核心概念及进阶路线

（二）课程标准要求

通过实例，了解分层随机抽样的特点和适用范围，了解分层随机抽样的必要性，掌握各层样本量比例分配的方法。结合具体实例，掌握分层随机抽样的样本均值和样本方差。

（三）单元结构分析

"统计"单元主要包括：获取数据的基本途径及相关概念、抽样、统计图表、用样本估计总体。本单元首先通过实例讲述了简单随机抽样、分层随机抽样等常用的抽样方法,并在简单的实际情境中,讨论了如何根据实际问题的特点设计抽样方法。接着讲述了根据实际问题的特点,选择恰当的统计图表对数据进行可视化描述的方法。在此基础上研究了用样本估计总体的取值规律、百分位数、集中趋势参数(平均数、中位数、众数)和离散程度参数(标准差、方差、极差)等问题,讲述了这些统计量的统计含义。该单元反映了用统计方法解决实际问题的基本过程。

(四)课时内容分析

本节内容为9.1随机抽样的第二节,教材编排可分为三个活动。

分层随机抽样的必要性。继续第一节课的问题情境,引导学生发现简单随机抽样的不足,体会改进抽样方法的必要性,从而自然引出本节课的内容,而作为各层内的抽样方法,简单随机抽样也为分层随机抽样提供了基础支持。

分层随机抽样步骤及估计总体。通过树人中学学生身高问题的解决,学习分层随机抽样的步骤,根据获得的样本计算出样本平均身高,进而对总体平均身高做出估计。从具体问题解决中进行抽象概括,归纳出分层随机抽样、比例分配等概念,会使用数学符号表达分层随机抽样,并利用样本平均数估计总体平均数。

类比简单随机抽样估计效果的探究,通过10组分层随机抽样的样本平均身高分析,进一步认识其随机性和规律性。与简单随机抽样进行比较,分层随机抽样整体而言优于简单随机抽样估计效果,当总体个体差异很大时,选择分层可以提高样本的代表性。

(五)对教学的思考

课标中的"教学提示"写到:"在统计的教学中,应引导学生根据实际问题的需求,选择不同的抽样方法获取数据,理解数据蕴含的信息。"因此,本节课应首先结合实际问题情境,让学生充分感知分层随机抽样的必要性,再归纳分层随机抽样的步骤等。

二、教学对象分析

(一)学生认知水平

教学对象是高一年级学生。根据皮亚杰认知发展理论,学生的认知处于

"形式运算阶段",具备了一定的数学抽象能力和问题解决、实验探究的能力。学生能够记忆并提取初中学习过的相关知识,理解分层随机抽样的步骤、样本估计总体的思想,并应用其解决简单实际问题,能够在老师的引导下分析不同抽样方法的效果。

(二)学生的知识、经验基础

学生在初中学习过简单随机抽样,初步感知过分层随机抽样的方法,知道可以通过样本信息对总体信息作出估计。

但学生对随机抽样的随机性认识不够,对于分层随机抽样的操作步骤还不能完全归纳,并且对于各层样本均值估计各层总体均值的思想、在比例分配时直接用样本均值估计总体均值的本质还未理解。本节课让学生对分层随机抽样形成更抽象、更深刻的认识。

(三)学生学前调研

课前教师对学生进行调研,提出问题:你听说过分层随机抽样吗?这种抽样方法相较于简单随机抽样,有哪些优点?你能尝试归纳分层随机抽样的操作步骤吗?

学生普遍都知道分层抽样方法,能答出来其优点在于样本更具有代表性,对于操作步骤可以大致描述、但不够精准。

三、教学目标和重难点

基于上述分析,本节课的教学目标及教学重难点如下:

【教学目标】

1. 通过具体实例,理解分层随机抽样的概念,了解其特点、适用范围及必要性,掌握比例分配的分层随机抽样的步骤,理解样本估计总体的思想并会计算,从表达式角度理解比例分配时样本均值可直接估计总体均值的原理。

2. 通过实验探究,体会样本均值的随机性和规律性,了解样本均值与总体均值之间的关系,比较简单随机抽样和分层随机抽样的估计效果。

3. 感受数学与社会生活的紧密联系,感受数学的应用价值,提升数据分析素养,培养科学探究精神。

【教学重点】

理解分层随机抽样的概念,掌握比例分配的分层随机抽样的步骤,体会样本均值的随机性和规律性。

【教学难点】

比例分配的分层随机抽样的具体操作,以及抽样后用样本均值估计总体均值的具体操作。

四、教学过程和活动设计

本节课主要分为五个教学活动。

(一)创设情境,提出问题。延续上节课问题情境,引导学生对简单随机抽样的方法进行反思,进而提出根据总体额外信息改进抽样方法,为得到"分层随机抽样"以及"比例分配"的概念作铺垫。

(二)归纳抽象,建构概念。通过实例对男女生分别抽样得到一个新样本的过程,引导学生归纳概括"分层随机抽样"的步骤以及"比例分配"的概念。

(三)概念应用,深入理解。根据分层抽样获得的样本数据,提出可以解决的问题。解决问题中理解样本估计总体的思想,深入理解分层随机抽样和比例分配等概念。

(四)对比分析,辩证思考。比较简单随机抽样和分层随机抽样的估计效果,体会样本均值和总体均值间的关系,体会样本均值的随机性和规律性,辩证认识分层随机抽样估计效果。

(五)实例演练,巩固应用。以计算数学月考平均分为任务,进行实例演练,巩固分层随机抽样的步骤。

(六)课堂小结,反思提升。综合性地总结本节课的内容,并为下节课获取数据的其他方法做铺垫。

(一)创设情境,提出问题

问题1:上节课我们学习了简单随机抽样。对树人中学高一年级学生身高的调查中,通过简单随机抽样方式获得一个容量为50的样本,来估计树人中学高一年级学生平均身高,你对这种方式有过质疑吗?或者你觉得这种方式可能存在什么问题?

预设1:是否有可能抽取的都是身高比较高,或者都是身高比较低的呢?

预设2:样本量50是否够呢?当样本量达到多少才比较靠谱呢?

预设3:样本平均数和总体平均数差距会有多大?

预设4:会不会选出来的男生和女生人数差很多呢?

小结:高一年级学生身高差异比较大,因为简单随机抽样的随机性,每个个体有相同的概率被选中,是有可能选到"极端样本"的,如果选到"极端样本",样本平均数会大幅度偏离总体平均数,估计误差就大。

【设计意图】通过教师提出问题,引导学生对通过简单随机抽样估计总体进行反思,体会随机抽样方式的可靠性和风险性,初步感受身高的影响因素,引出可以借助所掌握的总体信息改进随机抽样的方法。

问题2:事实上,很多时候我们可以利用能够掌握的总体的信息改进抽样方法。在这个问题中,通过讨论我们意识到身高和性别有很大关系。如:树人中学高一年级的712名学生中,男生有326名,女生有386名,如何利用这个信息改进抽样方法呢?

预设1:分成男生和女生两个组,通过简单随机抽样方式各选择25人。

预设2:男生和女生人数不一样多,可以按照男生和女生的比例,一共选50人。

小结:高中男生的身高一般高于女生,分组可以避免抽到大多数高个子的男生或者大多数矮个子女生这样的"极端"样本。进一步分组后,大家想到了比较合理的选择方法,就是按照男生和女生的人数比例选择。需要注意的是,为了保证每个学生被抽到的概率相等,分组后要使用简单随机抽样的方法。

问题3:如果样本量为50,你能计算出男生、女生分别抽多少人吗?(学生使用计算器计算)

预设:学生尝试进行计算,得到结论——男生中抽取人数 $n_男 = \frac{326}{712} \times 50 \approx 23$,女生中抽取人数 $n_女 = \frac{386}{712} \times 50 \approx 27$。

【设计意图】延续上节课的问题情境,即树人中学高一年级学生平均身高的估计,增加总体男生和女生人数信息,引导学生深入思考辅助信息如何改进抽样方法,为得到"分层随机抽样"以及"比例分配"的概念作铺垫。

(二)归纳抽象,建构概念

问题4:在这个问题中,我们利用了总体的已知信息,对简单随机抽样方法进行了改进,减少获得"极端"样本的可能性,这种抽样方法就是分层随机抽样。你能结合这个问题的分析,试着给出分层随机抽样的特点吗?

预设1:根据总体的信息分成不同的组,按照每组个体总数的比例随机抽取样本。

预设2:分组标准,要考虑研究的问题是什么,如身高问题和性别关系很大。

预设3:分组后要按照简单随机抽样方式抽取样本。

师生归纳定义:一般地,按一个或多个变量把总体划分成若干个子总体,每个个体属于且仅属于一个子总体,在每个子总体中独立地进行简单随机抽样,再把所有子总体中抽取的样本合在一起作为总样本,这样的抽样方法称为分层随机抽样,每一个子总体称为层。在分层随机抽样中,如果每层样本量都与层的大小成比例,那么称这种样本量的分配方式为比例分配。

问题5:结合树人中学高一年级学生身高问题和分层随机抽样定义,尝试归纳分层随机抽样的步骤。

首先确定样本容量 n。

①根据已掌握的信息,将总体分成互不相交的 L 层,$N_1, N_2, \cdots, N_L$;

②根据总体中的个体数 N,各层中的个体数 $N_1, N_2, \cdots, N_L$,计算第 i 层抽取的个体数 $n_i = \frac{N_i}{N} \times n, i = 1, 2, \cdots, L$,使得各 n_i 之和为 n;

③在第 i 层中,用简单随机抽样方法抽取 n_i 个个体,合在一起得到容量为 n 的样本。

【设计意图】通过实例中对男女生分别抽样得到一个新样本的过程,引导学生归纳概括"分层随机抽样"的步骤以及"比例分配"的概念。

(三)概念应用,深入理解

问题6:根据样本数据,对总体信息可以做出哪些估计?

教师用PPT展示抽取到的容量为50的样本数据,并为每位学生准备打印好的一份。

预设1:树人中学高一年级男生和女生的平均身高。

预设2:树人中学高一年级学生的平均身高。

预设3:树人中学高一年级学生身高集中在哪个范围?

利用样本数据,先解决预设1和预设2,以小组为单位解决。

预设1:学生容易计算得到男生和女生的样本平均身高分别为170.6 cm和160.6 cm,由于男生女生的样本是通过简单随机抽样得到的,由此估计高一年级男生和女生的平均身高分别为170.6 cm和160.6 cm。

预设2:学生可能提出三种方式:一是运用所有样本数据直接计算平均数,估计高一年级学生的平均身高;二是运用预设1男生、女生样本平均身高和样本容量计算总样本平均数,即 $\frac{170.6 \times 23 + 160.6 \times 27}{50} = 165.2$;三是用男生身高的样本均值估计男生身高总体均值,用女生身高的样本均值估计女生身高总体均值,以及各自总体人数来计算,即 $\frac{170.6 \times 326 + 160.6 \times 386}{712} \approx 165.2$。

追问:样本平均身高 = 总体平均身高吗?

预设2的三种方法有什么联系吗?

师生小结:(1)利用样本数据推断总体信息时,要注意并不一定正好相等,经常用"大约""左右"等类似的词表示这个意思。(2)预设2中前两个方法是等价的,当我们已经知道男生和女生的平均身高和样本量,可以选择第二种方法;后两种方法都合理,因为样本中男生和女生的比例是根据总体中男生和女生比例计算出来的。

【设计意图】问题6鼓励学生发散思考,避免将问题仅停留在如何计算的知识技能层面,由于时间限制,学生提出的某些问题可以留作课下处理,或者后续处理。

样本平均身高 = 总体平均身高吗?这一问题让学生感受到统计思维的特点,并体会用"大约""左右"等词描述估计结论的严谨性。

学生在初中学习过加权平均数的概念和计算,基本上可以给出三种计算方法,引导学生思考三种方法之间的联系,特别是后两种方法,再次理解分层随机抽样、比例分配等概念。

(四)对比分析,辩证思考

问题7:以树人中学高一年级学生身高问题为例,我们利用总体的额外信息,改进随机抽样的方法,学习了分层随机抽样。从样本平均数估计总体平均数角度,分层随机抽样与简单随机抽样比较哪种方法更好?如何比较呢?

预设1:利用两种方法各抽取容量为50的样本,比较样本平均身高。

预设2:利用简单随机抽样抽取10组容量为50的样本,计算出10个样本的平均身高;利用分层随机抽样抽取10组容量50的样本,计算出10个样本的平均身高,看看哪种方式稳定性好。

教师提前准备好样本数据,或者课堂上师生共同用两种抽样方式获得10组样本数据,并计算出所有的样本均值。呈现出统计表和统计图(表5-2-1和图5-2-2)。

表5-2-1

	1	2	3	4	5	6	7	8	9	10
简单	165.2	162.8	164.4	164.4	165.6	164.8	165.3	164.7	165.7	165.0
分层	165.8	165.1	164.3	164.3	166.4	164.6	165.2	164.9	166.1	165.1

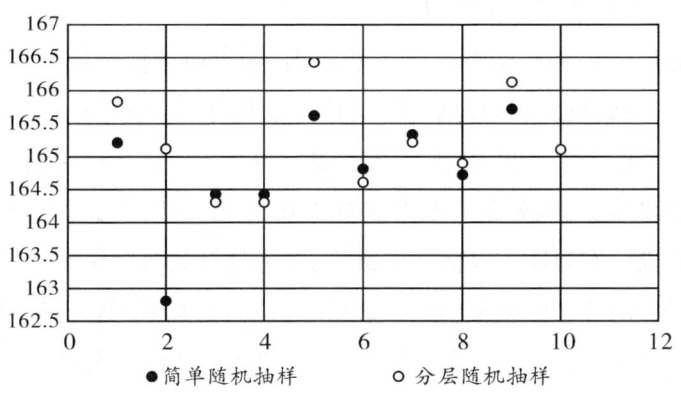

图5-2-2

学生分组合作交流,汇报结果。教师引导学生认识到:分层随机抽样的样本平均数在总体平均数附近波动。

整体而言,样本容量相同时,分层随机抽样得到的样本均值比简单随机抽样得到的样本均值在总体均值上下波动要小,波动幅度更均匀。如简单随机抽样第二个样本均值偏离总体幅度比较大。

追问:为什么分层随机抽样的结果并没有明显优于简单随机抽样?分层随机抽样的结果一定是每次都优于简单随机抽样吗?

小结:两种方法都是随机抽样,或者说样本具有随机性。好的统计方法并不意味每一次结果都和总体很接近,也有可能偏离幅度比较大。整体上来说,在个体之间差异较大的情形下,只要选取的分层变量合适,使得各层间差异明显、层内差异不大,分层随机抽样的效果一般会好于简单随机抽样,也好于很多其他抽样方法。分层随机抽样的组织实施也比简单随机抽样方便,而且除了能得到总体的估计外,还能得到每层的估计。

就一次结果而言,分层随机抽样的样本均值并不一定比简单随机抽样的样本均值更接近总体均值。

【设计意图】比较简单随机抽样和分层随机抽样的估计效果,体会样本均值和总体均值间的关系,体会样本均值的随机性和规律性。

引导学生辩证思考,分层随机抽样方法是通过"改进"得到的,由于样本具有随机性,并不是说每一次的结果都比简单随机抽样好。如果从整体考虑,分层随机抽样一般要好于简单随机抽样。

(五)实例演练,巩固应用

教师:分层随机抽样法有着广泛的应用,如想通过抽样法估计某校高一年级数学月考平均成绩(给出数据表格),该年级共有 A,B,C,……H 共 8 个班,其中 A,B,C 三个班为平行班,D,E,F 三个班为平行班,G,H 两个班为平行班,平行班水平比较相近。本次数学月考满分 150 分,全年级共 299 人参加,现打算抽取 50 人的成绩作为样本以估计年级均分,你打算如何操作?

教师提供分数数据,以及用电子表格生成随机数的函数。学生以小组为单位,在平板上自行操作。7 分钟后由各小组汇报操作步骤和结果。

预设:学生能有意识将全年级学生按照三个等级进行分层,按比例分配的方式算出各层中抽取的人数,从而抽取出所需的样本。

教师对各层抽取的人数计算作出必要说明,当计算出某层样本量不是整数时,可先按整数位分配样本,对剩余的样本量,再按各层小数位的大小,从大到小逐个分配,直到分配完为止。

教师将各组计算的月考成绩样本均值汇总到折线图中,并给出总体均值,可以再次让学生体会分层抽样的样本平均数在总体平均数附近波动,样本平均数具有随机性和规律性。

【设计意图】提供一个贴近学生生活的实例,在实战中巩固分层随机抽样过程,同时提高学生动手操作能力。

(六)课堂小结,反思提升

回顾本节课所学内容:

为什么引入分层随机抽样?

分层随机抽样的特点是什么?

本节课中,样本平均身高估计总体平均身高时,用到简单随机抽样和分层随机抽样两种方式,你对两种随机抽样方式有哪些新的认识?

解决实际问题时,要根据具体情况选择随机抽样的方法,不能进行随机抽样时,还有其他获得数据的方法。

【设计意图】综合性地总结本节课的内容,并为下节课获取数据的其他方法做铺垫。

(七)作业设计

1. 数据 $x_1, x_2, \cdots, x_m$ 的平均数为 $\bar{x}$,数据 $y_1, y_2, \cdots, y_n$ 的平均数为 $\bar{y}$,证明:

$$\frac{\sum_{i=1}^{m} x_i + \sum_{i=1}^{n} y_i}{m+n} = \frac{m}{m+n}\bar{x} + \frac{n}{m+n}\bar{y}。$$

【设计意图】借助公式推导,巩固平均数的概念。

2. 已知总体划分为 3 层,通过分层随机抽样,得到各层的样本平均数分别为 $\bar{x}, \bar{y}, \bar{z}$。

(1)根据以上信息可以估计总体平均数吗?如果不能,还需要什么条件?写出估计式。

(2)如果样本容量按比例分配,第 1,2,3 层的个体数分别为 L, M, N,样本容量分别为 l, m, n,证明:$\frac{L}{L+M+N}\bar{x} + \frac{M}{L+M+N}\bar{y} + \frac{N}{L+M+N}\bar{z} = \frac{l}{l+m+n}\bar{x} +$

$$\frac{m}{l+m+n}\bar{y}+\frac{n}{l+m+n}\bar{z}.$$

【设计意图】借助公式推导,巩固分层随机抽样中用各层样本平均数估计总体平均数的计算方法,熟悉比例分配的计算。

3. 高二年级有男生 490 人,女生 510 人,张华按男生、女生进行分层,通过分层随机抽样的方法,得到男生、女生的平均身高分别为 170.2 cm 和160.8 cm。

(1)如果张华在各层中按比例分配样本,总样本容量为 100,那么在男生、女生中分别抽取了多少名?在这种情况下,请估计高二年级全体学生的平均身高。

(2)如果张华从男生、女生中抽取的样本容量分别为 30 和 70,那么在这种情况下,如何估计高二年级全体学生的平均身高更合理?

【设计意图】在实际问题背景中,熟悉按比例分配和不按比例分配分层随机抽样的方法,以及相应情况下如何用各层样本均值估计总体均值。

五、教学反思

(一)熟悉的情境提出新的问题,引发学生认知冲突

课堂开始,教师提到上节课的例子——调查树人中学高一年级学生身高时,抽取了一个容量为 50 的简单随机样本,提问学生会不会出现全是高个子或者全是矮个子的样本。学生很容易发现极端样本的存在,教师接着提问如何改进简单随机抽样方法,并提供男生、女生人数作为辅助信息,学生也比较容易想到分层抽样。开篇的问题情境延续了上节课的内容,且贴近学生生活,易于理解,能够较好地引发学生的认知冲突,调动起解决问题的积极性。

(二)经历抽样及估计的过程,突出知识形成过程

教师通过预设一系列问题,引导学生解决了"按男女比例对高一学生分层抽样"的过程。之后教师提出让学生归纳分层随机抽样的步骤,是从特殊到一般的提炼与表达。

获得样本后,教师让学生用样本数据估算总体均值,这一步交由学生合作探究,学生提出的方法不唯一,目的是让学生亲历样本估计总体的计算方法和过程,帮助学生构建完整的分层随机抽样及样本估计总体的步骤体系。

最后的实例演练则是提供给学生动手实操的机会,在实践中再次巩固搭建分层随机抽样的知识体系。

以上设计突出了知识的形成过程。

(三)培养合作精神与探索精神,重视非智力因素培养

无论开篇的"高一学生平均身高"问题,还是结尾的"高一学生数学月考平均成绩"问题,情境都贴近高一年级学生生活,能够调动起学生探究问题的积极性,激发学习动机。

在"用样本均值估计总体均值"和"比较分层随机抽样和简单随机抽样效果"的两个环节,都以小组合作的形式展开,给学生充分的探索空间,培养学生的交流沟通能力和科学探究精神。

(四)问题串与课堂小结的设置,训练学生思维品质

在"比较分层随机抽样和简单随机抽样效果"的环节,学生通过 GeoGebra 实验探究容易得到分层随机抽样效果更佳的结论。教师引导学生深入思考为何"分层随机抽样的结果并没有明显优于简单随机抽样",启发学生好的统计方法并不意味着每次都有好的结果,实验次数少具有一定偶然性,且分层指标可能选取不佳。

在课堂小结环节,教师对于分层随机抽样的必要性、适用范围、特点、使用方法等进行提问,不局限于课本上的内容,让学生对这种抽样方法形成更全面、更宏观的认识,培养学生思维的深刻性。

六、案例分析

(一)提出高认知问题,激发学生认知冲突

反思所学知识的合理性,针对简单随机抽样估计总体的方法,教师提出问题"你对这种方式有过质疑吗?或者你觉得这种方式可能存在什么问题?",对于有质疑的学生可以充分表达自己的想法,对于无质疑的学生可以引发其深入思考,通过师生和生生互动,认识到随机抽样的可靠性和风险性,进而引出可以借助总体的额外信息改进随机抽样的方法。

通过对比分析,辩证认识分层随机抽样。对比分层随机抽样和简单随机抽

样,教师提出问题"为什么分层随机抽样的结果并没有明显优于简单随机抽样?分层随机抽样的结果一定是每次都优于简单随机抽样吗?"让学生辩证地认识分层随机抽样。

(二)设计不同层次活动,经历知识形成过程

分层随机抽样引入的必要性。通过对简单随机抽样的反思,体会借助总体的额外信息改进抽样方法的必要性,根据问题背景的分析引入分层随机抽样和比例分配。

从具体到抽象理解概念。以树人中学高一年级身高为例,经历分层随机抽样获得样本,根据样本平均身高估计总体平均身高的过程,归纳分层随机抽样的概念。进一步用抽象的数学语言和符号表述概念,发展学生数学抽象能力。

应用概念解决问题。应用概念解决某校高一年级数学月考平均成绩的问题,加深对概念的理解,并注意在计算每层样本量时,结果不是整数时如何处理。

第三节　频率与概率的关系

一、教学内容分析

本教学设计案例以"频率与概率"为主题,选择经典案例"抛掷一枚质地均匀的硬币"为载体,设计初中及高中两个学段的活动。

（一）核心概念及进阶路线

本节课以"随机事件与概率"为主讲内容,将其置于初中及高中阶段的视角下进行分析,本单元的核心概念为随机性,该单元的核心概念及进阶路线见图5-3-1。

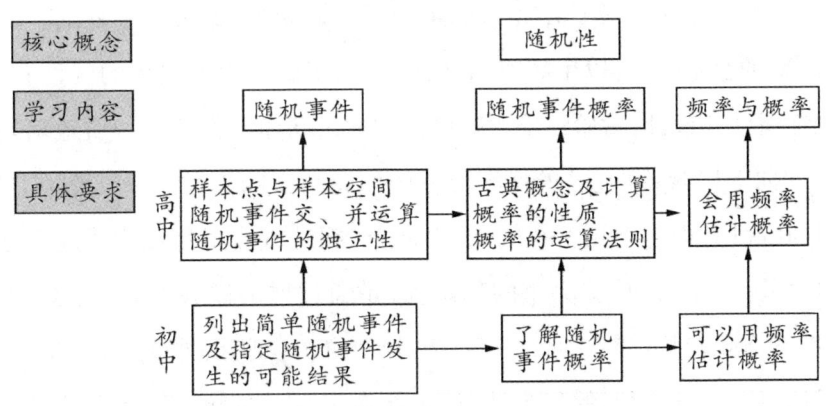

图5-3-1 随机性核心概念及进阶路线

（二）课程标准要求

"课标2022"的内容要求:能通过列表、画树状图等方法列出简单随机事件所有可能的结果,以及指定随机事件发生的所有可能结果,了解随机事件的概率。知道通过大量重复试验,可以用频率估计概率。

"课标2017"的内容要求:结合具体实例,理解样本点和有限样本空间的含义,理解随机事件与样本点的关系。了解随机事件的并、交和互斥的含义,能结合实例进行随机事件的交、并运算。结合实例,理解古典概型,能计算古典概型中简单随机事件的概率。通过实例,理解概率的性质,掌握随机事件概率的运算法则。结合实例,能用频率估计概率。

(三)单元结构分析

初中阶段,人民教育出版社《义务教育教科书数学九年级上册》第二十五章"概率初步",本章共有三节内容:随机事件与概率、用列举法求概率、用频率估计概率。

高中阶段,人民教育出版社《普通高中教科书数学A版必修第二册》第十章"概率",本章包括三节内容:随机事件与概率、事件的相互独立性、频率与概率。

(四)课时内容分析

初中数学课时安排:25.3用频率估计概率,教材以抛掷一枚质地均匀的硬币为主题,主要设计了三个活动:①试验结果的随机性;②大量重复试验,"正面向上"频率的稳定性,可以用频率估计概率;③了解频率与概率的区别和联系。具体到教材活动设计,试验结果的随机性是通过问题:"抛掷一枚质地均匀的硬币,'正面向上''反面向上'的概率均为0.5,是否意味着抛掷一枚硬币100次,就会有50次'正面向上'和50次'反面向上'呢?"并在最后回应了此问题。大量重复试验下"正面向上"频率的稳定性,是通过增加试验次数,记录"正面向上"频率的变化趋势(表5-3-1,图5-3-2)和历史上一些投掷硬币的试验结果这两个活动,从中发现频率的稳定性,初步体会可以通过频率估计概率。频率与概率的联系和区别,是通过试验活动过程及活动分析来初步体会的。

表 5-3-1

抛掷次数 n	50	100	150	200	250	300	350	400	450	500
"正面向上"频数 m										
"正面向上"频率 m/n										

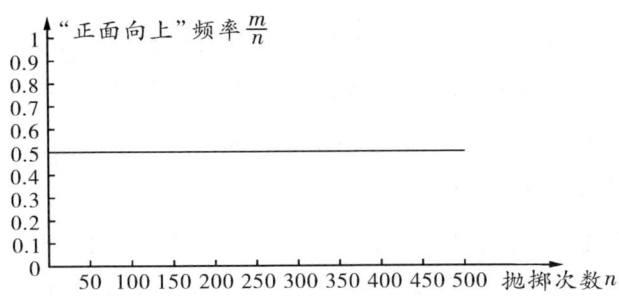

图 5-3-2

高中阶段课时安排:10.3.1 频率的稳定性,教材以同时抛掷两枚质地均匀的硬币,考查随机事件 A = "一个正面向上,一个背面向上",主要设计了四个活动:①试验次数增加时,频率的变化及频率与概率的关系;②相同试验次数的随机试验,频率的波动情况;③频率的稳定性;④解决或解释实际问题。具体到教材活动设计,通过个人、小组汇总重复试验 25 次,比较相同试验次数的频率体会随机性,比较试验次数增加时频率的变化,体会随机性的规律。利用计算机模拟三个不同试验次数 20,50,100 各五组的试验数据,并用直观图表示(图 5-3-3),相同试验体会频率的波动性和稳定性,随着试验次数增加,体会频率稳定性的变化,这一点和初中阶段教材相比是重要的发展点。在两次随机试验基础上,归纳随机事件频率的稳定性,以及频率与概率的关系,进而理解可以用频率估计概率。

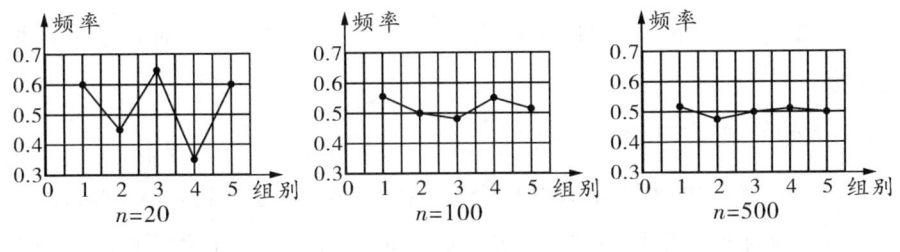

图 5-3-3

(五)对教学的思考

用频率估计概率是中学统计与概率的重要内容之一,对频率与概率关系的认识是理解概率意义、体会随机性的重要载体,是理解统计推断的基础。然而通过对一些中学数学教师进行访谈、学生调查及听课情况,发现存在一些问题:①不做随机试验:由于考试评价或教师自身对频率稳定性并不理解等原因,实际教学中并不讲这个内容;②试验设计引起误解:在教学这个内容时,通过随机试验——一列次数不断增加的试验所对应频率的"规律性",并直接用教材中的总结语言"随着试验次数的增加,频率总是或都在一个常数附近摆动,即频率具有稳定性"来解释,往往容易导致学生的误解——频率稳定在一个常数附近是确定的事情。这也与我们对学生调查的结果一致,如硬币"正面向上"次数为43,"反面向上"次数为37时,很多学生都认为"正面向上""反面向上"可能性不同;③初、高中随机试验发展:初、高中都有用频率估计概率,两个学段的侧重点各是什么?发展点各是什么?

基于课程标准的要求及教学实践中出现的问题,我们给出中学阶段用频率估计概率两个核心点的改进活动设计:一是试验随机性,二是大量重复试验下频率的稳定性,活动设计既体现频率稳定性的学科理解,又考虑两个学段的衔接。

二、教学对象分析

(一)学生认知水平

九年级的学生处于形式运算阶段,初步具备了辩证思维的能力,对随机性有比较清晰的认识,知道可以用定性的方式刻画随机事件发生可能性的大小。

高一年级学生具备了一定的辩证思维能力,对随机事件有比较清晰的认识,知道可以用定量的方式刻画随机事件发生可能性的大小,对频率稳定性有一定的感性认识。

(二)学生已有知识、经验

初中阶段教学活动设计知识和经验:学生已经学习了列表、画树状图列出简单随机事件和指定随机事件,并求出概率值;会画出一组数据的频率分布直方图,具有从统计图表获取信息的能力;能够计算一组数据集中趋势和离散程度,并能够结合情境进行解释。

高中阶段教学活动设计知识和经验:学生初中阶段学习了随机事件的概率,初步了解频率与概率的关系;知道通过大量重复试验,可以用频率估计概率。能够从统计图表获取有效信息,会画频率分布直方图、箱线图;能够计算数据的集中趋势和离散程度,了解平均数的意义。

(三) 学生学前调研

初中阶段教学活动设计学生学前调研：学生很难理解随机试验结果的频率与计算出概率值不相等，有个别学生不承认随机性，如"如果能掌握所有影响投掷硬币的因素，就能够确定正面向上还是反面向上"，也有学生觉得既然是随机的，就无法把握它。

高中阶段教学活动设计学生学前调研：部分学生认为已经学习过该内容，可能缺乏进一步学习的动机；学生在大量重复试验下，不能够辩证地认识频率估计概率，不能意识到其中的风险性；学生缺乏用严谨的语言描述频率估计概率的结论。

三、教学目标和重难点

基于上述分析，教学目标及教学重难点如下：

【教学目标】

1. 经历在进行随机试验的过程中获得数据，体会随机性。

2. 比较相同试验次数随机试验结果，体会随机事件的随机性，频率的波动性。

3. 比较试验次数增加时，随机事件频率波动性的变化趋势，体会频率的稳定性，进而体会重复试验下频率估计概率的合理性。

4. 能够对重复随机试验的数据进行多角度分析，认识频率的稳定性与波动性，进而理解频率估计概率的合理性与风险性。

【教学重点】

频率的稳定性，频率与概率的关系。

【教学难点】

对频率估计概率的辩证认识。

四、教学过程和活动设计

初中阶段频率与概率活动设计

(一) 创设情境，提出问题

通过前面的学习，我们知道投掷一枚质地均匀的硬币，"正面向上"和"反面向上"的可能性相等,也就是说这两个随机事件发生的概率都是0.5。那么抛掷一枚质地均匀的硬币10次,是否会出现5次"正面向上",5次"反面向上"呢?

预设1:如果实际抛硬币,可能会有偏差。

预设2:因为是随机事件,"正面向上"0到10次都是有可能的。

预设3:我们可以做试验试试看。

【设计意图】学生已经学习过列举法求简单随机事件的理论概率值,通过创设与已有知识经验相关的情境,提出反思性问题,激发学生的学习动机。引导学生讨论解决该问题的方法,逐步养成独立思考的习惯。

(二)随机试验,体会随机性

以抛掷一枚质地均匀的硬币为载体,考查随机事件"正面向上"。

在平整桌面上,全班分成10组进行抛掷硬币试验:尽量保持相同条件抛掷一枚硬币10次,并记录下"正面向上"的次数与频率,将全班所有组的结果进行汇总,填入表5-3-2。

表5-3-2

组别	一	二	三	四	五	六	七	八	九	十
"正面向上"次数 m	7	6	4	5	4	5	4	6	7	5
"正面向上"频率($m/10$)	0.7	0.6	0.4	0.5	0.4	0.5	0.4	0.6	0.7	0.5

问题:比较10个小组得到的"正面向上"试验结果,你能发现什么?

预设1:10个小组结果并不完全相同。

预设2:其中有3组是5次"正面向上",这种情况并不算多。

预设3:10个小组频率值围绕0.5上下。

预设4:试验次数增加,结果会怎样呢?

【设计意图】通过比较10个小组的试验结果,体会相同条件下做同一随机试验,每组结果不一定相同;试验结果不一定等于理论值0.5,只有三个组正面向上的频率等于0.5;尽管10个小组得到的结果可能不同,但能从中发现一些规律,如所有频率都围绕0.5上下波动。预设4在继续做试验之前提出猜想"随着试验次数的增加,频率会更加接近理论值0.5",如果学生没有提到,教师可以适当追问,带着猜想进入下一步的试验进行检验。

（三）试验次数增加，频率稳定性

小组合作进行随机试验收集数据：分 10 组做 40 次掷硬币的试验，并将试验前 10 次、前 20 次、前 30 次、总 40 次的数据记录在表 5-3-3。

问题 1：观察 10 组试验次数增加时"正面向上"的频率结果（表 5-3-3），你有哪些发现？

预设 1：试验次数增加，频率并不是增加或减少。

预设 2：试验次数增加时，"正面向上"的频率会更接近 0.5。

预设 3：我们组试验次数多，也有距离 0.5 更远的。

表 5-3-3

试验次数 n	10	20	30	40
"正面向上"次数 m				
"正面向上"频率（m/n）				

【设计意图】该问题指向频率不确定性及稳定性。初步体会到随着试验次数增加，频率不一定更接近于理论值 0.5，如第 1 组四个结果：0.7，0.5，0.57，0.58，初步体会频率与概率的区别。

整理每个小组的试验结果，并将试验数据汇总填入表 5-3-4 到表 5-3-7。

表 5-3-4

组别（前 10 次）	一	二	三	四	五	六	七	八	九	十
"正面向上"次数 m	7	6	4	5	4	5	4	6	7	5
"正面向上"频率（$m/10$）	0.7	0.6	0.4	0.5	0.4	0.5	0.4	0.6	0.7	0.5

表 5-3-5

组别（前 20 次）	一	二	三	四	五	六	七	八	九	十
"正面向上"次数 m	10	14	9	10	11	13	11	10	12	10
"正面向上"频率（$m/20$）	0.5	0.7	0.45	0.5	0.55	0.65	0.55	0.5	0.6	0.5

表 5-3-6

组别(前 30 次)	一	二	三	四	五	六	七	八	九	十
"正面向上"次数 m	17	17	14	14	16	18	17	15	15	15
"正面向上"频率($m/30$)	0.57	0.57	0.47	0.47	0.53	0.6	0.57	0.5	0.5	0.5

表 5-3-7

组别(前 40 次)	一	二	三	四	五	六	七	八	九	十
"正面向上"次数 m	23	23	20	20	22	24	23	21	19	18
"正面向上"频率($m/40$)	0.58	0.58	0.5	0.5	0.55	0.6	0.58	0.53	0.48	0.45

为了更直观观察,将表 5-3-4 到表 5-3-7 的数据用散点图表示(图 5-3-4 到图 5-3-7)。

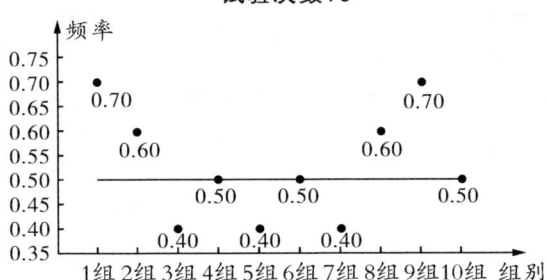

图 5-3-4

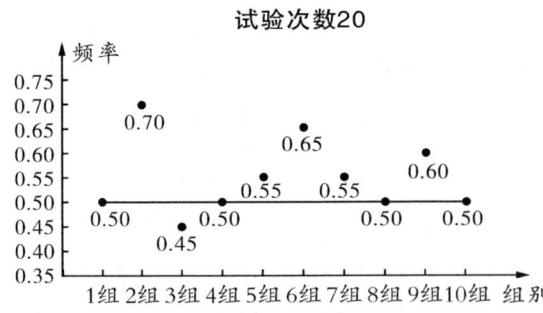

图 5-3-5

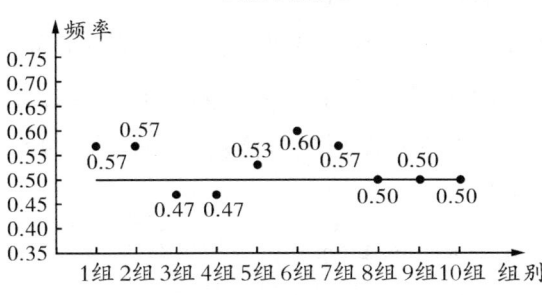

图 5-3-6

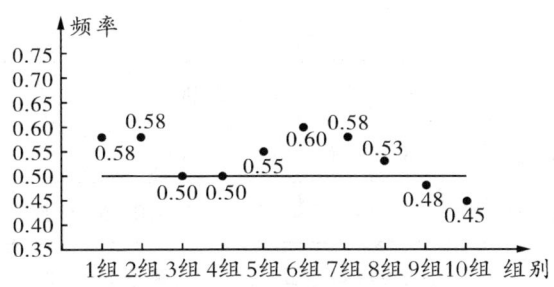

图 5-3-7

问题2：观察相同试验次数10组"正面向上"频率结果（表5-3-4到表5-3-7），你有哪些发现？观察四个不同试验次数下10组"正面向上"的频率结果（表5-3-4到表5-3-7，图5-3-4到图5-3-7），你有哪些发现？

预设1：试验次数为10时，整体而言，有更多组距离0.5更远。

预设2：试验次数增加时，"正面向上"的次数正好一半的也不一定多，如试验次数40时只有两组。

预设3：试验次数增加时，10个频率值相互之间更近，从图上看就是接近0.5的更多。

预设4：试验次数为30和40，感觉两组变化不大。

【设计意图】进一步体会试验的随机性：依次观察四个不同试验次数下10组结果，相同试验次数下获得正面向上的频率不一定相同，试验次数增加时频率也不一定相同。体会频率稳定性：将不同试验次数下"频率的规律"作为观察对象，观察试验次数10的频率波动、试验次数20的频率波动、试验次数30的频率波动、试验次数40的频率波动（图5-3-4到图5-3-7），随着试验次数的增加，直观感受频率的波动性越来越小，频率稳定在一个常数的可能性更大。也可以进一步从定量角度刻画频率的波动性，可计算四个不同试验次数下10组结果的平均值与理论值0.5的绝对距离进行比较，分别为0.09,0.06,0.04,0.049，由直观感受到量化分析。

（四）试验次数增加，频率的变化

以上述数据为例，将所有组40次试验次数的结果累计并用折线图表示出来，考查试验次数增加时随机事件的频率变化趋势，观察表5-3-8和图5-3-8，有哪些发现或问题？

表 5-3-8

试验次数 n	40	80	120	160	200	240	280	320	360	400
"正面向上"次数 m	23	46	66	86	108	132	155	176	195	213
"正面向上"频率(m/n)	0.58	0.58	0.55	0.54	0.54	0.55	0.55	0.55	0.54	0.53

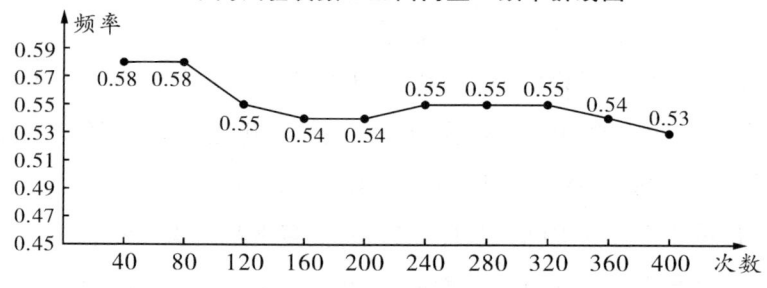

图 5-3-8

预设1：随着试验次数增加，频率逐步稳定在0.5。

预设2：试验次数多，频率并不一定更接近0.5，在这组数据中，160次和200次的频率是0.54，比280次和320次的0.55更接近0.5。

预设3：从图5-2-4到图5-2-7看，试验次数更多时，频率接近0.5的可能性要更大。

预设4：如果试验次数比较多，可以用频率估计概率。

预设5：试验次数比较多的时候，频率也有可能和概率相差多。

师生小结：通过分析随机试验的结果：①发现相同试验次数下试验结果不

同,这正是随机性的体现;②相同试验次数"正面向上"频率不同,但是都围绕0.5上下波动;③试验次数增加时,频率的波动性或者稳定性是有变化的,试验次数增加,频率有更加稳定的趋势。

【设计意图】将所有小组试验次数汇总,在上一环节活动基础上,尽管这里提供的是一列数据,学生也能感受到这种特殊"极限"过程;通过对频率变化的讨论和分析,克服"随着试验次数增加,频率稳定于概率是必然的"的误解。

教师引导学生初步感受,当试验次数比较多时,利用频率估计概率的合理性和风险性。

(五) 归纳小结

过程方面:通过哪些活动体会频率与概率的关系?

知识方面:关于随机性有哪些认识?关于频率与概率的关系有哪些认识?当试验次数比较大时,如何认识可以利用频率估计概率?

高中阶段频率与概率活动设计

(一) 创设情境,提出问题

根据古典概型,我们可以计算出抛掷一枚质地均匀的硬币,随机事件"正面向上"的概率为 0.5,那么如果我们在相同条件下抛掷一枚质地均匀硬币,"正面向上"的频率会怎样呢?

预设 1:结果是具有随机性的,"正面向上"的频率不一定恰好等于 0.5。

预设 2:结果是具有随机性,但同时具有规律性,如果试验次数不是太少,应该会接近 0.5。

预设 3:初中时,我们学习过,随着试验次数增加,频率应该会稳定在概率值 0.5。

教师:通过我们以前的学习,对频率的性质有一定认识,初中也学习过当试验次数比较大时,可以用频率估计概率。

这节课我们将继续研究频率与概率的关系,看看有哪些新的认识?

【设计意图】通过提出问题或教师引导,激活学生已有的知识和经验,并指出将继续学习频率与概率的关系,引导学生在学习过程中有意识地体会新的认识是什么。

(二) 随机模拟,探究频率的波动性

我们研究相同试验次数下,随机事件发生的频率有什么性质。

利用信息技术进行模拟抛掷一枚质地均匀硬币的随机试验,可以使用 Excel 进行模拟试验:抛掷一枚硬币40次,记录下"正面向上"的次数与频率;重复进行30组(表5-3-9),并用散点图直观呈现(图5-3-9)。

表 5-3-9

序号	1	2	3	4	5	6	7	8	9	10
"正面向上"次数	25	16	20	22	20	21	22	16	22	22
"正面向上"频率	0.63	0.4	0.5	0.55	0.5	0.53	0.55	0.4	0.55	0.55
序号	11	12	13	14	15	16	17	18	19	20
"正面向上"次数	18	21	15	20	19	20	22	19	22	17
"正面向上"频率	0.45	0.53	0.38	0.5	0.48	0.5	0.55	0.48	0.55	0.43
序号	21	22	23	24	25	26	27	28	29	30
"正面向上"次数	22	22	21	13	19	21	21	15	11	21
"正面向上"频率	0.55	0.55	0.53	0.33	0.48	0.53	0.53	0.38	0.28	0.53

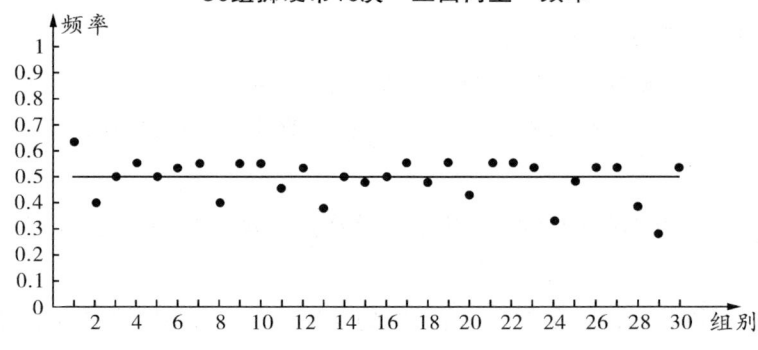

图 5-3-9

问题1:比较30组"正面向上"试验结果,你能发现什么?

问题2:根据这30组试验结果判断"正面向上"的概率是否为0.5?

预设1:这30组"正面向上"的频率都不相同,围绕0.5上下波动。

预设2:这30组"正面向上"的频率,大部分和0.5比较接近,也有和0.5相差比较大,如第29次是0.28,第13次和28次是0.38,第1次是0.63。

预设3:这30组"正面向上"的频率,只有4组的频率正好等于0.5。

【设计意图】通过比较 30 组的试验结果,体会相同条件下做随机试验,每组结果不一定相同;尽管 30 组得到的结果可能不同,但能从中发现一些规律:所有频率都围绕 0.5 上下波动,很多频率值和理论值 0.5 很接近。问题 2 从数据推断的角度提出问题,以多个角度对这组数据进行分析并做出判断,初步体会并不一定频率正好等于 0.5 才能给出"正面向上"的概率是 0.5,丰富对试验随机性的认识。

(三)增加组数,探究频率的波动性

问题:如果再增加组数,随机试验频率结果会有什么变化和规律?通过 Excel 进行 60 组随机试验 40 次抛掷硬币的结果,并汇总数据。回顾我们学习过哪些数据分析的方法,适合分析频率的变化和规律?

预设 1:可以计算平均数、中位数、方差和标准差。

预设 2:可以画出它们的频率分布直方图,能够整体查看这些频率的分布如何。

教师利用信息技术做出两组数据的频率分布直方图(图 5-3-10 和图 5-3-11),观察两幅图,能获得关于随机试验频率的哪些信息?

预设 1:60 组的频率分布更加对称,约有 78% 的数据集中在[0.41—0.59],相应的 30 组有 70% 集中在[0.47—0.59]。

预设 2:可以计算平均数,从频率分布直方图估计 30 组频率平均值在 0.53 左右,60 组的频率平均值会更接近 0.5。

预设 3:30 组的频率波动程度相对较大,如果计算方差也会更大。

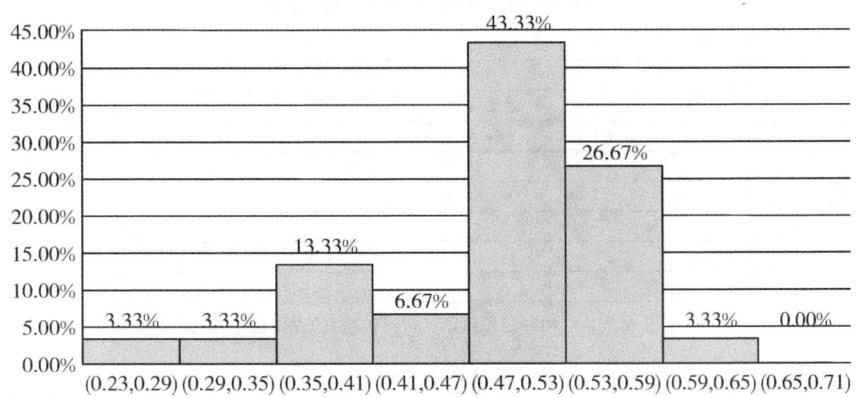

图 5-3-10

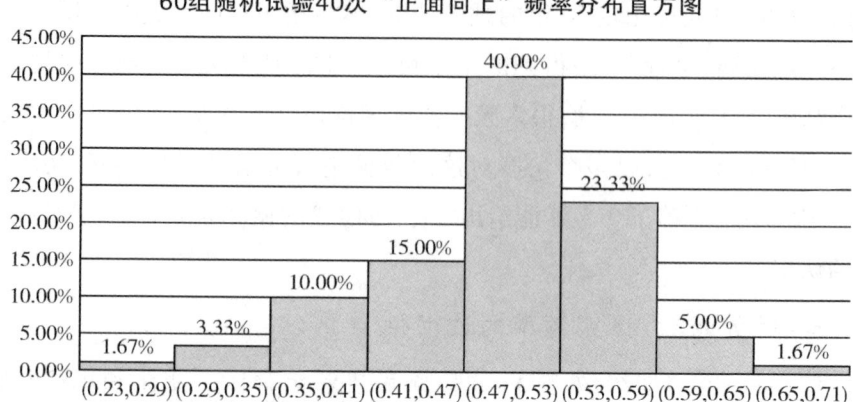

图 5-3-11

【设计意图】 初步体会将"40次抛硬币"作为研究对象,这是非常重要的一个发展,当组数增多时更有"规律"。从研究工具进行发展,初中阶段学习了描述数据集中趋势的统计量:平均数、中位数、众数;离散程度的统计量:极差、方差、标准差。用频率分布直方图表示数据,高中阶段将从这几个角度进行分析,特别是用分布直方图,这是研究工具的发展。

(四) 增加次数,探究频率的波动性

问题1:随着试验次数增加,频率会呈现什么规律?

问题2:随着试验次数增加,频率分布会发生什么变化?

利用信息技术进行随机模拟,生成试验次数为20,30,40,50,100次抛硬币试验各30组,并画出散点图和箱线图(图5-3-12 到图5-3-17)。

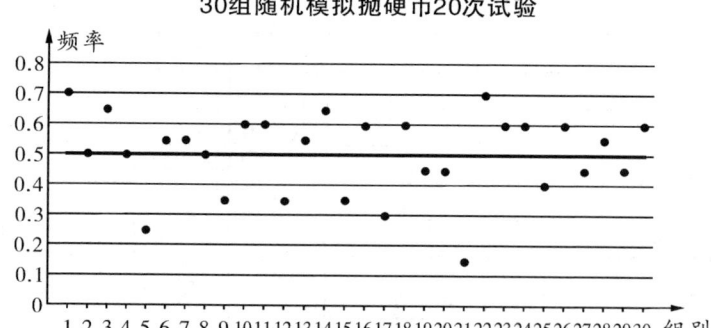

图 5-3-12

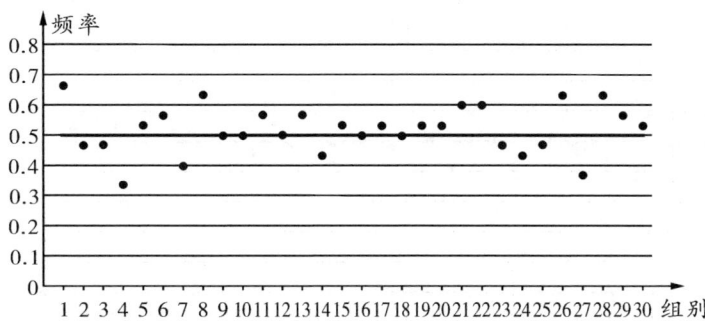

图 5-3-13

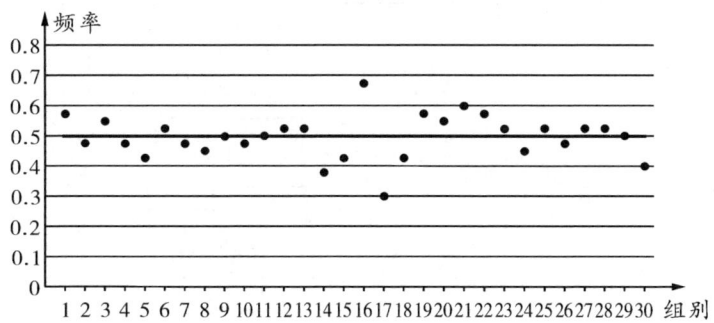

图 5-3-14

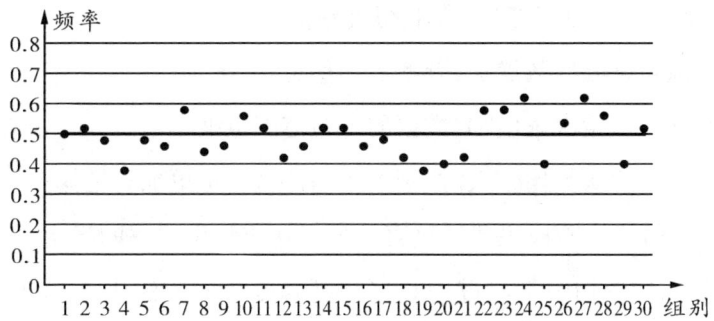

图 5-3-15

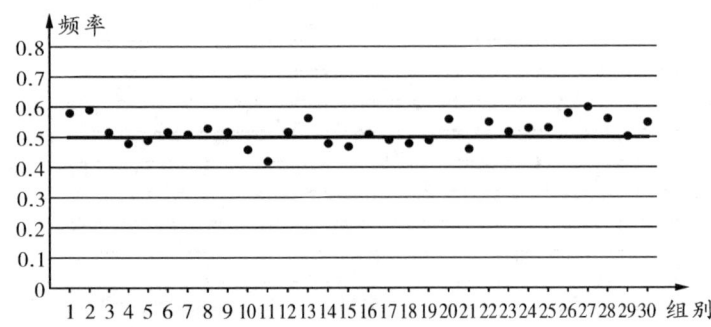

图 5-3-16

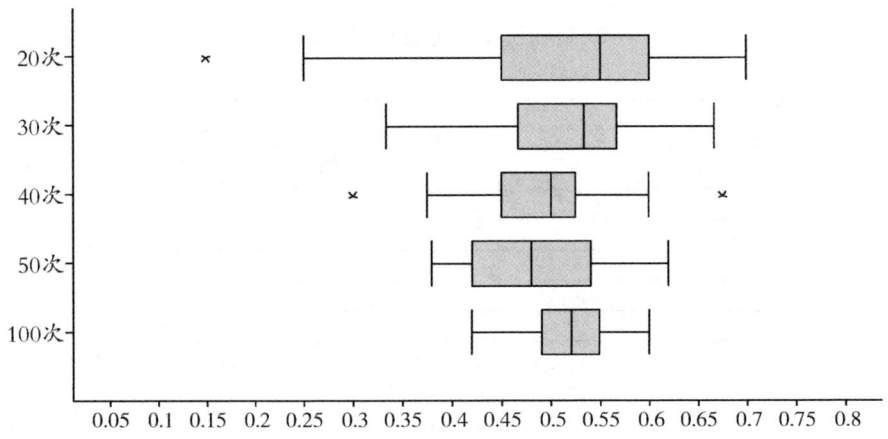

图 5-3-17

观察图 5-3-12 到图 5-3-17，能获得哪些信息？

预设 1：随着试验次数增加，频率更加稳定。

预设 2：随着试验次数增加，数据的分布范围也缩小了。

预设 3：当试验次数比较大时，用频率估计概率也更加有把握。

【设计意图】初中阶段主要通过直观方式初步认识频率的稳定性，高中阶段将在此基础上，应用初中学习过的数据整理和分析的方法进一步从定量、数据分布角度理解频率的稳定性，特别是从数据分布角度整体分析数据。活动设计中，选择了箱线图对多组数据进行比较，当然也可以通过频率分布直方图的方式，教师也可以先组织学生讨论选择哪些方法分析数据。

在从数据分布整体角度认识频率的稳定性，以及频率与概率的关系，进而认识利用频率估计概率的可靠性和风险性。

(五)归纳小结,拓展思考

过程方面:通过哪些活动体会频率与概率的关系?

知识方面:关于频率与概率的关系有哪些认识?与初中学习相比,有哪些新的认识?

拓展思考:当试验次数比较大时,利用频率估计概率更加有把握,那么能否定量刻画这种把握呢?

【设计意图】通过归纳小结,学生讨论与初中相比,对频率与概率关系的新认识,培养学习反思的意识和习惯。通过拓展思考问题,引导学生思考从定性认识到定量刻画,如果学生学习基础比较好,教师也可以再设计定量刻画的学习活动。

作业设计

初中阶段样本与总体关系活动设计

1. 从一定高度落下的图钉,落地后可能钉尖着地,也可能钉尖不着地,估计哪种事件的概率更大。与同学合作,通过试验验证与你事先的估计是否一致。如果不一致,结合试验数据谈谈你的想法。

【设计意图】该问题并没有给出试验方案,学生可以根据自己的想法进行试验,作业讲评时,可以对照不同的试验方案进行分析。通过将试验数据与估计比较,发展学生用数据说话的意识和习惯。

2. 某射击运动员在同一条件下的射击成绩记录如表5-3-10所示:

表5-3-10

射击次数	20	40	100	200	400	1 000
"射中9环以上"的次数	15	33	78	158	321	801
"射中9环以上"的频率						

(1)请计算表中相应"射中9环以上"的频率(结果保留小数点后两位)。

(2)这些频率具有怎样的稳定性?

(3)根据这些数据,请你估计这位运动员射击60次时,"射中9环以上"的次数是多少,你是怎样估计的?

(4)估计这名运动员射击一次时,"射中9环以上"的概率。(结果保留小数点后一位)

【设计意图】巩固频率概念的理解,通过课上活动学习,提升对频率稳定性的认识,并能够有理有据地根据频率的稳定性估计随机事件发生的次数和概率。

高中阶段样本与总体关系活动设计

1. 我们在初中时,也学习过频率与概率的关系,通过这节课学习有哪些新的认识?

【设计意图】引导学生思考与已有知识之间的联系,培养学生主动建立知识间联系的学习习惯。

2. 判断下列说法是否正确,并说明理由。

(1)抛掷一枚硬币正面向上的概率为0.5,那么当抛掷两次时,一定是一次正面向上,一次反面向上。

(2)抛掷一枚硬币正面向上的概率为0.5,那么当抛掷10次时,不可能10次正面向上。

(3)当试验次数很大时,随机事件发生的频率接近其概率。

【设计意图】考查学生对频率与概率关系的认识,包括对随机事件、不可能事件的理解。

3. 在英语中不同字母出现的频率彼此不同且差异很大,但同一个字母的使用频率很稳定,有人统计了40多万个单词中5个元音字母的使用频率,结果如表5-3-11所示:

表5-3-11

元音字母	A	E	I	O	U
频率	7.88%	12.68%	7.07%	7.76%	2.80%

(1)从你的英语课本中随机选一篇文章,统计在这篇文章中元音字母出现

的频率；

(2)和同学比较你们的统计结果,结果是否比较接近？你认为存在差异的原因是什么。

(3)将你的统计结果与上表中频率进行比较,结果是否比较接近？你认为存在差异的原因是什么。

【设计意图】考查学生对频率稳定性的认识,以及能够辩证地说理,频率与频率之间差异的原因是什么,接近的原因是什么。

五、教学反思

初中、高中概率课程中,都有频率与概率关系的内容。本教学案例尝试给出初中、高中两个阶段频率与概率关系的活动设计。初中阶段大都是通过设计一系列随着试验次数增加感受频率稳定性的活动,而这会导致学生从数学化的角度认识,不利于培养学生的不确定思维。因此在初中频率与概率活动设计时,增加了频率稳定性的定性认识。

进一步,除了内容理解、研究对象、研究工具之外,根据学生发展水平,可以在高中阶段让学生参与到问题提出、试验活动方案设计、提出猜想、验证的全过程。所给出的活动设计能否克服学生对频率稳定性的数学化、确定性理解？初中、高中阶段定位及衔接是否合理？高中阶段学生能否实现研究对象的变化及多角度认识,都需要学生研究和教学实践进行更多验证。

六、案例分析

(一)关注学科本质,渗透概率与统计的关系

概率为统计的发展提供理论基础。在中学数学课程中,主要体现在频率与概率的关系、样本与总体的关系两个主题内容中。在初中活动设计以问题"抛掷一枚质地均匀的硬币10次,是否会5次'正面向上',5次'反面向上'呢？"高中活动设计提出问题"根据这30组试验结果判断'正面向上'的概率是否为0.5？"其实是两个方面的问题:已知随机事件理论概率值考查随机事件的频率

问题,根据随机试验的结果估计概率,后者就涉及根据数据进行推断的问题,渗透概率和统计的关系。

(二)基于学习进阶,跨学段设计活动

从学科角度解释了大量重复试验下频率稳定性的含义,并对初中、高中频率与概率关系的关键活动进行了系列设计,核心观点一是体会试验结果的随机性,通过比较相同试验次数下的重复试验结果体会随机性;核心观点二是通过活动让学生理解频率的稳定性,进而理解用频率估计概率的合理性和风险性;核心观点三是高中阶段的关键发展是研究对象、研究工具的发展,特别是对数据分布进行分析,由初中阶段直观感受频率稳定性到高中阶段从定量角度刻画,进而理解大量重复试验下频率估计概率的合理性与风险性。

第四节　一元线性回归模型参数的最小二乘估计

一、教学内容分析

本节课是人民教育出版社《普通高中教科书数学 A 版选择性必修第三册》第八章"成对数据的统计分析"8.2.2 一元线性回归模型参数的最小二乘估计。

（一）核心概念及进阶路线

本节课"一元线性回归模型参数的最小二乘估计"置入高中"统计"中"成对数据的统计分析"单元，落实"课标 2017"中"一元线性回归模型"的相关内容要求，核心概念及进阶路线见图 5-4-1。

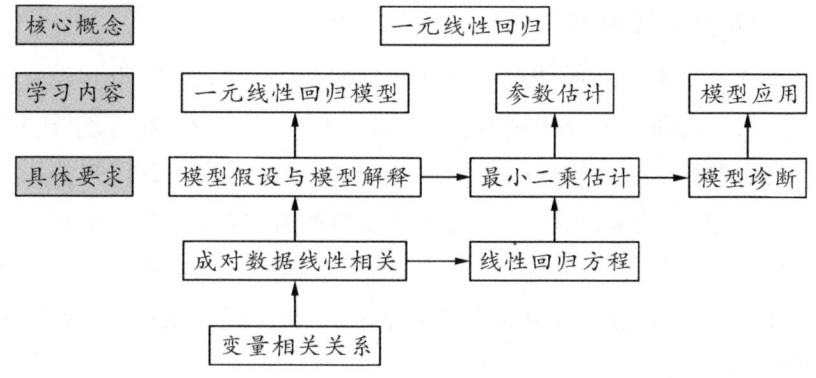

图 5-4-1　核心概念及进阶路线

（二）课程标准要求

结合具体实例，了解一元线性回归模型的含义，了解模型参数的统计意义，了解最小二乘原理，掌握一元线性回归模型参数的最小二乘估计方法，会使用相关统计软件；针对实际问题，会用一元线性回归模型进行预测。

（三）单元结构分析

图 5-4-2 是本章知识结构图，本章成对数据包括两种情况：两个数值变量、两个分类变量，不同的数据类型对应不同的数据分析方法。

章引言对必修课程单变量数据的学习进行回顾，整体介绍本章所研究的内容,通过若干现实世界中两个或两个以上变量间关系的问题,帮助学生体会学习该内容的必要性。

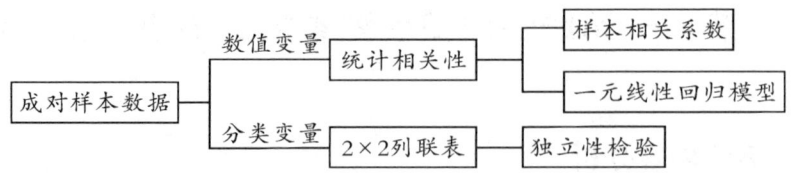

图 5-4-2 成对数据统计分析知识结构

一元线性回归模型是定量描述两个随机变量之间相关关系的模型。在对成对样本数据进行分析时,两个变量之间具有线性相关关系时,可以用相关系数定量刻画相关程度,建立一元线性回归模型刻画两个变量间的随机关系。在建立一元线性回归模型后,用最小二乘法估计线性回归模型中的参数,可以得到经验回归方程;通过残差分析可以对模型进行评价和改进,使模型不断完善;最后根据模型进行预测或决策。

(四)课时内容分析

8.2.2 是利用最小二乘法估计一元线性回归模型的参数,得到经验回归方程,结合父亲身高和儿子身高的例子,利用回归方程进行预测,并能够对结果进行合理解释,理解模型中参数的统计意义;其次教材给出了利用残差图直观判断模型刻画数据的效果;利用一元线性回归模型解决问题,教材编排了两个问题:树的胸径和树高、男子短跑 100 m 纪录与纪录产生年份,第二个例子中突出了对模型的评价和改进。本节课为第 1 课时,主要完成利用最小二乘的方法完成对参数的求解问题。

(五)对教学的思考

通过创设实际生活情境,让学生在心理上很快接受情境,激发学生学习的兴趣,结合课程目标,思考在熟悉的情境下如何设置具有能够引起学生思考的、具有一定开放性的问题,并鼓励学生发现和提出新的问题。另外,通过问题的解决让学生体会统计中的"样本估计总体"的思想以及"不确定性"思想。

二、教学对象分析

(一)学生的认知水平

统计本身的内容和特点与传统数学内容的差距很大,并不是单纯的知识教学。中小学传统数学的教学内容,主要是对日常生活中的图形和数量进行抽象,利用归纳、类比和演绎等方法研究抽象的数学对象,研究的结果一般具有确定性,而统计学则不同,统计学是通过数据来进行分析和推断的,统计研究的基础是数据,对于每一个数据而言,都具有不确定性。我们要改变学生的思维习惯,使学生理解和掌握统计的思想、观念和方法。

(二)学生的知识、经验基础

学生在必修课程已经学习过单个变量的数据分析方法,包括数据的直观表示和数字特征,能够从数据中获得一定的信息,并能够根据样本数据的统计特征估计总体数据的统计特征;对于成对数据相关性,已经学习两个变量的相关性和用相关系数定量刻画线性相关关系,了解相关关系不同函数关系,能够计算相关系数;能够利用统计软件画出散点图;关于一元线性回归模型,结合具体身高例子,初步了解其含义,了解随机误差产生的原因。

(三)学生学前调研

学生对 GeoGebra(动态数学软件)的数据分析的操作比较熟练,能够满足本节课学习的技能要求。本节课要推导模型中参数的估计公式,学生的抽象符号的数学运算能力比较弱;利用一元线性回归模型进行预测或估计方面,对其中蕴含的不确定性思维理解有一定难度。

三、教学目标和重难点

基于上述分析,本节课的教学目标及教学重难点如下:

【教学目标】

1. 经历分组探究最佳直线的过程,体会确定标准的重要性,学会用数学语言表述和分析问题。

2. 通过用数学方法刻画散点与直线接近程度,了解最小二乘估计原理和参数估计公式的推导,发展数学运算能力。

3. 结合具体实例,理解经验回归方程,能够根据经验回归方程进行预测,理解参数的统计含义,体会统计思维的不确定性。

【教学重点】

了解最小二乘法原理,利用经验回归方程进行预测。

【教学难点】

最小二乘原理的理解,参数估计公式的推导。

四、教学过程和活动设计

(一)创设情境,提出问题

问题:根据生活经验,父母身高比较高,一般孩子身高也比较高,身高和性别有一定的关系,为了研究父母身高和孩子身高的关系,有人调查了 14 名男大学生及其父亲的身高(表 5-4-1),从统计表中能获得哪些信息?

表 5-4-1

父亲身高/cm	174	170	173	169	182	172	180
儿子身高/cm	176	176	170	170	185	176	178
父亲身高/cm	172	168	166	182	173	164	180
儿子身高/cm	174	170	168	178	172	165	182

预设 1:从表中数据看,一定程度上可以验证我们的经验,即父亲身高比较高,对应儿子的身高一般也比较高。

预设 2:父亲身高一样,对应的儿子身高不一定相同,所以这里体现的不是函数关系。

预设 3:从表格数据看,有 4 位父亲比儿子身高要高。

预设 4:可以画出散点图直观观察一下两组数据的关系(图 5-4-3),从散点图直观看出,父亲身高比较高时,儿子身高也会比较高,并且这些点大概在一条直线附近,两者正线性相关,可以进一步计算相关系数约为 0.886。

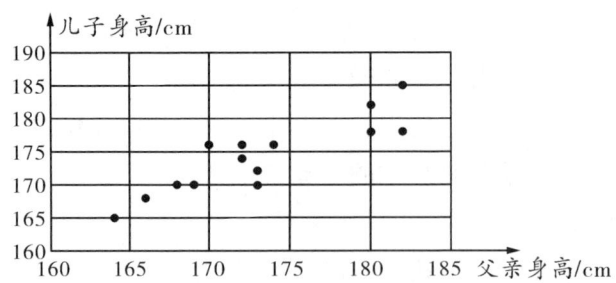

图 5-4-3

预设 5：如果父亲身高在 175 cm 到 180 cm 之间，对应儿子身高是否大致在 177 cm 到 180 cm 之间？

师生小结：我们综合运用学习过的知识，获得了两组数据的很多信息，还提出一些问题，如是否可以根据父亲身高估计或者预测一下儿子身高呢？这是本节课我们要研究的核心问题。

【设计意图】 通过具体问题，引导学生综合生活经验和数据获得信息，在这个过程中复习相关关系、线性相关、线性相关系数等知识，提出新的问题，为研究本节课的新知识做准备。

（二）动手操作，寻找最佳直线

问题：通过初步的分析，我们知道父亲身高和儿子身高呈现出正线性相关，相关程度可以用相关系数 0.886 定量刻画。从散点图中，观察到这些点大致在一条直线上，如果能找到一条"合适"的直线及方程进行定量刻画，就可以根据父亲身高来估计或预测儿子身高？怎么找到这样的直线呢？

学生活动：学生分组探究，提供给学生纸质散点图，也可以利用 GeoGebra 软件辅助，找到一条合适的直线。操作过程中，引导思考：怎样刻画"合适"，标准是什么，结果是什么，如何评价所找到的直线。

预设 1：直观观察，画出直线使得直线两侧点的个数相同。按照这样的标准可以有多条直线，而且可以直观看出有的直线并不理想。

预设 2：选择其中两点，求出两点连线的斜率和截距，多求几组取平均值得出对应的直线。这种方法利用了平均趋中的思想，但是计算起来比较麻烦，如果不是先求所有的情况再求平均值，会存在结果不一样的情况。

预设 3：求过样本中心点的直线。画的直线过样本中心点，可以保证样本点可以比较均匀地分布在直线的两侧，也是存在多条符合条件的直线。

预设 4：利用 GeoGebra 双变量分析的功能，是由软件生成的并给出了直线方程，但是不清楚利用了什么标准来画这条直线（图 5-4-4）。

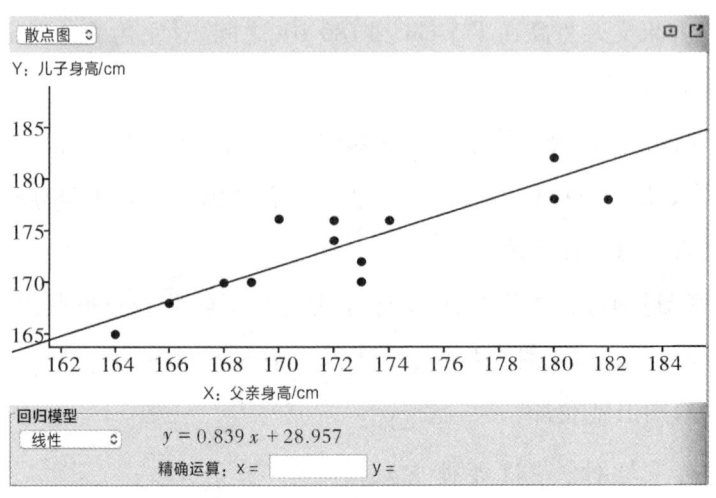

图 5-4-4

小结:我们都在尝试给出一个"标准",使得所有的点尽可能和直线接近,这也是统计学家解决这个问题时的想法。

【设计意图】学生分组寻找最佳直线,体会确定"合适"的直线的标准的重要性,并用数学的语言尝试进行表述和评价,发展批判性思维和有逻辑的思考能力,发展数据分析素养。

(三)运算推导,得出直线方程

问题:目标是找到这样一条直线,使得所有的散点与直线最接近,如何用数学方法刻画"接近"呢?

预设1:所有的点和这条直线都接近,那么可以考虑"相差"的和最小。

预设2:可以先设出直线方程 $y=bx+a$,然后计算调查的每个 y 值与根据方程计算出的 y 值差,把所有差值加起来,看看当 a 和 b 取什么值时,差值的和最小?

预设3:这些差值有正有负,可以取所有差值的绝对值再求和。

小结:事实上这就是统计学家曾经尝试过的方法,因为绝对值计算的不方便,采取了用各散点到直线的竖直距离的平方和,看一下当 a 和 b 取什么值时,差值平方和最小?即 $Q(a,b)=\sum_{i=1}^{n}(y_i-bx_i-a)^2$。

这个表达式表示的是数据观察值与预测值的差距,那么下一步的问题就是找到 Q 最小时的参数 a 和 b。

可知 $a = \bar{y} - b\bar{x}$，代入 $Q(a,b)$，可得 $Q(a,b) = \sum_{i=1}^{n}[(y_i - \bar{y}) - b(x_i - \bar{x})]^2 = b^2 \sum_{i=1}^{n}(x_i - \bar{x})^2 - 2b\sum_{i=1}^{n}(x_i - \bar{x})(y_i - \bar{y}) + \sum_{i=1}^{n}(y_i - \bar{y})^2$。

这是一个关于 b 的二次函数，所以当 $\begin{cases} \hat{b} = \dfrac{\sum_{i=1}^{n}(x_i - \bar{x})(y_i - \bar{y})}{\sum_{i=1}^{n}(x_i - \bar{x})^2}, \\ \hat{a} = \bar{y} - \hat{b}\bar{x} \end{cases}$ 时，Q 达到最小。

同时，还可以推导出 $\begin{cases} \hat{b} = \dfrac{\sum_{i=1}^{n} x_i y_i - n\bar{x}\bar{y}}{\sum_{i=1}^{n} x_i^2 - n\bar{x}^2}, \\ \hat{a} = \bar{y} - \hat{b}\bar{x} \end{cases}$。

将 $\hat{y} = \hat{b}x + \hat{a}$ 称为 Y 关于 x 的经验回归方程，其图形是经验回归直线，这种求经验回归称的方法叫作最小二乘法。

【设计意图】 分组寻找合适直线的基础上，体会确定标准的重要性，用数学的方法刻画接近程度。学生不容易想到差值平方和最小，这里采取在学生想到绝对值和最小基础上，告知学生取差值平方和的方式，重点体会合理性和数学运算的方便性。计算得出估计值，发展学生数学运算素养。

(四) 方程应用，多角度理解

问题：利用 GeoGebra 软件得到儿子身高与父亲身高的经验回归方程，就是利用了最小二乘法。回到最开始的问题，怎么利用回归方程进行预测，如何理解预测结果？

$$\hat{y} = 0.839x + 28.957$$

预设 1：如果父亲身高是 176 cm，其儿子身高约为 177 cm。

预设 2：从直线的方程角度解释，参数 a 表示的是父亲身高增加 1 cm，儿子身高增加 0.839 cm。

预设 3：从表格中可以看到，父亲身高一样时，儿子身高不一定相同，所以这里预测值不一定和实际相同，大部分时候可能比较接近。

预设 4：是否可以理解为，如果父亲中很多人身高为 176 cm，他们儿子的平均身高为 177 cm。

预设5：如果用这个方程进行预测，要注意使用条件，中学生就不合适，预测女儿身高也不合适。

【设计意图】利用 GeoGebra 软件求经验回归方程，重点在对方程的理解。回到开始课堂提出的问题，引导学生从不同角度理解回归方程的作用，参数的统计意义，以及利用回归方程进行预测的不确定性。

（五）课堂小结，归纳提升

通过本节课的学习，你有哪些收获？

1. 一元线性回归模型的最小二乘估计，利用最小二乘法得到的参数估计公式，经验回归方程 $\hat{y}=\hat{b}x+\hat{a}$ 的应用和理解。

2. 找到合适的直线，要有统一的标准。

3. 预测结果和实际不一定相同。

还有哪些需要进一步研究的问题？我们学习的线性回归，有曲线回归吗？能用数学方法刻画回归方程的好坏吗？有哪些问题是线性相关的关系？

（六）作业设计

1. 对一元线性回归模型参数 a 和 b 的估计中，有人认为："根据不同的样本观测数据到直线'整体接近程度'的定义，可以得到参数 a 和 b 不同的估计，只要'整体接近程度'定义合理即可。"你觉得这个说法对吗？

【设计意图】该问题要结合样本推断总体的认识，体会根据数据解决问题的过程中，确定标准的重要性。

2. 一个车间为了规定工时定额，需要确定加工零件所花费的时间，为此进行了 10 次试验，收集数据如表 5-4-2 所示：

表 5-4-2

零件个数 x	10	20	30	40	50	60	70	80	90	100
加工时间 y/min	62	68	75	81	89	95	102	108	115	122

(1) 画出散点图；

(2) 建立加工时间关于零件个数的一元线性回归模型；

(3) 关于加工零件的个数与加工时间，你能得出什么结论？

【设计意图】再次经历一元线性回归方程建立的步骤，能够画出散点图，有条件可利用信息技术完成;能够计算出一元回归方程的系数。

3.日常生活中,两个变量之间具有相关关系的情境很多,如人的身高和体重、数学学习成绩与物理学习成绩、昼夜温差与植物种子发芽率等,请你选择或自己提出一个问题,设计方案研究两个变量之间是否存在线性关系,如果存在,请求出一元线性回归方程。

【设计意图】该问题综合性比较强,可以作为选做作业,学生对方案设计可能较弱,必要时教师在学生完成作业过程中,给予适当的指导。

五、教学反思

(一)设置开放问题,引发学生思考

根据调查的 14 名男大学生及其父亲的身高,提出了开放性的问题"从统计表中能获得哪些信息?"这样的问题具有开放性,不同的学生有不同的视角,可以得到不同的结果,对于提高学生发现和提出问题的能力,培养学生的思维有很好的作用。在之后的环节中依然有这样的问题,如"如果能找到一条'合适'的直线及方程进行定量刻画儿子身高与父亲身高的关系",这个问题也是相对比较开放的,没有给学生指明方向,而是让学生自己去探究。这些问题对于提高学生的"四能",锻炼学生的思维都是很有帮助的。

(二)培养统计观念,领悟统计思想

培养统计观念就要尽可能地让学生经历统计的过程,本节课我们采用了教材上的数据,也可以将收集数据的任务交给学生来做,学生经历了收集数据和分析数据的全过程,更容易建立统计观念,对知识理解得更透彻。另外,通过一些活动或者问题,引导学生认识到预测值和真实值之间的区别与联系,让学生认识到建立经验回归方程的最终目的是进行预测,预测值是计算值,结果具有随机性。

(三)应用技术工具,减少烦琐运算

让学生应用 GeoGebra 软件探究线性回归模型的直线方程,摆脱实际数据带来的作图困难和烦琐运算,能够让学生更好地理解统计概念和统计思想。另外,在最小二乘法的推导过程中,借助了直线过样本中心点的性质,简化方程的

推导过程,降低了运算量。

六、案例分析

(一)经历模型建构过程,发展批判性思维

寻找与散点接近的直线,探究线性回归模型。在学生分组探究与散点图接近的直线时,教师引导学生思考"怎样刻画'合适'、标准是什么、结果是什么、如何评价所找到的直线",让学生用数学语言描述,体会制订合适的标准必要性,发展学生逻辑思考能力;尝试评价过程与所找到的直线的过程,发展学生批判思维能力。在此基础上,了解最小二乘法的原理,通过数学运算获得经验回归方程。

(二)丰富数据分析角度,发展数据分析素养

引入环节,引导学生综合应用所学习的知识,发现数据中的信息并提出问题;统计问题往往和问题背景相关,这里教师可以引导学生将问题背景拓展发现和提出问题,体会统计问题的特点。

应用经验回归方程解决提出的问题,教师引导学生思考两个问题:"怎么利用回归方程进行预测?如何理解预测结果?"特别是如何理解预测结果,通过师生和生生对话,重点体会统计思维中的不确定性,理解经验回归方程中参数的统计意义。

第五节　离散型随机变量分布列及其期望与方差

一、教学内容分析

本节课是人民教育出版社《普通高中教科书数学A版选择性必修第三册》第七章"随机变量及其分布"单元复习课。

（一）核心概念及进阶路线

本节课内容"随机变量及其分布"置入高中"统计与概率"单元，落实"课标2017"中"离散型随机变量及分布列"的相关内容要求，核心概念为随机性，其进阶路线见图5-5-1。

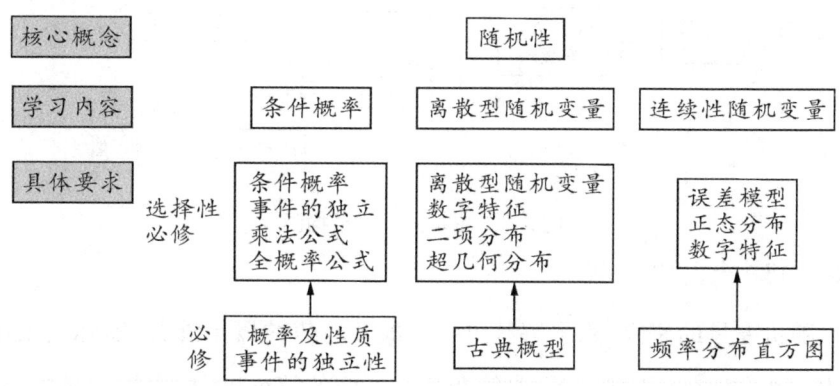

图5-5-1　随机性核心概念及进阶路线

（二）课程标准要求

通过具体实例，了解离散型随机变量的概念，理解离散型随机变量分布列及其数字特征（均值、方差）；通过具体实例，了解伯努利试验，掌握二项分布及其数字特征，并能解决简单的实际问题；通过具体实例，了解超几何分布及其均值，并能解决简单的实际问题。

（三）单元结构分析

本单元的主要内容为离散型随机变量及均值和方差的意义、定义、性质及应用。本章是必修课程概率内容的延续。本章中重要概念的得到、概率公式的推导、概率模型的建立都是从特殊到一般,从具体到抽象归纳得到的。这既是数学研究中经常使用的方法,也是数学教学应该遵循的原则。通过本章的教学,要使学生体会利用研究对象的性质探寻解决问题的方法,将复杂问题划归为简单问题的数学思想。掌握用随机变量及其分布列将不同背景的概率问题转化为统一的数学问题,从而利用各种数学工具系统、全面地研究随机现象规律的一般方法。通过构建二项分布,超几何分布,正态分布概率模型解决实际问题。提高用概率的方法解决问题的能力,进一步提升学生的数学抽象素养和逻辑推理素养。

本单元知识结构图如下:

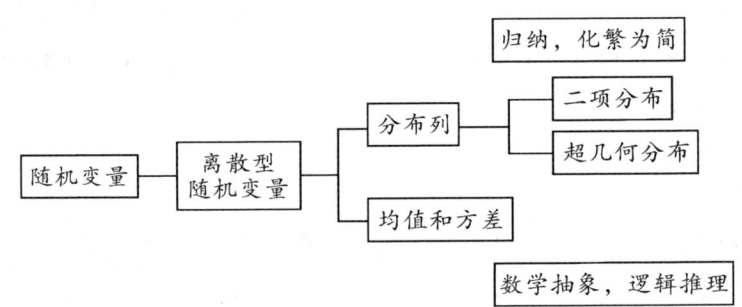

图 5-5-2 本单元知识结构图

(四)课时内容分析

对随机变量的研究,除了解其可能取值及取值的概率外,在实际决策中,还需要用一些数值刻画随机变量取值在某些方面的特征,例如用均值刻画随机变量取值的平均水平,用方差刻画随机变量取值相对于其均值的离散程度。教科书以比较两名运动员射击水平为问题情境,根据频率稳定到概率的原理使学生认识到观测值的频率分布稳定到分布列,观测值的平均数稳定到一个常数,由此引入离散型随机变量均值的概念,这个过程揭示了随机变量均值的意义——观测值平均值的稳定值。以比较两名同学射击水平的稳定性为任务,类比一组数据方差的定义,以及随机变量均值的定义,引入随机变量方差的定义。

教科书通过具体的问题情境归纳概括出 n 重伯努利试验的特征。由特殊到一般推导实验成功次数的分布列。探究二项分布的均值和方差,通过比较放回和不放回随机抽样中次品数的分布,抽象出超几何分布的特征,推导出超几何分布的均值,讨论二项分布与超几何分布的联系与区别,并进行简单应用。

（五）对教学的思考

以学生的发展为本,对学生进行自主学习能力的培养,让学生真正成为学习的主人是提高数学课堂教学效率的必要条件。高效的课堂是学生思维参与的课堂:学生是学习的主体,学生积极主动参与教学过程。以学生为主体的课堂教学理念,强调学生是信息加工的主体,是知识意义的主动建构者,教师课堂组织应以充分发挥学生的主观能动性和创造性,引导学生积极探索、主动发现为目的,从而达到对所学知识的有意义建构的目的。

二项分布和超几何分布是两个应用广泛的概率模型,教材通过实例引入这两个概率模型,不追求形式化的描述:通过实例(如彩票抽奖)帮助学生理解超几何分布及其导出过程,并能进行简单的应用;在具体情境中引导学生了解条件概率和两个事件相互独立的概念,理解 n 次独立重复试验的模型及二项分布,并能解决一些简单的实际问题。通过实例帮助学生理解取有限值的离散型随机变量均值、方差的概念,学生能够计算简单离散型随机变量的均值、方差,并尝试解决一些实际问题。

统计学是通过收集数据和分析数据来认识未知现象的一门科学,它可以为人们制订决策提供依据。只有体现了统计概念和方法的必要性和合理性,知识的产生才会显得自然,学生才能更好地把握概念和方法的本质,避免把统计学习变成纯粹的程序性操作、画图、列表或公式计算。学生在学习过程中感悟根据实际情况进行科学决策的必要性和可能性,体会统计思维与确定性思维的差异、归纳推断与演绎证明的差异。

二、教学对象分析

（一）学生认知水平

学生通过初中及高中的学习及高三前期复习,具备了概率与统计部分基础知识及基本思想、方法。能在具体问题情境中通过收集数据解决简单问题,能初步把多个信息联系起来使用,进行简单的判断或推断。不能区分呈现材料的相关与无关部分及重要与次要部分,不能准确确定呈现材料背后的观点、倾向或意图;学生不能做到的是在具体问题情境中,主动分辨合适的抽样方法,恰当地表示、分析和处理数据,在数据的不同表示形式之间建立灵活的转换,对不恰当的数据处理或说法主动提出质疑,清晰表达所解读到的数据信息以及作出的推断,灵活选用理论或实验途径解决概率问题。

(二)学生的知识、经验基础

学习者为某示范高中高三年级中等层次班学生。学生已经复习了概率与统计主线相关内容,对于离散型随机变量分布列及其期望与方差知识在复习前有所遗忘,部分学生超几何分布和二项分布概率模型混淆,不能对这两个模型进行解释、举例、比较、辨别、区分不同概率模型的适用情境,选择恰当模型求解。大部分学生在高二学习时没有建立起对该部分知识的完整结构和深入理解,因而在高三复习过程中需要重点关注单元知识的全面梳理、系统建构和实践指导。

(三)学生学前调研

为了进一步了解学生"离散型随机变量分布列及其期望与方差"现有状态,命制考查知识点相对单一的A卷(共13个小题)及需要对该部分知识总结、比较、区别、评论的B卷(共2个大题)。其中B卷题1的背景是有关用样本估计总体的离散程度,理解离散程度参数的统计含义,选材于2014—2015年北京西城区高三年级第一次模拟考试数学理科试卷第17题;题2的背景涉及用样本估计总体的集中趋势,理解集中趋势参数的统计含义,选材于2018—2019年北京海淀区高三年级第二次模拟考试数学理科试卷第16题。两题第二问都考查学生概率模型识别、推断、比较、实施与组织,两题第三问学生皆需要从大段文字中提取相关信息,利用学过的有关知识,以统计与概率的视角分析、解决问题。通过小程序下发,学生独立完成上交,教师分析测试结果。

A卷测试统计结果(图5-5-3)表明,知识点相对单一,只需简单描述、记忆、复制知识的题目,学生完成得较好。

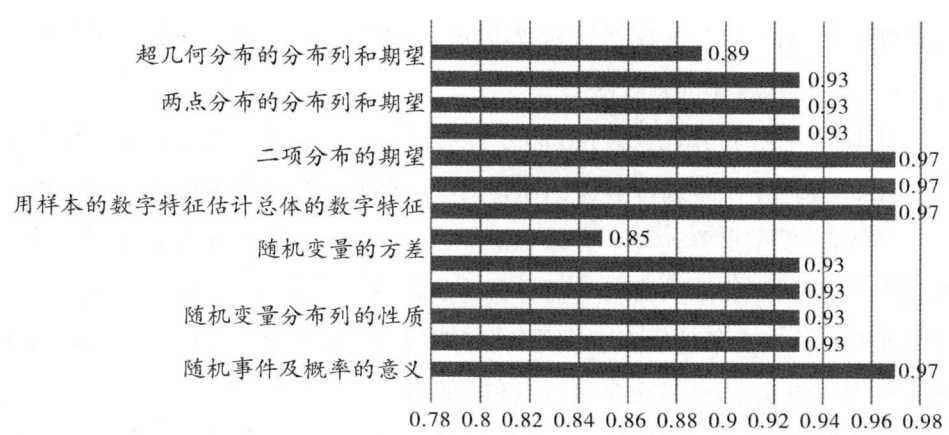

图 5-5-3 前测 A 卷统计结果

B 卷两题的第二问,正确率各为 70% 及 84%(图 5-5-4),原因之一就是部分学生超几何分布和二项分布概率模型混淆。访谈中有两名学生在两种概率分布模型中徘徊后,选择了超几何模型。部分学生对不同概率模型的适用情境分辨不清,因此也无法选择恰当模型求解。两题的第三问,正确率仅各为 28% 及 46%(图 5-5-4),说明大部分学生不能区分呈现材料的相关与无关部分及重要与次要部分,不能准确确定呈现材料背后的观点,倾向或意图。

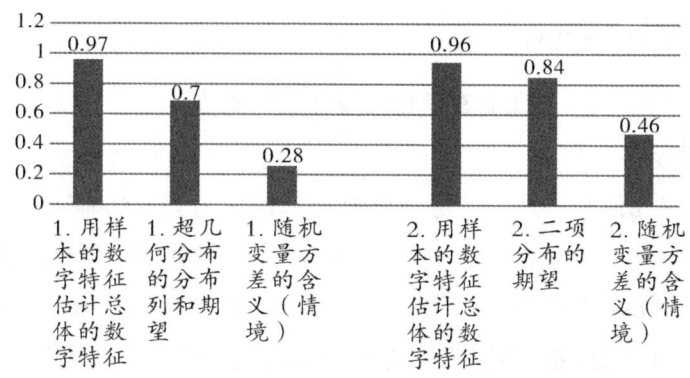

图 5-5-4 前测 B 卷统计结果

总之,在具体问题情境中,学生基本上能读懂可视化表格呈现的数据,会简单的判断或推断,解决简单问题尚可。如前测 A 卷除去第 6 题(正确率 85%)及第 13 题(正确率 89%)外,正确率均在 90% 以上;前测 B 卷两个题目第一问,正确率分别达到 97% 与 96%。但是大部分学生把多个信息恰当联系使用困难,不同数据表示形式之间不能灵活转换,对所解读到的数据信息清晰表达以及推断不足,对不恰当的数据处理或说法主动提出质疑不够,灵活选用理论或实验的途径解决概率问题欠缺。

课前对学生的测试呈现:(1)部分学生超几何分布和二项分布概率模型混淆,不能对这两个模型进行解释、举例、比较、辨别、区分不同概率模型的适用情境,选择恰当模型求解;(2)部分学生不能区分呈现材料的相关与无关部分及重要与次要部分,不能准确确定呈现材料背后的观点,倾向或意图;(3)学生很难对单元知识给出有条理的陈述,不能确定期望与方差在结构中的合适位置与作用;(4)复习方法空泛,缺乏学科特点和个性化。

本节课作为章节复习课之一,针对课前测试中呈现的学生超几何分布和二项分布概率模型混淆问题,学生在对概念回忆与提取的基础上,进行解释、举例、比较,帮助学生辨别、区分不同概率模型的适用情境,选择恰当模型求解。针对前测中呈现的学生"对于半开放型试题的困惑如何做答才能得到分数"这一问题,与学生共同区分呈现材料的相关与无关部分及重要与次要部分,确定呈现材料背后的观点,倾向或意图,确定期望与方差在结构中的合适位置与作用,学生尝试发现作答过程的内部矛盾和谬误,做出判断、评论。

三、教学目标和重难点

基于上述分析,本节课的教学目标及教学重难点如下:

【教学目标】

1. 在对超几何分布及二项分布概率模型回忆与提取的基础上,进行解释、举例、比较,辨别和区分不同概率模型的适用情境,选择恰当模型求解。

2. 区分呈现材料的相关与无关部分、重要与次要部分,确定呈现材料背后的观点,倾向或意图,确定期望与方差在知识结构中的合适位置与作用,尝试对同伴的作答做出判断、评论,初步获得自主复习的能力。

3. 通过探索新的学习方法和开放式的课堂活动,建立积极、友善的心理环境,提升学习兴趣和积极的情感体验,树立良好的学习价值观,提升复习效果。

【教学重点】

理解不同概率模型的适用情境,确定期望与方差在知识结构中的合适位置与作用。

【教学难点】

积累重要且实用的复习方法与策略,初步获得自主复习的能力。

四、教学过程和活动设计

教学活动主要分为四部分:

(一)有的放矢,转化迷失概念。以同伴的作答为情境,点燃了学生的"内驱力",激活学生思维。学生在完成任务一的过程中思考两种概率模型的区别与联系,初步明晰两种概率模型。师生在课堂活动中建立积极、友善的心理环境,提升学习兴趣和积极的情感体验。

(二)诱导思考,由浅及深明晰两种模型。针对前测 B 卷呈现的学生在实际背景中对于对超几何分布及二项分布两个概率模型的混淆,对相关知识要素进行回忆提取,经历回忆、提取、辨别、区分过程,明晰两种概率模型。

(三)判断评论,发展高阶思维。以 B 卷题 1 第三问的学生作答为情境,两次引导学生判断、评论。思维碰撞中,学生对于"方差"在结构中的合适位置与作用,对于设置更能反映样本数字特征的统计量有了进一步认识,同时有了探究试题预估难度标准的诉求。尝试判断、评论,初步获得自主复习的能力。

(四)思考延伸,提供学法指导。归纳本节课学习流程是:感性认知—推断总结—区别—组织—实施—检查评论。把完善 B 卷题 2 解答留在课下研究,巩固课上复习内容的同时,促进学生逐步形成良好的学习习惯和思维习惯,进而为高三复习备考提供良好的学习方法。

(一)有的放矢,转化迷失概念

问题1:回顾前测 B 卷第 1 题第二问,图 5-5-4 中哪位同学作答是正确的?为什么?

PPT 呈现了 B 卷第一题第二问两种不同概率模型作答的照片,哪种作答正确?

追问1:提问甲同学,老师在阅卷中看到你开始以左边这个形式(二项分布概率模型)作答,后来又改成了右边这个形式(超几何分布概率模型)?哪个正确呢?

追问2:能和同学们分享一下你的心理历程吗?

B卷第1题:在测试中,客观题难度的计算公式为 $p_i = \dfrac{R_i}{N}$,其中 P_i 为第 i 题的难度,R_n 为答对该题的人数,N 为参加测试的总人数。现对某校高三年级240名学生进行一次测试,共5道客观题。测试前根据对学生的了解,预估了每道题的难度,如下表所示:

表 5-5-1

题号	1	2	3	4	5
考前预估难度 p_i	0.9	0.8	0.7	0.6	0.4

测试后,随机抽取了20名学生的答题数据进行统计,结果如下:

表 5-5-2

题号	1	2	3	4	5
实测答对人数	16	16	14	14	4

(Ⅰ)根据题中数据,估计这240名学生中第5题的实测答对人数;

(Ⅱ)从抽样的20名学生中随机抽取2名学生,记这2名学生中第5题答对的人数为 X,求 X 的分布列和数学期望;

(Ⅲ)试题的预估难度和实测难度之间会有偏差。设 P'_i 为第 i 题的实测难度,请用 P_i 和 P'_i 设计一个统计量,并制订一个标准来判断本次测试对难度的预估是否合理。

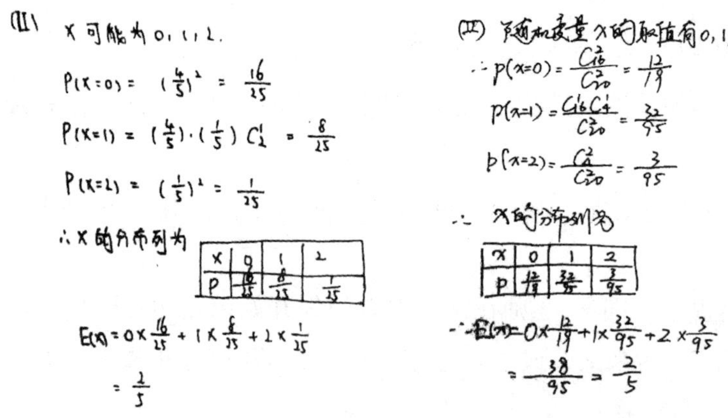

图 5-5-5 B卷第一题第二问学生作答呈现(第一组)

请学生独立思考后,提问在前测中呈现出概念混淆的学生,引发学生通过讨论进行判断。

【设计意图】 任务1以B卷题1第二问的学生解答为情境,点燃学生的"内驱力",因为多数学生都没有十足的把握区分两种不同概率模型。无论是否做对,学生都渴求知道"为什么"。此时学生完全沉浸在两个概率模型的探究中,思维被激活。

(二)诱导思考,由浅及深明晰两种模型

问题2:超几何分布及二项分布两个概率模型的适用情境有何区别?

预设1:两种模型的定义分别是什么?

预设2:依照上述回顾,再理性审视同伴作答图片,给予评判。

预设3:如何修改第二问的设问就可以利用二项分布模型求解?

【师生活动】 学生从记忆中提取超几何分布及二项分布两个概率模型的相关信息,尝试利用严谨的数学语言在相互补充间得到答案,并以举例形式对两种概率模型进行简单释义。

学生完成对两个概率模型的释义,教师以PPT形式展示教材中对两个概率模型的定义,学生通过讨论比较超几何分布及二项分布两个概率模型的适用情境,区别与联系。

教师以PPT形式展示前测A卷第12题与第13题:

12. 一袋中有3个红球,2个白球,有放回地取球三次,每次取一球,求红球的个数x的分布列和期望。

13. 一袋中有3个红球,2个白球,任取三球,求红球的个数x的分布列和期望。

进一步梳理学生通过讨论得到的两种概率模型的区别与联系:

1. 超几何分布是不放回抽取,二项分布是有放回抽取(独立重复);
2. 计算超几何分布中事件$\{X=k\}$发生的概率时需要知道总体的容量;
3. 当总体容量非常大时,超几何分布近似于二项分布。

在此基础上与学生一起理性审视刚才展示的作答图片,追问对于课前检测第1题第二小问如何修改设问可以利用二项分布模型求解?

【设计意图】 课堂中通过回忆提取,解释举例,区分辨别等让学生深度参与的思维活动,以问题链形式对超几何分布与二项分布概率模型这一组迷失概念进行转化。通过问题与追问引导学生逐步明晰两种概率模型的定义与适用范围,深化学生的理解,完成迷失概念的转化。

(三)判断评论,发展高阶思维

问题3:第三问如何制订一个标准来判断本次测试对难度的预估是否合理呢?

预设1:如果你是阅卷教师,解答1、解答2、解答3你认为正确吗?

预设2:你评判解答正确与否的标准是什么?

预设3:在大家共同完善的评判标准下解答4、解答5是否正确?

预设4:"偏差率"更能体现对某一个题目难度的预估合理性,你知道为什么吗?

预设5:如果对解答5给出的统计量修改为各题"偏差率 $\alpha_i = \dfrac{P_i - P'_i}{P_i}$"的和,即 $\sum\limits_{i=1}^{5} \alpha_i$,这一统计量是否可以体现题目难度的预估合理性?

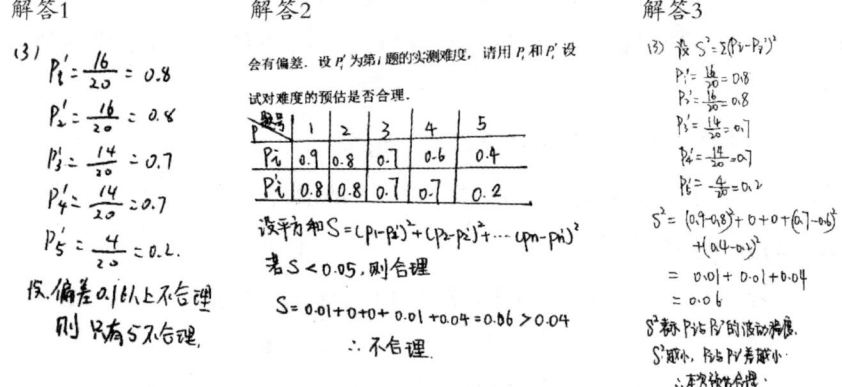

图 5-5-6 B 卷第一题第二问学生作答呈现(第二组)

【师生活动】教师再次复现题目,展示解答1、解答2、解答3,请同学们独立思考发表意见。通过讨论,学生能够认同解法2正确,并指出解答1是对某一个题目的评估,不是对整份测试的评估,解答3没有明确说出标准,都不能评判为正确。

师生一起分析题目要求,抽象出正确作答要包含三方面要素:设计一个用

P_i 和 P'_i 表示的统计量;制订一个标准;对本次测试难度预估是否合理做出判断。

师生在此评判标准下进一步审视解答 4 及解答 5。

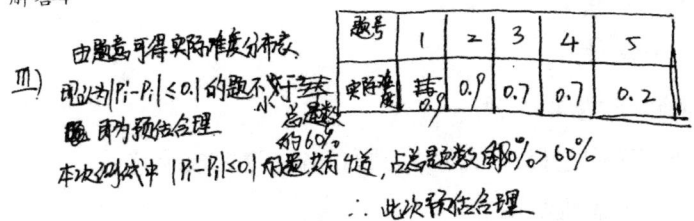

图 5-5-7 B 卷第一题第二问学生作答呈现(第三组)

学生通过讨论认为解答 4 统计量设置、评判标准是正确的,但是第 1 题、第 2 题的实测难度算错了。解答 5 学生指出这一评判标准是针对一个题目的,而不是对于这次测验的整体评估。

教师引导学生分析解答 5 中统计量"偏差率"的合理性,启发学生对这一统计量进行完善,通过学生谈论发现统计量修改为各题"偏差率"的和,即 $\sum_{i=1}^{5}\alpha_i$ 存在的问题,进一步修改为 $\sum_{i=1}^{5}\alpha_i$ 或者 $\dfrac{\sum_{i=1}^{5}|\alpha_i|}{5}$。

【设计意图】 以测试 B 卷第一题第三问为例与学生共同探讨求解此类问题的有效策略,引领学生区分呈现材料的相关与无关部分及重要与次要部分,确定呈现材料背后的观点,倾向或意图,确定期望与方差在知识结构中的合适位置与作用,学生合作给出评分标准,学生间对同伴作答做出判断、评论。学生以主动积极的情感,将思维(特别是高阶思维)贯穿到数学学习过程的始终,逐步养成思维参与学习的自觉意识。

(四)思考延伸,提供学法指导

本节课较为深入地讨论了前测 B 组第 1 题和第 2 题,请同学们按照所学的方法进行思考,利用所学的统计学知识为新聘骑手做出日工资方案的选择。

【设计意图】与第一题第三问相比,第二题第三问学生更容易入手解决。把这一题目作为课后延伸作业之一,巩固课上学习内容与方法的同时使学生充分感受到学习的获得感。

(五)作业设计

1. 修正测试 B 卷第 2 题。

2. 在作业资源中选择两种概型的题目各一道完成求解。

3. 完善本单元思维导图。

【设计意图】根据课上讨论,学生将学得的思路和方法,用于修正已经做过的 B 卷习题 2。题目 2 让学生选择两种概型,因此学生需要辨别题目中的概率模型是二项分布还是超几何分布,巩固学生对两种概率模型的理解。题目 3 是学生完善本单元思维导图,使得在复习阶段对相关知识进行结构化提升。

五、教学反思

(一)把握复习教学的定位

提升解题能力需要累积活动经验,需要融会贯通、举一反三,而缺少思考的大量重复练习的复习课,很难担此重任。因此复习要设计有思维含量的活动,组织、引导和激励学生实现数学的深度学习,构建知识结构、拓展知识技能、感悟思想方法、提升学习能力、发展核心素养。

(二)充分利用学生调研

前期调研,不仅暴露了学生部分问题,也成为教学的真正起点。创编的前测 B 卷,密切联系学生生活和现实生活,半开放题型具有挑战性又在学生最近发展区内,使学生愿意深入其中。通过查阅标准答案、借助于学习软件等方法,学生无法判断自己的作答是否正确,他们渴求在课堂中得到教师与学习同伴的帮助。借助 B 卷题 1 的学生作答,引发学生思维冲突,教师的适度跟进与点拨,使学生在学习过程中高度参与。

(三)提升师生数学交流水平

学会数学地交流是我国数学教育的重要课程目标之一,是深度学习的体现。Kimberly Hufferd-Ackles 等学者从问题的提出、数学思考的阐述、数学观点的来源、学习的责任,就学习共同体中师生的参与程度,划分了数学交流的 4 个水平(0 级—3 级)。本节课数学交流处于较高水平(2 级),即教师将学生的错误生成学习资源,持续地以探究性和开放性的问题促进学生的思考与交流,支持学生展现自己的所思所想,深入地了解学生的思维,进而采用相应策略以加深学生对知识的理解;学生则分享、解释、澄清自己的想法和策略,其他学生认真倾听以相互理解,并在结对交流和全班讨论中实现深度学习。

在教学实践中,引导学生会学数学,会用数学的眼光观察、数学的思维分析、数学的语言表达,将数学核心素养的培养贯穿于教学活动的全过程,这是我们为之努力的方向。

六、案例分析

(一)充分利用学生调研,促进学习反思

基于学生现状和需求,特别是在学情调研定量和定性分析基础上,引领学生在复习中明确学习目标,以科学的认知观指导有计划、有策略的复习。以学生甲在解题过程中改变的反思与讨论,深化对超几何分布和二项分布两个概率模型的认识,并引导学生进行深度反思的意识和习惯。

(二)激发学生高阶思维,实现深度学习

通过解题后反思和讨论,辨析和深化认识超几何分布与二项分布两个概率模型后,教师进一步提出问题:"如何修改第二问的设问就可以利用二项分布模型求解?"改编题目对于学生而言,具有较高的认知要求,激发学生实现深度学习。

参考文献

[1] 安富海.促进深度学习的课堂教学策略研究[J].课程.教材.教法,2014,34(11):57—62.

[2] 曹才翰,蔡金法.数学教育概论[M].南京:江苏教育出版社,1989.

[3] 傅佑珊.平面几何基本图形的方法与教学实践[J].北京教育学院学报,1997(02):71—74.

[4] 傅佑珊.平面几何基本图形与解题分析[M].北京:地震出版社,1985.

[5] 贾丕珠.函数学习中的六个认知层次[J].数学教育学报,2004(03):79—81.

[6] 教育部考试中心.高考数学测量理论与实践[M].北京:高等教育出版社,2006.

[7] 李海东,郭玉峰.普通高中教科书数学必修第一册 教师教学用书[M].北京:人民教育出版社,2019.

[8] 李海东,郭玉峰.普通高中教科书数学必修第一册[M].北京:人民教育出版社,2019.

[9] 李宏.普通中学男女生立体几何学习差异的研究[J].数学教育学报,2000(01):39—43.

[10] 李鹏奇,张洪光.陈省身·几何原本·欧拉示性数[J].赣南师范学院学报,2011(6).

[11] 洛林·W·安德森等.布卢姆教育目标分类学:分类学视野下的学与教及其测评(修订版)[M].蒋小平等译.北京:外语教学与研究出版

社,2009:70—80.

[12] 濮安山.初中生函数概念发展研究[D].长春:东北师范大学,2011.

[13] 邱心宇.对高中生概率统计学习假性理解的认识与分析[D].济南:山东师范大学,2021.

[14] 人民教育出版社课程教材研究所中学数学课程教材研究开发中心.义务教育教科书数学七年级下册[M].北京:人民教育出版社,2012.

[15] 施晓霞.对概念教学"合理性"的深层次思考——以"函数的奇偶性"教学为例[J].高中数学教与学,2021(08):24—58.

[16] 宋晋荣.认知负荷理论指导下的高中立体几何学习障碍与对策研究[D].漳州:闽南师范大学,2021.

[17] 汪晓勤.三角形内角和定理:从历史到课堂[J].中学数学月刊,2012(6):38—40.

[18] 徐建东.注重思维发展,突出问题本质——"函数的奇偶性"的教学设计[J].中学数学教学参考,2021(07):27—29.

[19] 薛彬,张淑梅.普通高中教科书数学必修第二册[M].北京:人民教育出版社,2019.

[20] 薛红霞.普通高中课程标准实验数学教科书比较研究——以直线的倾斜角、斜率以及直线的位置关系为例[J].教育理论与实践,2008(4):15—18.

[21] 于丹丹.函数奇偶性概念理解评价的研究[D].扬州:扬州大学,2020.

[22] 曾国光.中学生函数概念认知发展研究[J].数学教育学报,2002(02):99—102.

[23] 张宗余,张霞.充实、剪裁、编排、活化——整合不同版本教材优化教学设计的四个维度[J].中学数学教学参考(上旬),2018(3):6—9.

[24] 张宗余.整合不同版本教材资源 优化课堂教学设计[J].中学数学教学参考(上旬),2017(10):5—8.

[25] 章建跃.核心素养立意的高中数学课程教材教法研究[M].上海:华东师范大学出版社,2021.

[26] 中华人民共和国教育部制定.普通高中数学课程标准(2017年版)[S].北京:人民教育出版社,2018.

[27] 中华人民共和国教育部制定.义务教育数学课程标准(2022年版)[S].北京:北京师范大学出版社,2022.

[28] 中华人民共和国教育部制定.义务教育数学课程标准(2011年版)[S].北京:北京师范大学出版社,2012:6.